TEPS BY STEP

GRAMMAR
+
READING

1

장보금
현) 이익훈 어학원(강남본원) TEPS 강사
토마토 TEPS 〈청해〉 _ 능률교육
It's TEPS Basic 〈문법/독해〉 _에듀조선
How To TEPS 1000제 〈문법〉 _넥서스
http://cafe.daum.net/tepswinners 운영자

써니박
현) EaT 영어발전소 대표
현) 에듀조선 TEPS 대표강사
토마토 TEPS 〈청해〉 _ 능률교육
How To TEPS 1000제 〈문법〉 _넥서스
http://cafe.naver.com/jumboteps 운영자

TEPS BY STEP
Grammar + Reading
1 Level

지은이	장보금, 써니박
선임연구원	김동숙
연구원	송지영, 이현주, 최은정, 김민혜, 이지희
영문 교열	Patrick Ferraro, Rebecca J. Cant
표지 · 내지 디자인	BASELINE www.baseline.co.kr
맥 편집	이지디자인넷
영업	김정원, 윤태철, 한기영, 주성탁, 박인규, 장순용
마케팅	고유진, 원선경
제작	김민중, 황인경, 장선진, 심현보

Preface

TEPS 수험생 여러분께

순(純) 토종 실용영어 검정 시험인 TEPS는 1999년 처음 실시된 이래, 한국인들의 살아 있는 영어 실력을 효과적이고 정확하게 측정하는 영어능력 평가 시험으로 인정받고 있습니다. TEPS의 용도가 점차 다양해지면서 많은 수험생들이 고득점을 목표로 시험을 준비하고 있는 실정입니다.

TEPS는 청해, 문법, 어휘, 독해 영역별로 고유한 유형과 문제 패턴을 가지고 있습니다. TEPS에서 고득점을 받기 위해서는 단계별로 체계적인 학습이 선행되어야 합니다. 또한 최근 시험 경향을 잘 반영한 유형과 패턴을 잘 익혀두어 실전에 완벽하게 대비해야 합니다.

하지만 시중에 출간되어 있는 대부분의 교재들은 TEPS 각 영역의 유기적인 학습과 연속성이 보장되지 않아 고득점을 목표로 하는 학습자들이 기본에서 실전까지 단계별로 사용하기에 적합한 난이도와 구성을 갖추지 못하고 있는 경우가 많습니다. TEPS BY STEP은 수험생의 사용 편의에 적합한 영역별 및 단계별 시리즈 구성으로 학습자들이 TEPS의 기본기를 쌓을 수 있도록 하였습니다. 또한 최신 시험 경향을 반영한 문제들을 수록하여 실제 시험에서 고득점을 받을 수 있도록 구성하였습니다.

수험생 여러분들이 이 책을 통해 TEPS의 기본기를 다지고 실전에서 고득점을 받을 수 있기를 바랍니다. TEPS BY STEP이 제시하는 영역별 학습방법, 고득점 비결, 그리고 최신 기출 응용 문제들이 여러분이 원하시는 목표점수에 닿을 수 있도록 도와줄 것입니다. TEPS 성적이 단기간에 향상되지 않는다고 해서 조급해하거나 포기하지 않고 TEPS BY STEP과 함께 순차적으로 꾸준히 학습해 나간다면 분명 좋은 결과가 있을 것이라고 확신합니다.

이 책을 출간하는데 큰 힘이 되어준 김동숙 팀장님 이하 편집부 모든 분들께 감사의 마음을 전합니다. 또한 무사히 원고를 마칠 수 있도록 힘이 되어준 가족에게 사랑한다고 말하고 싶습니다. 모두 수고 많으셨습니다.

그럼 수험생 여러분, 건투를 빕니다!

저자 일동

Contents

Grammar

Section Ⅰ TEPS 기본 다지기

Section Ⅱ 실전 Mini Test

Reading Comprehension

Section I TEPS 기본 다지기

Section II 실전 Mini Test

이 책의 구성과 특징

Grammar

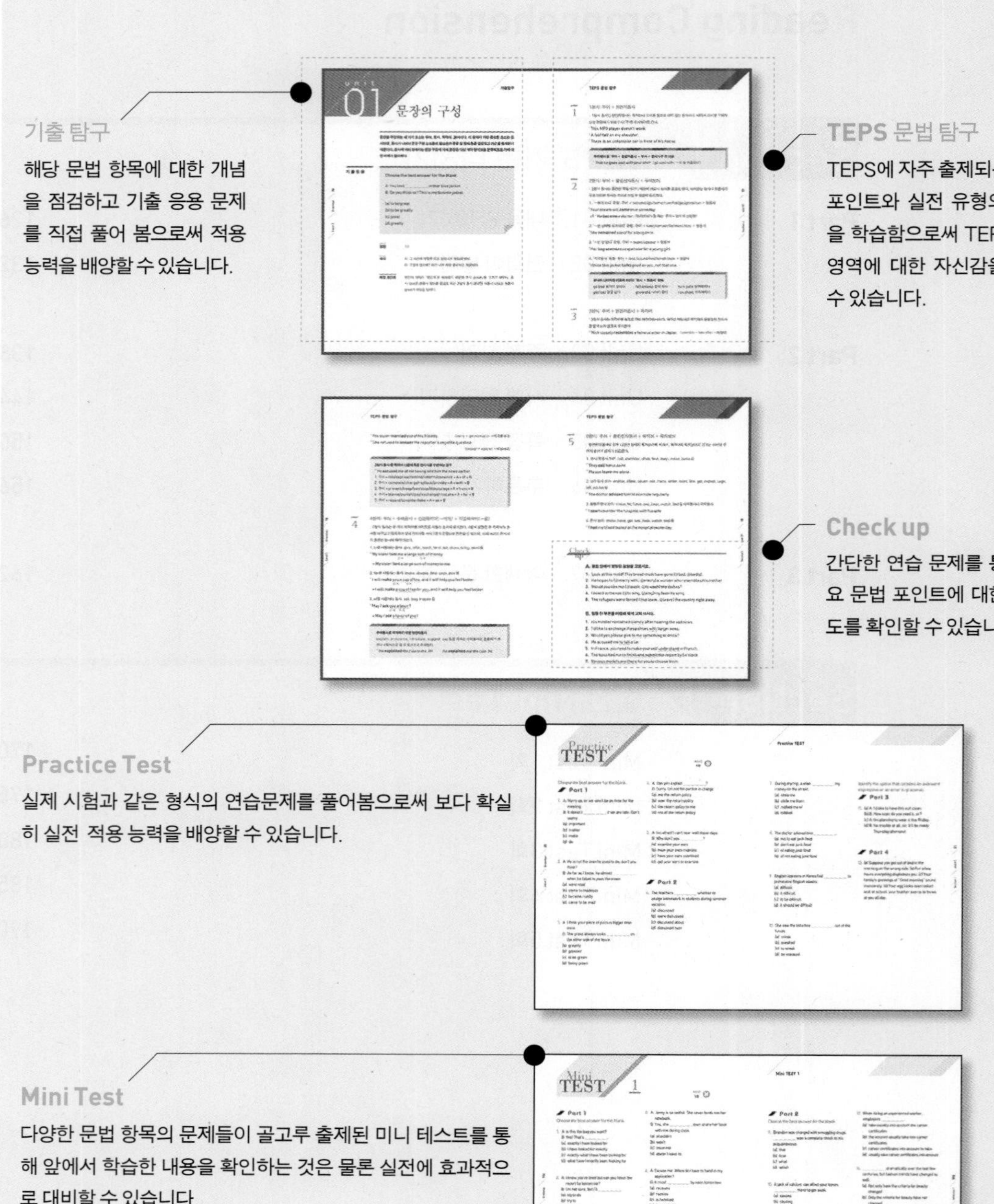

기출 탐구
해당 문법 항목에 대한 개념을 점검하고 기출 응용 문제를 직접 풀어 봄으로써 적용 능력을 배양할 수 있습니다.

TEPS 문법 탐구
TEPS에 자주 출제되는 문법 포인트와 실전 유형의 예문을 학습함으로써 TEPS문법 영역에 대한 자신감을 키울 수 있습니다.

Check up
간단한 연습 문제를 통해 주요 문법 포인트에 대한 이해도를 확인할 수 있습니다.

Practice Test
실제 시험과 같은 형식의 연습문제를 풀어봄으로써 보다 확실히 실전 적용 능력을 배양할 수 있습니다.

Mini Test
다양한 문법 항목의 문제들이 골고루 출제된 미니 테스트를 통해 앞에서 학습한 내용을 확인하는 것은 물론 실전에 효과적으로 대비할 수 있습니다.

Reading Comprehension

기출 탐구

해당 유형에 대한 소개 및 단계별 해결 전략을 제시합니다. 이 전략을 기출 문제에 적용해 봄으로써 보다 확실히 유형에 대한 감을 잡을 수 있습니다.

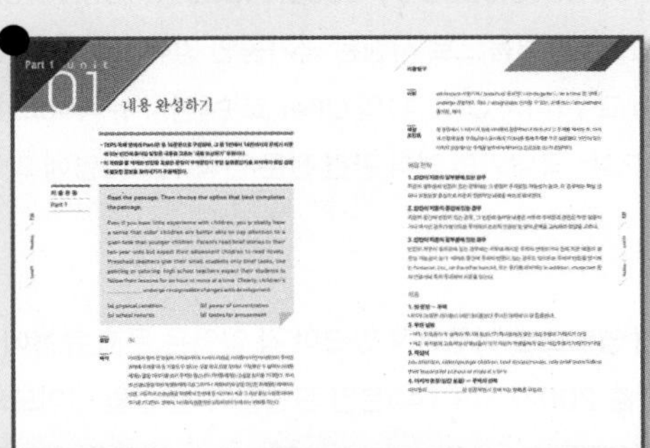

Basic Drill

간단한 연습 문제를 통해 해당 유형에 대한 문제 해결 능력을 훈련할 수 있습니다.

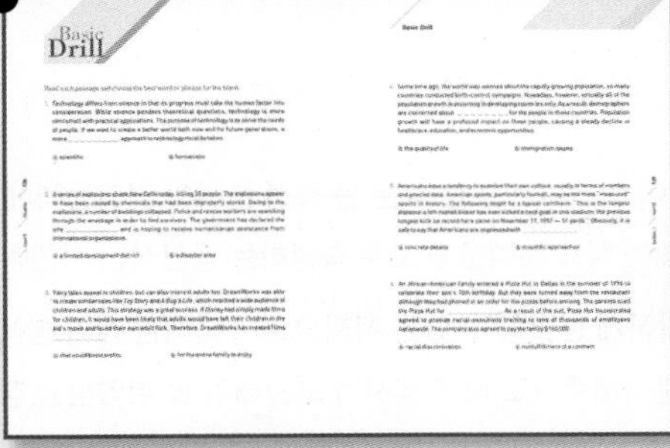

Practice Test

실제 시험과 같은 형식의 연습 문제를 풀어봄으로써 보다 확실히 실전 적용 능력을 배양할 수 있습니다.

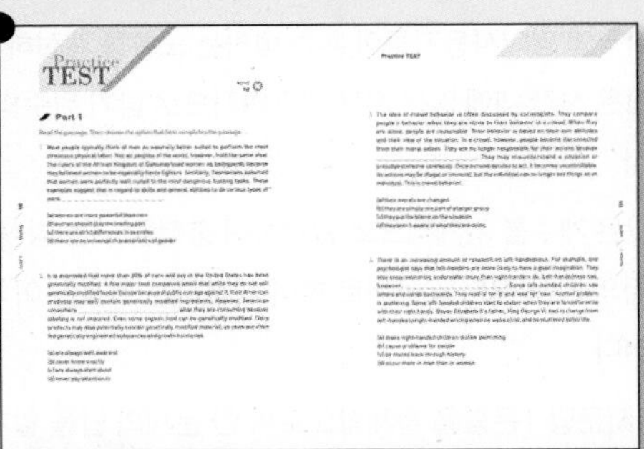

Mini Test

다양한 유형의 문제들이 골고루 출제된 미니 테스트를 통해 앞에서 학습한 내용을 확인하는 것은 물론 실전에 효과적으로 대비할 수 있습니다.

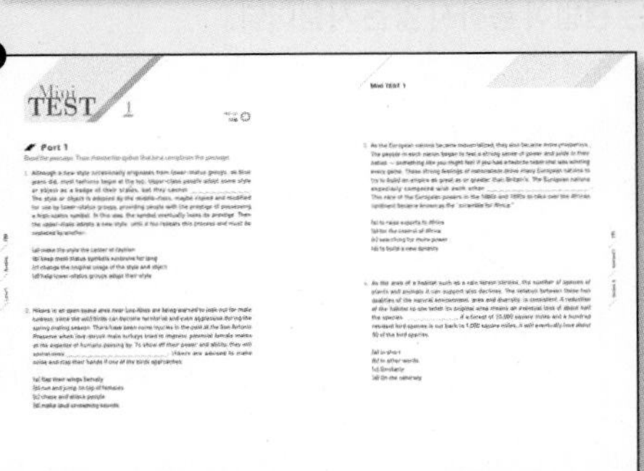

TEPS란?

■

TEPS(Test of English Proficiency developed by Seoul National University)는 서울대학교 언어교육원에서 개발되어 1999년에 처음으로 시행된 국가공인 영어시험이다. 언어 테스팅 분야의 세계적인 권위자인 Bachman 교수(미국 UCLA)와 Oller 교수(미국 뉴멕시코대)의 검증을 받아 그 신뢰도와 타당성이 입증된 TEPS는 국내외의 영어 관련 전문 인력 100여명에 의해 출제된다.

TEPS는 청해, 문법, 어휘, 독해의 4개 영역으로 이루어져 있으며 각 영역은 문제 유형에 따라 총 13개의 파트로 구성되어 있다. 문항 수는 총 200개이며 140분간 진행된다. 문항별 난이도와 변별도를 근거로 성적을 산출하는 문항반응이론(IRT: Item Response Theory)에 따라 채점이 이루어져 회차 별로 만점의 최종 점수가 달라질 수 있다.

TEPS는 다음과 같은 특징이 있다.

- TEPS는 TOEFL이나 TOEIC과 같이 비즈니스 또는 학문 등 특정 분야의 영어능력에 초점을 맞추기보다 생활 영어와 학문적 영어에 대한 활용 능력을 골고루 측정하는 종합적인 시험이다.
- TEPS는 각 영역의 영어 실력을 정확하게 변별할 수 있는 시험으로서 이러한 점이 성적표에도 반영이 되어 영역별 실력을 세분화하여 분석해주므로 각 수험자가 보완해야 할 취약점을 정확히 제시한다.
- TEPS는 한국인 영어사용자들이 흔히 범하는 오류를 개선하기 위해 시험에서도 이를 반영한다.
- TEPS는 짧은 시간 내에 많은 지문이 주어지므로 암기 위주의 영어가 아닌 완전히 체화된 영어능력을 측정한다.
- TEPS는 맞은 개수를 기계적으로 합산하여 총점을 내는 방식이 아닌 각 문항의 난이도와 변별도에 대한 수험자의 반응 패턴을 근거로 하여 채점하는 최첨단 어학능력 검증기법인 문항반응이론을 도입한 시험이다.
- TEPS는 1지문당 1문항을 출제함으로써 한 문제의 답을 알게 되면 연결된 문제의 답도 유추가 가능하게 되는 편법이 통하지 않는 시험이다.

■

TEPS 영역별 구성

영역	파트별 내용	문항수	시간/ 배점
청해 Listening Comprehension	Part I : 문장 하나를 듣고 이어질 대화 고르기 Part II : 3문장의 대화를 듣고 이어질 대화 고르기 Part III : 6-8문장의 대화를 듣고 질문에 해당하는 답 고르기 Part IV : 담화문의 내용을 듣고 질문에 해당하는 답 고르기	15 15 15 15	55분/400점
문법 Grammar	Part I : 대화문의 빈칸에 적절한 표현 고르기 Part II : 문장의 빈칸에 적절한 표현 고르기 Part III : 대화에서 어법상 틀리거나 어색한 부분 고르기 Part IV : 문단에서 문법상 틀리거나 어색한 부분 고르기	20 20 5 5	25분/100점
어휘 Vocabulary	Part I : 대화문의 빈칸에 적절한 단어 고르기 Part II : 단문의 빈칸에 적절한 단어 고르기	25 25	15분/100점
독해 Reading Comprehension	Part I : 지문을 읽고 질문의 빈칸에 들어갈 내용 고르기 Part II : 지문을 읽고 질문에 가장 적절한 내용 고르기 Part III : 지문을 읽고 문맥상 어색한 내용 고르기	16 21 3	45분/400점
총계	13개 파트	200	140분/990점

• 문항반응이론(IRT: Item Response Theory)에 의해 최고점이 990점, 최저점이 10점으로 조정됨

TEPS 등급표

등급	점수	영역	능력검정기준
1⁺급 Level 1⁺	901-990	전반 Holistic	외국인으로서 최상급 수준의 의사소통능력: 교양있는 원어민에 버금가는 정도로 의사소통이 가능하고 전문분야 업무에 대처할 수 있음 (Native Level of Communicative Competence)
	361-400	청해 독해	교양있는 원어민에 버금가는 수준의 청해력 교양있는 원어민에 버금가는 수준의 독해력
	91-100	문법 어휘	교양있는 원어민에 버금가는 수준으로 내재화된 문법능력 교양있는 원어민에 버금가는 수준으로 내재화된 어휘력
1급 Level 1	801-900	전반 Holistic	외국인으로서 거의 최상급 수준의 의사소통능력: 단기간 집중 교육을 받으면 대부분의 의사소통이 가능하고 전문분야 업무에 별 무리 없이 대처할 수 있음 (Near-Native Level of Communicative Competence)
	321-360	청해 독해	다양한 상황의 수준 높은 내용을 별 무리 없이 이해할 수 있는 정도의 청해력 다양한 소재의 수준 높은 내용을 별 무리 없이 이해할 수 있는 정도의 독해력
	81-90	문법 어휘	다양한 구문을 별 무리 없이 신속하게 이해할 수 있을 정도로 내재화된 문법능력 다양한 표현을 별 무리 없이 신속하게 이해할 수 있을 정도로 내재화된 어휘력

등급	점수	영역	능력검정기준
2⁺급 Level 2⁺	701-800	전반 Holistic	외국인으로서 상급 수준의 의사소통능력: 단기간 집중 교육을 받으면 일반분야 업무를 큰 어려움 없이 수행할 수 있음 (Advanced Level of Communicative Competence)
	281-320	청해 독해	일반적 상황에 보통수준의 내용을 별 무리 없이 이해하는 정도의 청해력 일반적 소재에 보통수준의 내용을 별 무리 없이 이해하는 정도의 독해력
	71-80	문법 어휘	일반적인 구문을 별 무리 없이 이해하는 정도의 문법 능력 일반적인 표현을 별 무리 없이 이해하는 정도의 어휘력
2급 Level 2	601-700	전반 Holistic	외국인으로서 중상급 수준의 의사소통능력: 중장기간 집중 교육을 받으면 일반분야 업무를 큰 어려움 없이 수행할 수 있음 (High Intermediate Level of Communicative Competence)
	241-280	청해 독해	일반적 상황에 보통수준의 내용을 대체로 이해하는 정도의 청해력 일반적 소재에 보통수준의 내용을 대체로 이해하는 정도의 독해력
	61-70	문법 어휘	일반적인 구문을 대체로 이해하는 정도의 문법능력 일반적인 구문을 대체로 이해하는 정도의 문법능력
3⁺급 Level 3⁺	501-600	전반 Holistic	외국인으로서 중급 수준의 의사소통능력: 중장기간 집중 교육을 받으면 한정된 분야의 업무를 큰 어려움 없이 수행할 수 있음 (Mid Intermediate Level of Communicative Communicative Competence)
	201-240	청해 독해	일반적 상황에 보통수준의 내용을 다소 이해하는 정도의 청해력 일반적 소재에 보통수준의 내용을 다소 이해하는 정도의 독해력
	51-60	문법 어휘	일반적인 구문에 대한 의미파악이 어느 정도 가능한 문법 능력 일반적인 표현에 대한 의미파악이 어느 정도 가능한 어휘력
3급 Level 3	401-500	전반 Holistic	외국인으로서 중하급 수준의 의사소통능력: 중장기간 집중 교육을 받으면 한정된 분야의 업무를 다소 미흡하지만 큰 지장 없이 수행할 수 있음 (Low Intermediate Level of Communicative Competence)
	161-200	청해 독해	일반적 상황에 보통수준의 내용을 이해하기 다소 어려운 정도의 청해력 일반적 소재에 보통수준의 내용을 이해하기 다소 어려운 정도의 독해력
	41-50	문법 어휘	일반적 구문에 대한 신속한 의미 파악이 다소 어려운 정도의 문법능력 일반적인 표현에 대한 신속한 의미 파악이 다소 어려운 정도의 어휘력
4⁺급 4급	301-400 201-300	전반 Holistic	외국인으로서 하급수준의 의사소통능력: 장기간의 집중 교육을 받으면 한정된 분야의 업무를 대체로 어렵게 수행할 수 있음 (Novice Level of Communicative Competence)
5⁺급 5급	101-200 10-100	전반 Holistic	외국인으로서 최하급 수준의 의사소통능력: 단편적인 지식만을 갖추고 있어 의사소통이 거의 불가능함 (Near-Zero Level of Communicative Competence)

TEPS 활용처

전국 30여개의 주요 특목고에서 정기적으로 TEPS에 단체 응시하고 있으며 일부 특목고에서는 입시 및 졸업 요건으로 TEPS 성적을 요구하고 있다. 또한 80여개의 주요 대학교에서 입학 전형 시 TEPS 성적을 반영하고 있다. (2009학년도 입시 기준)

* 아래 사항은 변경될 수 있으므로 반드시 해당 학교의 입시요강을 확인하시기 바랍니다.

특목고

경남외고, 광양제철고, 김해외고, 대원외고, 명덕외고, 민족사관고, 부산 부일외고, 부산국제고, 서울외고, 안양외고, 울산과고, 인천과학고, 전남외고, 전주상산고, 충남외고, 해운대고

대학

가톨릭대학교, 건국대학교(서울), 경북대학교, 경상대학교, 경성대학교, 경인교육대학교, 계명대학교, 고려대학교, 국민대학교, 군산대학교, 단국대학교(죽전, 천안), 대구대학교, 대진대학교, 덕성여자대학교, 동덕여자대학교, 동아대학교, 동의대학교, 목포대학교, 목포해양대학교, 부경대학교, 부산외국어대학교, 삼육대학교, 상명대학교(서울, 천안), 서경대학교, 서울기독대학교, 서울대학교, 서울시립대학교, 서울신학대학교, 서울여자대학교, 선문대학교, 성결대학교, 성공회대학교, 성균관대학교, 성신여자대학교, 세종대학교, 순천대학교, 신라대학교, 아세아연합신학대학교, 아주대학교, 안양대학교, 연세대학교, 영산대학교, 우송대학교, 울산대학교, 을지대학교(대전, 성남), 이화여자대학교, 장로회신학대학교, 전북대학교, 전주대학교, 제주대학교, 중앙대학교(서울, 안성), 청원대학교, 청주대학교, 총신대학교, 충남대학교, 충주대학교, 카이스트, 한경대학교, 한국해양대학교, 한동대학교, 한림대학교, 한성대학교, 한신대학교, 한양대학교

GR유형소개

문법 (Grammar) 영역의 유형과 학습 전략

- 문법 영역은 총 50문항이며 4개의 파트로 구성되어 있다. 파트 1, 2는 각 20문항, 파트 3,4는 각 5문항이 출제되며 시험 시간은 25분이다.
- 밑줄 친 부분 중에서 틀린 것을 골라내는 유형 등과 같이 단편적인 문법적인 지식을 기계적으로 적용하는 것을 지양하고, 문맥을 통해 문법적 오류를 판단하는 능력을 평가한다.
- 하나의 문법적 포인트보다 두 가지 정도의 문법 포인트를 동시에 적용할 수 있어야 풀 수 있는 문제들이 출제되므로 종합적 문법 능력을 문맥 내에서 활용하는 능력을 배양해야 한다.
- 구어체 문법의 출제 비중이 문어체 문법과 동일하므로 실제 상황에서 쓰이는 구어체 문법도 충분히 익혀두어야 한다.
- 주어와 동사의 수의 일치, 시제, 태 등 동사와 관련된 문제의 출제 비중이 30%를 차지하므로 동사를 중심으로 학습해야 한다.
- 한국인들이 빈번하게 틀리는 문법 사항들을 반영하고 있으므로 우리말과 영어의 차이에서 비롯되는 혼동되는 점들을 꼼꼼히 숙지해야 한다.

Part I 구어체 (20문항)

Part I 은 짧은 대화 형식으로 되어 있으며 주로 후자의 대화 중에 있는 빈칸에 적절한 말을 고르는 문제이다. 전치사 표현력, 구문 이해력, 품사 이해도, 시제, 접속사 등에 관한 문법 능력을 측정한다.

Choose the best answer for the blank.

A: May I speak to Mr. Jackson?
B: Sorry, he __________ for the day.

(a) goes
(b) has gone
(c) will go
(d) was going

정답 (b)

Part Ⅱ 문어체 (20문항)

Part Ⅱ는 한 두 문장으로 구성된 짧은 글에 빈칸을 채우는 문제이다. 개별 문법 포인트를 전체적인 구문에 대한 이해를 바탕으로 적용할 수 있어야 한다.

Choose the best answer for the blank.

The jet can fly at ____________ of sound.

(a) speed of twice
(b) the twice of speed
(c) twice the speed
(d) twice speed

정답 (c)

Part Ⅲ 대화문 (5문항)

PartⅢ는 A-B-A-B 형식의 대화문에서 어법상 틀린 문장을 고르는 문제이다. 대화의 흐름에 대한 이해도 및 구문 이해도, 개별 문법에 대한 적용 능력 전반을 측정한다.

Identify the option that contains an awkward expression or an error in grammar.

(a) A: Have you heard that Mike won first place in the speech contest?
(b) B: That's really great.
(c) A: I'm proud of he is my friend.
(d) B: At the same time, I envy him.

정답 (c)

Part Ⅳ 담화문 (5문항)

Part Ⅳ는 네 문장으로 구성된 하나의 단락에서 어색한 문장을 고르는 문제이다. 글의 흐름에 대한 이해도 및 구문 이해도, 개별 문법에 대한 적용 능력 전반을 측정한다.

Identify the option that contains an awkward expression or an error in grammar.

(a) The annual number of deaths caused by automobile accidents has increased over the years. (b) This is largely due to drivers and passengers are careless about using seat belts. (c) So make sure you and your children buckle up. (d) It just might save your lives.

정답 (b)

독해 (Reading Comprehension) 영역의 유형과 학습 전략

- 독해 영역은 총 40문항이며 3개의 파트로 구성되어 있다. 파트1에서 16문항, 파트2에서 21문항, 파트3에서 3문항이 출제되며 시험 시간은 45분이다.
- 실용문(서신, 광고, 홍보, 공고, 신문 기사 등)과 여러 분야의 비전문적인 학술문을 골고루 다룸으로써 다양한 글에 대한 독해력을 측정한다.
- 지엽적인 정보에 대한 이해 수준에서 벗어나 글 전체의 의미와 구조에 대해 빠른 시간 내에 정확하게 이해할 수 있는 독해력을 길러야 한다.

Part Ⅰ 빈칸 채우기 (16문항)

Part Ⅰ은 빈칸 넣기 유형이다. 한 단락으로 이루어진 글의 전체적인 흐름을 이해하여 문맥상 빈칸에 들어갈 알맞은 말을 골라야 한다. 주제문이나 부연 설명을 고르는 유형과 연결어를 고르는 유형이 있다.

Choose the option that best completes the passage.

Even if you have little experience with children, you probably have a sense that older children are better able to pay attention to a given task than younger children. Parents read brief stories to their two-year-olds but expect their adolescent children to read novels. Preschool teachers give their small students only brief tasks, like painting or coloring; high school teachers expect their students to follow their lessons for an hour or more at a time. Clearly, children's ______________ undergo recognizable changes with development.

(a) physical condition
(b) power of concentration
(c) school records
(d) tastes for amusement

정답 (b)

Part II 내용 이해 (21문항)

Part II는 글의 주제, 세부 정보, 추론 내용 등을 묻는 질문에 대한 올바른 답을 찾는 문제이다. 질문이 요구하는 정보가 무엇인지 먼저 확인하고 지문을 빠르게 훑어 읽어야 한다.

Choose the option that best answers the question.

University education should aim at teaching a few general principles, along with the ability to apply them to a variety of concrete details. Your learning is useless to you until you have lost your textbooks, burned your lecture notes, and forgotten the petty details you memorized for the examination. The ideal of a university is not so much knowledge as power. Its business is to convert the knowledge of a youth into the power of an adult human being.

Q. Which of the following is the best topic of the above passage?

(a) Changing knowledge into actual power
(b) The meaning of useful learning
(c) The real purpose of university education
(d) The ability to apply general ideas to details

정답 (c)

Part III 흐름 찾기 (3문항)

PartIII는 한 문단으로 이루어진 글에서 흐름상 어색한 문장을 고르는 문제이다. 글의 주제와 전체적인 흐름을 파악하여 불필요한 문장을 골라야 한다.

Identify the option that does NOT belong.

Many of the difficulties we experience in relationships are caused by unrealistic expectations we have of each other. Think about it. (a) Women are supposed to stay beautiful and forever 22, while doing double duty in the home and in the workplace. (b) Many women are appreciated in the workplace not for their ability but for their appearance. (c) The burden on men is no easier; they should be tall, handsome, supportive and loving. (d) Let's be more reasonable in our relationships from now on, and develop a new sensitivity toward each other that is based on realistic expectations.

정답 (b)

Grammar

TEPS BY STEP

Section Ⅰ

TEPS 기본 다지기

unit 01 문장의 구성

문장을 구성하는 네 가지 요소는 주어, 동사, 목적어, 보어이다. 이 중에서 가장 중요한 요소는 동사인데, 동사가 나머지 문장 구성 요소들의 필요성과 종류 및 형태 등을 결정짓고 어순을 통제하기 때문이다. 동사에 따라 정해지는 문장 구조에 의해 문장은 다섯 개의 형식으로 분류되므로 이에 대한 이해가 필요하다.

기 출 응 용

Choose the best answer for the blank.

A: You look ____________ in that blue jacket.
B: Do you think so? This is my favorite jacket.

(a) to be great
(b) to be greatly
(c) great
(d) greatly

정답 (c)

해석 A: 그 파란색 재킷을 입고 있으니까 멋있게 보여.
B: 그렇게 생각해? 이건 내가 제일 좋아하는 재킷이야.

해결 포인트 빈칸의 의미가 '멋있게'로 해석되기 때문에 부사 greatly를 고르기 쉬우나, 동사 look은 형용사 보어를 필요로 하는 2형식 동사(불완전 자동사)이므로 형용사 great가 알맞은 답이다.

1 1형식: 주어 + 완전자동사

: 1형식 동사인 완전자동사는 목적어나 보어를 필요로 하지 않는 동사이다. 따라서 의미를 구체적으로 전달하기 위해 부사(구)를 추가하기도 한다.

1 This MP3 player doesn't **work**.

2 A leaf **fell** on my shoulder.

3 There **is** an unfamiliar car in front of his house.

주의해야 할 '주어 + 완전자동사 + 부사 + 전치사구'의 어순

4 That tie **goes** well *with your shirt*. (go well with: ~와 잘 어울리다)

2 2형식: 주어 + 불완전자동사 + 주격보어

: 2형식 동사는 불완전 자동사이기 때문에 반드시 보어를 필요로 한다. 보어로는 명사나 형용사가 주로 쓰이며 부사는 보어로 쓰일 수 없음에 유의한다.

1. '~하게 되다' 유형: 주어 + become/go/come/turn/fall/get/grow/run + 형용사

5 Your dream will **come** *true* someday.

cf. 6 He **became** *a doctor*. (명사보어가 올 때는 '주어=보어'가 성립함)

2. '~한 상태를 유지하다' 유형: 주어 + keep/remain/lie/stand/stay + 형용사

7 She **remained** *silent* for a long time.

3. '~인 것 같다' 유형: 주어 + seem/appear + 형용사

8 Her bag **seems** too *expensive* for a young girl.

4. '지각동사' 유형: 주어 + look/sound/feel/smell/taste + 형용사

9 I think this jacket **looks** *good* on you, not that one.

하나의 단어처럼 어울려 쓰이는 '동사 + 형용사' 형태

go bad 음식이 상하다	fall asleep 잠이 들다	turn pale 창백해지다
get lost 길을 잃다	grow old 나이가 들다	run short 부족해지다

3 3형식: 주어 + 완전타동사 + 목적어

: 3형식 동사는 목적어를 필요로 하는 완전타동사이다. 해석상 자동사로 착각하여 불필요한 전치사를 함께 쓰지 않도록 주의한다.

10 Nick closely **resembles** a famous actor in Japan. (resemble = take after: ~와 닮다)

[11] His sister **married** one of his friends. (marry = get married to: ~와 결혼하다)

[12] She refused to **answer** the reporter's impolite question.
(answer = reply to: ~에 답하다)

3형식 동사 중 목적어 다음에 특정 전치사를 수반하는 경우

[13] He **accused** me **of** not having told him the news earlier.

1. 주어 + rob/deprive/remind/inform/convince + A + of + B
2. 주어 + compare/charge/replace/provide + A + with + B
3. 주어 + prevent/keep/ban/stop/discourage + A + from + B
4. 주어 + blame/punish/pay/exchange/mistake + A + for + B
5. 주어 + regard/consider/take + A + as + B

4 4형식: 주어 + 수여동사 + 간접목적어(~에게) + 직접목적어(~을)

: 4형식 동사는 두 개의 목적어를 가지므로 이들의 순서에 유의한다. 4형식 문장은 두 목적어의 순서를 바꾸고 간접목적어 앞에 전치사를 써서 3형식 문장으로 전환할 수 있는데, 이때 쓰이는 전치사의 종류는 동사에 따라 다르다.

1. to를 사용하는 동사: give, offer, teach, lend, tell, show, bring, send 등

[14] My sister **lent** me(간·목) a large sum of money(직·목).

= My sister **lent** a large sum of money *to* me.

2. for를 사용하는 동사: make, choose, find, cook, buy 등

[15] I will **make** you(간·목) a cup of tea(직·목), and it will help you feel better.

= I will **make** a cup of tea *for* you, and it will help you feel better.

3. of를 사용하는 동사: ask, beg, inquire 등

[16] May I **ask** you(간·목) a favor(직·목)?

= May I **ask** a favor *of* you?

수여동사로 착각하기 쉬운 완전타동사

explain, announce, introduce, suggest, say 등은 의미상 수여동사로 혼동하기 쉬우나 4형식으로 쓸 수 없으므로 주의한다.

[17] He **explained** the rule to me. (o) He **explained** me the rule. (x)

5 5형식: 주어 + 불완전타동사 + 목적어 + 목적보어

: 불완전타동사의 경우 다양한 형태의 목적보어를 취하며, 목적어와 목적보어의 관계는 의미상 주어와 술어의 관계가 성립한다.

1. 명사/형용사 보어: call, consider, drive, find, keep, make, leave 등

[18] They **call** him *a saint*.

[19] Please **leave** me *alone*.

2. to부정사 보어: enable, allow, cause, ask, force, order, want, like, get, expect, urge, tell, advise 등

[20] The doctor **advised** him *to exercise* regularly.

3. 원형부정사 보어: make, let, have, see, hear, watch, feel 등 사역동사나 지각동사

[21] I **saw** him *enter* the hospital with his wife.

4. 분사 보어: make, have, get, see, hear, watch, feel 등

[22] I **had** my blood *tested* at the hospital yesterday.

A. 괄호 안에서 알맞은 표현을 고르시오.

1. Look at this mold! This bread must have gone (ⓐbad, ⓑbadly).
2. He hopes to (ⓐmarry with, ⓑmarry) a woman who resembles his mother.
3. Would you like me (ⓐwash, ⓑto wash) the dishes?
4. I heard someone (ⓐto sing, ⓑsing) my favorite song.
5. The refugees were forced (ⓐto leave, ⓑleave) the country right away.

B. 밑줄 친 부분을 어법에 맞게 고쳐 쓰시오.

1. His mother remained <u>silence</u> after hearing the sad news.
2. I'd like to exchange these shoes <u>with</u> larger ones.
3. Would you please give <u>to me</u> something to drink?
4. He accused me <u>to tell</u> a lie.
5. In France, you need to make yourself <u>understand</u> in French.
6. The boss had me <u>to finish and submit</u> the report by 5 o'clock.
7. <u>Various models are there</u> for you to choose from.

Practice TEST

제한시간
5분

Choose the best answer for the blank.

Part 1

1. A: Hurry up, or we won't be on time for the meeting.
   B: It doesn't ____________ if we are late. Don't worry.
   (a) important
   (b) matter
   (c) make
   (d) do

2. A: He is not the man he used to be, don't you think?
   B: As far as I know, he almost ____________ when he failed to pass the exam.
   (a) went mad
   (b) came to madness
   (c) became madly
   (d) came to be mad

3. A: I think your piece of pizza is bigger than mine.
   B: The grass always looks ____________ on the other side of the fence.
   (a) greenly
   (b) greener
   (c) to be green
   (d) being green

4. A: Can you explain ____________?
   B: Sorry. I'm not the person in charge.
   (a) me the return policy
   (b) over the return policy
   (c) the return policy to me
   (d) me of the return policy

5. A: I'm afraid I can't hear well these days.
   B: Why don't you ____________?
   (a) examine your ears
   (b) have your ears examine
   (c) have your ears examined
   (d) get your ears to examine

Part 2

6. The teachers ____________ whether to assign homework to students during summer vacation.
   (a) discussed
   (b) were discussed
   (c) discussed about
   (d) discussed over

7. During my trip, a man ____________ my money on the street.
(a) stole me
(b) stole me from
(c) robbed me of
(d) robbed

8. The doctor advised him ____________.
(a) not to eat junk food
(b) don't eat junk food
(c) of eating junk food
(d) of not eating junk food

9. English learners in Korea find ____________ to pronounce English vowels.
(a) difficult
(b) it difficult
(c) to be difficult
(d) it should be difficult

10. She saw the little boy ____________ out of the house.
(a) sneak
(b) sneaked
(c) to sneak
(d) be sneaked

Identify the option that contains an awkward expression or an error in grammar.

Part 3

11. (a) A: I'd like to have this suit clean.
(b) B: How soon do you need it, sir?
(c) A: I'm planning to wear it this Friday.
(d) B: No trouble at all, sir. It'll be ready Thursday afternoon.

Part 4

12. (a) Suppose you get out of bed in the morning on the wrong side. (b) For a few hours everything displeases you. (c) Your family's greetings of "Good morning" sound insincerely. (d) Your egg looks overcooked and, at school, your teacher seems to frown at you all day.

unit 02

동사의 시제

영어의 시제는 모두 12가지로, 현재, 과거, 미래의 기본시제와 각 기본시제와 결합한 진행형, 완료형, 완료진행형이 있다. TEPS 문법에서는 우리말에 없는 '완료'의 개념에 대한 정확한 이해도를 측정하는 문제가 자주 출제된다. 또한 시제에 따라 빈번하게 사용되는 부사구가 다양하므로 따로 기억해둘 필요가 있다.

기 출 응 용

Choose the best answer for the blank.

A: May I speak to Mr. Jackson?
B: Sorry, he ___________ for the day.

(a) goes
(b) has gone
(c) will go
(d) was going

정답 (b)

해석 A: 잭슨씨와 통화할 수 있을까요?
B: 죄송합니다만, 오늘 퇴근하셨는데요.

해결 포인트 잭슨씨를 바꿔달라고 했으나 '미안하다'고 했으므로 이후 내용은 그가 통화할 수 없는 이유를 설명하는 말이 적절하다. for the day란 표현은 '오늘로서는(오늘은)'의 의미이므로 전체적인 문맥이 '오늘은 (퇴근하고) 없다'라는 뜻이 되려면 현재완료시제(has + p.p.)를 쓰는 것이 적절하다.

1 기본시제: 현재 - 과거 - 미래

1. 현재시제: 현재의 상태, 동작, 반복되는 규칙, 일반적 사실, 속담, 불변의 진리 등을 표현

[1] Here in Korea, it **rains** a lot *at this time of the year*. (일반적 사실)

[2] My brother *usually* **plays** tennis *on Saturdays*. (반복되는 규칙)

2. 과거시제: 과거의 사실, 상태, 동작, 습관 또는 역사적 사실 등을 표현. 과거의 특정한 때를 나타내는 시간의 부사(구)와 함께 자주 사용된다.

[3] His father **passed away** *in 2008*. (과거의 사실)

[4] The Korean War **broke out** *in 1950*. (역사적 사실)

과거를 나타내는 시간의 부사(구)
yesterday, at that time, the other day, just now, in those days, ... ago, last ..., then, in 연도/세기

3. 미래시제: 미래를 나타내는 부사(구)와 함께 쓰여 미래에 대한 예측이나 의지를 표현

[5] The weather forecast predicted that it **will rain** heavily *over the weekend*. (미래에 대한 예측)

미래 시제 대신 사용되는 시제

(1) 현재시제가 미래를 대신할 수 있다.

[6] The movie **starts**[= will start] *at 10 o'clock tonight*.

(2) 현재진행시제 또는 미래진행시제가 미래시제를 대신할 수 있다.

[7] My sister **is coming**[= will come] to my house *tomorrow morning*.

(3) 때나 조건의 부사절에서는 반드시 현재시제가 미래시제를 대신한다.

[8] When[If, In case] she **comes** here *tomorrow*, I will take her to the meeting.

2 진행시제: 현재진행형 - 과거진행형 - 미래진행형

1. 현재진행시제(is(am, are) + v-ing): 현재 진행 중인 동작을 표현

[9] A: What **is** your mother **doing** now?
B: She **is washing** the dishes in the kitchen.

2. 과거진행시제(was(were) + v-ing): 과거에 진행 중이던 동작을 표현

[10] I **was taking** a shower at that time, so I couldn't answer the phone.

3. 미래진행시제(will be + v-ing): 미래에 진행 중일 일을 표현

11 She **will be waiting** for you when you get to the airport tomorrow.

진행시제로 쓰지 않는 상태동사

know, remember, have, like, look과 같이 상태를 나타내는 동사

12 I **am having** a dog and a cat. (x) I **have** a dog and a cat. (o)

단, 상태동사가 다른 의미로 사용될 경우 진행시제에 쓰일 수 있다.

13 I **am having** a good time with my friends at the beach. (have는 spend의 의미)

3 완료시제: 현재완료 – 과거완료 – 미래완료

1. 현재완료시제(have(has) + p.p.): 과거에 일어난 일이 현재까지 계속 영향을 미칠 때

14 I **have known** him since he was very young.

현재완료와 함께 쓰이는 부사(구)

since, so far, until now, in[for, over] the last ..., several times, already, yet, ever, never

2. 과거완료시제(had + p.p.): 과거 이전에 일어난 일이 과거의 어느 시점까지 영향을 미쳤을 때

15 She **had** already **left** the party when her boyfriend came there to pick her up.

3. 미래완료시제(will have + p.p.): 미래의 어느 시점까지 계속 또는 완료될 일을 나타낼 때

16 My parents **will have been married** for 25 years next month.

17 By the time she comes home tonight, her baby **will** already **have fallen** asleep.

4 완료진행시제: 현재완료진행 – 과거완료진행 – 미래완료진행

1. 현재완료진행시제(have(has) been + v-ing): 과거에 시작되어 현재에도 계속되는 일을 표현

18 It **has been raining** for a week, so I'm tired of being wet.

2. 과거완료진행시제(had been + v-ing): 과거 이전의 시점으로부터 과거 시점까지 계속된 일을 표현

19 When she arrived, her friend complained that he **had been waiting** for hours.

3. 미래완료진행시제(will have been + v-ing): 과거나 현재의 상황이 미래의 시점에도 계속되고 있을 일을 표현

20 It **will have been snowing** for a week tomorrow.

5 시제 일치

1. 시제부사 일치: 특정부사(구)는 특정 시제와 일치시킨다.

[21] My daughter **has been** sick *since last night*. (since + 과거표시어 → 현재완료시제)

2. 절과 절 사이의 일치: 일반적으로 종속절은 주절의 시제에 일치시킨다.

[22] He **hoped** he **could** retire to a quiet life in the country.

3. 문맥상의 일치: 특정 시제를 나타내는 표현이 없어도 대화의 흐름에 따라 시제를 일치시킨다.

[23] A: Do you know why Linda is moving to London next month?
B: Because she **is offered** a really good job. (x)
→ Because she **was offered** a really good job. (o)

A. 괄호 안에서 알맞은 표현을 고르시오.

1. I (ⓐsaw, ⓑhave seen) you in front of a restaurant the other day.
2. By the time you (ⓐwill get, ⓑget) to the shop, it will have closed.
3. A: Why are you so tired?
   B: I (ⓐhave been walking, ⓑhad been walking) all day.
4. A: This painting (ⓐis looking, ⓑlooks) very weird to me.
   B: It does? I think it is very interesting.
5. A: How about having dinner with me tonight?
   B: Sorry, I can't. I (ⓐmeet, ⓑam meeting) my professor at 6 o'clock.

B. 밑줄 친 부분을 어법에 맞게 고쳐 쓰시오.

1. Jim found a car that was precisely what he has been looking for.
2. The economy of China expanded rapidly over the last decade.
3. I'll go on a trip to Africa as soon as I will graduate in February.
4. Welcome back! When have you come back from your honeymoon?
5. I have been knowing how to drive since I was 18 years old.
6. Take your raincoat with you in case it will rain during the trip.
7. It was five years since Julie got married and stopped working.

Practice TEST

제한시간
5분

Choose the best answer for the blank.

Part 1

1. A: Do you happen to know how I can reach Mr. Kim?
   B: I wish I could help you, but I ____________ his email address.
   (a) didn't know
   (b) haven't known
   (c) couldn't know
   (d) don't know

2. A: When did the French Revolution take place?
   B: I think it ____________ in 1789.
   (a) occurred
   (b) occurs
   (c) has occurred
   (d) had occurred

3. A: When can I get an interview?
   B: When my boss ____________ the meeting, he will let you know.
   (a) finishes
   (b) finished
   (c) will finish
   (d) would finish

4. A: Did you meet Ms. Smith at the party?
   B: No, she ____________ when I arrived at the party last night.
   (a) left
   (b) is leaving
   (c) was already left
   (d) had already left

5. A: How long have you lived here?
   B: My family ____________ here for 20 years next year.
   (a) live
   (b) have lived
   (c) will live
   (d) will have lived

Part 2

6. It was strange that Jason was not there that day because he ____________ to church every Sunday.
   (a) goes
   (b) went
   (c) is going
   (d) has gone

7. I hope my team __________ the first prize in the dance contest this Saturday.
(a) will win
(b) has won
(c) won
(d) win

8. In the last few years, scientists __________ great achievements in various fields.
(a) have produced
(b) had produced
(c) were producing
(d) produced

9. I was born in Busan, but I __________ here in Seoul for 20 years.
(a) am living
(b) had lived
(c) have been living
(d) live

10. We __________ for ten years at the end of this year.
(a) will be married
(b) are married
(c) have been married
(d) will have been married

Identify the option that contains an awkward expression or an error in grammar.

Part 3

11. (a) A: How about going out to dinner tonight?
(b) B: No, I feel like eating at home and relaxing after dinner.
(c) A: But I'm tired of having to cook dinner for you every night.
(d) B: Dear, if I remember correctly, we have dined out twice last week.

Part 4

12. (a) It's sad but true that "If you don't look out for yourself, no one else will." (b) For example, some people have a false idea about the power of a college degree. (c) They think that once they possess the degree, the world is waiting on their doorstep. (d) In fact, nobody is likely to be on their doorstep unless they have prepared themselves for a career.

unit 03

동사의 태와 수 일치

태란 주어와 동사의 능동 · 수동 관계를 나타내는 형식으로 태 유형의 문제를 풀기 위해서는 동사가 자동사인지 타동사인지를 구분할 수 있어야 한다. 또한 수의 일치란 동사의 형태를 주어의 수에 맞게 일치시키는 것으로 주어에 따라 단수동사 또는 복수동사의 사용 여부를 결정한다. TEPS 문법에서는 보통 동사의 태와 수 일치를 동시에 묻는 경우가 많으니 주어와 동사의 관계 파악에 항상 주의하도록 한다.

기출응용

Choose the best answer for the blank.

A: Do you know why he took the job?
B: Well, he told me that workers there ___________ a good salary.

(a) earn
(b) earns
(c) is earned
(d) are earned

정답 (a)

해석 A: 그가 왜 그 직업을 선택했는지 알고 있니?
B: 음, 그 곳의 직원들이 연봉을 많이 받는다고 그가 말해주었어.

해결 포인트 동사의 태와 수 일치를 동시에 묻는 문제이다. 일단 주어가 workers이므로 (a)와 (d) 중 하나가 정답일 가능성이 있다. earn은 목적어를 필요로 하는 타동사인데 빈칸 뒤에 목적어인 a good salary가 있으므로 능동형인 (a)가 정답이 된다.

1

능동태 vs. 수동태

〔능동태〕[1] The famous poet's wife **wrote** this great poem 10 years ago.
주어(행위 주체) 동사 목적어(행위 대상)

〔수동태〕[2] This great poem **was written** by the famous poet's wife 10 years ago.
주어(행위 대상) 동사(be동사+p.p.) by + 행위 주체

수동태로 바꿀 수 없는 동사

〔자동사〕 break out, take place, happen, occur, exist, remain, decline, belong to, consist of

〔타동사〕 become(…에 어울리다), fit, suit, resemble, have, cost, lack

2

3형식 문장의 수동태 전환

주어 + say, think, believe, consider, know + that절 (목적어)

〔능동태〕[3] They **say** that he is guilty.

〔수동태 1〕 That he is guilty **is said** by them.

〔수동태 2〕 It **is said** that he is guilty.

〔수동태 3〕 He **is said** to be guilty.

3

4형식 문장의 수동태 전환

주어 + 수여동사 + 간접목적어 + 직접목적어

〔능동태〕[4] He **gave** her two opera tickets as a birthday present.

〔수동태 1〕 She **was given** two opera tickets as a birthday present by him.

〔수동태 2〕 Two opera tickets **were given** to her as a birthday present by him.

4

5형식 문장의 수동태 전환

주어 + 동사 + 목적어 + 목적보어

1. 보어가 명사/형용사일 때: call, consider, elect, name, make 등의 동사

〔능동태〕[5] He **called** her a liar.

〔수동태〕 She **was called** a liar by him.

2. 보어가 to부정사일 때: ask, require, expect, tell, urge, allow, advise, force, encourage 등의 동사

〔능동태〕[6] He **asked** her to read the letter out loud.

〔수동태〕 She **was asked** to read the letter out loud by him.

3. 보어가 원형 부정사일 때: see, hear, feel, make 등의 동사

〔능동태〕[7] **I heard** the boy play the piano at church.

〔수동태〕 The boy **was heard** to play the piano at church by me.

5 주어 - 단수 동사 일치

1. Every/Each + 단수명사 + 단수동사

[8] Every teacher and student **is required** to attend the opening ceremony.

2. 단위명사/과목명/병명 + 단수동사

[9] Two hours **is** a long time for a child to pay attention to a course.

3. 하나로 합쳐진 것을 나타내는 명사 and 명사 + 단수동사

[10] Bread and butter **is** enough for my breakfast.

4. 하나의 집합체를 나타내는 명사 + 단수동사

[11] His family **has lived** around here for 30 years.

cf. [12] His family **are** all tall. (집합체의 개별 구성원에 중점을 두는 경우에는 복수 취급)

〔단위명사〕 twenty years(시간), sixty miles(거리), fifty dollars(액수), five grams(무게)

〔과목명〕 ethics(윤리학), physics, economics, statistics(통계학) 등

〔병　명〕 AIDS, diabetes(당뇨병), measles(홍역), rabies(광견병) 등

〔하나의 집합체를 나타내는 명사〕 family, committee, jury, staff, audience 등

6 주어 - 복수 동사 일치

1. 쌍(pair)을 이루는 명사 + 복수동사

[13] Those sunglasses **are** what I've been looking for.

2. 단체(group)를 나타내는 명사 + 복수동사

[14] The police **are investigating** the fraud.

〔쌍을 이루는 명사〕 pants, trousers, socks, gloves, glasses, scissors 등

〔단체를 나타내는 명사〕 the police, the clergy(성직자들), cattle, people 등

7 주어에 따라 달라지는 동사 수 일치

1. 명사(A) of 명사(B): 명사(A)에 동사의 수 일치

[15] *The number* of smokers **has** steadily **been reduced** since the year 2000.
(the number of: ~의 수)

cf. [16] A number of *smokers* **have complained** about the lack of smoking areas. (a number of: 많은)

2. 단수와 복수의 형태가 같은 명사: 수식어를 보고 동사의 수 결정

[17] *Many* sheep **are grazing** on a hill.

3. 부분, 나머지를 뜻하는 명사: of 뒤에 오는 명사가 동사의 수 결정

[18] 50 percent of *the money* **was donated** to the Red Cross.

[단수와 복수의 형태가 같은 명사] deer, fish, shrimp, aircraft, species, series 등
[부분, 나머지를 나타내는 명사] 분수, the rest, part, most, some, all 등

A. 괄호 안에서 알맞은 표현을 고르시오.

1. A powerful earthquake [ⓐoccurred, ⓑwas occurred] in China last night.
2. Five hundred dollars [ⓐwere, ⓑwas] a large sum for him at that time.
3. A letter from a stranger [ⓐsent, ⓑwas sent] to the airline.
4. The number of fat kids [ⓐhas been, ⓑhave been] increasing these days.
5. Knives made in Germany [ⓐsay, ⓑare said] to be the best in the world.

B. 밑줄 친 부분을 어법에 맞게 고쳐 쓰시오.

1. The repairs expect to take about a week.
2. He offered a very good job, but he turned it down.
3. My classmates were made memorize the poem.
4. Full details of this program is provided in this brochure.
5. Diabetes are a serious disease which leads to various complications.
6. In the past it believed that the play was written by Shakespeare.
7. Two thirds of the rumors on the Internet was fabricated.

Practice TEST

제한시간 5분

Choose the best answer for the blank.

Part 1

1. A: What makes you think he won't quit his job?
   B: Because he ____________ his current position.
   (a) is satisfying
   (b) has satisfied with
   (c) is satisfied with
   (d) is satisfied by

2. A: My brother and I will take part in a 5-kilometer race next month. How about joining us?
   B: I think five kilometers ____________ a long distance to run. Please count me out this time.
   (a) has
   (b) have
   (c) is
   (d) are

3. A: Why are you so upset?
   B: I found that I have ____________ much less than my co-worker since last year.
   (a) been paying
   (b) paid
   (c) been paid
   (d) being paid

4. A: Do you know what the money they raised was used for?
   B: As far as I know, most of the money ____________ on providing shelters for the homeless.
   (a) spent
   (b) was spent
   (c) has spent
   (d) have been spent

5. A: Do you know the reason this restaurant ____________ every night?
   B: Because it is listed in a famous tourist guide book.
   (a) was packed
   (b) packs
   (c) is packed
   (d) has packed

Part 2

6. The Beatles' first album ____________ in 1963.
   (a) recorded
   (b) was recorded
   (c) has been recorded
   (d) has recorded

7. Economics ____________ the subject that I hated most back in my school days.
(a) were
(b) have been
(c) has
(d) was

8. I expect he will rent this house because it ____________ near his office.
(a) locates
(b) locating
(c) is located
(d) located

9. We ____________ by our rival team in the final game yesterday.
(a) were beaten
(b) beat
(c) beating
(d) are beaten

10. Restaurants cannot use disposable chopsticks unless more than 90% of them ____________.
(a) is recycling
(b) are recycled
(c) are to recycle
(d) being recycled

Identify the option that contains an awkward expression or an error in grammar.

Part 3

11. (a) A: What was your thesis about?
(b) B: I studied the English pronunciation of adult Korean learners.
(c) A: Did you draw any meaningful conclusions from your research?
(d) B: Yes, I found that among the English vowels, diphthongs pronounce incorrectly most often.

Part 4

12. (a) Bees make their only essential food, honey, to survive. (b) If there are 10,000 bees in a hive, about one third of them will participate in gathering nectar, which is then made into honey by the worker bees. (c) A small number of bees works as searchers. (d) They find a source of nectar, and then return to the hive to tell the other bees where it is.

unit 04

조동사

조동사는 본동사를 도와 필요, 충고, 의무, 허가, 가능 등의 의미를 보충해 주는 동사로, 조동사 뒤에는 항상 동사 원형을 쓴다. TEPS에서는 문맥을 통해 가장 적절한 조동사를 고르는 문제가 자주 출제되므로 각 조동사의 다양한 의미와 표현을 익혀두도록 한다.

기 출 응 용

Choose the best answer for the blank.

A: I failed to pass the test. What should I do now?

B: Serves you right! You ____________ harder like I told you.

(a) must have studied

(b) should have studied

(c) cannot have studied

(d) ought to study

정답 (b)

해석 A: 시험에 붙는 데 실패했어. 나 이제 어떻게 해야 하지?
B: 꼴 좋다! 내가 네게 말했던 대로 공부를 좀 더 열심히 했었어야지.

해결 포인트 시험에 떨어진 것은 이미 벌어진 일이고 이에 대한 B의 반응이 위로나 충고의 의미가 아닌 '질책'의 의미이기 때문에 과거의 일에 대해 유감을 표시하는 'should have p.p.(~했어야 했는데)'가 가장 알맞은 표현이다.

1 의미에 주의해야 할 조동사

: 각각의 조동사들은 다양한 의미로 활용될 수 있기 때문에 이를 잘 파악해 두어야 하며, 특히 조동사 과거형이 현재의 의미를 나타낼 수도 있음에 유의해야 한다.

can
1 I'll be back as soon as I **can**. (능력) ~할 수 있다
2 You **can** use my cell phone if you need it. (허가) ~해도 된다
3 **Can** you show me your ID card? (요청) ~해 주겠니? (= could)
4 Air pollution **can** cause acid rain. (추측, 가능성) ~일 수 있다

will
5 You **will** receive the delivery in two or three days. (미래) ~할 것이다
6 I **will** show you how determined I am this time. (의지) (반드시) ~할 것이다
7 **Will** you pick him up at the airport instead of me? (요청) ~해주겠니? (= would)

would
8 When I was young, my aunt **would** send me some books. (과거의 습관) ~하곤 했다
9 **Would** you lend me your notebooks? (요청) ~해주시겠어요?

may
10 You **may** choose and read any book in this room. (허가) ~해도 좋다
11 He **may** forget about our promise. (약한 추측) ~일 지도 모른다 (= might)

should
12 You **should** wash your hands so you don't catch a cold. (권고) ~해야 한다 (= ought to)
13 They **should** be at your house by now. (당연한 추측) ~일 것이다 (= ought to)

must
14 You **must** pay back the money by the end of this month. (의무) ~해야 한다 (= have to)
15 Her battery **must** be dead. (강한 확신) ~임에 틀림없다

의미에 따라 형태가 다른 must의 부정

must (의무) ~해야 한다 ≠ don't have to (불필요) ~할 필요가 없다 (=need not)
must (확신) ~임에 틀림 없다 ≠ cannot (부정적 확신) ~일 리가 없다
may (허가) ~해도 좋다 ≠ must not (강한 금지) ~해서는 안 된다

2 형태 · 기능에 주의해야 할 조동사

: 조동사 중에는 의미보다는 형태나 기능에 주의해야 할 조동사도 있다.

do [16] He has more books than I **do.** (대동사 기능: do = have books)
[17] He **does** have a lot of books. (강조 기능)

need [18] She **needs** to go there in person. (긍정문 - 본동사)
[19] He **need not** go there in person. (부정문/의문문 - 조동사)
= He **doesn't need to** go there in person. (부정문/의문문 - 본동사)

dare [20] He **dares to** talk back to his boss. (긍정문 - 본동사)
[21] How **dare** he **talk** back to his boss? (부정문/의문문 - 조동사)
= How **does** he **dare to** talk back to his boss? (부정문/의문문 - 본동사)

3 조동사 + have p.p.

: 일부 조동사는 have p.p.와 함께 쓰여 과거의 가능성 또는 과거에 하지 못한 일에 대한 아쉬움과 후회를 나타낸다.

[22] You **must have left** your bag on the bus. ~했음에 틀림없다
[23] He **can't have been** there last night. ~했을 리가 없다
[24] She **may have forgotten** to write a letter to you. ~했었을지도 모른다
[25] You **should have told** me the news earlier. ~했어야 했는데 (하지 않았다)

4 기타 조동사

[26] You **had better** call and apologize to her right now. ~하는 게 낫다
[27] I **would like[love] to** have a computer. ~하고 싶다
[28] I **would rather** skip lunch **than** go to that restaurant. …하느니 차라리 ~하고 싶다.
[29] He **may well** feel sorry for her. ~하는 것은 당연하다
[30] You **may[might] as well** tell me the truth. ~하는 게 더 낫겠다
[31] You **cannot** be **too** careful when you buy a house. 아무리 ~해도 지나치지 않다
[32] When I was young, I **used to** go skiing every winter. (과거에) ~하곤 했다

어순에 유의해야 할 부정형

had better not ~하지 않는 것이 낫다
would not like[love] to / would like[love] not to ~하고 싶지 않다
would rather not A (than B) (B하느니) 차라리 A하지 않는 것이 낫다
may well not ~하지 않는 것은 당연하다
may[might] as well not ~하지 않는 것이 낫다
used not to[didn't use to] ~하지 않곤 했다, (한때) ~가 아니었다

5 should의 생략

: 다음과 같은 경우에는 that절에 should를 쓰며, 이때의 should는 생략될 수 있다.

1. 명령, 제안, 요구를 뜻하는 동사가 목적어로 취하는 that절

(명령) order, command

(제안) suggest, propose, recommend

(요구) ask, request, demand, require, insist

[33] His doctor **insisted** that he (should) *not smoke* any more.

2. important와 같이 당위, 필요성을 뜻하는 형용사 다음에 이어지는 that절

: important, necessary, essential, natural, inevitable 등

[34] It is **necessary** that she (should) *read* as many books as she can.

A. 괄호 안에서 알맞은 표현을 고르시오.

1. Although he doesn't have a driver's license, John (ⓐcan, ⓑcannot) drive.
2. I (ⓐmust, ⓑhad to) go to bed early last night.
3. A: Do you know whose car this is? Isn't it Sam's?
   B: It (ⓐmust, ⓑcan't) be his. As you can see, his car is over there.
4. A: Have you seen my dictionary?
   B: You (ⓐmay have left, ⓑshould have left) it at the library.
5. A: How was Paris?
   B: Awesome! You (ⓐmust have been, ⓑshould have been) there with me.

B. 밑줄 친 부분을 어법에 맞게 고쳐 쓰시오.

1. Susan's been studying TEPS all day. She has to be very tired.
2. It's getting late. I would not rather go out.
3. You must have listened to me. It's all your fault.
4. Your mother needs not to take any sleeping pills.
5. Her friend suggested that she sees a lawyer.
6. My father did promised me that he would buy a bicycle.
7. When I was young, I was used to go climbing with my father every Sunday.

Practice TEST

제한시간
5분

Choose the best answer for the blank.

Part 1

1. A: Mom, may I go to a baseball game?
   B: Your grandparents will visit us this afternoon. You'd ____________.
   (a) better not to go out
   (b) better not go out
   (c) not better to go out
   (d) not better go out

2. A: What's the problem?
   B: This window ____________ open.
   (a) can't
   (b) won't
   (c) shouldn't
   (d) hasn't

3. A: Mr. Clinton is nearly bankrupt due to failed stock investments.
   B: He ____________ such a reckless thing.
   (a) shouldn't do
   (b) shouldn't have done
   (c) cannot do
   (d) must do

4. A: Harry recently started a new project, and that's why he didn't show up at the meeting yesterday.
   B: Really? He ____________ have been really busy.
   (a) must
   (b) should
   (c) shall
   (d) would

5. A: Have you heard that Chris has been fired for professional negligence?
   B: He ____________ such a big mistake. As you know, he's always very careful.
   (a) must make
   (b) must not make
   (c) should not have made
   (d) cannot have made

Part 2

6. I ____________ hope you will pass the exam.
   (a) do
   (b) will
   (c) might
   (d) used to

7. I'd ____________ about my childhood because it was unpleasant.
(a) rather talk not
(b) rather not to talk
(c) not rather talk
(d) rather not talk

8. If it still doesn't work, there ____________ be something wrong with the system.
(a) must
(b) should
(c) shall
(d) ought to

9. The manager insisted that the entire staff ____________ be kinder to their customers.
(a) would
(b) could
(c) should
(d) might

10. Don't worry, you ____________ to see me every day.
(a) need not come
(b) must not come
(c) need not to come
(d) don't need of coming

Identify the option that contains an awkward expression or an error in grammar.

Part 3

11. (a) A: I like Cindy because she's always kind to everybody.
(b) B: I'll say! She's kindness itself.
(c) A: How about Nick? What is he like?
(d) B: Judging from his attitude and tone, he has to be very arrogant.

Part 4

12. (a) The classroom was very old, and the blackboard, which had been nailed to the wall, had become loose over the years. (b) As a result, the nails stuck out almost invisibly from the blackboard and the teacher used to hurting his hands on them while writing on the board. (c) One day he drew a coat hanger next to one of the nails that was sticking out. (d) Then, to the class's surprise, he hung his hat on the hook that he had drawn in chalk.

unit 05 가정법

가정법은 사실을 그대로 전달하는 직설법과 달리, 실제로 일어나지 않았거나 일어날 가능성이 없는 일에 대해 자신의 감정을 표현하는 어법이다. 따라서 가정법 문장에서는 시제 형태와 그것이 가리키는 때를 정확하게 이해하는 것이 중요하다. 가정법은 정해진 형식으로 표현되므로 이 정형화된 일종의 '공식'을 잘 외워둘 필요가 있다.

기출응용

Choose the best answer for the blank.

A: Did you hear that he lost another game?
B: If he had listened to my advice, he ____________.

(a) can win
(b) could win
(c) could have won
(d) has won

정답 (c)

해석 A: 그가 또 경기에서 졌다는 소식 들었어요?
B: 그가 내 충고를 따랐더라면 이길 수 있었을 텐데.

해결 포인트 그가 경기에 또 졌다는 것이 실제 일어난 과거의 사실이며 이를 근거로 가정을 하는 것이기 때문에 가정법 과거완료가 적절하다. 가정법 과거완료에서 if절의 동사는 had p.p.를, 주절의 동사는 '조동사의 과거 + have p.p.'를 쓴다.

1 가정법 과거

: 현재 사실을 반대로 가정하거나 현재 혹은 미래에 실현가능성이 희박한 일을 가정할 때

If + 주어 + 동사의 과거형(were) ~, 주어 + would(could, might) + 동사원형 ~

1 If I **were** you, I **wouldn't accept** such an unfair offer.

2 If I **could** contact her right now, I **would show** you that you've got it wrong.

should / were to 가정법

(정중한 요청을 할 때) If + 주어 + should + 동사원형 ~, 명령문 ~

3 If you **should have** any questions, please **feel** free to ask me.

(실현가능성이 희박할 때) If + 주어 + were to(should) + 동사원형 ~,
주어 + would(could, might) + 동사원형 ~

4 If he **were to call** me by tomorrow, I **would give** him a chance.

2 가정법 과거완료

: 과거 사실의 반대를 가정할 때

If + 주어 + had p.p. ~, 주어 + would(could, might) + have p.p. ~

5 If you **had had** another minute, you **could have answered** the last question.

6 If I **had known** the news earlier, I **would** definitely **have told** you.

3 혼합 가정법

: 과거 사실에 반대되는 가정의 결과가 현재까지 영향을 미칠 때 (보통 조건절에 과거를 나타내는 부사어가 사용되거나 주절에 now가 있어서 혼합 가정법임을 암시함)

If + 주어 + had p.p. ~ (과거표시 부사어), 주어 + would(could, might) + 동사원형 ~ (now)

7 If I **had gone** to a foreign country *when I was young*, I **would live** differently *now*.

8 If he **had taken** the train *an hour ago*, he **might be** dead *now*.

4 if의 생략

: 조건절의 접속사 if가 생략되면 주어와 동사가 도치된다.

9 **Were it not for** this dictionary, I **would have** trouble studying English.
→ **If it were not for** this dictionary, I **would have** trouble studying English.

[10] **Had it not been for** the scholarship, I **couldn't have completed** my course in economics.

→**If it had not been for** the scholarship, I **couldn't have completed** my course in economics.

cf. Were it not for = If it were not for = Without: (지금) ~이 없다면

Had it not been for = If it had not been for = Without: (그때) ~이 없었다면

[11] **Should you be** interested in my offer, please **contact** me as soon as possible.

→**If you should be** interested in my offer, please **contact** me as soon as possible.

5 if절의 생략

: 문맥상 if절의 뜻을 짐작할 수 있는 경우 if절 자체를 생략할 수도 있다.

[12] A: Which color do you prefer for my new car, black or silver?

B: I **would choose** silver (if I were you).

[13] A: I missed Jenny's birthday party last night. How was it?

B: You **would have seen** many famous people (if you had been there).

6 I wish / as if 가정법

1. I wish 가정법: 현재나 과거 사실에 대해 아쉬움을 표현

I wish (that) 주어 + 동사의 과거형(would/could/might + 동사원형) ~ (~하면 좋을 텐데)
I wish (that) 주어 + had p.p.(would/could/might + have p.p.) ~ (~했으면 좋았을 텐데)

[14] I wish (that) I **had** a fancy car.

[15] I wish (that) I **had studied** harder when I was young.

2. as if 가정법: 현재나 과거 사실에 대해 '마치 ~인 것처럼'이라고 가정하는 표현

주어 + 동사 ~ as if + 주어 + 동사의 과거형 ~ (마치 ~인 것처럼)
주어 + 동사 ~ as if + 주어 + had p.p. (마치 ~였던 것처럼)

[16] She spoke to me as if she **were** a flight attendant.

[17] She spoke to me as if she **had been** to Africa.

7 기타 가정법

1. It is (high / about) time + 가정법 과거

It is (high / about) time (that) + 주어 + 동사의 과거형 ~ (~해야 할 때이다)

[18] It is time (that) you **sold** your stock and **invested** the money somewhere else.

2. would rather + 가정법

주어 + would rather (that) + 주어 + 동사의 과거형 ~ (~하면 좋을 텐데)
주어 + would rather (that) + 주어 + had p.p. ~ (~했다면 좋았을 텐데)

[19] A: Do you mind if I smoke here?
B: I'd rather you **didn't**.

A. 괄호 안에서 알맞은 표현을 고르시오.

1. If I (ⓐam, ⓑwere) in your shoes, I would accept such a great chance.
2. If I (ⓐhave been, ⓑhad been) more careful then, I would have avoided the accident.
3. If you hadn't given up your studies, you (ⓐmight be, ⓑmight have been) a lawyer now.
4. If you (ⓐwere, ⓑwere to) invite Tim, I wouldn't go to your house warming party.
5. I pushed the "open" button of the elevator immediately. Otherwise, the doors (ⓐwould hit, ⓑwould have hit) the old man.
6. A: How was the festival?
   B: It was fantastic! I wish you (ⓐwere, ⓑhad been) there.

B. 밑줄 친 부분을 어법에 맞게 고쳐 쓰시오.

1. If I am good at mathematics, I could help you solve the problem now.
2. Would you have any complaints, please let us know by mail or phone.
3. It is high time you decide what to major in.
4. It had not been for his help then, I might not have completed my project.
5. I wish I can type as fast as my friend Nick.
6. He talked as if he saw the Eiffel Tower when he was in Europe, but as far as I know, he hasn't been to France.
7. If it was not for this map, we couldn't reach our destination.

Practice
TEST

제한시간
5분

Choose the best answer for the blank.

Part 1

1. A: I can't focus on my work at all.
B: If I were you, ____________ a rest for a while.
(a) I'll take
(b) I'd take
(c) I'd taken
(d) I have taken

2. A: Do I have to tell her the rumor about her boyfriend?
B: No, I'd rather she ____________ know.
(a) didn't
(b) wouldn't
(c) couldn't
(d) shouldn't

3. A: Mom, may I go to a movie with Jeff?
B: No! It's about time you ____________ studying for the final exam.
(a) start
(b) started
(c) will start
(d) could start

4. A: Didn't you see me in the department store yesterday?
B: I wasn't there. ____________ I seen you, I would have said hello.
(a) As
(b) If
(c) Have
(d) Had

5. A: I regret not going to the party last week.
B: If you ____________ there, you might have a girlfriend now.
(a) are
(b) were
(c) would be
(d) had been

Part 2

6. If Greg ____________ the flight this afternoon, he will have to wait until tomorrow.
(a) misses
(b) to miss
(c) missed
(d) had missed

7. My uncle might have lived longer, ____________ surgery at an early stage of his illness.
(a) underwent he
(b) have he undergone
(c) if he had undergone
(d) if he were undergone

8. ____________ it not for your help, I couldn't do anything at all.
(a) Were
(b) Was
(c) Is
(d) If

9. If the citizens' demands ____________, there would have been a riot.
(a) were not accepted
(b) have not accepted
(c) will not accept
(d) hadn't been accepted

10. I wish I ____________ harder when I was a student.
(a) studied
(b) study
(c) had studied
(d) have studied

Identify the option that contains an awkward expression or an error in grammar.

Part 3

11. (a) A: I really hate my apartment in the center of town. I wish I had lived in the country.
(b) B: Oh, yeah? And what would you do every day to pass the time?
(c) A: I would grow all my own vegetables and I'd be able to walk for miles in total peace.
(d) B: Come on, be realistic! You never walk if you can help it and, what's more, you're allergic to grass!

Part 4

12. (a) If the Romans had thought about where to stop building roads, the fall of their empire could be avoided. (b) The problem was the trouble-free maintenance of their roads. (c) A few obstacles placed along the roads leading to the capital would have helped stop the invaders. (d) It is one of the ironies of history that the Romans' talent for good road maintenance led to their own destruction.

unit 06 to부정사

to부정사는 〈to+동사원형〉의 형태로 문장 안에서 명사, 형용사, 부사 등의 역할로 사용된다. TEPS 문법에서 시제와 더불어 가장 빈도 높게 출제되는 부분이므로 to부정사의 성격 및 쓰임새를 잘 익혀두도록 한다.

기 출 응 용

Choose the best answer for the blank.

A: Why did you get up earlier than usual this morning?

B: I had to get up early ___________ the sunrise at the beach.

(a) see
(b) to see
(c) seeing
(d) seen

정답 (b)

해석 A: 오늘 아침에 왜 평소보다 일찍 일어나셨어요?
B: 해변에서 일출을 보기 위해서 일찍 일어나야 했어요.

해결 포인트 빈칸 앞에 이미 주어와 동사가 있고 접속사 없이는 동사를 추가할 수 없으므로 (a)는 답이 될 수 없다. '왜 일찍 일어났는가'라는 질문에 대한 답변이므로 '~하기 위해서'라는 이유나 목적을 언급해야 한다. 부사적 용법의 to부정사는 '~하기 위해서'라는 목적의 의미를 나타내므로 (b)가 정답이다.

1 to부정사의 명사적 용법

: to부정사가 문장 안에서 주어, 목적어, 보어 역할을 하는 경우

1. 주어 역할

[1] **To work out regularly** is not as difficult as you think.
= **It** is not as difficult as you think **to work out regularly**.
(to부정사가 주어인 경우 가주어 it을 사용하여 가주어-진주어 구문으로 변형할 수 있다.)

2. 목적어 역할

〔3형식의 목적어〕 [2] Based on my doctor's advice, I decided **to work out regularly**.
〔5형식의 목적어〕 [3] I found **it** easy **to work out regularly**.
(to부정사가 5형식 동사인 find, think, make, believe의 목적어일 때 보통 가목적어 it을 사용하여 가목적어-진목적어 구문으로 변형하여 쓴다.)

3. 보어 역할

〔주격보어〕 [4] My brother's hobby is **to work out regularly**.
〔목적격보어〕 [5] His doctor advised him **to work out regularly**.

to부정사를 목적어로 취하는 3형식 동사들
want, hope, promise, plan, expect, intend(=mean), agree, refuse, choose, decide, offer, pretend

to부정사를 목적보어로 취하는 5형식 동사들
want, advise, tell, ask, allow(=permit), encourage, enable, force, require, urge, persuade, order, remind, warn, would like

2 to부정사의 형용사적 용법

: to부정사가 형용사처럼 명사를 수식하거나 be동사 뒤에 쓰여 서술 기능을 하는 경우

1. 명사 수식

- 'to + 타동사' 형태: [6] I'd love to go, but I have a lot of papers **to write** this week.
- 'to + 자동사 + 전치사'의 형태: [7] I need some paper **to write on**. Do you have any?

2. be + to부정사: 예정, 의무, 가능, 운명, 의도 등의 의미를 표현

〔예정〕 [8] The opening ceremony **is to be held** in the Olympic Stadium tomorrow. (~할 예정이다)
〔의무〕 [9] All of you **are to submit** the term paper on the due date. (~해야 한다)

3 to부정사의 부사적 용법

: to부정사가 목적, 결과, 이유, 근거, 조건 등의 의미로 동사나 형용사를 수식하는 부사의 역할을 하는 경우

〔목적〕 10 He had to stay up all night to complete his term paper. (~하기 위해서)
= in order to complete, so as to complete

〔결과〕 11 She grew up **to be the world's best ballerina.** (그래서 ~하다)

〔이유〕 12 I could not but laugh **to hear him talk in that way.** (~해서)

〔근거〕 13 You must be very proud of yourself **to win the grand prize.** (~하다니)

〔조건〕 14 It would be nice of you **to tell me the secret.** (~한다면)

4 to부정사의 동사적 성질

: to부정사는 동사에서 파생되었으므로 주어, 시제, 태, 부정과 같은 동사적 성질을 갖는다.

1. 의미상의 주어

to부정사의 동작의 주체를 의미상의 주어라 하며 'for+목적격'의 형태로 to부정사 앞에 표시한다. 단, to부정사 앞에 사람의 성질이나 성향을 나타내는 형용사가 오면 의미상의 주어는 'of+목적격'의 형태로 나타낸다.

〔for + 목적격〕 15 It is not easy **for him** to master a foreign language in a year.

〔of + 목적격〕 16 It was *careless* **of him** to be locked out of his car.

2. 시제

단순부정사(to+동사원형)는 to부정사와 술어동사가 같은 시제임을 나타내고, 완료부정사(to + have p.p.)는 to부정사가 술어동사보다 앞선 시제임을 나타낸다.

〔단순부정사〕 17 He seems **to be** rich. (= It seems that he **is** rich.)

〔완료부정사〕 18 He seems **to have been** rich.
(= It seems that he **was[has been]** rich.)

3. 태

to부정사가 의미상의 주어와 수동의 관계일 경우에는 'to + be p.p.'의 형태로 쓴다.

19 *The baby* needs **to be taken care of** by someone.
(주어 the baby는 take care of의 주체가 아닌 대상)

4. 부정

to부정사의 부정은 to부정사 앞에 not이나 never를 붙여 나타낸다.

20 I told him not **to pick me up.**

5 대부정사와 to부정사의 관용표현

1. 대부정사: 앞에 나온 동사의 반복을 피하기 위해 동사원형 이하를 지우고 to만 남긴 형태

[21] A: How about going to the East Sea this weekend?
B: **I'd love to**. What a great idea!
(I'd love to 뒤에는 go to the East Sea this weekend가 생략되었다. 대부정사를 쓸 경우 to 뒤에 do와 같은 동사를 추가하지 않는다.)

2. to부정사의 관용표현

be ready to: ~할 준비가 되다
be willing to: 기꺼이 ~하다
be supposed to: ~할 예정이다
too ~ to ...: 너무 ~해서 …할 수 없다
have no choice but to: ~하지 않을 수 없다
be likely to: ~할 것 같다
be about to: 막 ~하려던 참이다
be sure to: 틀림없이 ~하다
enough to: ~할 만큼 충분히 …하다
to begin with: 무엇보다도, 우선

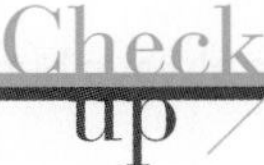

A. 괄호 안에서 알맞은 표현을 고르시오.

1. The first step to staying healthy is not (ⓐskip, ⓑto skip) meals.
2. He pretended (ⓐknow, ⓑto know) the actress very well.
3. I'd like you (ⓐtell, ⓑto tell) me only the truth.
4. I found it nice (ⓐto travel, ⓑtravel) alone.
5. A committee is (ⓐto form, ⓑto be formed) within a week.

B. 밑줄 친 부분을 어법에 맞게 고쳐 쓰시오.

1. His help made possible for me to meet my goal.
2. I'm waiting a delivery man to come.
3. It was mean for Jake to say such bad words to his little sister.
4. I wrote down her phone number so as to not forget it.
5. She had no choice but signing the unfair contract.
6. Unfortunately, I haven't had a chance seeing such a masterpiece.
7. A: Would you give me a hand?
B: I'd like to do, but my hands are full right now. Sorry.

Practice TEST

제한시간
5분

Choose the best answer for the blank.

Part 1

1. A: You look very tired. Would you like ___________?
   B: I would appreciate that.
   (a) me carry your bag
   (b) me to carry your bag
   (c) to carry your bag
   (d) your bag to carry

2. A: You should spend less time worrying about the past.
   B: It's ___________ that.
   (a) easy for you to say
   (b) easy for you saying
   (c) easy of you saying
   (d) easy of you to say

3. A: Can you believe that he turned down a job as a manager?
   B: Well, I think it was wise ___________.
   (a) him to do so
   (b) his to do so
   (c) of him to do so
   (d) for him to do so

4. A: Can you come to his farewell party this Saturday?
   B: ___________, but I'm afraid I can't. I've got an appointment that day.
   (a) I'd love
   (b) I'd love to
   (c) I'd love to it
   (d) I'd love going there

5. A: He refused ___________ bribes from the head of the corporation.
   B: It's not surprising. He's always honest.
   (a) accepting
   (b) to accept
   (c) to be accepted
   (d) accepts

Part 2

6. The president is ___________ a speech tomorrow to Congress.
   (a) delivered
   (b) deliver
   (c) to deliver
   (d) to delivering

7. ____________ your reading ability, you need to practice reading both intensively and extensively.
(a) Improve
(b) To improve
(c) Improving
(d) To have improved

8. The instructor told the children ____________ out by themselves.
(a) will not go
(b) cannot go
(c) not to go
(d) not going

9. The meeting room was so crowded that I couldn't find a chair ____________.
(a) sitting
(b) to be sat
(c) to sit
(d) to sit on

10. Alexander Graham Bell is known ____________ the telephone.
(a) invented
(b) to invent
(c) to be invented
(d) to have invented

Identify the option that contains an awkward expression or an error in grammar.

Part 3

11. (a) A: What's wrong with you? You look so nervous.
(b) B: I'm supposed to make a presentation at the meeting tomorrow, but I am far from being prepared.
(c) A: Why don't you ask for your boss to help you?
(d) B: I'm afraid that he'd think I'm incompetent.

Part 4

12. (a) Hurricanes are severe tropical storms which form when winds mix with warm water to make energy. (b) As the energy builds, the hurricane grows more dangerous and produces high waves and torrential rain. (c) The big waves and heavy rain can cause floods which leave people stranded. (d) Driving in such conditions is impossible, which makes it hard for people get out of the area.

unit 07 동명사

동명사는 〈동사원형+ing〉의 형태로 동사와 명사의 기능을 동시에 할 수 있다는 점에서 to부정사와 마찬가지로 준동사로 일컬어진다. to부정사의 명사적 용법과 비교되는 문제가 빈번하게 출제되므로 이 둘을 정확히 구분하여 사용할 수 있어야 하며, 동명사의 주어, 시제, 태, 부정 등 동사적 성질도 파악해 두도록 한다.

기 출 응 용

Choose the best answer for the blank.

I am looking forward ____________ to Hawaii with my friends this summer.

(a) to go
(b) going
(c) go
(d) to going

정답 (d)

해석 나는 올 여름에 친구들과 함께 하와이에 갈 것을 고대하고 있다.

해결 포인트 '~을 학수고대하다'라는 뜻의 'look forward to v-ing' 구문을 알면 쉽게 풀 수 있는 문제이다. to는 전치사로 사용되어 뒤에는 동사원형이 아닌 v-ing 형태의 동명사를 써야한다.

1 동명사의 명사적 용법

: 동명사는 문장 안에서 명사처럼 쓰여 주어, 목적어, 보어 역할을 한다.

〔주어〕 [1] **Learning a foreign language** requires constant practice and effort.
〔타동사의 목적어〕 [2] He left the room to avoid **meeting his ex-girlfriend**.
〔전치사의 목적어〕 [3] She suddenly disappeared without **saying goodbye to us.**
〔주격보어〕 [4] Your job is **assisting me**, not **controlling me**.

2 타동사의 목적어로서의 동명사 vs. to부정사

: 타동사 중에는 목적어로 동명사나 to부정사 중 하나만을 취하는 동사와 두 형태 모두를 취하는 동사가 있다.

1. 타동사 + 목적어(동명사 = to부정사)
목적어로 동명사와 to부정사 모두를 취할 수 있으며 둘의 의미 차이가 없다.

〔동명사〕 [5] I prefer **staying** at home to **going out** on weekends.
〔부정사〕 I prefer **to stay** at home rather than **(to) go out** on weekends.

동명사와 to부정사를 모두 목적어로 취하는 동사
〔기호, 선호〕 like, love, prefer, hate
〔시작, 시도〕 begin, start, continue, attempt

2. 타동사 + 목적어(동명사 ≠ to부정사)
목적어로 동명사와 to부정사 모두를 취할 수 있으나 각각의 경우 의미가 달라진다.

〔동명사〕 [6] I forgot **buying** sugar the other day, and bought some more today.
~한 것을 잊다
〔부정사〕 [7] Don't forget **to buy** some sugar on the way home. ~할 것을 잊다
〔동명사〕 [8] She remembered **paying** her phone bill two weeks ago.
~한 것을 기억하다
〔부정사〕 [9] You have to remember **to pay** your phone bill today. ~할 것을 기억하다
〔동명사〕 [10] Did you ever regret **choosing** physics for your major? ~한 것을 후회하다
〔부정사〕 [11] I regret **to inform** you that you didn't pass the test. 유감이지만 ~하다
〔동명사〕 [12] Try **calling** her cell phone number if it is urgent. 시험삼아 ~하다
〔부정사〕 [13] I tried **to contact** her all day, but I couldn't. ~하려고 애쓰다

3. 타동사 + 목적어(동명사)
목적어로 동명사만을 취하는 타동사가 있다.

14 My family used to enjoy **playing** games, but we're too busy to get together these days.

동명사만을 목적어로 취하는 동사
〔완료, 중단〕 finish, quit, abandon, give up
〔회피, 연기〕 avoid, escape, deny, miss, mind, postpone, put off, delay
〔허가, 금지〕 admit, allow, permit, prohibit, resist
〔감정, 기타〕 enjoy, appreciate, resent, risk, imagine, recall, suggest, consider

3 전치사 to의 목적어

: 다음의 경우 to는 전치사이므로 뒤에 반드시 동명사를 사용한다. to를 부사로 착각하여 동사원형을 쓰지 않도록 주의한다.

look forward to v-ing: ~을 고대하다
be devoted to v-ing: ~에 몰두하다
when it comes to v-ing: ~에 관해
What do you say to v-ing: ~은 어때?
object to〔be opposed to〕 v-ing: ~에 반대하다
be used to〔be accustomed to〕 v-ing: ~에 익숙해지다

4 동명사의 동사적 성질

: 동명사는 동사에서 파생되었으므로 주어, 시제, 태, 부정과 같은 동사적 성질을 가진다.

1. 의미상의 주어

동명사의 의미상의 주어가 문장의 주어나 목적어와 일치하지 않을 경우 동명사 앞에 소유격이나 목적격 대명사를 사용하여 의미상의 주어를 표시한다. (소유격을 쓰는 것이 원칙이지만, 구어체일 경우 목적격도 사용)

15 He resented **my[me] telling** his wife his secret.

16 I objected to **Susan's[Susan] going** abroad to study.

2. 시제 / 태 / 부정

단순동명사(v-ing)는 술어동사와 같은 시제인 경우에 사용되고, 완료동명사(having p.p.)는 술어동사보다 한 시제 앞선 경우에 사용된다. 한편, 동명사도 능동(v-ing)과 수동(being p.p.)을 구분해야 하며, 동명사의 부정은 동명사 앞에 not을 붙여 표현한다.

17 Michael resented **not having been invited** to my wedding.

〔not(부정) + having been(완료) + been invited(수동)〕

5 동명사의 관용표현

18 **It's nice meeting** you again. ~해서 좋다

19 **There is no knowing** how much more it will rain this week. ~할 수 없다

20 **It is no use[good] trying** to persuade my parents. ~해도 소용 없다

21 The exhibit **is** definitely **worth visiting**. ~할 가치가 있다

22 Do you **feel like watching** a movie at a cinema or a video at home? ~하고 싶다

23 I **couldn't help accepting** his stupid idea at that time. ~하지 않을 수 없다

24 My daughter **is busy writing** her term paper these days. ~하느라 바쁘다

25 I **spent** the whole day **looking** for an affordable room. ~하느라 …(시간)을 보내다

26 I **had difficulty[trouble, a hard time] understanding** the article.
~하는 데 어려움을 겪다

27 The new traffic system will **prevent** people **from wasting** time.
~가 … 하는 것을 막다

A. 괄호 안에서 알맞은 표현을 고르시오.

1. (ⓐDrinking, ⓑDrink) a lot of water is good for your health.
2. Would you mind (ⓐme to open, ⓑmy opening) the window for a while?
3. I suggested (ⓐto take, ⓑtaking) a break, but she refused.
4. Don't forget (ⓐto apply, ⓑapplying) sun block before you go out.
5. A: Is there any chance of (ⓐhim to know the news, ⓑhis knowing the news)?
   B: No, I don't think so.

B. 밑줄 친 부분을 어법에 맞게 고쳐 쓰시오.

1. He gave up <u>to open</u> a new branch in Sydney.
2. These days people are not allowed <u>smoking</u> inside almost all buildings.
3. When you see Jenny in New York, remember <u>saying</u> hello for me.
4. I have had trouble <u>to sleep</u> at night for a long time.
5. I was ashamed of <u>having not understanding</u> such an easy rule.
6. I can't accept the fact of <u>ignoring</u> by such a mean guy.
7. I spent almost an hour <u>to look for</u> my wallet.

Practice TEST

제한시간
5분

Choose the best answer for the blank.

Part 1

1. A: Are you sure of ____________ one of the top universities?
   B: Of course. He has been working so hard.
   (a) him to enter
   (b) him so to enter
   (c) he will enter
   (d) his entering

2. A: Have you met your new teacher?
   B: No, not yet. But I'm looking forward ____________ her soon.
   (a) see
   (b) to seeing
   (c) to see
   (d) seeing

3. A: Are you a casual smoker?
   B: I used to, but not anymore. I was advised ____________ by my doctor.
   (a) to quit to smoke
   (b) to quit smoking
   (c) quit smoking
   (d) quitting smoking

4. A: The baby won't stop crying and I don't know what to do.
   B: Why don't you try ____________ her diaper?
   (a) to change
   (b) changing
   (c) change
   (d) changes

5. A: Do you know Mr. Smith?
   B: I remember ____________ him once when I was a child.
   (a) meeting
   (b) to meet
   (c) meet
   (d) it to meet

Part 2

6. ____________ a cake is quite easy if you follow the recipe.
   (a) Bake
   (b) Baking
   (c) To have baked
   (d) Being baked

7. Nancy is considering ____________ her wedding until her mother recovers from illness.
(a) postpone
(b) to postpone
(c) postponing
(d) to postponing

8. David tends to avoid ____________ his opinion in front of others.
(a) of giving
(b) to give
(c) giving
(d) to giving

9. We had a hard time ____________ the most famous cathedral in Paris.
(a) to find
(b) to have found
(c) find
(d) finding

10. There is ____________ exactly what the weather will be like for the next month.
(a) no to tell
(b) not to tell
(c) no telling
(d) not telling

Identify the option that contains an awkward expression or an error in grammar.

Part 3

11. (a) A: Have you heard that Mike won first place in the speech contest?
(b) B: That's really great.
(c) A: I'm proud of he is my friend.
(d) B: At the same time, I envy him.

Part 4

12. (a) Scientists believe that 70 percent of the world's fresh water is locked away in Antarctica's icecap. (b) In Antarctica, there's not a single village or town, and not a tree, bush, or grass on the entire continent. (c) But far from being a useless continent, Antarctica is necessary for life on Earth. (d) The continent's ice fields reflect sunlight back into space, preventing the planet to overheat.

unit 08 분사

분사는 문장에서 동사의 의미를 가지면서 형용사의 역할을 하는데, 현재분사(v-ing)와 과거분사(p.p.) 두 가지가 있다. 현재분사는 능동 · 진행, 과거분사는 수동 · 완료의 의미로 사용된다. 또한, 현재분사나 과거분사로 시작하는 어구가 부사구가 되어 주절을 수식할 때 이것을 분사구문이라 한다. 분사 역시 의미상의 주어, 시제, 부정 등과 같은 동사적 성질을 가지고 있으므로 다양한 형태에 유의하도록 한다.

기출응용

Choose the best answer for the blank.

__________ to surprise Susie, James intentionally didn't tell her that he had passed the test.

(a) He wanted
(b) To want
(c) Wanting
(d) Wanted

정답 (c)

해석 수지를 놀라게 하고 싶어서 제임스는 자신이 시험에 합격했다는 것을 그녀에게 일부러 말하지 않았다.

해결 포인트 James 이하가 완전한 문장이므로 쉼표 앞부분은 이를 수식하는 분사구문 자리이다. 문맥상 '~하기를 원해서'라는 의미의 부사절을 대신할 수 있는 분사구문이 필요하며, 빈칸 뒤에 to부정사의 형태인 목적어가 있으므로 능동의 분사구문인 (c)가 정답이다.

1 분사의 종류와 형태

: 문장에서 주로 명사를 수식하거나 보어 역할을 하는 분사는 그 형태에 따라 현재분사와 과거분사로 나뉜다. 현재분사는 동사원형에 -ing를 붙인 형태로 '능동(타동사)/진행(자동사)'의 의미를, 과거분사는 동사원형에 -ed를 붙인 형태로 '수동(타동사)/완료(자동사)'의 의미를 나타낸다.

〔현재분사〕 [1] An **increasing** number of students are joining the campaign.
increase (자동사: 증가하다) → increasing (진행: 점점 증가하고 있는)

〔과거분사〕 [2] There were an **estimated** 300 people in the hall.
estimate (타동사: 어림잡다) → estimated (수동: 어림잡아진)

2 분사의 형용사 역할 1: 명사 수식

: 분사가 형용사 역할을 할 때는 명사의 앞이나 뒤에서 그 명사를 수식하는데, 수식 받는 명사와의 관계에 따라 능동/수동 여부가 결정된다. 특히 분사 뒤에 수식어구가 붙는 경우에는 명사 뒤에서 수식한다.

〔명사 앞 수식 1〕 [3] According to the evening news, a **devastating** storm is approaching.
devastate (타동사: ~을 파괴하다) → devastating (능동: 파괴적인)이 storm 수식

〔명사 앞 수식 2〕 [4] According to the evening news, the president visited the **devastated** area.
devastate (타동사: ~을 파괴하다) → devastated (수동: 파괴된)가 area 수식

〔명사 뒤 수식 1〕 [5] You need to take notice of the result **reflecting** the current public opinion.
reflect (타동사: ~을 반영하다) → reflecting (능동: ~을 반영하는)이 result 수식

〔명사 뒤 수식 2〕 [6] You need to take notice of the public opinion **reflected** in this result.
reflect (타동사: ~을 반영하다) → reflected (수동: 반영된)이 public opinion 수식

3 분사의 형용사 역할 2: 보어 역할

: 분사는 보어 역할을 하기도 하는데 주격보어 자리에 오는 분사의 형태는 주어를 기준으로, 목적격 보어자리에 오는 분사의 형태는 목적어를 기준으로 능동/수동을 판단해야 한다.

〔주격 보어 1〕 [7] The baseball game between Korea and Japan was very **exciting**.
excite (타동사: ~을 신나게 만들다) → the baseball game이 관객을 신나게 하므로 exciting (능동: 신나는)

〔주격 보어 2〕 [8] We were very **excited** because our team defeated the Japanese team.
excite (타동사: ~을 신나게 만들다) → we는 경기 결과로 인해 신나게 되는 대상이므로 excited (수동: 신나게 된)

[목적격 보어 1] [9] I saw my daughter **drawing** a picture with crayons.

draw (타동사: ~을 그리다) → my daughter가 그림을 그리고 있으므로 drawing (능동: 그리고 있는)

[목적격 보어 2] [10] I saw a picture **drawn** by my daughter with crayons.

draw (타동사: ~을 그리다) → picture는 그려진 대상이므로 drawn (수동: 그려진)

4 분사구문의 형태와 특징

: 분사구문은 부사절의 '접속사 + 주어 + 동사' 부분을 현재분사나 과거분사로 바꾼 것을 말한다.

[부사절] [11] Because he **felt** very tired, [주절] he went to bed earlier than usual.

① 접속사 삭제 → ② 부사절의 주어가 주절의 주어와 같으면 주어 삭제 → ③ 동사를 -ing형으로 교체

[분사구문] **Feeling** very tired, he went to bed earlier than usual.

5 분사구문의 동사적 성질 1: 주어/접속사

: 부사절의 주어와 주절의 주어가 일치하지 않는 경우, 주어를 지우지 않고 분사구문의 의미상 주어로 남겨 둔다. 뜻을 분명히 하기 위해 접속사를 생략하지 않는 경우도 있다.

[주어가 다른 경우] [12] It **being** rainy, we had to cancel our picnic at the park.

[접속사를 남기는 경우] [13] While **walking** down the street, I saw a man dancing in the rain.

with + 명사 + 분사

분사구문의 의미상 주어가 명사인 경우 그 앞에 with를 써서 동시 상황의 의미를 나타낸다.

[14] He was standing against the wall with *his arms* **crossed**. (팔짱 낀 채로)

[15] The woman entered the hall with *her dog* **following** her.
(개가 그녀를 뒤따르는 채로)

6 분사구문의 동사적 성질 2: 시제/태/부정

: 부사절과 주절의 동사 시제가 다른 경우 완료 분사구문(having p.p.)의 형태로 쓰며, 부사절에 수동태가 쓰인 경우 수동형 분사구문(being p.p. 또는 having been p.p.)의 형태로 쓴다. 이때 being이나 having been은 생략이 가능하다. 한편, 부사절이 부정문일 경우에는 분사구문 앞에 not을 쓴다.

[완료 분사구문] [16] **Having visited** the museum several times, I'd like you to count me out this time.

[수동형 분사구문] [17] **(Being) told** to finish the report as soon as possible, I was working at the office at that time.

[분사구문 부정] [18] Not **wanting** to get involved in the issue, I remained silent.

7 관용적 분사/분사구문

: 주어가 일반인일 경우, 주절의 주어와 부사절의 주어가 다르더라도 이를 생략한다. 관용적으로 사용되는 표현들이 많으므로 암기해두면 편리하게 활용할 수 있다.

considering ~: ~을 고려하면
concerning ~: ~에 관한 (= regarding ~)
generally speaking: 일반적으로 말하면
frankly speaking: 솔직히 말하면
speaking of ~: ~에 대해 말하자면
following ~: ~에 이어, ~후에
including ~: ~을 포함하여
strictly speaking: 엄격히 말하면
roughly speaking: 대략적으로 말하면
judging from ~: ~으로 판단하건대

A. 괄호 안에서 알맞은 표현을 고르시오.

1. Julie seemed (ⓐsatisfying, ⓑsatisfied) with her performance.
2. After talking with him, I found his new idea (ⓐamusing, ⓑamused).
3. Every year, many Japanese people visit Korea, (ⓐspend, ⓑspending) lots of money shopping.
4. I watched a (ⓐfascinating, ⓑfascinated) show on TV last night.
5. (ⓐSaying, ⓑSaid) good-bye, she turned around and went away.
6. (ⓐSeeing, ⓑHaving seen) him before, I recognized him at once.
7. A: Why did you arrive so late?
   B: (ⓐThere having, ⓑHaving) no bus fare, I had to walk all the way home.

B. 밑줄 친 부분을 어법에 맞게 고쳐 쓰시오.

1. Anyone wished to be a singer can apply for this opportunity.
2. The bread making by your wife tastes wonderful.
3. Finished breakfast, we went out for a walk in the woods.
4. Speaking roughly, I need at least two more days to complete this report.
5. Being not able to meet the deadline, I had to give up participating in the contest.
6. I caught a cold because I slept with the air conditioner turning on.
7. When asking to lend some money, he pretended not to hear.

Practice TEST

제한시간
5분

Choose the best answer for the blank.

Part 1

1. A: I think this lecture is very ____________.
   B: I couldn't agree with you more.
   (a) bore
   (b) bored
   (c) boring
   (d) being bored

2. A: There used to be ____________ cars near the park, but I don't see them any more.
   B: They were towed away this morning.
   (a) abandon
   (b) to be abandoned
   (c) abandoning
   (d) abandoned

3. A: You have a spot on your shirt.
   B: Oh, no. It's because I had a cup of coffee while ____________ the newspaper this morning.
   (a) read
   (b) reading
   (c) had read
   (d) to read

4. A: Sir, I don't understand why I got a C in history.
   B: ____________, your final report was much worse than I had expected.
   (a) Having spoken frankly
   (b) Frankly speaking
   (c) Spoken frankly
   (d) Frank to speak

5. A: Weather ____________, I will go camping with my friends tomorrow.
   B: I hope that it will be sunny.
   (a) permits
   (b) permitted
   (c) to permit
   (d) permitting

Part 2

6. The man ____________ in the train talked so loudly that I could not get any sleep.
   (a) sitting next to me
   (b) sat next to me
   (c) sit next to me
   (d) be sit next to me

7. ____________ to what the teacher said, I missed the most important part of the lesson.
(a) Not being paid attention
(b) Not paying attention
(c) Not pay attention
(d) Paying attention not

8. ____________ her handkerchief, Susan bade farewell to her family.
(a) Waved
(b) Waving
(c) Having waved
(d) Wave

9. Everything ____________, you should have bought the other one.
(a) considered
(b) considering
(c) considers
(d) will consider

10. Don't sit in the chair ____________. It's very bad for your spine.
(a) crossing your legs
(b) your legs crossing
(c) with crossed your legs
(d) with your legs crossed

Identify the option that contains an awkward expression or an error in grammar.

Part 3

11. (a) A: Being sunny, we can go hiking this afternoon.
(b) B: But the weather forecast in today's newspaper says that rain is predicted in the evening.
(c) A: Then what would you like to do today?
(d) B: Actually, I'd like to stay in the hotel and swim all day long.

Part 4

12. (a) Forecasting the weather is such a complicated and difficult task that even professional meteorologists often fail to predict the weather accurately. (b) However, long before satellites and supercomputers, people forecast the weather, used natural things around them. (c) For example, people observed that the petals of the morning glory shut when it was likely to rain, and they opened wide when it was sunny. (d) Likewise, pinecones were used as a natural weather forecaster because their scales open out in dry weather but contract in humid air.

unit 09 관계사

관계사는 같은 말의 반복을 피하기 위해 두 문장의 공통된 부분을 연결시키는 역할을 하는 말로, 관계대명사와 관계부사가 있다. 관계대명사는 '접속사 + 대명사'의 기능을, 관계부사는 '접속사 + 부사'의 기능을 하면서 선행사를 수식하는 형용사절의 역할을 한다는 점에 유의한다.

기출응용

Choose the best answer for the blank.

A: Do you know where Jack is now?

B: He went to the airport to pick up his parents, ________ are coming back from Europe this evening.

(a) what
(b) that
(c) which
(d) who

정답 (d)

해석 A: 잭이 지금 어디에 있는지 아세요?
B: 부모님 모시러 공항에 갔어요. 오늘 저녁에 부모님 두 분이 유럽에서 돌아오시거든요.

해결 포인트 빈칸 뒤에 are coming이라는 동사가 있기 때문에 주격 관계대명사가 필요하고 선행사가 사람(his parents)이므로 정답은 (d)이다. what은 선행사 뒤에 쓸 수 없고 which는 선행사가 사람일 경우 쓸 수 없으며 that은 계속적 용법에는 쓸 수 없기 때문에 정답이 될 수 없다.

1 관계대명사의 개념과 역할

: 관계대명사는 '접속사+대명사'의 기능을 하는 연결사이며, 관계사가 이끄는 절은 선행사를 수식하는 형용사절의 역할을 한다.

[1] This is the school and he goes to it.
사물 선행사 / 접속사 / 대명사

= This is the school **which** he goes to.
사물 선행사 / 관계대명사 + 불완전한 구조의 절 (to의 목적어가 없음)

= This is the school **to which** he goes.
사물 선행사 / 전치사 + 관계대명사 + 완전한 구조의 절

2 관계대명사의 종류와 격

: 관계대명사의 종류는 선행사가 사람인지 사물인지의 여부와 그 선행사가 형용사절에서 하는 역할에 의해 결정된다.

1. ~ 선행사+who/which/that+동사 ~
   ~ 선행사+who/which/that+삽입절(주어+동사)+동사 ~

[2] That is the girl **who/that** *asked* me how to get to Tom's house.
[3] The boy **who** I thought *was* very healthy suddenly fell ill.

2. ~ 선행사+whom/which/that+주어+동사 ~
   ~ 선행사, 부정대명사 of whom/which+(주어)+동사 ~

[4] The bicycle **which/that** *I bought* last week was stolen from in front of my house.
[5] There are ten applicants on the list**, most of whom** *are* not qualified.

3. ~ 선행사+whose+명사+(주어)+동사 ~
   ~ 사물 선행사+of which+the 명사+(주어)+동사 ~

[6] The woman **whose son** won the first prize must be very happy.
[7] You can find a magazine **whose cover** is torn under the table.
= **of which the cover** is torn = **the cover of which** is torn

관계대명사 앞에 오는 절 전체가 선행사가 되는 경우에는 항상 ',(콤마) which'를 쓰며, 콤마 뒤에는 that을 쓸 수 없으므로 이에 주의한다.

[8] **Michael was late for the class, which** made his teacher very angry at him.

3 전치사 + 관계대명사

: 관계대명사 앞에는 전치사가 쓰일 수 있는데 이 때 전치사의 종류는 선행사 또는 형용사절의 동사에 의해 결정된다. 단, that 앞에는 전치사를 쓸 수 없다.

9 I want to know the way **in which** he solved the problem.
(in the way → in which)

10 I need someone **on whom** I can depend when I face a difficult situation.
(depend on someone → depend on whom)

4 관계대명사 what

: what은 선행사를 포함하는 관계대명사로 명사절을 이끈다는 점에서 다른 관계대명사와 다르지만, 종속절의 구조가 불완전하다는 점은 다른 관계대명사들과 공통된 특징이다.

11 **What** he said last night turned out to be true. (주어 자리 → 명사절)

12 She informed me of **what** he said last night. (전치사의 목적어 자리 → 명사절)

5 관계부사의 용법 및 종류

: 관계부사는 '접속사 + 부사'의 역할을 하는 연결사이다. 선행사를 수식하는 형용사절을 이끈다는 점에서는 관계대명사와 유사하지만, 형용사절의 구조가 완전한 절이라는 점에서 관계대명사와 다르다. 관계부사는 '전치사 + 관계대명사'로 바꾸어 쓸 수 있다.

13 This is the school and he goes there.
장소 선행사 접속사 부사

= This is the school **where** he goes. (where = to which)
장소 선행사 관계부사 + 완전한 구조의 절

관계부사는 선행사의 종류에 따라 다음과 같이 나뉜다.

선행사	관계부사	전치사 + 관계대명사
장소를 나타내는 명사: place, city 등	where	in(at, on) which
때를 나타내는 명사: time, day, year 등	when	in (at,on) which
이유를 나타내는 명사: the reason	why	for which
방법을 나타내는 명사: the way	how	in which

cf. 선행사인 the way와 관계부사 how는 문장 속에서 둘 중 하나만 쓸 수 있다.

6 복합관계사

: 복합관계사는 관계사에 -ever가 붙은 형태로 선행사를 포함하기 때문에 형용사절이 아닌 명사절이나 부사절의 역할을 한다.

14 I will believe **whatever** you say. 〔명사절: ~하는 무엇이나(= anything that)〕

15 **Whatever** you say, I don't believe you. 〔양보 부사절: 무엇을 ~할지라도(= No matter what)〕

16 Come see me **whenever** it is convenient for you. 〔시간 부사절: ~할 때마다(= at any time when)〕

17 **Whenever** you get home, give me a call. 〔양보 부사절: 언제 ~해도(= No matter when)〕

18 **However** hard you may try, you cannot master a foreign language in three months. 〔양보 부사절: 아무리 ~해도(= No matter how)〕

A. 괄호 안에서 알맞은 표현을 고르시오.

1. The hotel (ⓐwhich, ⓑwhere) my sister recommended to me was very luxurious.
2. I heard a dog barking loudly, (ⓐwhich, ⓑthat) made me feel scared.
3. One of the people (ⓐwhose, ⓑwhom) I respect most is my mother.
4. I live in the house (ⓐwhich, ⓑwhere) a famous singer used to live.
5. A: Do you know where the leftover pizza from last night is?
   B: That's (ⓐwhat, ⓑwhy) I'd like to ask you.
6. A: Are you still living in Sydney?
   B: No. I moved to Melbourne, (ⓐwhich, ⓑwhere) I spent my childhood.

B. 밑줄 친 부분을 어법에 맞게 고쳐 쓰시오.

1. I spoke with a man whom I believed was the owner of the shop.
2. This is the house which windows were broken.
3. He wrote her a long letter, that he didn't mail.
4. I don't know the reason which he refused our invitation.
5. No matter where you are looking for, you'll find it here.
6. Don't change your mind, how difficult the situation is.
7. There is no one here of that you need to be afraid.

Practice TEST

제한시간 5분

Choose the best answer for the blank.

Part 1

1. A: I think Cindy is so rude. I can't stand her attitude.
   B: That's exactly ___________ I mean.
   (a) whom
   (b) which
   (c) what
   (d) that

2. A: Do you need any new employees?
   B: Yes, I will hire one person ___________ major is computer programming.
   (a) who
   (b) that
   (c) whom
   (d) whose

3. A: Why are you so happy?
   B: I've just renewed my contract, ___________ means that I get a 10 percent raise.
   (a) that
   (b) which
   (c) what
   (d) it

4. A: Are you the person to ___________ these books belong?
   B: No. But I saw Andy looking for some books. Maybe they're his.
   (a) who
   (b) whom
   (c) what people
   (d) which

5. A: I think politicians should always listen to the voice of the people.
   B: ___________ you say is true in a sense, but that's not always easy.
   (a) What
   (b) That
   (c) Which
   (d) Whatever

Part 2

6. There are many gestures which are used to express ideas and ___________ almost everybody understands.
   (a) what
   (b) which
   (c) whether
   (d) is that

7. The woman ___________ I paid has disappeared without giving me my change.
(a) whom
(b) what
(c) of which
(d) to whom

8. The warmth and love ___________ to her neighbors teaches us the true meaning of community.
(a) which showed
(b) has shown
(c) she showed
(d) what she showed

9. Antonio Gaudi, ___________ this cathedral was designed, is one of the most famous and popular architects in the world.
(a) from which
(b) by whom
(c) by that
(d) whom

10. There was a big fire near the office ___________ I'm working and traffic was held up.
(a) when
(b) where
(c) which
(d) for which

Identify the option that contains an awkward expression or an error in grammar.

Part 3

11. (a) A: I'm looking for a large bag made of real leather.
(b) B: How about this one? I think it becomes you.
(c) A: No, this is not I want.
(d) B: Then why don't you take your time and look around?

Part 4

12. (a) Sunbathers who overdo it will suffer painful sunburn. (b) Worse, their skin will lose elasticity and age prematurely. (c) Sunburn may also damage their immune systems, impairing their defense against other injuries or diseases. (d) In certain cases, overdoses of solar radiation will eventually produce skin cancer, some of them can spread to other organs.

unit 10 접속사

접속사는 단어와 단어, 구와 구, 절과 절을 연결하는 역할을 하는 말로, 접속사가 들어가는 문장은 대개 길고 복잡하다. TEPS 문법에서는 접속사가 연결하고 있는 대상들, 문장에 사용된 접속사의 역할과 의미를 묻는 문제들이 주로 출제되기 때문에 접속사의 종류 및 역할을 정확히 파악하는 것이 중요하다.

기출응용

Choose the best answer for the blank.

A: Make sure that you have your cell phone ___________ there is an emergency.

B: OK, I will. Don't worry.

(a) when
(b) in case
(c) if
(d) even though

정답 (b)

해석 A: 만일의 비상사태를 대비해서 휴대전화를 꼭 소지하세요.
B: 좋아요, 그럴게요. 걱정 마세요.

해결 포인트 빈칸의 위치는 절과 절을 연결하는 부사절 접속사가 들어갈 자리이므로 앞, 뒤의 문맥을 살핀 후 의미상 가장 적절한 접속사를 골라야 한다. 빈칸에는 '~할 때를 대비해서'인 in case를 넣는 것이 가장 자연스럽다.

1 등위 접속사

: 등위 접속사는 단어-단어, 구-구, 절-절과 같이 문법적 역할이 대등한 말을 연결해 병렬구조를 이루게 한다.

[1] I like listening to music, swimming **and** climbing mountains. (그리고)

[2] Would you like to go there alone, **or** with me? (또는)

[3] I'd love to go to the concert, **but** I don't have enough money. (그러나)

[4] The beggar looked very hungry, **so** I gave him some food. (그래서)

[5] She may be late for school this morning, **for** she stayed up late last night. (왜냐하면)

2 상관 접속사

: 상관 접속사는 등위 접속사처럼 문법적으로 대등한 단어, 구, 절을 연결하지만, 둘 이상의 단어가 짝으로 어울려 쓰이기 때문에 정확한 형태를 알아두어야 한다.

[6] I need **both** time **and** money to accomplish my dream. (A와 B 둘 다)

[7] My brother speaks **not only** English **but also** Spanish. (A뿐만 아니라 B도)
= My brother speaks Spanish as well as English.

[8] I'd like to visit **either** Europe **or** Africa. (A이거나 B)

[9] **Neither** my brother **nor** my sister has a driver's license. (A도 아니고 B도 아닌)

3 종속 접속사 1: 명사절을 이끄는 접속사

: 명사절을 이끄는 접속사는 '접속사 + 주어 + 동사'의 형태로 문장 안에서 주어, 목적어, 보어 역할을 한다.

1. that: ~이라는 것

[주어] [10] **That** he went to Harvard University is true.

[목적어] [11] I couldn't believe **that** he told me a lie at that time.

[보어] [12] The reason is **that** I don't want to talk to him.

2. whether[if]: ~인지 아닌지

[주어] [13] **Whether** he told a lie or not is not important to me right now.

[목적어] [14] I want to see **if** he can participate in the meeting tomorrow.

3. 간접 의문문을 이끄는 의문사

[목적어] [15] Do you know **what** I should do to get the promotion?

[목적어] [16] **What** do you think I should do to get the promotion?

주절의 동사가 think, believe, suppose 일 경우 의문사는 문장의 맨 앞에 위치

4 종속 접속사 2: 부사절을 이끄는 접속사

: 부사절을 이끄는 접속사는 '접속사 + 주어 + 동사'의 형태로 부사절을 이끌며, 부사절은 '시간/조건/이유/양보/목적/결과' 등의 의미로 주절을 수식하는 역할을 한다.

1. 시간/조건을 나타내는 부사절 접속사

17 You need to take a rest **when** you catch a cold. (~할 때)

18 **As soon as** you arrive there, you must visit your grandparents. (~하자마자)

19 **Since** he left Japan thirty years ago, he has never been back. (~이래로)

20 She didn't know who he was **until** other people called him a prince. (~할 때까지)

21 **By the time** you go home, I will have reached my destination. (~할 때 쯤이면)

22 **If** you buy this shirt, I will give you one for free. (~한다면)

23 I won't accept your offer **unless** you keep the promise. (~하지 않는다면)

24 I will bring my umbrella **in case** it rains hard. (~할 경우[를 대비하여])

25 **As long as** you believe me, I'll do anything for you. (~하는 한)

26 You may use my car **provided[that]** you are careful not to scratch it. (만약 ~라면)

27 **Once** you pass the final stage, you will win a big prize. (일단 ~하면)

2. 이유/양보를 나타내는 부사절 접속사

28 **Because** I was not prepared, I was very worried before the exam. (~ 하기 때문에)

29 I don't know how he is getting along **as** I haven't heard from him for a year. (~하기 때문에)

30 **Since** it was my first visit to his house, I had difficulty finding it. (~하기 때문에)

31 **Now that** it has started raining, the open air exhibit can't be held. (~하기 때문에)

32 **Although[though]** he was very sick, he completed the report on time. (비록 ~일지라도)

33 **Even though** the road was closed because of snow, his father came home. (비록 ~일지라도)

34 **While[Whereas]** she enjoyed shopping, her husband didn't. (~인 반면에)

3. 목적/결과를 나타내는 부사절 접속사

35 He studied TEPS **so that** he might get a high score. (~하기 위해서)

36 He studied TEPS **so hard that** he got a high score. (너무 ~해서 …하다)

37 He got **such** a high score **that** he passed the entrance exam. (너무 ~해서 …하다)

38 He got **so** high a score **that** he passed the entrance exam. (너무 ~해서 …하다)

5 접속사 vs. 전치사

: 같은 의미로 해석이 되더라도, 접속사는 절과 절을 연결하는 반면, 전치사는 절과 절을 연결할 수 없으며 뒤에는 명사 상당어구가 온다.

(접속사) [39] **Though** he is poor, he drives a very expensive car. (비록 ~일지라도)

(전치사) [40] **Despite** his poverty, he drives a very expensive car. (~에도 불구하고)

(접속사) [41] **Because** he was sick in bed, he couldn't attend the opening ceremony. (~하기 때문에)

(전치사) [42] **Because of** his sickness, he couldn't attend the opening ceremony. (~때문에)

cf. [43] He is not rich. **Nevertheless**, he drives a very expensive car. (그럼에도 불구하고)

Nevertheless와 같은 접속부사는 의미상의 연결어이고 형식상으로는 절과 절을 연결하지 않음에 유의한다.

Check up

A. 괄호 안에서 알맞은 표현을 고르시오.

1. It was late and I was very exhausted, (ⓐbut, ⓑso) I went to bed.
2. Who knows (ⓐthat, ⓑwhether) he'll agree with me or not?
3. She looks healthy and slim (ⓐbecause, ⓑthough) she works out every day.
4. Not only my parents (ⓐand either, ⓑbut also) my grandparents live with me.
5. (ⓐSince, ⓑWhen) I don't know her phone number, I can't contact her.

B. 밑줄 친 부분을 어법에 맞게 고쳐 쓰시오.

1. Do you know <u>what does he want</u> for his birthday?
2. Democracy is both the easiest <u>or</u> most difficult form of government.
3. I will sell you my car <u>unless</u> you give me $5000.
4. I know <u>if</u> she came home late because she had a lot of work to do yesterday.
5. <u>Despite</u> he didn't like hot food, he had to eat it all so as not to disappoint her.
6. The fact you must know is <u>what</u> he can't speak Korean at all.
7. He made <u>so</u> a big mistake that he didn't know what to do.

Practice TEST

제한시간 5분

Choose the best answer for the blank.

Part 1

1. A: Mom! I'm so thirsty. Give me something to drink.
   B: I'm too busy to help you, Bill. Go get yourself a coke ____________ something from the refrigerator.
   (a) and
   (b) or
   (c) but
   (d) with

2. A: Can I go out to play with Jim this afternoon?
   B: It depends on ____________ or not you finish your homework quickly.
   (a) that
   (b) if
   (c) whether
   (d) which

3. A: You'd better come early ____________ we expect a large crowd at the stadium.
   B: OK. I'll leave right now.
   (a) after
   (b) once
   (c) while
   (d) because

4. A: What happened to you and James? You used to get along so well.
   B: The problem is so complicated ____________ I can't explain it to you.
   (a) as
   (b) like
   (c) that
   (d) if

5. A: I'm afraid that I'll lose my way while I'm wandering around.
   B: Take my cell phone with you ____________.
   (a) in case you will be lost
   (b) if you will be lost
   (c) if you're lost
   (d) in case you get lost

Part 2

6. ____________ I admit that he didn't steal my idea, I still don't believe that it is his own.
   (a) Since
   (b) If
   (c) While
   (d) When

7. You should follow the terms and conditions stated in this contract ____________ otherwise instructed.
(a) though
(b) so that
(c) unless
(d) if

8. I'd like to work for this company ____________ I can get paid as much as Sue.
(a) despite
(b) provided
(c) as if
(d) while

9. We went into town by bicycle ____________ we wouldn't have parking problems.
(a) in order to
(b) now that
(c) as long as
(d) so that

10. ____________ she was busy, Tasha came to the airport to see her brother off.
(a) Despite
(b) Though
(c) Because
(d) When

Identify the option that contains an awkward expression or an error in grammar.

Part 3

11. (a) A: You know what. I had another quarrel with Judy this morning.
(b) B: How come?
(c) A: She lost a car key again. She's careless about where does she put things.
(d) B: Maybe that's because she's always in too much of a hurry.

Part 4

12. (a) Thank you for the opportunity to meet with you and discuss your qualifications. (b) When we were impressed with your background and experience, we regret to say that another candidate's qualifications are more suitable for our requirements. (c) We are sorry that we cannot offer you employment with our corporation at this time. (d) In the event of another appropriate job opening, we will contact you.

unit 11 전치사

전치사란 명사, 대명사, 동명사 등의 명사 상당어구 앞에 붙어서 시간, 장소, 방법 등을 나타내 주는 일종의 연결사로, 문장에서 형용사나 부사의 역할을 한다. TEPS에서는 전치사의 관용적 표현 외에도 여러가지 뜻을 가지는 각 전치사의 용법을 묻는 문제가 출제된다.

기출응용

Choose the best answer for the blank.

A: Do you know who is in charge of this project?
B: As far as I know, Mr. Franklin is responsible ________ it.

(a) to
(b) of
(c) in
(d) for

정답 (d)

해석 A: 이 프로젝트를 누가 책임지고 있는지 아세요?
B: 제가 알기로는 프랭클린씨가 책임자입니다.

해결 포인트 '~에 대해서 책임지다'를 표현하기 위해서는 'be responsible for'라는 표현을 알아야 한다. TEPS 기출에서는 'be responsible for' 외에도 'responsibility for'라는 형태로도 출제된 적이 있으므로 잘 익혀두어야 한다.

1 전치사구의 기능

: 전치사는 '전치사+명사 (상당어구)'의 형태로 문장 안에서 형용사구(명사수식 또는 보어역할)나 부사구(동사, 형용사, 부사, 문장 수식)의 역할을 한다. 이 때 전치사 뒤에 오는 명사 상당어구를 전치사의 목적어라 한다.

[1] The books on the top shelf are so valuable that they must not be touched without permission.
(on the top: books를 수식하는 형용사구)

[2] He tried hard to give me a hand, but his help was of no use to me.
(of no use: 주격 보어 역할을 하는 형용사구(=useless))

[3] You can find many wonderful expressions in his novel.
(in his novel: 동사 find를 수식하는 부사구)

[4] To my surprise, he suddenly fell down and fainted.
(To my surprise: 문장 전체를 수식하는 부사구)

전치사의 생략

'this, that, last, next, some, every + 시간명사'의 경우에 전치사를 생략한다.

How about going shopping with me on this Saturday? (X)

→ [5] How about going shopping with me this Saturday? (O)

2 어순에 주의해야 할 전치사구

: 전치사의 목적어로 쓰일 수 있는 것에는 명사, 대명사(목적격), 동명사, wh-절 등이 있으며, 전치사구를 중심으로 해서 다양한 어순문제가 출제되므로 주의해야 한다.

〔전치사 + 관사 + (부사) + (형용사) + 명사〕

[6] He usually stays at a very expensive hotel when he goes to a foreign country.

〔전치사 + 대명사〕 [7] He wants to talk with you, not me.

〔전치사 + 동명사〕 [8] The teacher was angry at his being late for the class.

〔전치사 + wh-절〕 [9] I'm talking about what you should do in this situation.

〔동사 + 부사 + 전치사 + 명사〕

[10] Strictly speaking, he depended partly on his father's wealth.

3 시간/장소를 나타내는 전치사

〔at + 정확한 시간〕 [11] **at** 5:30, **at** noon/night/midnight, **at** the beginning/end of the month

〔in + 긴 시간〕 [12] **in** the morning/afternoon/evening, **in** October, **in** winter, **in** 2010

〔on + 특정시간〕 [13] **on** Monday, **on** March 9th, **on** Christmas, **on** Tuesday afternoon [in + 시간: (현재를 기준으로) ~ 후에]

[14] I will call you **in** thirty minutes because I'm on another line.

[after + 시간: (과거나 미래를 기준으로) ~ 후에]

[15] I will join you **after** 5 o'clock; therefore go ahead right now.

[within + 시간: ~ 이내에] [16] I can't complete this report **within** an hour.

[for + 시간: ~ 동안] [17] I have been waiting for him **for** almost forty minutes.

[during + 기간: ~ 동안] [18] I'd like to take enough rest **during** the holiday.

[over/through/throughout + 기간: ~ 동안 내내]

[19] I had to clean up my new house **over** the weekend.

[until + 시간: ~까지 계속] [20] I'll stay with my family **until** Wednesday.

[by + 시간: ~까지 완료] [21] You must submit your homework **by** tomorrow morning.

[from + 시작시점: ~부터] [22] It was raining **from** yesterday until this morning.

[since + 시작시점: ~부터 현재까지] [23] It has been raining **since** 2 o'clock.

[at + 특정한 지점이나 위치] [24] **at** the airport, **at** the crossroad, **at** the intersection

[in + 넓은 장소] [25] **in** the kitchen, **in** Seoul, **in** Korea, **in** the world

[on + 표면] [26] The dictionary you are looking for is **on** your desk.

[above/over: (접촉되지 않은) 위] [27] An old lamp hung **over** the table.

[under/below: (접촉되지 않은) 아래] [28] Her bedroom is directly **below** the roof.

[beside/next to: (떨어진) ~옆에] [29] The park is **next to** the parking lot.

[across: ~을 가로질러] [30] The cat ran **across** the road.

[along: ~을 따라] [31] Go straight **along** this road, and you can find it.

4 이유/양보/주제를 나타내는 전치사

[이유: because of, due to, owing to]

[32] I had to get out of the taxi and run **because of** the heavy traffic.

[양보: despite, in spite of, regardless of]

[33] **Despite** all my effort, my pet dog died last night.

[주제: about, on, as to, regarding, concerning]

[34] The famous actress lied **about** her age.

5 다양한 의미로 사용되는 전치사

by	정도	35 The stock prices you're interested in rose **by** 5%. (~만큼)
	수단	36 You can come here **by** bus or subway. (~으로)
	단위	37 The part-timers will be paid **by** the hour. (~로)
for	목적	38 He prepared a gift **for** his wedding anniversary. (~을 위하여)
	찬성	39 Are you **for** the plan? (~에 찬성하여)
	대비	40 Your mother looks very young **for** her age. (~에 비해서)
	방향	41 When are you leaving **for** Sydney? (~을 향하여)
with	동반	42 The old man was having dinner **with** his son. (~와 함께)
	소유	43 Have you ever seen a little boy **with** blonde hair? (~을 가진)

A. 괄호 안에서 알맞은 표현을 고르시오.

1. This book is (ⓐwith, ⓑof) great importance to my research.
2. Remember that the next semester begins (ⓐin, ⓑon) September 1, 2010.
3. There is a spot (ⓐon, ⓑover) the beach that is a great place to take pictures.
4. A: May I speak to Mr. Willard?
   B: He's not here at the moment. He'll be back (ⓐin, ⓑafter) two hours.
5. A: How long have you been waiting for me in the rain?
   B: (ⓐFor, ⓑDuring) about an hour.

B. 밑줄 친 부분을 어법에 맞게 고쳐 쓰시오.

1. The interview result will be announced <u>on next Thursday</u>.
2. He will be punished <u>for cheat</u> on the test.
3. If you don't pay the bill <u>until</u> tomorrow, you'll be fined.
4. My parents have been living around here <u>from</u> 20 years ago.
5. <u>Despite of</u> the bad weather, the final game was played as scheduled.
6. I couldn't help canceling my trip to the spa <u>because</u> the flu.
7. Even though I stayed up late the previous night, I had to get up early <u>in</u> Monday morning.

Practice TEST

제한시간
5분

Choose the best answer for the blank.

Part 1

1. A: How was your company's business _____________?
   B: We did very well.
   (a) last quarter
   (b) to last quarter
   (c) in last quarter
   (d) on last quarter

2. A: How long will it take to repair my car?
   B: I guess it'll be done _____________ a week.
   (a) in
   (b) for
   (c) at
   (d) during

3. A: What am I supposed to do to take this class?
   B: You must sign up for it _____________ Tuesday, or you're not entitled to the class.
   (a) in
   (b) by
   (c) since
   (d) until

4. A: I'll miss you _____________ your trip.
   B: Me too. Let's keep in touch.
   (a) on
   (b) at
   (c) for
   (d) during

5. A: What are you doing here? I thought you left for New York yesterday.
   B: My flight was canceled _____________ bad weather.
   (a) by
   (b) as to
   (c) because of
   (d) despite

Part 2

6. When I came to see my sister in Paris, she had been sick _____________ a week.
   (a) in
   (b) for
   (c) after
   (d) during

7. The house we lived in had belonged ____________ a famous movie star before we bought it.
   (a) to
   (b) at
   (c) from
   (d) with

8. My father is very interested ____________ psychology.
   (a) by
   (b) in
   (c) on
   (d) with

9. Because Nick looked very young ____________ his age, he was not allowed to enter the bar.
   (a) on
   (b) by
   (c) for
   (d) with

10. Bacteria are too small to be seen ____________ a microscope.
   (a) by
   (b) with
   (c) without
   (d) through

Identify the option that contains an awkward expression or an error in grammar.

Part 3

11. (a) A: You look really worried.
    (b) B: I am. I had a small accident in the company car.
    (c) A: Have you informed the boss for it?
    (d) B: No. That's why I'm worried.

Part 4

12. (a) Ultraviolet rays have long been considered one of the primary factors for most skin cancers. (b) Thus, methods of protecting the skin against ultraviolet rays have been emphasized, such as using sunscreen or wearing long sleeves and hats. (c) However, recent studies have shown that our daily intake of food also affects the skin. (d) That is, there are a few nutritional factors which may play a role on increasing or decreasing the risk of skin cancer.

unit 12

명사, 관사

명사는 사람 · 사물의 이름을 나타내는 말이고 관사는 명사 앞에서 명사를 한정해 주는 말이다. 명사는 보통 셀 수 있는 명사와 셀 수 없는 명사로 나뉘는데, 이에 따라 관사와 수량 형용사의 종류 및 술어동사와의 수 일치(Unit 3 참조)가 결정된다. 따라서 명사의 속성을 공부할 때는 이 모든 것을 함께 정리해둘 필요가 있다.

기 출 응 용

Choose the best answer for the blank.

When going on a backpacking trip, it is recommended not to carry too ___________.

(a) much baggage
(b) much a baggage
(c) many baggages
(d) many pieces of bagages

정답 (a)

해석 배낭 여행을 갈 때는 너무 많은 짐을 가지고 다니지 말라고 권고된다.

해결 포인트 baggage(혹은 luggage)는 '짐'이란 뜻의 셀 수 없는 명사로, 짐의 '양이 많다/적다'라고는 할 수 있으나 '수가 많다/적다'라고는 하지 않는다. 따라서 baggage는 복수형으로 쓰지 않으며 much의 수식을 받는 것이 자연스럽다.

1 셀 수 있는 명사 vs. 셀 수 없는 명사

: 셀 수 있는 명사(가산명사)란 단수(a/an + 명사)와 복수(명사 + -(e)s)의 구별이 가능한 명사를 말하며 셀 수 없는 명사(불가산명사)란 단수와 복수를 구별할 필요가 없는 명사를 말한다.

1. 셀 수 있는 명사

	보통명사	집합명사
a + 명사	a computer	a family
the + 명사	the computer you want	the family I met
복수형	many computers	many families

집합명사의 종류

family, committee(위원회), audience, staff 등 (단수, 복수 모두 가능)

police, people, clergy(성직자들), cattle(소떼), poultry(가금류) 등
(-s 없이 무조건 복수 취급)

furniture, baggage, clothing, equipment, junk food, wild game(사냥감) 등
(-s 없이 무조건 단수 취급)

2. 셀 수 없는 명사

	물질명사	추상명사	고유명사
(관사 없이) 명사	water	information	America
the + 명사	the water in the cup	the information	The United States(예외)
단위 + 명사	two cups of water	two pieces of information	X

시험에 자주 출제되는 셀 수 없는 명사

pollution, information, evidence, knowledge, advice, room(공간), news, weather, money, cash, milk, water, bread, flour, nutrition 등

2 주의해야 할 명사의 용법

1. 의미에 따라 가산-불가산의 속성이 달라지는 명사

[1] I have **little time** to spare talking with you.

[2] I'm having **a good time** with my family.

[3] Do you have **the time**?

[4] In **earlier times**, mankind didn't know how to use fire.

2. 복수가 되면 뜻이 달라지는 명사

authority (권위) - authorities (당국)	custom (풍습) - customs (관세, 세관)
damage (피해) - damages (피해보상금)	saving (절약) - savings (저축, 예금)

3 수량 형용사와 명사의 관계

: 명사의 가산 - 불가산 속성에 따라 함께 쓰일 수 있는 형용사의 종류도 달라진다.

many / a great many / a number of (수가 많은)
quite a few (수가 꽤 많은), a few (수가 적은)
few (수가 거의 없는), only a few (수가 몇 없는)
→ + 복수명사

much / a great amount of / a great deal of (양이 많은)
quite a little (양이 꽤 많은), a little (양이 적은)
little (양이 거의 없는), only a little (양이 얼마 없는)
→ + 셀 수 없는 명사

all, most, some / any, no
a lot of / lots of, plenty of
→ + 복수명사 / 셀 수 없는 명사

4 부정관사 (a/an) vs. 정관사 (the)

: a/an과 같은 부정관사는 셀 수 있는 단수 명사와 함께 쓰이고 정관사는 셀 수 있는 명사와 셀 수 없는 명사 모두와 함께 쓰여 다양한 의미를 나타낸다.

1. 부정관사

[5] I need to make a phone call. Do you have **a** cell phone? (불특정한 하나)

[6] **A** Mr. Brown called and left a message for you. (어떤)

[7] Take one of these pills twice **a** day. (~마다)

[8] **A** prairie dog can eat a lot of grass. (전체를 대표)

2. 정관사

[9] I saw a dog and a cat, and **the** dog had brown spots. (앞에서 언급된 것)

[10] Did you receive **the** letter that I sent you the other day? (명확한 언급 대상)

[11] He's **the first** student to pass the difficult exam. (the + 최상급/서수)

[12] **The earth** revolves around the sun. (the + 유일물)

[13] I decided to learn how to play **the violin**. (the + 악기)

부정 관사 a/an은 바로 뒤에 오는 명사의 철자가 아닌 발음을 기준으로 하여 첫 발음이 자음이면 a를, 모음이면 an을 쓴다.

a university　　an hour　　an umbrella　　an MA degree(석사학위)

5 주의해야 할 관사의 위치

: 명사구에 있어서 일반적인 어순은 '관사 + 부사 + 형용사 + 명사'이지만 다음과 같은 경우에는 어순이 달라지기 때문에 주의해야 한다.

1. such / quite / rather / what + a/an + (형용사) + 명사

[14] such a tall tree, quite a wonderful show, rather a hot day, What a big apple!

2. so / too / as ~ as / how + 형용사 + a/an + 명사

[15] so big a car, too small a car, as expensive a car as, How fast a car!

3. all / both / double / twice / half + the + (형용사) + 명사

[16] all the people, both the brothers, double the usual price, twice/half the money

Check up

A. 괄호 안에서 알맞은 표현을 고르시오.

1. To stay healthy, you must stop eating (ⓐjunk foods, ⓑjunk food).
2. Please give me (ⓐa, ⓑsome) paper to jot down the instructions on.
3. It was such (ⓐa good weather, ⓑgood weather) that I went out for a walk.
4. You can listen to (ⓐlots of, ⓑmany) advice, but it's you who has to decide.
5. A foreigner was stopped at (ⓐa custom, ⓑcustoms) and asked to open his bags.
6. In this brochure, you'll find all the (ⓐequipment, ⓑequipments) you need.
7. A: Did Amy get (ⓐa, ⓑthe) job she applied for?
   B: I don't know for sure, but I think she did.

B. 밑줄 친 부분을 어법에 맞게 고쳐 쓰시오.

1. Because I don't have enough money, I can't buy <u>many furnitures</u>.
2. According to this encyclopedia, <u>there is a cattle</u> on a prairie in North America.
3. Do you remember when you first started to play <u>a piano</u>?
4. You'd better ignore <u>so a foolish offer</u>.
5. Let's <u>take coffee break</u>. The coffee is on me.
6. I have asked my mother to buy me <u>a MP3 player</u> for almost a month.
7. <u>Bread</u> you bought for me last night had some mold on it.

Practice

TEST

제한시간
5분

Choose the best answer for the blank.

Part 1

1. A: Why are you taking this literature class again?
   B: Because I got ____________ 'F' last semester.
   (a) a
   (b) an
   (c) the
   (d) some

2. A: How often do you visit your parents?
   B: We visit them once ____________, if there's nothing special going on.
   (a) a month
   (b) the month
   (c) in a month
   (d) for a month

3. A: Will you come to my house for lunch tomorrow?
   B: I'm sorry. I have to go to ____________ my son is attending.
   (a) a school
   (b) the school
   (c) school
   (d) schools

4. A: I heard that Mr. Smith spent all his money building a shelter for the homeless.
   B: That's why I respect him. He is ____________.
   (a) a so great man
   (b) so a great man
   (c) a such great man
   (d) such a great man

5. A: This is ____________ that I could live here forever.
   B: Moreover, the villagers are kind and polite.
   (a) a so nice village
   (b) so a nice village
   (c) such nice a village
   (d) so nice a village

Part 2

6. The jet can fly at ____________ of sound.
   (a) speed of twice
   (b) the twice of speed
   (c) twice the speed
   (d) twice speed

7. After launching the new product successfully, Mr. Hayes went to the beach and had ____________ with his family.
(a) good time
(b) good times
(c) the good time
(d) a good time

8. A lot of money will be needed to install ____________ in the hospital.
(a) several new equipment
(b) several new equipments
(c) some new equipment
(d) some new equipments

9. This job offer is ____________ for you to let pass.
(a) too a good chance
(b) a too good chance
(c) a good too chance
(d) too good a chance

10. Because the prosecutor failed to provide ____________ that the suspect is guilty, he will be set free soon.
(a) clear evidence
(b) a clear evidence
(c) clear evidences
(d) some clear evidences

Identify the option that contains an awkward expression or an error in grammar.

Part 3

11. (a) A: When did you get married?
(b) B: Couple of years ago.
(c) A: Do you have any kids?
(d) B: I have no plan to have children at the moment.

Part 4

12. (a) The first thing you have to do when you get the flu is to drink lots of water and get as many rests as you can. (b) Washing your hands is also very important; otherwise you can spread the germs that cause the flu. (c) You should not share cups, forks or spoons with anyone. (d) Most of the time you will get better in about a week, but if you feel achy all over or have difficulty breathing, see your doctor for medical treatment.

unit 13 대명사

대명사는 명사의 반복을 피하기 위해 대신 쓰는 말로 인칭대명사, 지시대명사, 의문대명사, 부정대명사 등으로 나뉜다. 또한 대명사 중 일부는 명사를 수식하는 한정사 기능으로도 쓰일 수 있다. 이처럼 대명사의 종류와 쓰임새는 다양하므로 각각의 용법을 잘 정리하여 외우는 것이 중요하다.

기 출 응 용

Choose the best answer for the blank.

A: How often do you go climbing?

B: ____________.

(a) Each other week
(b) Each other weeks
(c) Every other week
(d) Every other weeks

정답 (c)

해석 A: 산에는 얼마나 자주 가시나요?
B: 2주에 한번 갑니다.

해결 포인트 '하나 걸러'라는 표현은 'every other + 단수명사'로 표현해야 하므로 '2주에 한번'의 표현은 every other week라고 해야 한다.

1 대명사 one vs. it

: one은 앞에 제시된 명사와 같은 부류를 의미할 때 쓰고, it은 바로 그 대상을 지칭할 때 쓴다. 한편 one은 'a / an + 형용사 + one'과 같은 형태로 쓰일 수 있다.

[1]A: **The TV** in my living room is broken. I want to buy a new **one**.
B: You'd better have **it** repaired one more time.

it의 특수 용법

(비인칭 주어) [2]A: How's **it** going?
B: Not bad.

(비인칭 목적어) [3]A: How do you like **it** here in London?
B: So far, so good.

(가주어) [4]**It** is necessary for your child to be vaccinated against the flu.

(가목적어) [5]I find **it** difficult to do without coffee.

2 지시대명사 this(these) vs. that(those)

: this(these)와 that(those)은 각각 가까이 있는 대상과 멀리 있는 대상을 지칭하는 기본적인 기능 외에 다음과 같은 용도로도 사용된다.

[6]I want to tell you **this**; that's not your fault. Therefore, you shouldn't blame yourself.

[7]Surprisingly, the solution of the little boy was similar to **that** of many experts.

[8]The terms of this contract are worse than **those** of the previous one.

[9]Heaven helps **those** who help themselves.

3 의문대명사

: 의문문에 쓰이는 who(whom, whose), what, which 등은 의문사로서 문장을 이끌면서 그 문장 안에서 주어, 목적어, 보어 등의 역할을 수행한다.

(주어) [10]**Which** of you can help me right now?

(목적어) [11]**Who(m)** do you respect most?

(보어) [12]**What** is the thing you're hiding under the sofa?

의문대명사(문장에 명사가 필요할 때) vs. 의문부사(문장에 명사가 필요 없을 때)

[13]**What** is the weather like? → The weather is like + 명사(전치사 like의 목적어)
= **How** is the weather? → The weather is + 형용사

4 부정대명사

: 부정대명사는 정해지지 않은 불특정한 대상을 나타내는 대명사로 가장 출제빈도가 높다.

1. some vs. any

[14] **Some** of them are interested in our offer. (긍정문: '몇몇의, 약간의')

[15] He didn't have **any** intention of ignoring you. (부정문/의문문/조건문: '몇몇의, 약간의')

[16] Would you like to try **some** sandwiches I just made? (의문문: '권유'의 의미)

[17] You can read **any** book if you want. (긍정문: '어떤 ~라도')

2. one / another / other

[18] That dress doesn't look good on you. Try **another** (one).

[19] I have two bags; **one** is very big, and **the other** is very small.

[20] There are several balls; **one** is pink, (**another** is yellow,) and **the others** are green.

[21] **Some** books are useful, but **others** are not.

3. most vs. most of

[22] **Most** people agreed with him on the issue of health insurance.

[23] **Most of** the people invited were present at the ceremony.

cf. the most와 almost는 형태에 있어서 most와 비슷하므로 '대부분의'의 뜻으로 혼동하기 쉬우나, the most는 '가장 많은' 이라는 최상급의 의미이고 almost는 '대체로, 대부분'을 뜻하는 부사임에 유의한다.

the most people (가장 많은 사람들)

almost people (X)

4. both / either / neither (대상이 2명이나 2개일 때만 사용 가능)

[24] I had invited Jennifer and Mike and **both** of them were at the party.

[25] Jennifer and Mike were at the party, but I hadn't invited **either** of them.

[26] I had invited Jennifer and Mike but **neither** of them was at the party.

5. none / no one / no / not ~ any

[27] I had invited Jennifer, Mike and Jack, but **none** of them showed up at the party.

[28] I had invited all my colleagues, but **no one** was at the party.

[29] I'm afraid I have **no** money to lend you right now.

= I'm afraid I do**n't** have **any** money to lend you right now.

5 관용적 표현

1. 부정대명사

[30] Speaking English is **one thing**, and having a good command of it is **another**. (A와 B는 별개이다)

[31] The International Convention is held **every four years**. (~마다, ~간격으로)

[32] David went out with his girlfriend **every other day**. (하루 걸러, 격일로)

2. 재귀대명사

help yourself to ~을 실컷 먹다　　make yourself at home 편히 지내다

make oneself understood 의사소통하다　　enjoy oneself 즐거운 시간을 보내다

by oneself 혼자서　　for oneself 스스로　　to oneself 자기에게만　　of itself 저절로

목적어로서의 재귀대명사

주어와 목적어가 동일한 경우 목적어는 반드시 재귀대명사를 써야 한다.

[33] Chameleons protect **themselves** by changing their colors.

Check up

A. 괄호 안에서 알맞은 표현을 고르시오.

1. How far is (ⓐit, ⓑthere) from here to the post office?
2. The entire area of the USA is larger than (ⓐthis, ⓑthat) of Mexico.
3. My grandmother goes to church (ⓐevery, ⓑeach) other day.
4. I have two friends. One is a doctor and (ⓐanother, ⓑthe other) is a nurse.
5. I'm free all day, so come by (ⓐany, ⓑsome) time.

B. 밑줄 친 부분을 어법에 맞게 고쳐 쓰시오.

1. Would you like <u>any</u> more candy?
2. I introduced <u>me</u> to the manager.
3. The pronunciation of Japanese is simpler than <u>those</u> of Korean.
4. She lent me two bags, but I didn't like <u>neither</u> of them.
5. I read <u>most of books</u> in my school library.
6. <u>How</u> do you think of my new car?
7. Do you remember the MP3 player I bought last week? I just lost <u>one</u>!

Practice TEST

제한시간
5분

Choose the best answer for the blank.

Part 1

1. A: Why did you choose this apartment?
   B: The price of this apartment is a little lower than ____________ of the other one.
   (a) this
   (b) that
   (c) one
   (d) those

2. A: What are your favorite and least favorite subjects?
   B: I like history best. My least favorite subject is mathematics because ____________ so difficult for me.
   (a) they were
   (b) it has been
   (c) they are
   (d) it is

3. A: Would you like to have ____________ more cookies?
   B: Yes, please. These cookies are so delicious.
   (a) some
   (b) any
   (c) other
   (d) no

4. A: This movie is the best I've ever seen. I hope you get a chance to see it.
   B: Actually, I've already seen that movie. Can you recommend ____________ one?
   (a) the other
   (b) other
   (c) another
   (d) some other

5. A: Which kind of restaurant do you want to go to, Chinese or Japanese?
   B: ____________ is OK with me. It's up to you.
   (a) neither
   (b) both
   (c) another
   (d) either

Part 2

6. On 'Black Friday', which is the day after Thanksgiving, ____________ in this town offer a big discount.
   (a) most of shops
   (b) most the shops
   (c) most of the shops
   (d) the most shops

7. Eighteen-month-olds can usually walk for themselves without ____________ help.
   (a) no
   (b) any
   (c) some
   (d) few

8. John has ____________ food in the refrigerator since he hasn't gone shopping.
   (a) no
   (b) few
   (c) any
   (d) none

9. I have two brothers; one is working for a bank, but ____________ is between jobs now.
   (a) others
   (b) other
   (c) another
   (d) the other

10. ____________ but Sarah answered the question correctly, so the teacher explained the theory once more.
   (a) Someone
   (b) No one
   (c) Anyone
   (d) They

Identify the option that contains an awkward expression or an error in grammar.

Part 3

11. (a) A: You still have a runny nose. Haven't you seen your doctor yet?
   (b) B: Yes, I've seen my doctor, but the symptoms are getting worse.
   (c) A: Are you checking your temperature every morning?
   (d) B: Neither the doctor and the pharmacist told me to do that.

Part 4

12. (a) Generally, people who feel pride in themselves have high self-esteem. (b) It is important to have high self-esteem because it affects the way you act. (c) These who are in their teens tend to relate self-esteem to body image because they experience changes in their body during puberty. (d) Therefore, if teenagers have a positive body image, they can also have a healthy self-esteem.

unit 14 형용사, 부사

형용사는 문장 안에서 명사를 꾸며주거나 보어 역할을 하고, 부사는 동사, 형용사, 다른 부사, 구 또는 절, 혹은 문장 전체를 수식하는 역할을 한다. TEPS에서는 이러한 기본적인 용법 외에도 형용사와 부사의 차이, 각 부사들 간의 차이 등을 묻는 다양한 유형의 문제가 출제되고 있다.

기출응용

Choose the best answer for the blank.

The airplane is flying ___________ above the clouds.

(a) high
(b) highly
(c) as high
(d) higher than

정답 (a)

해석 비행기가 구름 위에서 높이 날고 있다.

해결 포인트 빈칸에는 동사 fly를 수식하는 부사가 필요하다. highly는 부사이기는 하지만 '매우'의 의미이므로 답이 될 수 없고 high는 형용사로는 '높은'의 뜻으로 쓰이고 부사로는 '높이'라는 의미로 쓰이므로 정답이다. (c)와 (d)는 비교급의 표현이므로 정답이 될 수 없다.

1 형용사의 용법

: 형용사는 문장 안에서 명사를 직접 수식하거나 보어로 쓰여 명사(주어나 목적어)의 상태를 설명하는 역할을 한다.

〔명사수식〕 1 He has a **great** idea.

〔주격보어〕 2 His idea is **great**.

〔목적격보어〕 3 I find his idea **great**.

명사수식만 하거나 보어역할만 하는 형용사

〔명사수식〕 the only(유일한), the very(바로 그), live(살아 있는, 생방송의), main(주요한), elder(손위의), entire(전체의) 등

〔보어역할〕 alive(살아 있는), alike(같은), asleep(잠든), aware(알고 있는), awake(깨어 있는), ashamed(부끄러워하는), afraid(두려워하는), alone(혼자의), content(만족한), glad(기쁜), fond(좋아하는), ignorant(모르는) 등

2 부사의 용법

: 부사는 동사, 형용사, 다른 부사, 구 또는 절, 혹은 문장 전체를 수식한다.

〔동사수식〕 4 It has been raining **heavily** for a week.

〔형용사수식〕 5 He is tall **enough** to reach the top shelf.

〔부사수식〕 6 The toy car was **far** too expensive for him.

〔절 수식〕 7 He arrived at the convention center **long** before the mayor did.

〔문장수식〕 8 **Unfortunately,** he didn't recognize his daughter and passed by her.

3 형용사와 부사의 형태

: 일반적으로 형용사형의 뒤에 -ly 를 붙여서 부사를 만들지만 예외적인 경우도 있으므로 주의해야 한다.

1. -ly로 끝나는 형용사

friendly(다정한), lovely(사랑스러운), daily(매일의), deadly(치명적인)

2. 형용사와 부사의 형태가 같은 경우

early(이른) - early(일찍)　fast(빠른) - fast(빨리)　long(긴) - long(오랫동안)

3. 2개의 부사형태를 갖는 형용사

deep(깊은) - deep(깊이) - deeply(매우)　high(높은) - high(높이) - highly(매우)

late(늦은) - late(늦게) - lately(최근에)　pretty(예쁜) - pretty(꽤, 매우) - prettily(예쁘게)

hard(어려운, 단단한) - hard(열심히, 심하게) - hardly(거의 ~하지 않는)

4. 명사와 형태가 같은 부사

go **home**(집에 가다) go **upstairs**(위층에 가다) go **downtown**(시내에 가다)
fly **south**(남쪽으로 날아가다) travel **abroad/overseas**(해외로 여행가다)

4 형용사와 부사의 위치

: 일반적으로 형용사는 명사 앞에 위치하고, 부사는 문장 안에서 자유롭게 위치할 수 있지만 몇 가지 경우에는 특정한 어순을 따른다.

1. 형용사의 어순

• 관사/한정사+부사+형용사+명사
(서수+기수+성질+대소+신구+색깔+재료)

9 Look at those **three big red** apples. They look delicious.

• 형용사구일 때와 -thing, -one, -body를 수식할 때는 명사 뒤에 위치

10 I'm looking for something **special** for my wife's birthday.

2. 부사의 어순

• 형용사나 부사는 앞에서 수식

11 You have to make a reservation for the hotel **well** in advance.

• 빈도부사의 경우 be동사/조동사 뒤, 일반동사 앞에서 수식

12 My husband and I **usually** go to a movie on Saturday.

빈도부사

'횟수'를 나타내는 빈도부사에는 always, usually, often, sometimes 등이 있으며, hardly, scarcely, barely, seldom, rarely 등은 부정의 뜻을 포함하고 있으므로 not, never, no 등의 부정어와 함께 쓰지 않는다.

5 혼동하기 쉬운 부사

1. too / either

13 He did his homework, and I did it, **too**. ('또한, 역시': 긍정문 끝에서)

14 He didn't do his homework, and I didn't, **either**. ('또한, 역시': 부정문 끝에서)
cf. "나도 그래": Me too. (긍정문) / Me neither. (부정문)

2. enough / too

15 My brother is old **enough** to drive a car. ('~할 만큼 충분히 …한': 형용사나 부사 뒤)

16 My sister is **too** young to drive a car. ('너무 ~해서 …할 수 없는': 형용사나 부사 앞)

3. already / yet / still

17 He had **already** left the place when I arrived there. ('이미, 벌써': 긍정문에서 빈도 부사 위치 혹은 문장 끝)

18 He hasn't come here **yet**. ('아직': 부정문에서 문장 끝)

19 I **still** love her. ('여전히': 긍정문에서 빈도부사 위치)

20 She **still** doesn't believe me. ('여전히': 부정문에서 부정 조동사 앞)

4. very: 형용사나 부사의 원급, 현재분사, 형용사화된 과거분사를 앞에서 수식
tired, pleased, frightened, worried 등

21 He is **very** tall. / The game was **very** exciting. / I was **very** tired.

5. much: 형용사나 부사의 비교급, 과거분사, 부사구를 수식

22 He is **much** taller than his brother. / Your help is **much** needed now. / The car is **much(= far, way)** too expensive for me to buy.

A. **괄호 안에서 알맞은 표현을 고르시오.**

1. I (ⓐhave always, ⓑalways have) the feeling that she enjoys teaching us.
2. I (ⓐhard, ⓑhardly) had any time to talk with you.
3. I (ⓐcan't still, ⓑstill can't) understand what you said.
4. The boy was (ⓐenough old, ⓑold enough) to be independent of his mother.
5. I was (ⓐvery, ⓑmuch) tired, so I went to bed early without having supper.
6. The birthday card my aunt sent to me arrived two days (ⓐlate, ⓑlately).
7. The company has grown incredibly (ⓐquick, ⓑquickly).

B. **밑줄 친 부분을 어법에 맞게 고쳐 쓰시오.**

1. Don't wake the asleep baby.
2. The teacher told us to move the old wooden first three desks out of the classroom.
3. There is wrong something with this machine.
4. He is much fond of baseball.
5. Tina is very smarter than her sister.
6. He has gone to overseas to study further.
7. He didn't keep his promise, and I didn't, too.

제한시간
5분

Choose the best answer for the blank.

Part 1

1. A: When is the auction scheduled to begin?
   B: Please wait a moment. It will begin ___________.
   (a) short
   (b) shortly
   (c) shorter
   (d) shortest

2. A: I didn't know that Sue was fired.
   B: I didn't, ___________.
   (a) either
   (b) neither
   (c) so
   (d) too

3. A: Mom, can I see the new horror movie this weekend?
   B: Well, you're not ___________ that kind of movie.
   (a) enough to old to see
   (b) old enough to see
   (c) too old to see
   (d) old to see enough

4. A: I'm so thirsty because it's really hot today.
   B: I'll give you ___________.
   (a) something to drink cold
   (b) cold something to
   (c) cold to drink something
   (d) something cold to drink

5. A: You must be distressed about having to do such a difficult task.
   B: Yes, but I made up my mind not to give up, however ___________ it may be.
   (a) hardly
   (b) hard
   (c) hardy
   (d) harder

Part 2

6. I was given ___________ teddy bears as my birthday gift.
   (a) three big brown
   (b) big brown three
   (c) brown three big
   (d) brown big three

7. You should have been here ____________, and now it's too late.
(a) well ahead of time
(b) well of ahead time
(c) ahead well of time
(d) ahead time of well

8. I ____________ that Ally has gone to Canada without saying a word.
(a) can't still believe
(b) still can't believe
(c) can still not believe
(d) can't believe still

9. This bag is ____________ as the one my husband gave to me as a birthday present.
(a) so the same
(b) much the same
(c) the very same
(d) as the same

10. She was eager to see the great works of Rembrandt, but the entrance fee of the museum was ____________ expensive for her.
(a) more
(b) much
(c) a lot
(d) far too

Identify the option that contains an awkward expression or an error in grammar.

Part 3

11. (a) A: Hasn't he arrived already?
(b) B: No, he hasn't. Furthermore, he's not answering his cell phone. Is he really coming?
(c) A: He promised. He is the last man to lie to me.
(d) B: Well, all right. Let's call him again.

Part 4

12. (a) We have one opening in the software development department. (b) The ideal candidate will be a certified software engineer. (c) We prefer someone who has at least five years' experience in the software industry and speaks English fluent. (d) Please submit your CV online and send a copy of your certificate by mail, if you have one.

unit 15 비교

비교란 형용사나 부사의 형태를 변화시켜 사람이나 사물의 성질, 상태, 수량의 정도를 서로 비교함을 말한다. TEPS 문법에서 묻는 관련 문제는 주로 비교문의 바른 형태에 관한 것이므로 이에 대한 법칙을 정리해 두도록 한다.

기출응용

Choose the best answer for the blank.

A: Ron! How was the test?

B: I think I messed up. It was ___________ than I had expected.

(a) so difficult
(b) as difficult
(c) far more difficult
(d) much more difficulter

정답 (c)

해석 A: 론! 시험은 어땠니?
B: 아무래도 망친 것 같아. 내가 예상했던 것보다 훨씬 더 어려웠어.

해결 포인트 빈칸 뒤에 있는 than이 문제해결의 열쇠이다. than은 '~보다 더 …한'의 의미를 나타내기 위해 비교급과 함께 사용되기 때문에 비교급 형태인 (c)가 정답이다. difficult는 비교급으로 쓸 때 앞에 more를 붙여야 하는 3음절 이상의 단어이므로 (d)는 정답이 될 수 없다.

1 원급을 사용한 비교 표현

: 원급은 정도의 차이가 없는 두 대상을 형용사나 부사를 사용해서 비교할 때 쓰는 표현이다.

〔as + 형용사 + as: ~만큼 …한〕

1 This hotel is **as luxurious as** the one where I stayed last summer.

〔as + 부사 + as: ~만큼 …하게〕

2 You'll be surprised to know this compact car can go **as fast as** your sports car.

〔as + 형용사 + a/an + 명사 + as: ~만큼 …한 사람/무엇〕

3 I'd like to buy **as big a house as** my uncle's someday.

〔배수사 + as + 원급 + as: ~배 만큼 …한〕

4 His library has **twice as many books as** my school library does.

〔as + 원급 + as possible = as + 원급 + as + 주어 + can: 가능한 한 ~하게〕

5 I want him to call me back **as soon as possible**.

= I want him to call me back **as soon as he can**.

〔not so much A as B: A라기 보다는 차라리 B에 가깝다〕

6 She is **not so much** a salesperson **as** a preacher.

2 비교급을 사용한 비교 표현

: 비교급은 두 대상 중 한쪽이 성질이나 상태의 정도가 우월함을 나타내는 표현으로, 형용사나 부사의 원급 뒤에 -er을 붙이거나 앞에 따로 more를 붙여서 만든다.

〔형용사-er + than / more + 형용사 + than: ~보다 더 …한〕

7 Eating junk food can be **worse than** smoking.

〔부사-er + than / more + 부사 + than: ~보다 더 …하게〕

8 He works **harder than** his boss.

〔Which is + 비교급, A or B?: A와 B 중에 어느 쪽이 더 ~한가?〕

9 Which color is **more appropriate** for the kitchen wall, yellow or green?

〔The + 비교급 + 주어 + 동사, the + 비교급 + 주어 + 동사: ~하면 할수록 점점 더 …하다〕

10 **The harder** you study TEPS, **the sooner** you'll reach your goal.

〔the + 비교급 + of the two: 둘 중에서 더 ~한〕

11 His brother, not he, is **the smarter of the two** boys.

비교급을 이용한 표현

12 I have **no more than** two dollars. 기껏해야 (= only)

13 I have **no less than** 200 dollars. ~만큼이나 (= as much as)

14 The theater has **not more than** 100 seats. 기껏해야 (= at most)

15 The theater has **not less than** 1,000 seats. 최소한 (= at least)

3 최상급을 사용한 비교 표현

: 최상급은 셋 이상의 대상 중 하나가 성질이나 상태의 정도가 가장 우월함을 나타내는 표현으로, 형용사나 부사의 원급 뒤에 -est를 붙이거나 앞에 따로 (the) most를 붙여서 만든다.

[the + 형용사-est + 비교범위 / the most + 형용사 + 비교범위: ~중에서 가장 …한]

[16] When it comes to running, Usain Bolt is **the fastest man that ever lived.**

[부사-est + 비교범위 / most + 부사 + 비교범위: ~중에서 가장 …하게]

[17] She is always the first to come and the last to leave, which means she studies **longest in the library.**

[one of the + 최상급 + 복수명사: 가장 ~한 것들 중의 하나]

[18] This is **one of the most valuable paintings** in this gallery.

4 비교급과 최상급의 수식

: 비교급과 최상급은 특정 부사들을 써서 강조할 수 있으며 의미는 각각 '훨씬 더 ~ 한', '단연 가장 ~ 한'으로 해석할 수 있다.

1. 비교급의 수식: much, still, even, far, by far, any, a lot, a little

[19] Are you feeling **any better** after taking this medicine?

2. 최상급의 수식: much, by far, the very

[20] Watching movies is **by far the most popular activity** for lovers on Saturday afternoons.

5 than 대신 to를 사용하는 비교급

: superior, inferior, senior, junior, prior와 같이 라틴어에서 온 형용사들은 그 자체에 비교급의 의미를 가지고 있기 때문에 별도의 비교급 형태로 고칠 필요가 없으며, 비교급 문장에 쓰일 경우 than 대신에 to를 사용한다.

[21] His brother is three years **senior to** me.

[22] This dictionary is **superior to** that one in that it has more words and examples.

6 비교급과 최상급에 쓸 수 없는 형용사

: perfect, favorite, preferable, complete, entire, extreme, main, unique 등과 같은 특정 형용사들은 최상급의 의미를 포함하고 있기 때문에 비교급이나 최상급에 쓸 수 없다.

Black roses are **my most favorite** flower. (X)

→ [23] Black roses are **my favorite** flower. (O)

7 원급이나 비교급으로 최상급의 의미 나타내기

〔as + 원급 + as + any (other) + 단수명사〕

24 Kate plays the flute **as well as any student** in my school.

〔as + 형용사 + a/an + 명사 + as ever + 동사〕

25 Gandhi is **as great a leader as ever lived**.

〔비교급 + than + any other + 단수명사〕

26 Annie is **taller than any other girl** in my class.

〔비교급 + than + all the (other) + 복수명사〕

27 Annie is **taller than all the (other) girls** in my class.

〔부정주어 ~ 비교급 + than〕

28 **No other girl** in my class is **taller than** Annie.

〔부정주어 ~ as〔so〕 + 원급 + as〕

29 **No other girl** in my class is **as[so] tall as** Annie.

Check up

A. 괄호 안에서 알맞은 표현을 고르시오.

1. She's old, but she's not as old (ⓐas, ⓑthan) her husband.
2. Who do you think is (ⓐmore, ⓑthe more) beautiful of the two girls?
3. He is not so much a teacher (ⓐas, ⓑthan) a scholar.
4. I want you to come over here as soon as (ⓐI can, ⓑyou can).
5. Your car is superior (ⓐthan, ⓑto) mine.
6. Which of these songs do you like (ⓐmost, ⓑmostly)?
7. Which do you like better, this brown jacket (ⓐand, ⓑor) that black one?

B. 밑줄 친 부분을 어법에 맞게 고쳐 쓰시오.

1. The higher the position is, <u>bigger</u> resposibilities you'll take.
2. My son is taller than any other <u>boys</u> in his school.
3. Nothing is <u>as</u> important than moral behavior.
4. His house is <u>as big as three times</u> mine.
5. The car is one of the most expensive <u>car</u> in the world.
6. She looks <u>very</u> prettier with long hair than with short hair.
7. He is much <u>clever</u> than his friends.

Practice TEST

제한시간
5분

Choose the best answer for the blank.

Part 1

1. A: I was shocked when I heard how old she was.
   B: So was I. She looks ___________ than she is.
   (a) much younger
   (b) very younger
   (c) much young
   (d) the youngest

2. A: How is your married life?
   B: Great. It couldn't be ___________.
   (a) best
   (b) better
   (c) good
   (d) well

3. A: How was the book fair that you organized?
   B: It was a great success. There were ___________ people than I expected.
   (a) little
   (b) less
   (c) more
   (d) many

4. A: Which do you think is the best air conditioner?
   B: In my opinion, this one is ___________ all the others.
   (a) good to
   (b) superior than
   (c) superior to
   (d) more than

5. A: I can't tell William from his brother. They are so similar in appearance.
   B: William is ___________ of the two.
   (a) taller
   (b) the tallest
   (c) tall
   (d) the taller

Part 2

6. I am jealous of Anna because her house is ___________ mine.
   (a) twice bigger as
   (b) as big twice as
   (c) big as twice as
   (d) twice as big as

7. Because of global warming, there is ____________ more emphasis on efficiency in using energy.
(a) such
(b) pretty
(c) quite
(d) even

8. Our company provides better service ____________ in the world.
(a) than any other airlines
(b) as any other airlines
(c) than any other airline
(d) as any other airline as

9. The more I experience the world, ____________ I see that I still have much to learn.
(a) well
(b) best
(c) as well as
(d) the better

10. The principal said that David was ____________ in the school.
(a) one of more intelligent students
(b) the most intelligent one of students
(c) one of students the most experienced
(d) one of the most intelligent students

Identify the option that contains an awkward expression or an error in grammar.

Part 3

11. (a) A: Why are you going to return this dress?
(b) B: I found a similar one at a much lower price.
(c) A: How much is it?
(d) B: I don't remember exactly but this one is almost as twice expensive as the other.

Part 4

12. (a) When children fail to achieve their academic goals, teachers can react with either anger or sympathy. (b) If a teacher shows anger and attributes their failure to a lack of effort, children can be motivated to do their best next time. (c) However, if the teacher's reaction is sympathy, the children might think that the failure was caused by their lack of ability, which doesn't provide a positive motivation at all. (d) Sympathy makes children think that they are inferior than others and makes it hard for them to succeed.

unit 16

특수구문

도치와 강조는 특정 내용의 강조를, 생략은 간결한 내용 전달을 목적으로 한다. 이러한 특수구문의 경우 기본적인 문장의 형태와 다른 복잡한 문장 구조로 인해 의미 파악이 쉽지 않은데, 강조, 도치, 생략 등의 법칙을 숙지하여 특수구문 문제에 대비하도록 한다.

기 출 응 용

Choose the best answer for the blank.

No sooner __________ the first page of the novel than I became drowsy.

(a) I read
(b) did I read
(c) I had read
(d) had I read

정답 (d)

해석 그 소설의 첫 페이지를 읽자마자 나는 졸렸다.

해결 포인트 No sooner와 같은 부정어로 시작하는 문장에서는 뒤이어 오는 '주어 + 동사'가 도치된다. 도치가 적용된 (b)와 (d)가 정답의 가능성이 있는데, 문맥상 '~하자 마자 …했다'의 의미이므로 No sooner 뒤에는 than 이하의 과거시제보다 한 시제 앞선 과거완료(had p.p.)를 쓰는 것이 적절하다.

1 부정어에 의한 도치

: 문장의 맨 앞에 부정어(Not, Little, Never, Not only, Under no circumstances, No sooner, Hardly, Scarcely, Not until, Only 등)가 오면 그 뒤의 주어와 동사가 도치되어 '동사 + 주어'의 어순이 된다.

1 **Never** have I been to Europe. (한 번도 ~해본 적이 없다)

2 **Little** did I dream that I could travel to Europe. (꿈에도 ~ 못했다)

3 **Not only** did I send you an invitation, but I called you many times. (~뿐만 아니라 …도 했다)

4 **Under no circumstances** should you be out after 11 o'clock at night without permission. (어떤 경우라도 ~해서는 안 된다)

5 **No sooner** had I entered the main road **than** traffic began to slow down. (~하자마자 …했다)

(=**Hardly/Scarcely** had I entered the main road **before/when** traffic began to slow down.)

6 **Not until** the next day did I know that my laptop computer was missing. (~하고 나서야 …했다)

7 **Only** when she needs some help does she call or visit me. (~할 때만 …한다)

2 기타 도치구문

: 장소 부사(구), Here(There), So(Neither, Nor) 등이 문두에 위치하게 되면 주어와 동사가 도치된다.

8 **Among many politicians** was there a famous actress.

9 **Here** comes your boyfriend. (도치할 때 조동사 do를 사용하지 않는다.)

cf. 10 **Here** you go. (주어가 대명사이면 도치가 적용되지 않는다.)

11 A: I like coffee.

B: So do I. (= I like it, too. / Me too.) (긍정문에 대한 '나도 그래')

12 A: I don't like coffee.

B: **Neither[Nor]** do I. (= I don't like it, either. / Me neither.) (부정문에 대한 '나도 그래')

한 문장 안에서의 도치의 경우 nor는 접속사이고 neither는 부사임에 주의한다.

13 He didn't solve the question, and **neither** did his classmates.

= He didn't solve the question, **nor** did his classmates.

3 강조

: 문장 중 특정 어구를 강조하기 위해 강조 구문을 이용하거나 강조 어구를 덧붙여 표현한다.

1. It is(was) ~ that 강조구문: It is(was)와 that 사이에 강조하려는 어구를 넣음

14 Tony bought a camera at this store yesterday.
(주어: Tony / 목적어: a camera / 장소 부사: at this store / 시간 부사: yesterday)

(주어 강조) 15 **It was** Tony **that[who]** bought a camera at this store yesterday.

(목적어 강조) 16 **It was** a camera **that[which]** Tony bought at this store yesterday.

(부사 강조) 17 **It was** at this store **that[where]** Tony bought a camera yesterday.

(부사 강조) 18 **It was** yesterday **that[when]** Tony bought a camera at this store.

2. 동사 강조

19 **I did** send you an email last night. (do(does / did) + 동사원형)

20 **I desperately** hope that you will get better soon. (부사를 이용)

4 생략

: 반복을 피하기 위해 중복되는 부분을 생략하거나 다른 표현으로 대체한다.

1. 반복 동사구의 생략

21 Some students go to school by bus, **and** others (go to school) on foot.

2. 부사절의 '주어 + be동사' 생략

22 **While** (I was) walking downtown, I saw a little girl begging for change.

3. so / not을 이용한 생략

23 A: Will it snow tomorrow?
B: I think so. / I hope so. / I'm afraid so.

24 A: Will it snow tomorrow?
B: I don't think so. (= I think not.) / I hope not. / I'm afraid not.

4. 대동사 / 대부정사를 이용한 생략

25 A: You must be proud of your daughter. - B: I **am** (proud of her).

26 I tried to contact her all day, but I **couldn't** (contact her).

27 A: I bought this CD for you. - B: You **shouldn't have** (bought this CD for me).

28 A: Who told you that I broke the vase?
B: Terry **did.** (= told me that you broke the vase)

29 A: Would you like to go to a movie with me tonight?
B: I'd love **to** (go to a movie with you tonight).

5 관용적인 표현

[30] He has few, **if any**, shortcomings.

[31] He seldom, **if ever**, speaks ill of others.

[32] This building, **it seems**, was built at least 100 years ago.

What for? (= Why?) 왜요? 무엇 때문에요?
How come? 어째서?
What if? 만약 ~한다면 어떻게 될까?
The sooner the better. 빠를수록 더 좋다
if any 있다고 할지라도
if ever 한다고 할지라도
if possible 가능하다면
it seems (to me) 내가 보기에는

A. 괄호 안에서 알맞은 표현을 고르시오.

1. Little (ⓐI dreamed, ⓑdid I dream) that I would win the game.
2. Right over their heads (ⓐa toy plane passed, ⓑpassed a toy plane).
3. A: Will he be laid off?
   B: (ⓐI don't hope so, ⓑI hope not).
4. A: I like Sam's idea.
   B: (ⓐSo do I, ⓑNeither do I).
5. A: I don't like Tim's idea.
   B: (ⓐSo do I, ⓑNeither do I).
6. A: May I see your passport?
   B: Here (ⓐare you, ⓑyou are).

B. 밑줄 친 부분을 어법에 맞게 고쳐 쓰시오.

1. Hardly she had left home before it began to rain.
2. We thought he was lying, but he really did won the contest.
3. It was at a restaurant that did Helen meet her ex-boyfriend.
4. While was staying in Paris, I visited the Louvre twice.
5. I'm not a millionaire, neither do I wish to be.
6. Only after smoke had filled the entire apartment he realized his dinner was burning.
7. A: Would you go on a picnic with me?
   B: I'd like to do, but I can't.

제한시간
5분

Choose the best answer for the blank.

Part 1

1. A: Why did you spank your little boy?
   B: He opened the door, even though I told ______________.
   (a) him not
   (b) not him to
   (c) him not to
   (d) him not to do

2. A: Will you buy any stock in that company?
   B: No, I don't have money to buy any stock. Nor ______________.
   (a) I wish to buy
   (b) wish I to buy
   (c) I do wish
   (d) do I wish to

3. A: How was the concert last night?
   B: I really enjoyed it, and ______________.
   (a) did so my girlfriend
   (b) my girlfriend did so
   (c) so my girlfriend did
   (d) so did my girlfriend

4. A: Are you waiting for a bus to your home?
   B: Yes. Oh, ______________ now.
   (a) here you are
   (b) here we are
   (c) here comes my bus
   (d) here does my bus come

5. A: What time did he come back home last night?
   B: Not until ______________ home.
   (a) midnight he returned
   (b) midnight did he return
   (c) he returned midnight
   (d) did he return midnight

Part 2

6. Not only ______________ the exam, but he also got a full scholarship.
   (a) he passed
   (b) he did pass
   (c) did he pass
   (d) did pass he

7. No sooner ____________ than he began to cry.
(a) the baby had seen his mom
(b) the baby saw his mom
(c) had the baby seen his mom
(d) did the baby see his mom

8. Only when the teacher entered the classroom ____________ he hadn't brought his homework.
(a) he realized
(b) did he realize
(c) did he not realize
(d) he didn't realize

9. ____________ that he showed his mathematical talents.
(a) Not until Einstein was fourteen
(b) Not until was Einstein fourteen
(c) It was not until Einstein was fourteen
(d) It was not until was Einstein fourteen

10. Playing soccer for 90 minutes is much harder now than ____________ when I was young.
(a) did it
(b) was it
(c) it did
(d) it was

Identify the option that contains an awkward expression or an error in grammar.

Part 3

11. (a) A: I thought John was coming on this picnic with us.
(b) B: So I did, but he just called me to say he couldn't come.
(c) A: That's odd.
(d) B: Yes, there must be something wrong.

Part 4

12. (a) Any good athlete will tell you he practiced long and hard to get in shape and achieve high honors. (b) We seldom, if any, hear of any athlete becoming a champion without any effort. (c) Do we expect to be able to run the hundred-meter dash without training? (d) No, we understand that training is essential to becoming a champion.

Grammar

TEPS BY STEP

Section Ⅱ

실전 Mini Test

Mini TEST 1

제한시간 9분 

Part 1

Choose the best answer for the blank.

1. A: Is this the bag you want?
B: Yes! That's ____________.
(a) exactly I have looked for
(b) I have looked for exactly
(c) exactly what I have been looking for
(d) what have I exactly been looking for

2. A: I know you're tired but can you finish the report by tomorrow?
B: I'm not sure, but I'll ____________.
(a) try to do
(b) try to
(c) try do
(d) try doing

3. A: Did you do your mathematics homework?
B: Not yet. Some of the problems ____________ me.
(a) are still confusing
(b) are still been confused
(c) had still been confusing
(d) have still been confused

4. A: I heard your father is getting worse.
B: Yes. I'm afraid there may be ____________ possibility of recovery.
(a) few
(b) little
(c) less
(d) fewer

5. A: Jenny is so selfish. She never lends me her notebook.
B: Yes, she ____________ even share her book with me during class.
(a) shouldn't
(b) won't
(c) must not
(d) doesn't have to

6. A: Excuse me. When do I have to hand in my application?
B: It must ____________ by noon tomorrow.
(a) receives
(b) receive
(c) is received
(d) be received

7. A: Harry, you look very tired. Are there any problems?
B: Nothing much. I had to ____________.
(a) stay up late to complete my term paper
(b) stay up to complete late my term paper
(c) complete to stay up my late term paper
(d) complete my term paper to stay up late

8. A: I would accept the challenge if I ____________ you.
B: Now that you say that, I'll think about it again.
(a) be
(b) am
(c) was
(d) were

Part 2

Choose the best answer for the blank.

9. Brandon was charged with smuggling drugs, ____________ was a complete shock to his acquaintances.
(a) that
(b) how
(c) what
(d) which

10. A lack of calcium can affect your bones, ____________ them to get weak.
(a) causes
(b) causing
(c) caused
(d) to be causing

11. ____________ Jack and his friends arrived at the top of the mountain, the sun had already begun to rise.
(a) After
(b) Since
(c) Toward
(d) By the time

12. Recruiters usually have great difficulty ____________ a well-qualified candidate to fill a vacant position.
(a) find
(b) found
(c) finding
(d) to find

13. When hiring an experienced worker, employers ____________.
(a) take usually into account the career certificates
(b) the account usually take into career certificates
(c) career certificates into account to take
(d) usually take career certificates into account

14. ____________ dramatically over the last few centuries, but fashion trends have changed as well.
(a) Not only have the criteria for beauty changed
(b) Only the criteria for beauty have not changed
(c) The criteria for beauty have changed not only
(d) Have the criteria for beauty changed not only

15. The view that the earlier children are exposed to a language, the faster they'll learn it ____________ room for error.
(a) leave
(b) leaves
(c) is left
(d) will be left

16. More than 70 percent of India's population ____________ Muslim.
(a) is
(b) are
(c) is being
(d) are being

Part 3

Identify the option that contains an awkward expression or an error in grammar.

17. (a) A: Lisa, I thought of a great way to earn some more money.
    (b) B: Really? I'm all ears. Tell about it to me.
    (c) A: How about getting an extra job on the weekends?
    (d) B: Well, that sounds exhausting.

18. (a) A: Why are you unhappy with the birthday present Uncle Peter sent you?
    (b) B: I remember him to ask me whether I wanted a small check or a large check.
    (c) A: Then you should have known he planned to send you a checkered necktie.
    (d) B: No, I thought he was talking about sending money.

Part 4

Identify the option that contains an awkward expression or an error in grammar.

19. (a) Most Asian countries are changing rapidly. (b) Cities are growing even though people continue to leave the countryside and flock to the cities. (c) Most Asian economies are growing fast, too. (d) With Asia becoming more and more important, it is necessary for Asian people to work together for peace and progress.

20. (a) The earthquake destroyed billions of dollars' worth of houses and buildings. (b) No modern city has been as devastated than this city. (c) Millions of people who lost their houses and workplaces in a single day are in a panic. (d) Nothing remains of the city but memories.

Mini TEST 2

제한시간 9분 

Part 1

Choose the best answer for the blank.

1. A: Jamie, what are you doing?
   B: ____________ at your old photos in this album.
   (a) I just look
   (b) I just looked
   (c) I am just looking
   (d) I had just looked

2. A: May I speak to Mr. Willard?
   B: Which one? There ____________ two Willards in our branch.
   (a) is
   (b) are
   (c) has
   (d) have

3. A: Why did you scold the new employee?
   B: She came in late again this morning, ____________ a lame excuse about the heavy traffic.
   (a) gives
   (b) given
   (c) giving
   (d) to give

4. A: Mom, would you please ____________?
   B: No. You already have enough models.
   (a) buy this model plane for me
   (b) buy to me this model plane
   (c) this model plane buy me
   (d) me buy this model plane

5. A: I'm here to meet Ms. Cooper from the marketing department.
   B: Sorry, she ____________ for the day.
   (a) leave
   (b) will leave
   (c) has left
   (d) had left

6. A: Did you hear that Ron is going to get married next month?
   B: Really? I thought he wasn't ____________ of man who would get married at such a young age.
   (a) kind
   (b) kinds
   (c) any kind
   (d) the kind

7. A: Can sleeping more than ten hours a night be a problem?
   B: I think so. Too much sleep can be as ____________.
   (a) too little sleep than harmful
   (b) too little sleep as harmful
   (c) harmful than too little sleep
   (d) harmful as too little sleep

8. A: Would you like me to come to the airport to see you off?
   B: Don't worry. You ____________ come.
   (a) need not to
   (b) don't need to
   (c) need to not
   (d) don't need

Part 2

Choose the best answer for the blank.

9. In today's world, ____________ all people are created equal and that everyone has the right to be free.
   (a) it believes that
   (b) they are believed that
   (c) it is believed that
   (d) people are believed that

10. If I ____________ in your shoes, I would never make such a decision.
   (a) am
   (b) was
   (c) were
   (d) had been

11. When I tried to give the policeman a bribe, he refused ____________ it.
   (a) accept
   (b) to accept
   (c) accepting
   (d) to be accepted

12. Her son is not only highly intelligent ____________ talented in sports and music.
   (a) as well as
   (b) and too
   (c) but also
   (d) as for

13. ____________ of the children who came to Susan's birthday was given his or her own gift from her mother.
   (a) All
   (b) Each
   (c) Every
   (d) Both

14. The issue of reuniting families and the talks for non-proliferation of nuclear weapons should be considered ____________.
   (a) to separate
   (b) separately
   (c) separating
   (d) separated

15. ____________ the lack of evidence, the prosecutor tried to prove the murder suspect was guilty.
   (a) Despite
   (b) Because of
   (c) In addition to
   (d) With regard to

16. No sooner ____________ on the wall than a brilliant idea occurred to him.
   (a) the poster he had seen
   (b) he had seen the poster
   (c) had the poster seen he
   (d) had he seen the poster

Part 3

Identify the option that contains an awkward expression or an error in grammar.

17. (a) A: I'm going to go home and take a rest. I'm too tiring.
    (b) B: Didn't you sleep well last night?
    (c) A: I couldn't sleep a wink because my neighbor was making so much noise.
    (d) B: If it happens again, you'd better complain to your neighbor about it.

18. (a) A: Are you really thinking of having an eye operation so you won't need to wear glasses?
    (b) B: Yes, I've heard it's an easy procedure.
    (c) A: That's true, but there are cases which the person was left with worse eyesight than before.
    (d) B: Really? Then I'll think it over some more.

Part 4

Identify the option that contains an awkward expression or an error in grammar.

19. (a) The annual number of deaths caused by automobile accidents has increased over the years. (b) This is largely due to drivers and passengers are careless about using seat belts. (c) So make sure you and your children buckle up. (d) It just might save your lives.

20. (a) Do you think what is most important in your life: money, health or love? (b) Many people might answer "money" because they think money can buy happiness. (c) Others might answer "health" because it is hard to be happy without it. (d) But love is what makes us the very happiest of all, so that's my answer.

Mini TEST 3

제한시간 9분 

Part 1

Choose the best answer for the blank.

1. A: Do you know ____________?
   B: I have no idea.
   (a) where Susan lives
   (b) where does Susan live
   (c) Susan lives where
   (d) where is Susan live

2. A: What are you reading?
   B: It's a guidebook which contains ____________ information about Paris.
   (a) little
   (b) a lot of
   (c) a few
   (d) many

3. A: Where can I try these on?
   B: Right over there in any of those booths. The ones ____________ are occupied.
   (a) with the curtains drawn
   (b) with curtains drawing
   (c) with the curtains to draw
   (d) with drawing curtains

4. A: Michael, you look delighted.
   B: Yeah. I earned a ____________ higher TEPS score than I had expected.
   (a) so
   (b) far
   (c) well
   (d) such

5. A: How long will it take to repair this watch?
   B: It will take at least half an hour. Please take a look around the shop while your watch is ____________.
   (a) repair
   (b) repairing
   (c) being repaired
   (d) repaired

6. A: We had better bring something to read ____________ it's going to be a long flight.
   B: OK. We can stop at the bookstore in the airport.
   (a) after
   (b) once
   (c) while
   (d) since

7. A: I still can't believe you won the first prize in the English speaking contest.
   B: I owe ____________.
   (a) a good teacher like you to have it all
   (b) it all to having a good teacher like you
   (c) having a good teacher to it all
   (d) all of it to have a good teacher

8. A: Are you leaving so early? It's only 6 am.
   B: Didn't I tell you that ____________ this semester?
   (a) early morning by having a class
   (b) a morning class I have early
   (c) I have an early morning class
   (d) I early have a class in the morning

Part 2

Choose the best answer for the blank.

9. I know a boy ____________ is a famous professor in the field of physics.
   (a) which
   (b) whom
   (c) that he
   (d) whose brother

10. It's hard to believe how many years ____________ since you and I last met.
   (a) pass
   (b) have passed
   (c) had passed
   (d) will have passed

11. The number of newborn babies ____________ decreased significantly since last year.
   (a) has
   (b) have
   (c) had
   (d) are

12. ____________ a letter to her mother.
   (a) She was difficult for writing to
   (b) It was difficult for her to write
   (c) She was difficult to write
   (d) It was difficult to write for her

13. I asked my parents for some money, only to be told they had ____________.
   (a) not
   (b) none
   (c) neither
   (d) any

14. When the family moved to a foreign country, they ____________.
   (a) decided by not taking their pets
   (b) decided not to take their pets
   (c) took their pets not to decide
   (d) decided their pets not to take

15. The government proposed that Chinese characters ____________ to road signs for foreign tourists from China, Japan and other Asian countries.
   (a) add
   (b) be added
   (c) was added
   (d) will be added

16. I ____________ want to become the president of our country when I was young, but these days I'd like to be a pilot.
   (a) do
   (b) will
   (c) might
   (d) used to

Part 3

Identify the option that contains an awkward expression or an error in grammar.

17. (a) A: What are you doing with cardboard those brown small boxes?
    (b) B: I need to bring them to the storage room.
    (c) A: Would you like me to help you move them?
    (d) B: That would be great. I'd really appreciate it.

18. (a) A: Susan, how about going to a swimming pool this afternoon?
    (b) B: I wish I can, but maybe next time. Thanks, anyway.
    (c) A: May I ask you why you can't come?
    (d) B: I'm just coming down with a cold. That's all.

Part 4

Identify the option that contains an awkward expression or an error in grammar.

19. (a) We're in luck because the boss is in a great mood this morning. (b) He has wanted to experiment with his new golf clubs for some time. (c) The managing director invited him to play a round of golf at his club. (d) Of course, if the boss will lose, he'll be in a terrible mood tomorrow morning.

20. (a) After having a quick drink, he returned the bottle to his pocket. (b) Considered whether he should risk a smoke, he paused for a moment. (c) He decided to take the risk. (d) He placed a cigarette between his lips, drew some smoke into his lungs, and put out the light.

TEPS BY STEP

Reading Comprehension

Section Ⅰ

TEPS 기본 다지기

Part 1 unit 01

내용 완성하기

• TEPS 독해 영역의 Part I은 총 16문항으로 구성되며, 그 중 1번에서 14번까지의 문제가 지문에 있는 빈칸에 들어갈 알맞은 내용을 고르는 '내용 완성하기' 유형이다.
• 이 유형을 풀 때에는 빈칸을 포함한 문장이 주제문인지 부연 설명문인지를 파악해야 정답 결정에 필요한 정보를 찾아내기가 수월해진다.

기 출 응 용

Part 1

Read the passage. Then choose the option that best completes the passage.

Even if you have little experience with children, you probably have a sense that older children are better able to pay attention to a given task than younger children. Parents read brief stories to their two-year-olds but expect their adolescent children to read novels. Preschool teachers give their small students only brief tasks, like painting or coloring; high school teachers expect their students to follow their lessons for an hour or more at a time. Clearly, children's ____________ undergoes recognizable changes with development.

(a) physical condition
(b) power of concentration
(c) school records
(d) tastes for amusement

정답 (b)

해석 아이들과 함께 한 경험이 거의 없더라도 나이가 더 많은 아이들이 어린 아이들보다 주어진 과제에 주의를 더 잘 기울일 수 있다는 것을 알고 있을 것이다. 부모들은 두 살짜리 아이들에게는 짧은 이야기를 읽어 주지만 청소년기 아이들에게는 소설을 읽기를 기대한다. 유치원 선생님들은 어린 학생들에게 그림 그리기나 색칠하기와 같은 간단한 과제들만 제시하는 반면, 고등학교 선생님들은 학생들이 한 번에 한 시간이나 혹은 그 이상 동안 수업을 따라와주기를 기대한다. 명백히, 아이들의 집중력은 성장하면서 눈에 띄는 변화를 겪는다.

어휘 adolescent 사춘기의 / preschool 유치원(=kindergarten) / at a time 한 번에 / undergo 경험하다, 겪다 / recognizable 인식할 수 있는, 눈에 띄는 / amusement 즐거움, 재미

해결 포인트 첫 문장에서 '나이가 더 많은 아이들이 집중력이 더 뛰어나다'고 주제를 제시한 후, 아이의 연령에 맞춘 부모님이나 교사들의 기대치를 통해 주제를 부연 설명했다. 빈칸이 있는 마지막 문장에서는 주제를 반복하여 제시하고 있으므로 (b)가 정답이다.

해결 전략

1. 빈칸이 지문의 앞부분에 있는 경우

지문의 앞부분에 빈칸이 있는 경우에는 그 문장이 주제문일 가능성이 높다. 이 경우에는 핵심 단어나 표현들을 중심으로 지문의 전반적인 내용을 빠르게 파악한다.

2. 빈칸이 지문의 중간에 있는 경우

지문의 중간에 빈칸이 있는 경우, 그 빈칸에 들어갈 내용은 서두의 주제문과 관련된 부연 설명이거나 예시인 경우가 많으므로 주제와의 논리적 연관성 및 앞뒤 문맥을 고려하여 정답을 고른다.

3. 빈칸이 지문의 끝부분에 있는 경우

빈칸이 지문의 끝부분에 있는 경우에는 서두에 제시된 주제의 반복이거나 전체 지문 내용의 결론일 가능성이 높다. 때때로 중간에 주제의 반전이 있는 경우도 있으므로 주제의 반전을 암시하는 however, but, on the other hand나, 또는 추가를 의미하는 in addition, moreover 등의 연결사에 특히 주의하여 지문을 읽는다.

적용

1. 첫 문장 — 주제

나이가 더 많은 아이들이 어린 아이들보다 주어진 과제에 더 잘 집중한다.

2. 부연 설명

- 예1: 부모들이 두 살짜리 자녀와 청소년기 자녀들에게 갖는 과업수행의 기대치가 다름
- 예2: 유치원과 고등학교 선생님들이 각각 자신의 학생들에게 갖는 과업수행의 기대치가 다름

3. 핵심어

pay attention, older/younger children, brief stories/novels, only brief tasks/follow their lessons for an hour or more at a time

4. 마지막 문장(빈칸 포함) — 주제의 반복

아이들의 ______________은 성장하면서 눈에 띄는 변화를 겪는다.

Basic Drill

Read each passage and choose the best word or phrase for the blank.

1. Technology differs from science in that its progress must take the human factor into consideration. While science ponders theoretical questions, technology is more concerned with practical applications. The purpose of technology is to serve the needs of people. If we want to create a better world both now and for future generations, a more ________________ approach to technology must be taken.

   ⓐ scientific ⓑ humanistic

2. A series of explosions shook New Delhi today, killing 35 people. The explosions appear to have been caused by chemicals that had been improperly stored. Owing to the explosions, a number of buildings collapsed. Police and rescue workers are searching through the wreckage in order to find survivors. The government has declared the site ________________ and is hoping to receive humanitarian assistance from international organizations.

   ⓐ a limited development district ⓑ a disaster area

3. Fairy tales appeal to children, but can also interest adults too. DreamWorks was able to create similar tales like *Toy Story* and *A Bug's Life*, which reached a wide audience of children and adults. This strategy was a great success. If Disney had simply made films for children, it would have been likely that adults would have left their children in the kid's movie and found their own adult flick. Therefore, DreamWorks has created films ________________.

   ⓐ that could boost profits ⓑ for the entire family to enjoy

4. Some time ago, the world was worried about the rapidly growing population, so many countries conducted birth-control campaigns. Nowadays, however, virtually all of the population growth is occurring in developing countries only. As a result, demographers are concerned about ________________ for the people in those countries. Population growth will have a profound impact on these people, causing a steady decline in healthcare, education, and economic opportunities.

ⓐ the quality of life　　ⓑ immigration issues

5. Americans have a tendency to examine their own culture, usually in terms of numbers and precise data. American sports, particularly football, may be the most "measured" sports in history. The following might be a typical comment: "This is the longest distance a left-footed kicker has ever kicked a field goal in this stadium; the previous longest kick on record here came on November 17, 1957 — 51 yards." Obviously, it is safe to say that Americans are impressed with ________________.

ⓐ concrete details　　ⓑ scientific approaches

6. An African-American family entered a Pizza Hut in Dallas in the summer of 1996 to celebrate their son's 10th birthday. But they were turned away from the restaurant although they had phoned in an order for five pizzas before arriving. The parents sued the Pizza Hut for ________________. As a result of the suit, Pizza Hut Incorporated agreed to provide racial-sensitivity training to tens of thousands of employees nationwide. The company also agreed to pay the family $160,000.

ⓐ racial discrimination　　ⓑ nonfulfillment of a contract

Practice TEST

제한시간
3분

Part 1

Read the passage. Then choose the option that best completes the passage.

1. Most people typically think of men as naturally better suited to perform the most strenuous physical labor. Not all peoples of the world, however, hold the same view. The rulers of the African Kingdom of Dahomey used women as bodyguards because they believed women to be especially fierce fighters. Similarly, Tasmanians assumed that women were perfectly well suited to the most dangerous hunting tasks. These examples suggest that in regard to skills and general abilities to do various types of work, ______________________________.

(a) women are more powerful than men
(b) women should play the leading part
(c) there are strict differences in sex roles
(d) there are no universal characteristics of gender

2. It is estimated that more than 50% of corn and soy in the United States has been genetically modified. A few major food companies admit that while they do not sell genetically modified food in Europe because of public outrage against it, their American products may well contain genetically modified ingredients. However, American consumers ______________________________ what they are consuming because labeling is not required. Even some organic food can be genetically modified. Dairy products may also potentially contain genetically modified material, as cows are often fed genetically engineered substances and growth hormones.

(a) are always well aware of
(b) never know exactly
(c) are always alert about
(d) never pay attention to

3. The idea of crowd behavior is often discussed by sociologists. They compare people's behavior when they are alone to their behavior in a crowd. When they are alone, people are reasonable. Their behavior is based on their own attitudes and their view of the situation. In a crowd, however, people become disconnected from their moral selves. They are no longer responsible for their actions because ______________________________. They may misunderstand a situation or prejudge someone carelessly. Once a crowd decides to act, it becomes uncontrollable. Its actions may be illegal or immoral, but the individual can no longer see things as an individual. This is crowd behavior.

(a) their morals are changed
(b) they are simply one part of a larger group
(c) they put the blame on the situation
(d) they aren't aware of what they are doing

4. There is an increasing amount of research on left-handedness. For example, one psychologist says that left-handers are more likely to have a good imagination. They also enjoy swimming underwater more than right-handers do. Left-handedness can, however, ______________________________. Some left-handed children see letters and words backwards. They read 'd' for 'b' and 'was' for 'saw.' Another problem is stuttering. Some left-handed children start to stutter when they are forced to write with their right hands. Queen Elizabeth II's father, King George VI, had to change from left-handed to right-handed writing when he was a child, and he stuttered all his life.

(a) make right-handed children dislike swimming
(b) cause problems for people
(c) be traced back through history
(d) occur more in men than in women

Part 1 unit 02

연결어 넣기

• Part I의 16문제 중에서 마지막 두 문제가 '연결어 넣기' 유형이다. 빈칸의 앞뒤의 논리가 어떤 흐름으로 연결되는가를 파악하는 유형으로, 비교적 쉽게 공략할 수 있다.
• 다양한 연결어의 기능(인과, 첨가, 예시, 대조 등)에 대해 정확하게 파악해 둘 필요가 있다.

기출응용

Part 1

Read the passage. Then choose the option that best completes the passage.

People in small groups are much more likely to cooperate with each other than those in large groups. In small groups, each person feels more responsible for the group's success. ________, individuals in large groups feel weak ties to most others in the group. Also, people in small groups are far more likely to take no more than their share of available resources. For instance, most families in a small neighborhood in Washington State took care to conserve water when the water supply got low. However, in large cities, many residents do not voluntarily conserve resources such as water.

(a) For example (b) As a result
(c) Similarly (d) In contrast

정답 (d)

해석 소집단에 속한 사람들은 대집단에 속한 사람들보다 상호 협력할 가능성이 훨씬 더 크다. 소집단에서는 각 사람이 그 집단의 성공에 대해 보다 많은 책임을 느낀다. 이와 대조적으로, 대집단에 속한 개개인은 그 집단에 속한 대부분의 다른 사람들에 대해 연대감을 적게 느낀다. 또한 소집단의 사람들은 이용 가능한 자원에 대해 자신들의 몫만큼만 취할 가능성이 훨씬 더 크다. 예를 들어, 워싱턴주의 한 작은 마을에 사는 대부분의 세대는 급수량이 줄었을 때 물을 절약하기 위해 주의를 기울였다. 그러나 대도시에서는 많은 주민들이 물과 같은 자원을 자발적으로 절약하지 않는다.

어휘 cooperate 협력(협동)하다 / tie 연줄, 유대 / conserve (자원 · 에너지를) 절약하다 / resident 거주자 / voluntarily 자발적으로

해결 포인트 소집단에 속한 사람들과 대집단에 속한 사람들의 서로 다른 성향을 비교하고 있기 때문에 대조의 의미가 있는 연결사가 필요하다.

해결 전략

1. 연결어의 기능을 파악해 두어라.

연결어가 지문의 논리 전개에 있어서 어떤 기능을 하는지 미리 파악해 두면, 연결어 문제뿐만 아니라 다른 독해 문제들을 공략할 때에도 도움이 된다.

인과관계	첨가	대조/반전
therefore (그러므로) thus (따라서) accordingly (따라서) as a result (그 결과) as a consequence (그 결과) consequently (결과적으로) because of (~때문에) on account of (~때문에) due to (~때문에)	in addition to (~외에도) along with (~외에도) besides (~외에도/게다가) in addition (게다가) what is more (게다가) furthermore (게다가) moreover (게다가) **예시** for example (예를 들면) for instance (예를 들면)	but/yet/however (그러나) although (~에도 불구하고) even though (~에도 불구하고) in spite of (~에도 불구하고) despite (~에도 불구하고) nevertheless (그럼에도 불구하고) in contrast (대조적으로) on the contrary (반대로) on the other hand (반면에) while/whereas (~인 반면) instead (대신에)

2. 주제를 확인한 후, 빈칸 앞의 내용과 뒤의 내용을 비교하라.

먼저 지문의 전반부를 빠른 속도로 훑어 읽으면서 무엇에 관한 내용인지를 확인한다. 그런 다음, 빈칸 앞뒤의 내용이 주제를 뒷받침하기 위해 어떤 논리(인과, 역접, 첨가, 예시, 열거 등)로 연결되어야 할 것인지를 파악한다.

적용

1. 첫 문장 — 주제

'소집단에 속한 사람들은 대집단에 속한 사람들보다 상호 협력할 가능성이 훨씬 더 크다'라는 주제를 통해 지문 전체에서 두 집단 사람들의 성향을 비교할 것임을 알 수 있다.

2. 빈칸 앞뒤(빈칸 포함)의 내용

- 빈칸 앞: 소집단 사람들의 성향
- 빈칸 뒤: ______________, 대집단 사람들의 성향

Basic Drill

Read each passage and choose the correct word or phrase for the blank.

1. The death toll from the monster earthquake in western Turkey reached 17,000 on Tuesday as the suffering of the survivors continues to mount. U.N. officials estimate the final death toll from the quake could reach as high as 40,000 and say between 100,000 to 200,000 people are now homeless. ______________, they say media scares about the threat of disease in the aftermath of the earthquake are misleading.

ⓐ For instance ⓑ On the other hand

2. There was a time when hotel chefs preferred processed food for their cooking. However, some of the rebellious chefs who were working on the outskirts of society refused to accept the industrialized ingredients. ______________, they chose to look out for smaller but more health-conscious suppliers. Nowadays, many more chefs are getting involved in this movement.

ⓐ Nevertheless ⓑ Instead

3. Our environment is constantly under stress as we heat our homes and buildings, generate electricity and burn fossil fuels. These all increase the amount of carbon dioxide gas that is being released into our atmosphere. This carbon dioxide gas keeps heat in the atmosphere. ______________, the heat isn't being released fast enough into space and is slowly increasing temperatures all around the world.

ⓐ As a consequence ⓑ Furthermore

4. The enormous debt owed by developing countries to banks and governments in the developed world is a major economic problem. These countries borrowed heavily in the 1970s with the expectation that investments would lead to growth. But a downturn in the world's economy left many developing countries with huge debts and falling incomes, and this has led to increased poverty. The debt problem has also created instability in the world banking system. It is in the interest of all parties, ________________, to sort out this problem and enable developing countries to expand their economies.

ⓐ therefore　　ⓑ fortunately

5. The process of using some kinds of waste to provide energy to make new things is called 'energy reclamation.' With suitable processing, some rubbish can be changed into a useful fuel. It can be burnt in industrial boilers to provide energy to make new products. The waste coming into the plant must have all the other recyclable elements removed before it can be used. ________________, if much of the remaining waste can be used for fuel, the final amount of waste that will have to be disposed of in landfill sites will be small.

ⓐ As a result　　ⓑ For example

6. *The Six Million Dollar Man* was a popular American TV show about a cyborg — a man with robotic body parts which give him amazing strength and speed. The show was meant to be science fiction, and it was hard to believe some of the things the Six Million Dollar Man could do. ________________, today's biomedical technology is making some of the technology in the show a reality. For example, it is possible to repair injuries with metal bones. And just by thinking, some people can move artificial arms or legs in the same way that they moved their own arms or legs.

ⓐ However　　ⓑ In other words

Practice TEST

제한시간
3분

Part 1

Read the passage. Then choose the option that best completes the passage.

1. The ads tempt us to travel. They invite us to see the wonders of Venice, to taste the cuisine of Paris, to swim in the beautiful waters of the Caribbean. Who is not tempted to breathe the clean air of the ski slopes of the world's mountain ranges or enjoy the charms of the Emerald Isle? ________________, the ads do not mention the wearying trials of travel. They do not mention the way vacations seem to be over almost before they begin. They do not mention the burden of paying later when you fly now. These considerations make staying home the best way to spend a vacation.

(a) What is more
(b) However
(c) For example
(d) Accordingly

2. Of all the unique features of birds, feathers are probably the most important in respect to survival. Feathers are extremely important for regulating the body temperature of birds, for attracting other members of their species for the purpose of reproduction, and for flight. ________________ the vital role of feathers, birds spend a significant amount of time on a daily basis caring for them. This ritual of grooming and arranging feathers is known in birds as preening. The behavior is exhibited in wild birds as well as most birds kept in captivity as pets.

(a) In spite of
(b) Because of
(c) In addition to
(d) Unlike

3. History books offer an objective look at the political realities of a certain time and place without presenting any opinions. Art, however, has the ability to give us a more subjective view of the same situation, reflecting the emotions and opinions of both the artist and people in general. One of the first great political artists was Francisco Goya of Spain. His painting *The Third of May 1808* shows faceless soldiers gunning down a group of defenseless people. It universally represents the abuses of power by the government against its citizens. More recently, Pablo Picasso used his work *Guernica* to show the terrible effects of war. ____________________, a personal and emotional view of history can be shown through art.

(a) Lastly
(b) On the contrary
(c) Furthermore
(d) In summary

4. One of the most absurd things in the movies has to do with traffic. In reality, all week we sit in traffic jams. On weekends, we go to the movies, sitting in more traffic jams. Then, arriving late, we sit in a dark cinema and watch a man drive a car through rush hour traffic at eighty miles an hour. ____________________, we not only accept this but think the hero drives his car very well. If he encounters another car, he drives round it or possibly right through it. Sometimes he even makes his car fly over it! When the movie is over, we go out and sit in a traffic jam again.

(a) Moreover
(b) For example
(c) Surprisingly
(d) Accordingly

주제 찾기

• Part II의 17번부터 6문제 정도가 주제/제목/목적/요지를 묻는 문제로 출제된다. 영어 지문은 보통 두괄식이나 양괄식으로 구성되기 때문에 주제가 지문의 앞부분에 있을 가능성이 높으나, 항상 반전이나 내용의 추가 등이 있는지에 대해서도 주의해야 한다.

• 선택지를 통해서 중심 소재를 파악한 후, 지문 전체를 빠른 속도로 훑어 읽기(skimming)하여 무엇에 관한 이야기인지 파악한다.

기 출 응 용

Part 2

Read the passage and the question. Then choose the option that best answers the question.

University education should aim at teaching a few general principles, along with the ability to apply them to a variety of concrete details. Your learning is useless to you until you have lost your textbooks, burned your lecture notes, and forgotten the petty details you memorized for the examination. The ideal of a university is not so much knowledge as power. Its business is to convert the knowledge of a youth into the power of an adult human being.

Q. Which of the following is the best topic of the above passage?

(a) Changing knowledge into actual power

(b) The meaning of useful learning

(c) The real purpose of university education

(d) The ability to apply general ideas to details

정답 (c)

해석 대학 교육은 몇 가지 일반적인 원리들과 그것들을 여러 가지의 구체적인 세부 사항들에 적용할 수 있는 능력을 함께 가르치는 것에 목표를 두어야 한다. 교과서를 잃어버리고, 강의 노트를 태워버리고, 시험을 위해 암기했던 사소한 상세 내용들을 잊어버린 후가 되어서야 당신의 지식은 쓸모 있는 것이 된다. 대학의 이상적 목표는 지식이라기보다는 능력이다. 대학이 할 일은 젊은이의 지식을 성숙한 인간의 능력으로 전환시키는 것이다.

어휘 a variety of 여러 가지의 / concrete 구체적인 / petty 사소한, 시시한 / convert 변화시키다, 전환하다

해결 포인트 첫 문장이 주제문으로 지문 전체에서 대학 교육의 진정한 목적이 단순히 지식 전달이 아닌 지식의 활용이어야 한다는 점에 대해 논의하고 있다.

해결 전략

1. 선택지를 먼저 읽어 지문의 key words를 파악한다.

선택지를 먼저 읽게 되면 지문에서 중점적으로 다루게 될 key words를 미리 파악할 수 있기 때문에 지문을 빠르게 이해할 수 있다.

2. 지문의 구조를 파악하면서 속독한다.

주제를 정확하게 파악하기 위해서는 속독을 통해서 지문의 구조를 파악할 수 있어야 한다. 지문의 구조를 파악하게 되면, 주제문을 중심으로 어떤 식으로 논리가 전개되는지를 알 수 있기 때문에 문제 풀이의 속도와 정확도가 향상될 수 있다.

3. 지문에서 파악한 중심 내용을 가장 잘 표현하고 있는 선택지를 고른다.

지문에서 사용된 key words를 선택지에 그대로 사용하기보다는 다른 말로 바꾸어 사용하는 경우가 많으므로 주의해야 한다.

적용

1. 첫 문장 — 주제

대학 교육은 몇 가지 일반적인 원리들과 그것들을 여러 가지의 구체적인 세부 사항들에 적용할 수 있는 능력을 함께 가르치는 것에 목표를 두어야 한다.

2. 부연 설명

- 예1: 교과서 내용, 강의노트, 시험을 위한 지식들이 (적용될 수 없다면) 쓸모가 없다.
- 예2: 대학의 이상적 목표는 지식이라기보다는 능력이다.

3. 핵심어

aim, the ideal of a university, its business

4. 마지막 문장 — 주제의 반복

대학이 할 일은 젊은이의 지식을 성숙한 인간의 능력으로 전환시키는 것이다.

Basic Drill

Read each passage and choose the correct topic or purpose of the passage.

1. Dear Ms. Marino:
It is my pleasure to inform you that your salary for next year, starting on the date you began your employment, will be raised by 8% to reflect the cost-of-living increase. Furthermore, as discussed in your evaluation meeting, you will be receiving an additional 7% merit increase based on your achievements and improvements over the past year. As a result, your salary for the coming year will be $45,000.
Best wishes,
Paul Holmes, Vice President, Personnel

ⓐ To get information about the annual salary
ⓑ To notify of a raise in the annual salary

2. This device is approximately the same size of a pocket notebook. Rather than a keyboard and mouse, however, it features a small pen-like tool that can be used to write directly onto the device's screen. You can take notes as if you were writing on a piece of paper, and your words will instantly be converted into text that the computer can read. If you need to change a word, just circle it. If you want to delete it, just cross it out. Once you get used to it, you'll probably never want to go back to a keyboard again.

ⓐ The characteristics and convenience of a new device
ⓑ The process of developing a new kind of device

3. Under the Constitution, presidents have a great deal of freedom in deciding how to use their powers of office. There are some who follow the Constitution very strictly and refuse to take any new powers, while others adopt a broader view and purposefully expand their powers. The presidents who embrace the latter philosophy often abandon traditional processes in favor of bold, and sometimes controversial, actions.

ⓐ The range of presidential powers allowed by the Constitution
ⓑ Presidents' different interpretations of constitutional power

4. The Online Trade Regulation Commission requests that online shoppers place their orders by email or phone, and that websites make their shipments within the agreed time frame. There is a 28-day limit on shipping, and if there was no prior agreement on the delivery time, the company must meet this deadline. On top of this, they must advise customers if their shipment will not be made on time, and offer the chance for a refund.

ⓐ The complicated procedure of opening an online shopping mall
ⓑ The regulations that an online company has to comply with regarding shipment

5. If there is a particularly difficult part of adolescence, it is probably associated with adolescents' needs to establish psychological independence from their parents. Their dependent relationship of childhood must be altered as they near the independent status needed in adulthood. During this shift, parents and adolescents are often at odds with one another. Parents still see the need to control their children. They regard children as dependent and immature. Adolescents feel treated "like a child" and prefer to think of themselves as adults.

ⓐ Parents' endless efforts to make their children mature adults
ⓑ The struggle involved in adolescents becoming independent adults

6. With the end of the torrential downpours that devastated South Korea over the past four days, flood-stricken areas across the country have begun recovery operations. Recovery work has restored about one third of the 750 roads which were flooded, and helped bring electricity to 580,000 of the 940,000 households that experienced power failure. However, some 90,000 households in northern Gyeonggi and Gangwon Provinces are still suffering from an inadequate supply of drinking water.

ⓐ The start of recovery work in flooded areas
ⓑ Power supply delayed due to heavy rain

제한시간
4분 40초

Part 2

Read the passage and the question. Then choose the option that best answers the question.

1. About five months ago, the satellite dish for our TV suddenly stopped working completely. Because we couldn't afford to get a new one, we didn't have any other choice but to unplug the TV. Therefore, we couldn't help missing the World Cup as well as the presidential election. Despite lagging behind the current issues, my kids hardly complained at all. Instead, they learned to do a lot of different outdoor activities and read a lot. I'm not one to advocate the return to a simpler life, as I take advantage of technology such as computers and the Internet, but it sure is undeniably great to have the ubiquitous presence of the idiot box completely out of our family's life.

   Q. Which of the following is the main idea of the passage?
   (a) The TV does harm to kids in many ways.
   (b) Parents should keep their children away from the television.
   (c) No one should abandon their TV set unless their satellite dish breaks down.
   (d) People still can enjoy their life without watching TV.

2. When reading, it's always a good idea to try to identify with the author. Everything that is written, from novels to newspaper articles, is created with a particular purpose in mind. An author writes as if he or she is on a journey, travelling in a certain direction with a final destination in mind. In other words, he or she always has a reason for taking the trip. When you read, you are traveling alongside the author; if you accept this role and go along for the ride, your reading experience will be all the more enjoyable.

   Q. Which of the following is the main idea of the above passage?
   (a) Determine the purpose of your reading.
   (b) Follow the author's intention when you read.
   (c) Keep in mind the instructions given by the book.
   (d) Read as if you were on a journey.

3. Modern man is like the mythological Sisyphus, who was destined to spend his life pushing a heavy rock up Mount Olympus only to have it roll back down every time he was about to reach the top. Today our rock is information. No matter how hard we try to keep up, the weight of information continues to overwhelm us. Author Richard Saul Wurman has invented a phrase — information anxiety — which he defines as "the ever-widening gap between what we understand and what we think we should understand. Information anxiety is the black hole between data and knowledge."

Q. Which of the following is the main idea of the passage?
(a) We should try not to miss any of the information modern society provides us with.
(b) In the modern world, it is necessary to be exposed to such media as newspapers and the Internet.
(c) In modern society, keeping up with the amount of information one expects oneself to process is a difficult task.
(d) Information anxiety can be controlled with proper training and a good attitude.

4. No other planet with life has yet been detected. But should such a planet be found, it will have to have a couple of important characteristics to support life. First of all, the planet's mass must fall into a very narrow range of possible masses. Because the kind of life we're familiar with requires oxygen to exist, the planet must have an atmosphere. If the planet's mass is too small, the atmosphere will escape into space. On the other hand, if it's too large, the heat from the interior will evaporate surface water, which is also essential to life. In addition, the star that the planet revolves around must be exactly the right size. Too big a star will tend to explode before life has a chance to develop around it. Too small a star will hold its planet in such a close orbit that one side will burn up while the other side freezes.

Q. Which of the following is the best topic of the passage?
(a) The endeavor to discover a new planet
(b) The size and mass of life-supporting planets
(c) The reality that there's no other planet where we can live
(d) The conditions necessary for a planet to support life

Part 2 unit 04

사실 확인하기

- Part II에서 최대 10문제까지 출제되는 '사실 확인하기' 유형은 선택지의 내용이 지문에 실제로 제시되어 있는지, 또 그 내용이 서로 일치하는지를 파악하는 문제 유형이다.
- 우선 질문과 선택지를 읽은 후에 지문에서 해당 부분만 빨리 찾아내서 확인하는 '찾아 읽기(scanning)' 전략을 사용해야 한다.

기출응용

Part 2

Read the passage and the question. Then choose the option that best answers the question.

Dear Mr. Cox:

In my letter of May 31, I requested the personnel record along with a biography of Sam Stemer of the marketing department in our Chicago office. You sent me the personnel record of Sam Gaven of the accounting department — a different person. The biography sent was correct, but was incomplete, with the first two pages missing. Please look for the material I asked for and rush it to me via UPS. The records sent me by mistake will be returned to you in a separate letter.

Sincerely,

Laura Choi

Q. Which of the following is true according to the above letter?

(a) Mr. Cox sent the wrong person's biography to Laura.

(b) The wrong material sent to Laura will be enclosed in this letter.

(c) Laura needs the personnel record and biography of Sam in the accounting department.

(d) Mr. Cox made a mistake by confusing two Sams in the Chicago office.

정답 (d)

해석

콕스 씨께,

5월 31일자 편지에서 저는 시카고 지점 마케팅부서의 샘 스테머에 관한 인사 기록과 약력을 요청했습니다. 당신은 제게 다른 사람인 회계부서의 샘 게이븐에 대한 인사 기록을 송부하셨더군요. 보내주신 약력은 맞지만, 처음 두 장이 없는 불완전한 상태였습니다. 제가 요청한 자료를 찾아서 UPS로 급송해 주십시오. 잘못 보내신 서류는 별도의 우편으로 돌려보내겠습니다.

로라 최 드림

어휘 personnel record 인사 기록 / rush (편지 등을) 급송하다 / via ~를 매개로

해결 포인트 샘 스테머에 대한 자료를 요청했는데 샘 게이븐에 대한 인사 기록을 송부했다고 했으므로 콕스 씨가 이름이 같은 두 사람의 샘을 혼동했음을 알 수 있다.

해결 전략

1. 선택지의 key words를 지문에서 찾는다.

각 선택지에서 가장 핵심적인 단어 1~2개를 찾은 후, 지문에서 그 핵심 단어나 그 단어의 동의어를 찾는다.

2. 선택지의 내용이 지문에 없거나 지문의 내용과 일치하지 않으면 소거한다.

만약 선택지의 내용이 지문에 없거나, 지문에 있더라도 내용이 일치하지 않으면 해당 선택지는 정답이 될 수 없으므로 소거한다.

적용

선택지와 지문의 내용 비교

(a) Mr. Cox sent **the wrong person's biography** to Laura. ⇒ **오답**

지문: The **biography** sent was **correct**, but was incomplete ~

(b) **The wrong material** sent to Laura will be **enclosed in this letter**. ⇒ **오답**

지문: **The records** sent me **by mistake** will be returned to you **in a separate letter**.

(c) Laura needs the personnel record and biography of **Sam in the accounting department**. ⇒ **오답**

지문: I requested the personnel record along with a biography of **Sam Stemer of the marketing department** in our Chicago office.

(d) Mr. Cox made a mistake **by confusing two Sams in the Chicago office**. ⇒ **정답**

지문: You sent me the personnel record of **Sam Gaven of the accounting department—a different person**.

Read each passage and write T if the statement below is true or F if it's false.

1. Dear Mr. Randolph:
The current economic recession has forced many of our clients into bankruptcy. This has made it difficult for us to collect payments from them. This, in turn, is making it difficult for us to meet our payment schedule to you. We would greatly appreciate it if you could allow us an extension of three months to pay the invoice. We hope you understand our present situation and ask you for your patience in this matter.
Sincerely yours,
Morris Austin

(1) Mr. Austin cannot pay the invoice due to the company's bankruptcy. [ ]
(2) Mr. Austin wants to pay the invoice to Mr. Randolph after three months. [ ]

2. In one of the deadliest rail accidents in Indian history, 285 people were killed and hundreds injured when two trains crashed head-on near Gaisal in West Bengal. Railway Minister Nitish Kumar resigned, acknowledging moral responsibility for the "criminal negligence" that led to the tragic accident. Investigators have begun examining how the Brahmaputra Mail train and the Avadh-Assam Express — carrying about 2,500 people — came to be traveling on the same track.

(1) One train was struck from behind by another one. [ ]
(2) The Railway Minister quit his job because he felt moral responsibility. [ ]

3. **Car Rental Services:** Avis, Thrifty, Budget, Dollar, and Alamo car rental counters are located in the West Terminal, Domestic Arrivals level. Hertz and National car rental counters are located in the East Terminal, International Arrivals level. All rental car services are open for pick-up and drop-off 24 hours a day. All major credit cards are accepted.

(1) The majority of car rental services are found in the East Terminal. [ ]
(2) You have to return your car to the rental service within 24 hours of rental. [ ]

4. In the United States, a person who stands up straight conveys a message of energy and self-confidence. In contrast, a person who slouches suggests laziness and a lack of self-esteem. Similarly, those people who are afraid to make eye contact send a negative message to others. They seem nervous and unsure of themselves, even a bit dishonest. Those who make it a point to look other people straight in the eye have the advantage. People tend to trust them more readily and may even like them more.

(1) In the U.S., certain conduct is thought to show what a person is like. (   )
(2) In the U.S., lazy people are considered to be dishonest. (   )

5. In 1826, Edgar Allan Poe enrolled at the University of Virginia. Although a good student, Poe accumulated many gambling debts, which his guardian, John Allan, did not like. Even though Allan gave money to Poe, Poe's debts kept increasing. Finally, Poe left school after only one year and his girlfriend, Sarah Elmira Royster, married another man. Without any means of supporting himself, Poe joined the army. At that time, however, he had already published *Tamerlane and Other Poems* (1827), a book of verses written in the style of Byron.

(1) Poe was a good student and graduated from the University of Virginia. (   )
(2) Before joining the army, Poe published a book called *Tamerlane and Other Poems*. (   )

6. With the development of modern equipment, there have been a lot of scientific discoveries in astronomy. For instance, the Hubble Space Telescope has made it possible not only to see but also to understand the distant universe and black holes. The sophisticated unmanned spacecraft named Voyager gave us our first good look at the outer planets and many of their moons. Also, we were able to map out the surface of Venus thanks to the Magellan spacecraft. In addition, the Mars Pathfinder showed us the possibility of carrying out low-cost landings on Mars and exploring the Martian surface.

(1) The Voyager first discovered the moons of the outer planets. (   )
(2) The Magellan spacecraft landed on Mars at a very low cost. (   )

제한시간
5분 20초

Part 2

Read the passage and the question. Then choose the option that best answers the question.

1. To: All staff members
   From: Manager of the Human Resources Department
   Re: Summer vacation schedule
   With July approaching, we need to set up this year's summer vacation schedule. If you are not sure of the amount of vacation time you have this year, check with me or refer to file RJ323 personally. Please decide on your schedule by June 25, and let me know your first and second choices. Only two people in each office will be allowed to be on vacation in any week, and the choices will be allocated in order of seniority.

   Q. Which of the following is correct according to the notice?
   (a) Personal inquiries about summer vacation are not allowed.
   (b) Every worker should hand in his or her vacation schedule with two choices.
   (c) Only one staff member can take a vacation at a time.
   (d) The amount of vacation time allocated is based on seniority.

2. In societies where one's status and welfare depend on one's work, unemployment is a grave social issue. It has been linked to psychological distress, higher levels of anxiety, aggression and suicide. The social costs of unemployment include the loss of tax revenue and increased social security and health expenditures. Unemployment is often geographically concentrated, leading to the decline of entire communities. High unemployment has also been linked with social unrest and crime. Therefore, governments often place joblessness high on their list of priorities.

   Q. Which of the following is correct about the results caused by unemployment?
   (a) Psychological problems such as anxiety and suicide can occur.
   (b) Social security for the unemployed may not be necessary.
   (c) Local communities may collapse due to high levels of taxation.
   (d) People lose faith in the government's administrative ability.

3. Several recent gun-related incidents have many people calling for renewed efforts to control guns in the United States. However, opponents insist that Americans need their constitutional right to arms now more than ever. A gun advocacy group such as the National Rifle Association insists that because our society is growing more violent, we need guns to protect ourselves even more. On the other hand, according to Mothers Against Gun Violence, a non-profit organization, it is because we have so many guns in this country that unstable people can so easily find guns and use them to hurt others.

Q. Which of the following is correct according to the article?
(a) People stopped making efforts to fight back against gun-related violence.
(b) The gun advocacy group believes the gun possession is the solution to wide-spread violence.
(c) The number of gun-related crimes is increasing significantly because the U.S. doesn't care about the gun possession.
(d) Americans have reached an agreement on how to deal with gun-related problems.

4. **Enjoy three days and two nights in sunny Acapulco, Mexico!**
Stay at the Paradise Beach Hotel, an international 4-star hotel overlooking beautiful Acapulco Bay. You can enjoy swimming, boating and snorkeling in this tropical paradise during the day, and free cocktails in the VIP lounge at night. Our package tours include two airline tickets from anywhere in the U.S., double room occupancy at the hotel, as well as use of all hotel facilities for only $990. Come and experience paradise!

Q. Which of the following is NOT correct according to the advertisement?
(a) It is possible to depart from anywhere in the U.S.
(b) The hotel's location offers guests a great view of the bay.
(c) The total price of the package tour is $990 per person.
(d) The expense for using hotel facilities is included in the $990.

Part 2 unit 05

특정 정보 찾기

• Part II에서 3문제 정도 출제되는 문제 유형으로, 질문에 what, why, how 등의 의문사가 포함되어 있는 것이 특징이다. 선택지의 내용을 일일이 지문의 내용과 대조할 필요 없이 질문에서 요구하는 특정 정보만 찾으면 되기 때문에 쉬운 유형에 속한다.

• 질문에 사용된 의문사와 key words를 염두에 두고 지문 전체를 훑어 내려가면서 해당 부분을 찾아 그 부분만 꼼꼼하게 읽어보아야 한다.

기출응용

Part 2

Read the passage and the question. Then choose the option that best answers the question.

If Mayor Bill Stirling has his way, the privileged people who come to Aspen in the Rockies every winter won't be able to buy fur coats within city limits. The proposed ban on the sale of wild animal fur, which is expected to affect dozens of stores selling fur items, comes up for a vote on Tuesday. If the proposed ban is approved, it will be the first ordinance of its kind in the U.S. The outcome is being watched by animal rights activists, the fur industry and thousands of fur-wearing vacationers.

Q. To whom does the proposed ban apply?

(a) All the residents living in Aspen

(b) Fur-wearing vacationers

(c) Animal right activists

(d) Stores selling fur items in Aspen

정답 (d)

해석 만일 빌 스털링 시장의 뜻대로 된다면, 매년 겨울 록키산맥의 아스펜에 찾아오는 특권 계층의 사람들은 시(市)내에서는 모피코트를 구입할 수 없을 것입니다. 모피 제품을 판매하는 수십 개의 상점들에게 영향을 미칠 것으로 예상되는 야생동물 모피 판매 금지법안이 화요일에 표결에 부쳐집니다. 만일 이 금지법안이 통과된다면 이는 미국에서 이런 종류로서는 최초의 조례가 될 것입니다. 동물 보호 운동가들과 모피 산업계, 그리고 수천 명의 모피 애호 행락객들이 그 결과를 주목하고 있습니다.

어휘 have one's (own) way 마음대로(뜻대로) 하다 / privileged 특권을 가진, 특권계급에 속하는 / ban 금지 / dozens of 수십 개의 / come up for (토론・투표 등에) 회부되다 / ordinance 법령, 조례 / outcome 결과 / vacationer 행락객

해결 포인트 '모피 제품을 판매하는 수십 개의 상점들에게 영향을 미칠 것으로 예상되는 야생동물 모피 판매 금지법안'이라고 언급된 부분에 근거하므로 정답은 (d)이다.

해결 전략

1. 질문에 포함된 의문사와 key words를 파악한다.

질문에 사용된 의문사와 key words를 통해 찾아야 하는 정보가 무엇인지 먼저 확인한다.

2. 지문을 속독하며 key words나 그 동의어가 제시된 부분을 찾는다.

지문 전체를 정확하게 해석하려고 하지 말고 지문을 빠른 속도로 훑어 내려가면서 질문의 key words가 있는 부분을 찾는다. 일반적으로 key words를 다른 말로 바꾸어 제시한다는 사실을 염두에 두는 것이 좋다.

적용

1. 질문의 의문사와 key words 확인

To whom does the proposed ban **apply**?

2. 지문에서 질문과 관련된 부분 찾기

The proposed ban on the sale of wild animal fur, which is expected to **affect** dozens of **stores selling fur items**, comes up for a vote on Tuesday.

3. 선택지 확인하기

(a) All the **residents** living in Aspen ⇒ **오답** (지문에 언급되지 않음)

(b) Fur-wearing **vacationers** ⇒ **오답** (지문에 언급되었으나 문제와 관련 없음)

(c) Animal right **activists** ⇒ **오답** (지문에 언급되었으나 문제와 관련 없음)

(d) **Stores selling fur items** in Aspen ⇒ **정답**

Basic Drill

Read each passage and find the best answer for the question.

1. For Rent: YOUR OFFICE IS READY! Here are the most functional, cost-saving, fully-furnished offices available. Rent your office space from us; our offices include faxes, photocopiers, video conferencing rooms, reception rooms, etc. You can contact Los Angeles Executive Offices at (210) 384-6547. We also have branches in Long Beach, Cerritos, Downey and Redondo Beach.

   Q. Which of the following is NOT included in the offices advertised?

   ⓐ Office machines　　ⓑ Laptop computers

2. Severe flooding in the main vegetable producing regions of the U.S. is expected to result in vegetable shortages early this summer. Consumers can expect increased supermarket prices on almost all produce for the next 60 to 90 days. Already the price of lettuce has hit $3.00 a head. That is up 50% from its price at the same time last year. However, experts say not to worry. By the middle of the summer, prices should start coming down again as the next crop starts to reach the market.

   Q. What was the price of a head of lettuce one year ago?

   ⓐ $2.00　　ⓑ $3.00

3. On the streets of Tokyo, there was a display of political views. People driving cars shouted their opinions, calling for Japan to take back its territory lost to Russia. They also insisted that children sing a national anthem that honors the emperor and that the military be made stronger to stand up to foreigners. Military songs played from loudspeakers. Drivers wearing white headbands waved their hands and shouted slogans like "Russians, get out of Japan!"

   Q. What did the drivers desire?

   ⓐ Making school children sing military songs at school

   ⓑ Making the country's military stronger

4. After photography was invented in the 1830s, it changed the art world in many ways. Painters attempted even greater levels of realism in their work in an effort to compete with it. But by the late 19th century, some artists began to question the need for art to portray the real world. This led to the development of more abstract forms of art. At the same time, the system whereby the majority of artwork produced was commissioned by the church, royalty and the aristocracy went into decline. Instead, art dealers began to sell artwork to a wider audience.

Q. What was an eventual effect of the invention of photography?
ⓐ Art became more abstract.
ⓑ Art became too expensive for most people.

5. A one-bedroom apartment is available to sublet during July, August and September. The owner will be in Europe. Rent is only $250 per month, but the tenant is expected to water the house plants and feed two cats. You must also keep the apartment clean, and parties are not allowed. There is one closet available for storage, but off-street parking is not available. If you're interested, you can contact Brenda at 747-0749.

Q. What is a requirement of the tenant?
ⓐ Caring for pets
ⓑ Gardening

6. Journalists sometimes say "Good news is bad news" because good news doesn't sell newspapers. No matter how hard media outlets may attempt to report world events accurately and thoroughly, the bottom line is that their primary purpose is to sell newspapers and attract viewers to their stations. Because of this, shocking tragedies are often presented in the interest of increasing ratings or readership.

Q. What is the main purpose of the media?
ⓐ Reporting events as accurately as possible
ⓑ Attracting as many people as possible

Practice
TEST

제한시간
5분 20초

Part 2

Read the passage and the question. Then choose the option that best answers the question.

1. There are many things I don't like. I don't like corporate downsizing, drive-by shootings, or robberies. What I do like are great devices like MP3 players, handheld game consoles, and digital cameras. But most of all I like home theater systems. I think that everyone should own a home theater, or at the very least all of the rude people of this world should own one. In fact, we should take up a collection to help all of the rude people who don't own a home theater yet buy one. Maybe then when my wife and I go to the movies we won't experience sitting near rude people talking through the entire film.

Q. Why does the writer like home theater systems?
(a) Because he and his wife prefer watching films at home
(b) Because they cost less than going to the movies
(c) Because they can keep people who make noise at cinemas at home
(d) Because he can watch his favorite films any time he likes

2. In 1999, a 100 percent tariff on a variety of EU-made luxury products was put in place by the USA. This tariff, which affected $124 million in annual sales to North America, led to a protest in which French farmers dumped several tons of animal waste on a local McDonald's. In a separate incident, sheep farmers in Aveyron attacked a McDonald's under construction, seriously damaging the building and spray painting "Roquefort cheese first, McDo go home!" on the walls. It would appear that McDonald's was targeted as a symbolic representation of the American tariff.

Q. Why did the French farmers attack McDonald's?
(a) To protest against McDonald's unfriendliness
(b) To show their objection to excessive U.S. tariffs
(c) To request the import of US products at lower prices
(d) To demand that McDonald's use organic ingredients

3. Dear Mr. Morris:
We are writing to you about the 1,000 Model No. 207 pocket calculators your company sold us. Since we started selling these pocket calculators in our store, nearly half of the customers have returned them saying the calculators stopped working after a few days. Upon examination of the calculators, we discovered that the batteries in most of them were leaking. We have had no choice but to offer to refund the purchasing price to our customers. This has caused considerable embarrassment to our store and staff. We are therefore returning all of the pocket calculators to you and expect to be refunded for the full amount of these pocket calculators plus shipping expenses.
Yours truly,
Bill Smith

Q. Which of the following is requested by Bill Smith?
(a) A refund for the goods
(b) A convincing and satisfactory explanation
(c) Immediate negotiations
(d) Confirmation of delivery

4. The nationalistic feeling among Kazakhs began with a long history of occupation and colonization by other countries. Sharing its borders with China, Russia, Uzbekistan, Kyrgyzstan and Turkmenistan, Kazakhstan was subject to many invasions. The early Kazakhs were wanderers who moved their livestock to new fields as needed throughout the vast steppe. The Mongols heavily influenced the Kazakh people beginning with the invasion by Genghis Khan in 1218 A.D. Mongolian culture took precedence with changes in the laws and language of Kazakhstan. The Mongols also introduced Islam, but the tribes maintained their early religious practices.

Q. Which of the following best describes the early Kazakhs' lifestyle?
(a) They were ruled by Turkmenistan and fought for independence.
(b) There were wars all over the country, which forced them to wander.
(c) They lived a nomadic life herding sheep and goats to pasture.
(d) There were many farms where people settled.

Part 2 unit 06

추론하기

• Part II의 후반부에 4문제 내외로 출제되는 '추론하기' 유형은 지문의 내용을 근거로 지문에 명시적으로 언급되어 있지 않은 내용을 유추하는 문제 유형이다. 전체 내용에 대한 추론, 특정 내용에 대한 추론, 지문에 이어질 내용에 대한 추론 유형이 있다.
• 상식이나 논리적 비약에 의존하지 말고 지문의 내용에 근거해서 정답을 골라야 한다.

기 출 응 용

Part 2

Read the passage and the question. Then choose the option that best answers the question.

What distinguishes philosophy from religion? While some might say there is no God in philosophical thoughts, it is not always true. Many philosophers utilized the concept of God as one of the key elements in their ideas. The fundamental difference between religion and philosophy appears to lie in their attitude towards life's fundamental questions such as death, spirit, and ethical value systems. Religions provide their followers with relatively firm answers on those questions. Philosophies, on the other hand, seem to repeatedly ask those same questions in different ways.

Q. What can be inferred from the passage?

(a) Both religion and philosophy are products of humanity, not of God.
(b) Philosophy is more materialistic than religion.
(c) Philosophy is not as decisive as religion on certain topics.
(d) There is no concept of God in philosophy.

정답 (c)

해석 철학과 종교를 구분 짓는 것은 무엇일까? 어떤 이들은 철학적 사고에는 신이 존재하지 않는다고 말할 지도 모르지만 항상 그렇지는 않다. 여러 철학자들이 신의 개념을 그들의 사상에서 중요한 요소들 중의 하나로 활용했다. 종교와 철학의 근본적인 차이는 죽음, 영혼, 윤리적 가치 체계와 같은 삶의 본질적인 질문들에 대한 태도에 있는 것 같다. 종교는 그런 질문들에 대해 신도들에게 비교적 확고한 답을 제공한다. 반면에, 철학은 같은 질문들을 다른 방식으로 반복해서 묻는 것으로 보인다.

어휘 philosophical 철학적인 / utilize 이용하다 / element 요소 / fundamental 근본적인 / ethical 윤리적인 / firm 확고한 / materialistic 물질적인 / decisive 명확한

해결 포인트 지문의 마지막 부분에 종교는 본질적인 질문에 확고한 대답을 하는 반면 철학에서는 단지 같은 질문을 다른 방식으로 계속 묻는다고 했으므로 정답은 (c)이다.

해결 전략

1. 질문을 통해 전체 추론인지 특정 소재에 관한 추론인지를 결정한다.

질문을 통해 지문 전체의 내용을 추론의 대상으로 삼아야 하는지, 아니면 특정 소재 위주로 필요한 정보를 모아야 하는지를 알 수 있다. 이에 따라 읽기 방법을 훑어 읽기(skimming)로 할지, 정보 찾기(scanning)로 할지 결정한다.

2. 반드시 지문에 근거한 유추를 해야 한다.

상식적으로 옳더라도 지문 내용에서 유추할 수 없으면 정답이 될 수 없음을 기억한다.

적용

1. 질문 파악하기

What can be **inferred from the passage**? ⇒ **전체 추론**

2. 지문의 주제 파악하기

첫 문장에서 지문의 주제가 '철학과 종교의 차이'임을 알 수 있다.

3. 지문 속에서 연관 부분 찾기

(a), (b) 추론할 수 있는 근거가 지문에 언급되어 있지 않으므로 오답이다.

(c) '종교는 그런 질문들에 대해 신도들에게 비교적 확고한 답을 제공한다. 반면에, 철학은 같은 질문들을 다른 방식으로 반복해서 묻는 것으로 보인다'라는 부분에서 철학이 종교보다 덜 명확하다는 것을 추론할 수 있다.

(d) 여러 철학자들이 신의 개념을 사상에서 중요한 요소로 활용했다 고 했으므로 오답이다.

Read each passage and choose the best answer for the question.

1. At my community college, many students work, so they don't have much time for homework. They have difficulty understanding the lectures, so instructors teach the same material again and again. As a result, the quality of the lectures has declined. These students don't study hard for exams, so the teachers have no choice but to give easy tests. Students usually pass the courses with good grades, but they don't learn a lot. After two years, they get a degree. But what does this degree mean?

Q. What can be inferred about the writer's opinion of the American system of higher education?

ⓐ It is too easy and nearly useless, so it needs to be more demanding.
ⓑ The tuition is too high, so many students have to work to pay for it.

2. In the terminology of online security, a firewall is a program that serves as a sort of guard for a company's computer network. Firewalls generally employ passwords to keep intruders out, and sound an alarm if hackers attempt to break into the system. However, although firewalls are now a standard security measure on both personal computers and corporate networks, experts warn that there is no such thing as absolute security online.

Q. What can be inferred from the passage?

ⓐ Firewalls don't ensure that your information is safe from hackers.
ⓑ Firewalls can tell the difference between the faces of workers and those of intruders.

3. Dear Sharon:
I was greatly shocked to hear that your mother has passed away. I shall always remember her with fondness and gratitude for all of the kindnesses she showed me. Please accept my sincerest condolences during this difficult time. If there is any way that I can be of help to you, please let me know.
Sincerely yours,
Pam

Q. What can be inferred about Pam according to the passage?
ⓐ She must have felt sympathetic.
ⓑ She had had the same experience as Sharon.

4. Some people give higher priced gifts than necessary for the situation. Someone who gives an expensive gift often feels that he or she should receive more praise than if he or she had given a less expensive gift. Therefore, the giver is giving him or herself a gift, too: status. Or it may be that money is being used in place of something much more direct, like love and affection. People who often give expensive gifts may be interested in more than the happiness of the people who receive them.

Q. What can be inferred from the passage?
ⓐ The more expensive gifts are, the more appreciated you will be.
ⓑ Those who like giving expensive gifts just want to satisfy themselves .

5. The American Legislative Exchange Council describes their mission as "to advance the Jeffersonian Principles of free markets, limited government, federalism and individual liberty among America's state legislators." The phrase "the Jeffersonian Principles" comes from Thomas Jefferson, the third president of the United States of America. Jefferson said in the draft of the Kentucky Resolution that "to take all the powers of self-government from the states and transfer them to a general and united government is not for the peace, happiness and prosperity of this state."

Q. What can be inferred according to the passage?
ⓐ The Jeffersonian Principles were created by the American Legislative Exchange Council.
ⓑ Thomas Jefferson respected a market economy and preferred limited government.

제한시간
5분 20초

Read the passage and the question. Then choose the option that best answers the question.

1. Hi everyone,
I just wanted to remind you about the quarterly quality meeting on Thursday in Conference Room A. This is a mandatory meeting for level 3 employees or higher. Sophia and Ruby will not take part, covering the floor during the session. Please be prepared to discuss safety topics. However, if there are any other issues you plan on bringing up, please let me know ahead of time so that we can be on the same page. Brenda, please send me a short bio paragraph so that we can introduce you to the rest of the team before the session. Finally, Colin and Holly, I need 15 minutes of your time right after the meeting to discuss the new manual on operating room procedures.
Sandy Conway, Head Nurse

Q. What can be inferred from the communication?
(a) Sophia and Ruby are not level 3 employees.
(b) Sandy wants to avoid unexpected discussions during the session.
(c) Brenda has been with Sandy's nursing team for many years.
(d) Colin and Holly will miss out the session because of operations.

2. "Convenience friends" are the neighbors, co-workers or members of our car pool whose lives routinely come into contact with ours. They are the people with whom we exchange small favors. They keep our pets for a week when we go on vacation and give us a ride when we need a lift. And, of course, we do the same for them. But we don't, with convenience friends, ever come too close or tell too much. For example, we'll talk about being overweight but not about being depressed. And which means we might say that we're tight for money this month but never that we're seriously worried about it.

Q. What can be inferred about "convenience friends" according to the passage?
(a) We maintain our public face and emotional distance in front of them.
(b) They are true friends whom we can fully trust and rely on.
(c) We tell them not only emotional problems but also financial problems.
(d) They are our friends only when they can do something for us.

3. All managers need to learn strategies and obtain solid techniques for improving their skills in discussing touchy topics with their employees. The Institute for Communications Strategy (ICS) is offering an 8-hour course for managers on how to approach these kinds of challenging discussions. The course will cover how managers can approach situations such as offering constructive criticism and feedback to employees when cutting salaries and evaluating, reprimanding and firing employees. To obtain information on this seminar, call ICS at 510-681-0410 or visit our website at www.bizstrategy.dt.

Q. Which situation is NOT likely to be addressed in the course?
(a) When a manager needs to fire an employee for misconduct
(b) When a manager tells employees that there will be a salary reduction
(c) When a manager notifies his or her employee of a promotion
(d) When a manager tells employees about their poor performance

4. A man who has just lost his job as a sewing machine operator — together with 400 fellow workers — may think that the economic situation of the country is very bad. The truth may be that the country has stopped exporting clothes and is now producing and selling heavy machinery in the world market and that, in fact, there are many opportunities for work in heavy industry. In the same way, a man who wants to buy a new refrigerator sees many of the latest imported models in the store. He may think that the economic situation of the country is so good that it allows for such a big choice of refrigerators. In fact the increase in imports may be responsible for a large national foreign debt that is a threat to the economy.

Q. Which of the following can be inferred from the passage?
(a) Whether the economic situation of a country is bad or good depends on job opportunities and the national foreign debt.
(b) Judgments about the national economy based on individual experiences may not reflect the true economic situation.
(c) Changes in exports and imports threaten the national economy.
(d) To get an accurate picture of the national economy, one cannot ignore the judgments of many individuals.

Part 3 unit 07

어색한 문장 찾기

- Part III의 38번에서 40번까지의 마지막 세 문제는 지문의 흐름과 어울리지 않는 문장을 고르는 유형으로, 지문의 논리적 일관성(coherence)을 파악하는 능력을 평가하며 문항당 배점이 가장 높다.
- 주제와 관련이 없는 내용을 다루고 있거나, 전체 지문의 어조와 다른 어조이거나, 사건의 전개를 어색하게 만드는 문장을 골라내는 연습을 충분히 해야 한다.

기출응용

Part 3

Read the passage. Then identify the option that does NOT belong.

Many of the difficulties we experience in relationships are caused by unrealistic expectations we have of each other. Think about it. (a) Women are supposed to stay beautiful and forever 22, while doing double duty in the home and in the workplace. (b) Many women are appreciated in the workplace not for their ability but for their appearance. (c) The burden on men is no easier; they should be tall, handsome, supportive and loving. (d) Let's be more reasonable in our relationships from now on, and develop a new sensitivity toward each other that is based on realistic expectations.

정답 (b)

해석 우리가 관계 속에서 경험하는 어려움들 중 상당수가 서로에게 가지고 있는 비현실적인 기대 때문에 생겨난다. 생각해 보라. (a) 여자들은 가정과 직장에서 이중의 의무를 감당하면서도, 아름다움을 유지하며 영원히 22세로 남아있어야 한다고 여겨진다. (b) 많은 여성들은 직장에서 그들의 능력이 아닌 외모로 인정받는다. (c) 남자에게 지워진 부담도 결코 더 가볍지 않다. 그들은 키가 커야 하고, 잘생겨야 하며, 부양 능력이 있어야 하고, 다정해야 한다. (d) 이제부터 관계에 있어서 더 합리적이 되고, 현실적인 기대를 바탕으로 서로를 향한 새로운 감성을 개발하자.

어휘 appreciate (가치를) 인정하다 / burden 부담, 책임 / supportive 부양하는 / reasonable 도리에 맞는, 합리적인 / sensitivity 감성

해결 포인트 지문의 첫 문장인, '우리가 관계 속에서 경험하는 어려움들 중 상당수가 서로에게 가지고 있는 비현실적인 기대 때문에 생겨난다'가 주제문으로, 나머지 선택지들은 이에 대한 구체적인 사례들인데 (b)에서만 '직장에서 여성들은 능력이 아닌 외모로 인정받는다'라는 다른 관점의 이야기를 하고 있다.

해결 전략

1. 주제문을 파악하라.

이 유형의 지문에서는 대부분 첫 문장이 주제문이고 나머지가 그에 대한 부연 설명일 가능성이 가장 높다. 하지만 첫 문장이 도입문, 두 번째 문장이 주제문인 경우도 간혹 있으므로 주의한다.

2. 문장 간의 연결 관계가 아닌 전체의 흐름을 보라.

주제문을 정확하게 파악했다면 나머지 선택지들은 그 주제를 뒷받침하는 부연 설명문들이므로 끝까지 훑어 읽으면서 앞, 뒤 문장 간의 연결 관계가 아닌 전체의 흐름을 살핀다.

3. 애매할 경우, 선택지를 하나씩 빼고 읽으면서 오답을 소거하라.

정답에 대한 확신이 없을 경우에는 의심이 되는 선택지를 하나씩 빼고 읽어봄으로써 어느 쪽의 흐름이 더 자연스러운가를 살펴보아야 한다.

적용

1. 첫 문장 — 주제

Many of the **difficulties** we experience **in relationships** are caused by **unrealistic expectations** we have of each other.

2. 부연 설명

- 예1: (a) **Women** are supposed to stay **beautiful and forever 22, while doing double duty in the home and in the workplace**.
- 예2: (c) The burden on **men** is no easier; they should be **tall, handsome, supportive and loving**.

3. 주제의 반복 — 결론

(d) Let's be more **reasonable in our relationships** from now on, and develop a new sensitivity toward each other that is based on **realistic expectations**.

4. 흐름상 어색한 문장

(b) Many **women** are **appreciated** in the workplace **not for their ability but for their appearance**. ⇒정답

Read the following and choose which sentence should come next.

1. English has long been said to be a window through which people of the world can see everything and establish contact with anyone.

   ⓐ The number of people who speak English as their first language is approximately 375 million, which is the third most after Chinese and Spanish.
   ⓑ In the near future, which is sure to be dominated by the information network, the function of English as a global language will be increased.

2. A political party in Korea held a seminar yesterday for an audience of 75 students at the party's school for would-be women politicians.

   ⓐ The participants showed strong determination to do something about the small proportion of women in politics.
   ⓑ The majority of the participants showed strong interest in running their own businesses.

3. As with many other refugee and immigrant groups, Cambodian refugee parents have experienced fatigue and depression resulting from strong economic pressures and cultural alienation.

   ⓐ Thus, they consider the education of their children as their primary concern.
   ⓑ Thus, their ability to raise their children in a foreign culture is weakened.

4. Children exposed to a large amount of cultural inspiration at a young age are believed to possess higher levels of thinking and greater humanity.

ⓐ For example, some researchers claim that children who have artistic surroundings would find it easy to express themselves and show generosity toward other people.
ⓑ However, there are some artists who think it is not talent but the passion to make a big difference in arts.

5. Our company has been losing money for the past five years, for reasons such as a decrease in product demand, high production costs, and most of all, the economic crisis.

ⓐ As a result, we should make sure a fair amount of profits return to our shareholders.
ⓑ Therefore, we must reduce production in every plant, which will affect the personnel of all departments.

6. Mining aluminum ore, purifying it, and then shaping it to make a product requires 20 times more energy than making the same product from old cans or other forms of discarded aluminum.

ⓐ This means that making the recycled product uses less of our energy supply, resulting in less pollution from power stations.
ⓑ This means that the more products are recycled, the more energy will be consumed, resulting in more pollution from power stations.

Practice TEST

제한시간
4분

Part 3

Read the passage. Then identify the option that does NOT belong.

1. Most of us would rather win than lose, and certainly success is sweeter than failure. (a) Fortunately, the harder we pursue success, the easier we obtain the glory of winning. (b) The reality is, however, that we all lose sometimes. (c) Learning how to put both winning and losing into perspective is something that comes with time. (d) Based on her wealth of experience, Olympic marathon champion Joan Benoit Samuelson captured this point when she said, "Winning is neither everything nor the only thing. It is one of many things."

2. Unwanted noise is often a source of problems, especially when it continues over extended periods of time. (a) For example, studies have shown a link between prolonged exposure to noise in the workplace and heart disease. (b) Scientists believe that any noise louder than 200 decibels can be extremely harmful. (c) In addition, inhabitants of noisy areas tend to have higher blood pressure than those who live in quieter places. (d) Moreover, people who continually have to deal with high noise levels either at work or home often report having many conflicts in their lives.

3. Mass unemployment among young people remains a big problem for our society. Yet thousands of needs go unfulfilled. (a) There are many jobs to be done, both in industry and in public service, such as caring for the old, sick and the very young. (b) As many young people don't have experience in the area of public service, they are unable to give a lot of help to their community. (c) These jobs must not just take young people off the streets, but should provide proper pay and training. (d) Otherwise, it would be a waste of our most valuable resources — the country's youth.

4. Our society tends to relate certain "brand name" products with a higher degree of social status. (a) For example, although any functional car can get you where you want to go, there are certain cars that are considered to be more prestigious than others. (b) People who drive these vehicles are viewed as being more sophisticated and successful than their neighbors who drive ordinary cars. (c) Most brand name goods are better made and last longer than other products. (d) There are other societies, however, in which prestige comes from generosity rather than the display of expensive purchases.

TEPS BY STEP

Reading Comprehension

Section Ⅱ

실전 Mini Test

Mini TEST 1

제한시간
10분

Part 1

Read the passage. Then choose the option that best completes the passage.

1. Although a new style occasionally originates from lower-status groups, as blue jeans did, most fashions begin at the top. Upper-class people adopt some style or object as a badge of their status, but they cannot __________________. The style or object is adopted by the middle-class, maybe copied and modified for use by lower-status groups, providing people with the prestige of possessing a high-status symbol. In this way, the symbol eventually loses its prestige. Then the upper-class adopts a new style, until it too repeats this process and must be replaced by another.

(a) make the style the center of fashion
(b) keep most status symbols exclusive for long
(c) change the original usage of the style and object
(d) help lower-status groups adopt their style

2. Hikers in an open space area near Los Altos are being warned to look out for male turkeys, since the wild birds can become territorial and even aggressive during the spring mating season. There have been some injuries in the past at the San Antonio Preserve when love-struck male turkeys tried to impress potential female mates at the expense of humans passing by. To show off their power and ability, they will sometimes ______________________________. Hikers are advised to make noise and clap their hands if one of the birds approaches.

(a) flap their wings fiercely
(b) run and jump on top of females
(c) chase and attack people
(d) make loud screaming sounds

3. As the European nations became industrialized, they also became more prosperous. The people in each nation began to feel a strong sense of power and pride in their nation — something like you might feel if you had a favorite team that was winning every game. These strong feelings of nationalism drove many European nations to try to build an empire as great as or greater than Britain's. The European nations especially competed with each other ______________. This race of the European powers in the 1880s and 1890s to take over the African continent became known as the "scramble for Africa."

(a) to raise exports to Africa
(b) for the control of Africa
(c) searching for more power
(d) to build a new dynasty

4. As the area of a habitat such as a rain forest shrinks, the number of species of plants and animals it can support also declines. The relation between these two qualities of the natural environment, area and diversity, is consistent. A reduction of the habitat to one tenth its original area means an eventual loss of about half the species. ______________, if a forest of 10,000 square miles and a hundred resident bird species is cut back to 1,000 square miles, it will eventually lose about 50 of the bird species.

(a) In short
(b) In other words
(c) Similarly
(d) On the contrary

Part 2

Read the passage and the question. Then choose the option that best answers the question.

5. People buy magazines intended for them as members of special groups. So magazine advertising reaches a more selective group compared with newspaper ads. Magazines are generally printed on high-quality paper that enhances creative designs and the color of the ads. And people keep magazines much longer than newspapers and thumb through them again and again, allowing the ads to become embedded in their minds.

   Q. Which of the following is the main idea of the above passage?
   (a) The skill behind advertising in newspapers
   (b) The characteristics of magazine advertising
   (c) The difference between newspapers and magazines
   (d) The reason magazines are kept longer than newspapers

6. Scientists have learned that a number of human characteristics clearly have genetic factors. Physical traits are most strongly determined by heredity. For instance, height, obesity, and patterns of tooth decay are just a few of the traits that have been found to be determined by our genes. Intellectual traits are also strongly influenced by genes. To illustrate, research indicates that scores on intelligence tests and memory have a strong hereditary basis. In addition, personality factors and emotional disorders are greatly influenced by heredity. Shyness, special talents and interests, and schizophrenia are all influenced by genetic transmission.

   Q. Which of the following is the best title of the passage?
   (a) Which Human Traits are Influenced by Genetic Factors?
   (b) Why is Heredity More Important than Environment?
   (c) What are the Human Traits Related to Environmental Factors?
   (d) Why are Parts of Us Influenced by Heredity?

7. In 2000, the Coca-Cola Company cut more than a fifth of its work force, laying off almost 6,000 workers. The purpose of this massive reorganization was to reduce the central control of its headquarters in Atlanta and let managers around the world make their own decisions on how to be more profitable in each region. "We must think local and act local, taking our business to where our business is. This will allow us to sell more products," said Coke's president at the time, Douglas Daft. The cuts affected about 2,500 employees at the company's Atlanta headquarters, 800 elsewhere in the U.S. and 2,700 at international branches.

Q. Which of the following is correct according to the above article?
(a) Coca-Cola cut 6,000 jobs from its international branches.
(b) The cause of Coca-Cola's large-scale job cuts was financial difficulty.
(c) The central control of Coca-Cola's headquarters was rapidly decreasing.
(d) Douglas Daft thought local managers knew the best way to sell more products.

8. Fit America Herbal Weight-Loss Capsules
The very best and most practical 100 percent natural weight-loss program available today. The 13 herbs and minerals in this product help reduce appetite and stimulate the metabolism so the body utilizes the foods consumed more efficiently. Fit America requires a high-protein (chicken, seafood, red meat with little fat), low-carbohydrate (bread, rice, potato, pasta) eating plan with unlimited fruits and vegetables added in daily. With the correct balance of foods and proper water consumption (six to eight 8-ounce glasses daily) you can expect to lose between 10 and 18 pounds in a month. A ten-day starter pack costs $29.95, and a 45-day jar costs $135. You can call us at 1-800-221-1186 to find the store nearest you.

Q. Which of the following is correct according to the above program?
(a) Foods with a lot of protein like chicken and meat should be avoided.
(b) Only small amounts of fruit and vegetables should be consumed.
(c) A weight loss of more than 20 pounds a month can be expected.
(d) A balanced eating plan and natural herbs and minerals are used for losing weight.

9. Living costs for foreigners living in Seoul are increasing continuously compared to other major cities around the world. As of this June, costs of living in Seoul were the 5th highest among 143 cities in the world and the 87th highest excluding housing costs, according to a world-renowned research firm. In June last year, living expenses including housing costs in Seoul were the 7th highest in the world and 95th excluding housing costs. These are the results of a survey on the level of living expenses in major cities based on the expenses of employees of international companies sent abroad.

Q. What can be inferred from the passage?
(a) High living costs is Seoul's most urgent problem.
(b) Housing costs in Seoul are the highest among 143 major cities in the world.
(c) Housing costs are taking a large proportion of living expenses in Seoul.
(d) Foreigner's living expenses in Seoul are expected to decrease next year.

Part 3

Read the passage. Then identify the option that does NOT belong.

10. An important law dealing with civil rights was passed during Lyndon Johnson's presidency. (a) The Civil Rights Act of 1964 made it illegal to discriminate against any person because of race, religion, or nationality. (b) After the Civil Rights Act, employers could not discriminate in hiring people. (c) Although this law was passed, many blacks realized that the struggle for equal rights would continue. (d) Labor unions could not discriminate in accepting members, and businesses like hotels and restaurants had to serve everyone who could afford to pay.

Mini TEST 2

제한시간 10분

Part 1

Read the passage. Then choose the option that best completes the passage.

1. Living organisms are composed of lifeless molecules. Why is it, then, that living matter ________________ nonliving matter, which also consists of lifeless molecules? Philosophers once answered that living organisms are endowed with a divine life force; that is, a power given by God. But the existence of this force has been rejected by modern researchers. Scientists today seek testable explanations of natural phenomena. One of the basic goals of biochemistry is to determine how lifeless molecules interact with each other to create and maintain life. When scientists discover what happens between the molecules, they will know why a living organism is more than the sum of its lifeless parts.

(a) interacts so easily with
(b) differs so much from
(c) is more complicated than
(d) so perfectly dominates

2. The peculiar zigzag flight of the mosquito is not aimless. She is looking for a warm-blooded meal ticket. Moist air arises from a warm-blooded animal. The mosquito follows this, going back and forth to keep on the right track. Movement and chemical cues guide the mosquito to her prey. The best natural defense against attack is to lie still: calm, cool, and dry. But when we hear a mosquito, we ________________, making ourselves more discoverable by the mosquito. Insect repellents don't actually drive away mosquitoes. They block the sensory organ that helps mosquitoes find us.

(a) ignore its noise without defending ourselves
(b) try to draw the mosquito away from its normal path
(c) rush about, sweat, and raise our body temperature
(d) follow the sound the mosquito makes as it comes near

3. For most modern people, work is more than merely a means to obtain food, shelter, and physical warmth. When people work, they gain a contributing place in society. The fact that they receive pay for their work indicates that what they do is needed by other people, and that they are a necessary part of the social structure. Work is also a major social mechanism for providing people with personal and social identities. Much of who individuals are, to themselves and others, is closely connected with how they earn their livelihood. In modern society, it is a cruel fact that to do nothing is to be nothing and to do little is to be little. That is, work is commonly seen as ______________________________.

(a) the most stressful thing to people
(b) the measure of an individual
(c) the means to make a better society
(d) an essential aspect of modern society

4. The growth of industry in the post-Civil War era produced revolutionary changes in the American economy and thus in American society. Government, at first, could not keep pace with these changes. ______________, workers and farmers formed organizations to defend their interests. At the same time, they pressured government to play a more active role in the economic life of the country. While their efforts never fully succeeded, they paved the way for new and better government policies in the early 1900s.

(a) However
(b) That is to say
(c) Therefore
(d) In addition

Part 2

Read the passage and the question. Then choose the option that best answers the question.

5. Each year, the Nobel Peace Prize generates many questions and complaints regarding the fairness of its award. When Henry Kissinger was selected for the prize in 1973, the New York Times called it a "war prize" since the United States was still deeply involved in the Vietnam War. And after Rigoberta Menchú won the 1992 Peace Prize for her role in revealing the massacre in Guatemala by the authoritarian government during the 1970s and '80s, many South American intellectuals raised questions on the validity of Menchú's claim and her background as a freedom fighter.

Q. What is the main theme of the passage?
(a) The influence of the Nobel Peace Prize
(b) The accomplishments of Nobel Peace Prize winners
(c) The requirements to be a Nobel Peace Prize winner
(d) Controversies surrounding Nobel Peace Prize winners

6. During the 1990s, American companies significantly increased the use of stock options to attract and retain their employees. By the early the 2000s, stock options became an integral part of the total compensation for key executives at virtually all major companies. More than 90 percent of large U.S. companies issue stock options and 60 percent of CEO compensation comes from executive stock options. As the proportion of stock options has increased in compensation packages, the tax treatment of stock options has also become one of the most crucial issues recognized by the U.S. tax authority.

Q. Which of the following is the main idea of the passage?
(a) A problem of the American tax system
(b) The history of American corporate culture
(c) The changing face of executive compensation
(d) A new kind of executive recruitment

7. A police spokesman confirmed that the body discovered yesterday in a hotel room in London was that of Paul Martin, lead singer of the rock group Delight. The spokesman was unable to comment in detail on the cause of death, but an anonymous hotel employee stated that a large number of sleeping pills were found near the body. Delight had enormous success with their debut album, *Fresh Out*, but spent three years in the studio without releasing a follow-up. Paul Martin, their singer and main lyricist, had recently divorced the American model-turned-actress, Cyndy Cipher.

Q. Which of the following is correct according to the above article?
(a) The police announced publicly that the singer committed suicide.
(b) The body was first discovered by a hotel employee.
(c) It is assumed that Paul's death had nothing to do with family problems.
(d) Delight has been suffering through a slump in its career.

8. If racing games are your favorite kind of computer games, you're going to love this new controller from Inter Act Accessories. Called the Force Feedback Racing Wheel, it's designed to let the player feel every pull of the wheel and every bump in the road. The controller comes with up to 30 programmable functions, including joysticks and buttons. The Force Feedback Racing Wheel is compatible with Windows XP and Vista games. It is available now in computer stores for about $40.

Q. Which of the following is correct about the Force Feedback Racing Wheel?
(a) If you purchase it, you can get free computer accessories.
(b) It is compatible with any kind of computer game.
(c) It makes the player feel as if he or she is actually driving.
(d) It is designed so that you can attach it to your car's steering wheel.

9. To: All office staff
From: Kathleen Smith, Personnel Director
Re: Personal email policy
The company has decided to institute a temporary policy regarding the use of office computers for personal email messages. The basic policy is to limit, but not ban, personal email from computers used by office staff. The composing and/or sending of personal email is not allowed during regular working hours. Employees may send personal email messages from their office computers during breaks or the lunch period. Employees are allowed to receive personal email messages on their office computers, although the previous warning still applies. This policy will come up for review in two months. If there are no further problems caused by personal email use, the limited policy will remain in place.

Q. What is the policy on personal email messages according to the passage?
(a) Employees can send and receive them during their free time.
(b) Employees can send them on their own personal computers.
(c) Employees cannot send or receive email.
(d) Employees can use the personnel office to send and receive email.

Part 3

Read the passage. Then identify the option that does NOT belong.

10. Van Gogh, who began working as an artist around 1880, was influenced by the Impressionist style of loose brush strokes and bright colors. (a) But Van Gogh wasn't satisfied with working in the Impressionist style because it didn't allow him to show enough of what he felt. (b) He moved to southern France, and there developed a distinctive style of his own. (c) While he was staying there, his brother Theo supported him financially. (d) He used very strong colors, not a loose style, in his paintings and tried to create striking images.

Mini TEST 3

제한시간
10분

Part 1

Read the passage. Then choose the option that best completes the passage.

1. When it comes to social activities, the emphasis Americans give to time seems extreme to some foreigners. Many Americans, for example, believe that church services should start at exactly 11:00 a.m. and end by 12:00; they do not permit ministers to preach too long. School dances must end at 10:00 p.m., even if the boys and girls are behaving themselves and having a wonderful time. Americans sometimes even judge restaurants by ______________________, rather than the quality of their food.

(a) the kindness of the employees
(b) the distance they are from their own homes
(c) the speed of their service
(d) the sanitary conditions found there

2. When you see a clever advertisement in a newspaper, do you say to yourself, "Ah, that's good. I'd like to have one of those"? Or do you say, "What lies are they telling this time? It can't be very good or they wouldn't have to advertise it so cleverly"? Both types of people exist: the first are optimists, the second pessimists and realists. If you are an optimist and you are cheated several times by lying advertisements, you will soon become a pessimist or a realist. It is more difficult to ______________________.

(a) make a clever advertisement in a newspaper
(b) become a pessimist and realist
(c) move from a pessimist to an optimist
(d) advertise products in a newspaper

3. Due to its scale, vivid characters, and dramatic expression of human nature, Shakespeare's *Macbeth* ______________________ who attempted to turn this masterpiece into a movie. Orson Wells, who directed *Citizen Kane*, made *Macbeth* into a movie in 1948, and Roman Polanski made a version in 1971. However, one particularly impressive cinematic work based on Shakespeare's *Macbeth* came from a seemingly unlikely place — Japan. *Throne of Blood*, directed by Akira Kurosawa in 1957, offered a unique and convincing interpretation of the character of Macbeth on screen. The movie depicted the rise and fall of a samurai who killed his master and became a lord in the Warring States period of Japan.

(a) inevitably inspired many filmmakers
(b) continuously discouraged directors
(c) unexpectedly delighted audiences
(d) ultimately disappointed Shakespeare himself

4. The conflict between immediate profits at home and strategies for long-term growth in other countries always poses a great challenge to American companies. For instance, few disagree that there is great potential for global business in China and India. With such attractive markets, one would expect American companies to attempt to establish a long-term presence in those countries. ____________, American executives are reluctant to make moves there. The biggest worry of executives is that the time needed for such an investment to become profitable is longer than they are willing to wait. Because it can take years of efforts to establish a successful business in Asia, doing so becomes less attractive to the executive pressured to make short-term profits.

(a) As a result
(b) However
(c) Moreover
(d) Subsequently

Part 2

Read the passage and the question. Then choose the option that best answers the question.

5. Dear attendees:
I would like to welcome you to the 7th International Conference of Microsystems. This conference will help you acquire insight into the challenges facing this new industry. During the next three days, you will hear from national and international firms manufacturing equipment and materials for microsystem production, as well as those firms that currently employ microsystems-based products and systems. I hope you all have a very productive and educational time.
Simon Evans, Chairman, International Conference of Microsystems

Q. What is the purpose of the message?
(a) To give the schedule of an event
(b) To introduce the members of the conference
(c) To promote several microsystems-based products
(d) To provide an overview of an event

6. One way we show our values is to stand up for what we believe — to voice our opinion and publicly express our position. Education can encourage this, rather than creating an atmosphere in which we keep our important thoughts and feelings to ourselves. As trust builds and self-expression increases, so does self-understanding, creativity and productivity. Public expression is essential for democracy. Groups increase their efficiency in decision-making as more information, supplied by the members, gets thrown out on the table. To deal with the social decisions of the future, we need people who have learned to publicly express their values.

Q. Which of the following is the main idea of the passage?
(a) For a peaceful society, public expression should be restrained to some extent.
(b) Democracy cannot function when there's too much information.
(c) People who publicly express their values cannot contribute to society.
(d) For the sake of democracy, we should learn to publicly express our opinions.

7. Intuition is a subtle experience of inner knowing, a way of understanding that is not dependent on our usual rational, analytic processing. When we have a problem to solve and look within ourselves, we sometimes intuit the answer. We don't know why it's true, and we can't prove it with external data. We just feel confident in our judgment — and in a remarkable number of instances, we are right. But how? Some researchers think that intuition may be the process of communicating with our subconscious "files." Somewhere or other, this theory goes, we have picked up the relevant information subconsciously, without being aware of it. Intuition is therefore the brain's way of saying, "Hey, I know the answer to that!"

Q. According to the passage, which is NOT correct about "intuition"?
(a) Intuition is related to our subconscious mind, not our rational thoughts.
(b) Intuition comes from the information in our mind although we cannot recognize it.
(c) When we judge from intuition, we do not use external data.
(d) Decisions can't be made when there is nothing but intuition to depend on.

8. A great comet is one of the most spectacular heavenly objects. It may be bright enough to be visible in full daylight, with a tail which stretches halfway across the sky. It may remain visible for some time — a few days or weeks — before fading into the distance. It is not surprising that ancient people believed comets to be signs of evil; in fact such fears have not quite died even in our own century. Scientists discovered that a comet's head is made up chiefly of particles composed of ice. When the comet nears the Sun, this ice begins to evaporate and material is released; it is this material that forms the tail.

Q. Which of the following is correct according to the above passage?
(a) A great comet cannot be seen in the daylight.
(b) A comet's tail is composed of ice.
(c) Some comets remain in the sky for several days.
(d) Ancient people welcomed comets, regarding them as lucky signs.

9. Although the Academy Awards are the most respected film awards in America, there has always been much debate over the awards and the judging system used. The winners in each category do not always match public opinion about who should win. It sometimes takes decades for some great actors and filmmakers to win an Academy Award. In fact, many stars such as Cary Grant, Kirk Douglas, and Peter O'Toole didn't win an Academy Award until the Academy finally awarded them a "Lifetime Achievement Award," a rather sympathetic gesture.

Q. What can be inferred about the Academy Awards from the passage?
(a) The public has sometimes disagreed with some of the award choices.
(b) Some actors were not very successful after winning the award.
(c) White female performers dominated the awards for a long time.
(d) Some filmmakers have refused to receive the awards in protest.

Part 3

Read the passage. Then identify the option that does NOT belong.

10. There is a severe shortage of organs and many patients die before a suitable organ becomes available. For this reason, the news that viruses found in pig tissue do not appear to infect humans should be welcomed because it overcomes one of the major practical barriers to using pig organs in humans. (a) Pigs are favored by scientists because they have many similarities to humans. (b) Using an entire organ such as the heart to save a life may raise some ethical debate. (c) Their hearts are about the same size as ours, with a similar structure. (d) In addition, they need only small changes in genetic structure to be compatible with our immune systems.

Mini TEST 4

제한시간
10분

Part 1

Read the passage. Then choose the option that best completes the passage.

1. Rodin's non-traditional style, like Monet's, was often criticized. At that time, just as in painting, realism was the norm for sculpture, as people looked to the statues of the Greeks and Romans and the artists of the Renaissance as artistic ideals. The most admired statues were made of marble or bronze and had a smooth texture. The surface of Rodin's masterpiece *The Thinker*, however, was wrinkled and rippled. Despite the realism and detail of his statues, critics felt that ____________________________.

   (a) Rodin's work was a model of excellent sculpture
   (b) Rodin's statues were not very different from those of the Greeks
   (c) Rodin did not properly finish his work
   (d) the sculpture's smooth surface was very important

2. Following their introduction in Europe in the late 19th century, motion pictures were basically silent for the first three decades of their existence, although they were often accompanied by live music. Through the years, inventors tried in vain to add the capability for sound, as it was difficult to achieve the proper volume and to accurately match the sound to the images. These challenges were overcome by Vitaphone technology, initially introduced by Warner Brothers in short films. However, like Warner Brothers founder H.M. Warner, who famously asked who in the world would want to hear actors talk, ____________________________.

   (a) actors and technicians quickly adjusted themselves into the new environment
   (b) the film studio executives invested their own fortunes into this new venture
   (c) the entire film industry was excited about the potential of the new technology
   (d) there was skepticism and even hostility in the industry toward this venture

3. Differences in the rate of death between men and women appear even before birth. Approximately 15% more boys are conceived than girls, but only 6% more boys are actually born. By the time infants reach one year of age, there is about an equal number of boys and girls. Some scientists believe that ______________________________. In a female, the sex chromosome pair consists of two X chromosomes. If one chromosome has problems, the other X chromosome can make up for it. Males, in contrast, do not have this protection because their sex chromosome pair consists of only one X and one much lighter Y chromosome.

(a) genetic factors causes this difference in life expectancy
(b) this is because parents prefer sons to daughters
(c) the similarity of the death rate is related to the sex chromosomes
(d) sex chromosomes cause this difference in the death rate

4. The future of portable electronic devices, such as cell phones, PDAs and digital cameras lies in their power systems. Currently, the model is some type of rechargeable internal chemical battery that will power the device for somewhere between two and six hours before requiring a recharge from an electrical source. As these devices become even more ubiquitous, more and more users want a device that can be used continuously without stopping to swap or recharge its battery. ______________ such large consumer demand, advances in charging systems as well as storage systems will be needed.

(a) Due to
(b) Despite
(c) Instead of
(d) In addition to

Part 2

Read the passage and the question. Then choose the option that best answers the question.

5. In Sanskrit, the word "guru" means an individual with supreme knowledge of gods and wisdom. In the United States, the term came to refer to a person equipped with substantial knowledge in any field, not just spiritual, from computer repairs to personal relationships. There is a huge consumer market for these types of gurus in America, and they frequently go on lecture tours and write books. However, the personal lives of some of these gurus often contradict what they preach to their followers. For example, business gurus often rise to fame by claiming they built wealth by applying a set of self-developed techniques and principles. In some cases, however, their success stories are either exaggerated or fictionalized.

Q. What would be the best title for the passage?
(a) Secrets of Success in Business
(b) Gurus throughout American Histroy
(c) The Hidden Side of the Guru Industry
(d) Gurus and Their Educational Pursuits

6. The popularity of works by George Frideric Handel declined because the type of people who sang Handel's music almost completely disappeared. Most of Handel's works were written for the castrati who were surgically altered male sopranos. They were known for their vocal power and breathing technique during Handel's time. Hence, it is no coincidence that the recent popularity of counter tenors who mimic the sound of castrati and the revival of Handel's music have occurred almost simultaneously around the world.

Q. What is the main message of the passage?
(a) The interdependence of music and its medium
(b) Analysis of works by Handel
(c) The life of Handel
(d) Sound engineering in classical music

7. In 1999, the KIST (Korea Institute of Science and Technology) developed the nation's first humanoid robot called the "Centaur," which is able to see, hear and feel. The Centaur, named after the creature in Greek mythology, was a four-legged walking robot with an upper body resembling that of a man and its lower body resembling that of a horse. The KIST-made robot's brain showed intelligence similar to that of a three-year-old child and had a stereo vision system for object recognition. This robot was made by combining advanced technologies such as telecommunications, new materials, engineering and computer science. This later set the stage for "Hubo," the first life-size walking humanoid robot which can perform more advanced functions.

Q. Which of the following is true according to the passage?
(a) The Centaur is named after a creature in Roman mythology.
(b) The Centaur has a half-man, half-animal figure.
(c) The humanoid robot was created by a telecommunications company.
(d) The humanoid robot has benefited all kinds of industries.

8. All undergraduate and graduate students are eligible for medical care at the university health center. We are open from 8 a.m. to 5 p.m. every weekday, and the doctor is available at all times for emergencies. Physicians in the health center treat all routine medical conditions, but you should call the center for an appointment before coming in. If you are injured or too ill to wait for an appointment, you can be seen on a walk-in basis. The annual health service fee charged to each student on their term bill covers only medical care given by the health center. Since this fee doesn't cover all medical costs, we strongly urge all of you to maintain your health insurance for hospitalization and medication.

Q. Which of the following is NOT correct according to the above notice?
(a) The health center can be used by all undergraduate and graduate students.
(b) Students are generally to call the center for an appointment in advance.
(c) When it's an emergency, you can visit the health center without an appointment.
(d) The health service fee on the term bill covers hospitalization costs.

9. New employees should see Wanda in the payroll office to have their paychecks automatically deposited into their bank accounts. You'll need to tell her the name of your bank and your account number. Bring a statement from the bank which includes your account number to make sure it is correctly reported. The payday of our company is the 25th of every month, and you'll receive a payment record on payday. Automatic deposits are transferred as soon as your bank opens each payday.

Q. What are these employees being invited to do?
(a) Open bank accounts
(b) Take a one-month leave without pay
(c) Have payments automatically deposited
(d) Pick up their paychecks in person

Part 3

Read the passage. Then identify the option that does NOT belong.

10. The many wars that have broken out in Africa since the early 1960s have further increased the killing of animals. (a) Because of the breakdown of law during times of war, there has been no regulation of hunting in many places. (b) Global environmental groups are demanding that more strict sanctions by international organizations be applied in this area. (c) An African peasant living near a wildlife protection area can get up to $500 for the horns of one rhinoceros or a pair of small elephant tusks, more cash than he otherwise would ever see in his lifetime. (d) However, illegal hunting is not all the work of hungry peasants; gangs of as many as 60 men, riding in trucks, cover vast areas.

Mini TEST 5

제한시간 10분

Part 1

Read the passage. Then choose the option that best completes the passage.

1. We always welcome your comments and suggestions about our services, but we hope that you will not feel a need to complain. If you do have a complaint, however, there are a number of steps you can take. ______________________, the on-plane staff can help with your problem immediately. If your complaint is not dealt with to your satisfaction, then please call our Customer Relations office at 0711-922-4843. For full details of the compensation arrangements available to you, please pick up a copy of our Passenger's Charter in any airport.

(a) If you are actually on a plane
(b) If you have anything to declare
(c) If you are satisfied with our services
(d) If you get lost in a foreign country

2. In a sense, a physical theory can never be more than hypothesis; that is, ______________________. Even if every experiment you undertake seems to agree with the theory, you can never be sure that the next result won't completely contradict it. Yet to disprove a theory, all you need is one observation that disagrees with the theory. Each time new experiments successfully produce the expected results, it builds confidence in a theory's validity. However, a single experiment that contradicts the theory means it needs to be either modified or abandoned.

(a) you can never truly prove it
(b) there are a number of ways to test it
(c) experiments can guarantee a theory to be perfect
(d) it is good to conduct as many experiments as possible

3. There are lots of jokes about snoring, but ______________________________. People snore because they have trouble breathing while they are asleep. Some snorers have a condition called sleep apnea. They stop breathing up to thirty or forty times an hour because the throat muscles relax too much and block the airway. Then they breathe in some air and start snoring. This is a dangerous condition because if the brain is without oxygen for 4 minutes, there can be permanent brain damage. Sleep apnea can also cause irregular heartbeats, a general lack of energy, and high blood pressure.

(a) snoring isn't really funny
(b) there aren't many kinds of snoring
(c) many people have never heard of them
(d) it can be disturbing to those who sleep together

4. Multimedia technology has become possible because many previously separate pieces of hardware — such as the telephone, television and computer — are moving toward the use of a single digital technology. Digital systems use numbers to represent information, a technique which dates back to the time when the first human beings added and subtracted by using the digits on their hands. The key difference is the computer's superior speed and memory. Today's computers are more powerful than ever. ________________ their ability to process huge amounts of numbers at near-lightning speed, we can represent voices, moving pictures, and sound digitally. This digitalization of voice, picture and sound is at the heart of the multimedia revolution.

(a) Despite
(b) Thanks to
(c) Such as
(d) Unlike

Part 2

Read the passage and the question. Then choose the option that best answers the question.

5. While European artists developed a tradition of working in a realistic style, other cultures had a long tradition of abstract art forms. Today, some Native American artists also work in an abstract style. Navajo Indian artists make abstract paintings that don't use oil paints, watercolors, or any kind of wet materials. Their artwork is called sand painting, because the artist's materials are crushed charcoal, cornmeal, crushed rocks, and sand. The artist makes a sand painting by pouring these materials onto the ground according to one of hundreds of traditional designs. It is a delicate task to make this kind of artwork because once the materials are poured it is very hard to correct mistakes.

Q. Which of the following is the best title of the passage?
(a) Realistic Art Developed in America
(b) Native American Abstract Sand Painting
(c) The Beauty of Sand Painting
(d) Native American Culture Seen in Paintings

6. Elizabeth Ross, the English supermodel, has signed an exclusive $10 million contract with Raven Cosmetics. Ms. Ross, the tall, dark-haired star of the catwalks surprised everyone by signing with Raven, the cosmetics company run by a female entrepreneur, April Astor. A Raven spokesperson said the company was delighted to have secured Ms. Ross to promote their products exclusively for the next two years. No other details were revealed, but the spokesperson said Ms. Ross would give her first press conference with Raven in 4 days.

Q. Which of the following can be the headline of the above article?
(a) Supermodel Ross Signs One-year Contract to Promote Cosmetics
(b) Elizabeth Ross Signs Exclusive Contract with Raven
(c) Elizabeth Ross Begins Her Cosmetics Promotion Tour
(d) April Astor Says She's Delighted with the Contract with Elizabeth Ross

7. When we use technology to complete tasks more efficiently, we gain some degree of power. At the same time, however, we also lose something important. Factory assembly lines, for example, increase productivity but force workers to repeat a single task over and over, disconnecting them from the actual creative process. A similar disconnection has occurred between people and nature. Technology allows us to effectively take what we need from nature, but the awe and respect our ancestors felt for the natural world is being lost. Unfortunately, many people now view the earth as nothing more than a collection of resources to be taken and used.

Q. Which of the following is correct according to the passage?
(a) Assembly lines are needed to help people be more creative.
(b) Our ancestors viewed nature as something to be feared.
(c) Technology is changing the way people view nature.
(d) Nature and technology are becoming increasingly disconnected.

8. The British entertainment group EG and U.S. media giant Joy unveiled a multibillion-dollar merger on Monday to create a global company that will offer a music downloading service. The two groups said they would merge their music divisions into a new company, Joy EG Music, worth as much as 20 billion dollars and boasting a hit parade of international pop stars and rock legends.

Q. Which of the following is correct according to the article?
(a) Joy EG led international pop and rock music sales.
(b) EG and Joy announced a merger aimed at the Internet music market.
(c) The Internet music market is worth 20 billion dollars.
(d) Global companies will meet to discuss Internet music marketing strategies.

9. The Salton Sea in Southern California lies about 225 feet below sea level, and is fed by three main rivers. Now the largest lake in California, it is located in the Salton Basin. The lakebed was virtually dry when heavy rainfall caused the Colorado River to flood in 1905. The water flowed into and eventually filled the lake. Now the lake covers an area of 350 to 400 square miles, depending upon recent rainfall. The salinity of the lake has varied greatly over the last century, and currently it is about 15% more concentrated than the Pacific Ocean. While some fish are still able to survive, making the sea a significant migratory bird habitat, the 1990's saw a huge bird die-off thought to have been caused by a decline in fish health.

Q. What can be inferred from the passage?
(a) The Salton Sea might have oil reserves underneath.
(b) The real estate value around the Salton Sea is very high.
(c) The state of California is planning to build a new dam near the Salton Sea.
(d) The formation of the Salton Sea was completely natural.

Part 3

Read the passage. Then identify the option that does NOT belong.

10. While most people probably imagine that American teenagers' biggest problem is drugs, it is actually alcohol abuse which is doing the real damage. (a) One survey found that a third of 15-year-old boys and a quarter of 15-year-old girls drink regularly. (b) Teenagers under the age of 18 alone spend several billion dollars a year on alcohol. (c) Unfortunately, teenagers are unaware of how serious alcohol abuse can be, which means it's up to schools and parents to inform them. (d) If you get drunk you may cause serious injury to yourself or someone else.

지은이

장보금
이익훈 어학원(강남 본원) TEPS 강사

써니 박
EaT 영어발전소 대표

TEPS BY STEP
Grammar + Reading 〈Level 1〉

펴 낸 이 황도순
펴 낸 곳 서울 마포구 월드컵북로 21 풍성빌딩
(주)능률교육 (우편번호 04001)
펴 낸 날 2010년 1월 5일 초판 제1쇄
2017년 4월 15일 제8쇄
전 화 02 2014 7114
팩 스 02 3142 0357
홈페이지 www.neungyule.com
등록번호 제1-68호
I S B N 978-89-5997-485-6 53740
정 가 15,000원

NE 능률

고객센터

교재 내용 문의 : contact.nebooks.co.kr (별도의 가입 절차 없이 작성 가능)
제품 구매, 교환, 불량, 반품 문의 : 02-2014-7114
☎ 전화 문의 응답은 본사의 근무 시간(월-금 / 오전 9시 30분 ~ 오후 6시) 중에만 가능합니다.

NE 능률 교재 MAP

문법 구문

아래 교재 MAP을 참고하여 본인의 현재 혹은 목표 수준에 따라 교재를 선택하세요.
NE 능률 교재들과 함께 영어실력을 쑥쑥~ 올려보세요!
MP3 등 교재 부가 학습 서비스 및 자세한 교재 정보는 www.nebooks.co.kr 에서 확인하세요.

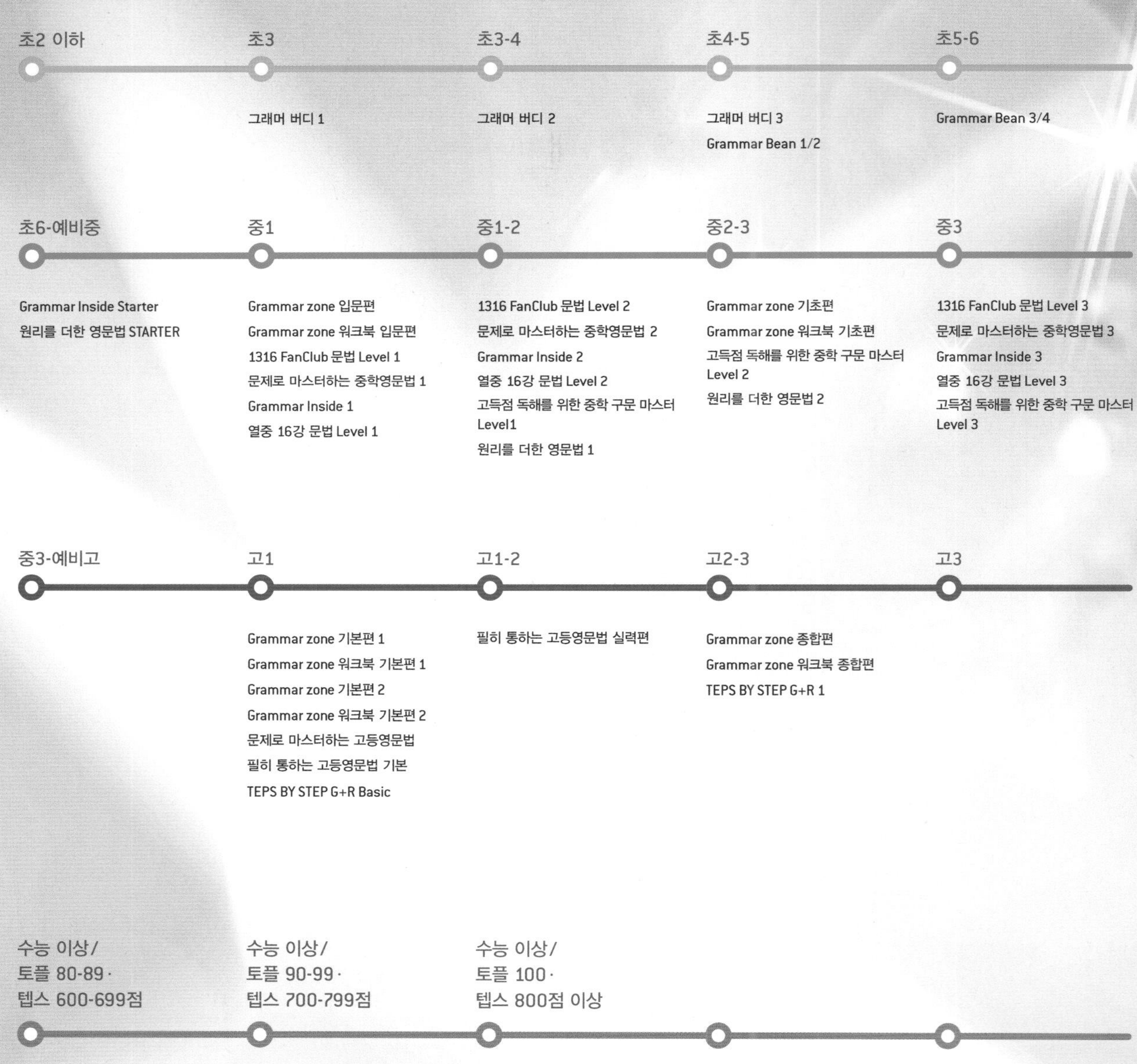

초2 이하	초3	초3-4	초4-5	초5-6
	그래머 버디 1	그래머 버디 2	그래머 버디 3 Grammar Bean 1/2	Grammar Bean 3/4

초6-예비중	중1	중1-2	중2-3	중3
Grammar Inside Starter 원리를 더한 영문법 STARTER	Grammar zone 입문편 Grammar zone 워크북 입문편 1316 FanClub 문법 Level 1 문제로 마스터하는 중학영문법 1 Grammar Inside 1 열중 16강 문법 Level 1	1316 FanClub 문법 Level 2 문제로 마스터하는 중학영문법 2 Grammar Inside 2 열중 16강 문법 Level 2 고득점 독해를 위한 중학 구문 마스터 Level1 원리를 더한 영문법 1	Grammar zone 기초편 Grammar zone 워크북 기초편 고득점 독해를 위한 중학 구문 마스터 Level 2 원리를 더한 영문법 2	1316 FanClub 문법 Level 3 문제로 마스터하는 중학영문법 3 Grammar Inside 3 열중 16강 문법 Level 3 고득점 독해를 위한 중학 구문 마스터 Level 3

중3-예비고	고1	고1-2	고2-3	고3
	Grammar zone 기본편 1 Grammar zone 워크북 기본편 1 Grammar zone 기본편 2 Grammar zone 워크북 기본편 2 문제로 마스터하는 고등영문법 필히 통하는 고등영문법 기본 TEPS BY STEP G+R Basic	필히 통하는 고등영문법 실력편	Grammar zone 종합편 Grammar zone 워크북 종합편 TEPS BY STEP G+R 1	

수능 이상/ 토플 80-89 · 텝스 600-699점	수능 이상/ 토플 90-99 · 텝스 700-799점	수능 이상/ 토플 100 · 텝스 800점 이상		
TEPS BY STEP G+R 2		TEPS BY STEP G+R 3		

TEPS 정복을 위한
단계별 학습서

TEPS BY STEP

GRAMMAR
+
READING

정답 및 해설

Grammar

TEPS BY STEP

unit 01 문장의 구성

TEPS 문법 탐구 p. 17-19

1 이 MP3 플레이어는 작동이 되지 않는다.
2 나뭇잎 하나가 내 어깨위로 떨어졌다.
3 그의 집 앞에 낯선 차 한대가 있다.
4 그 넥타이는 당신의 셔츠와 잘 어울린다.
5 너의 꿈이 언젠가는 실현될 것이다.
6 그는 의사가 되었다.
7 그녀는 오랫동안 침묵을 유지했다.
8 그녀의 가방은 어린 소녀를 위한 것이라고 보기에는 너무 비싸 보인다.
9 내 생각에는 저 재킷이 아닌, 이 재킷이 너에게 어울리는 것 같다.
10 닉은 일본의 한 유명한 배우를 많이 닮았다.
11 그의 여동생은 그의 친구들 중의 한 명과 결혼했다.
12 그녀는 기자의 무례한 질문에 대답하기를 거절했다.
13 그는 그 소식을 좀 더 일찍 말하지 않았다면서 나를 비난했다.
14 나의 언니는 나에게 큰 액수의 돈을 빌려 주었다.
15 내가 너에게 차 한잔을 만들어 줄게. 그것이 네 기분을 한결 나아지게 해줄 거야.
16 당신에게 부탁을 하나 해도 될까요?
17 그는 그 규칙을 나에게 설명했다.
18 그들은 그를 성자라고 부른다.
19 제발 저를 혼자 있게 내버려두세요.
20 의사는 그에게 규칙적으로 운동하라고 충고했다.
21 나는 그가 그의 아내와 함께 병원으로 들어가는 것을 보았다.
22 나는 어제 병원에서 혈액 검사를 받았다.

Check up p.19

A 1. a 2. b 3. b 4. b 5. a
B 1. silent 2. for 3. me 4. of telling 5. understood 6. finish and submit 7. There are various models

A

1. 이 곰팡이 좀 봐! 이 빵은 상했음이 틀림없어.
해설 go는 형용사 보어인 bad를 동반하여 '(음식이) 상하다'의 의미로 사용된다.

2. 그는 자신의 어머니와 닮은 여성과 결혼하고 싶어한다.
해설 marry는 '~와 결혼하다'라는 의미의 타동사이므로 전치사 없이 목적어를 취한다.

3. 제가 설거지를 해드릴까요?
해설 'Would you like + 목적어 + to부정사'의 5형식 의문문으로 '~가 …하기를 원하시나요?'의 의미이다.

4. 나는 누군가가 내가 가장 좋아하는 노래를 부르는 것을 들었다.
해설 hear는 지각동사이므로 5형식 문장에서 'hear + 목적어 + 원형부정사'의 형태로 사용된다.

5. 그 난민들은 당장 그 나라를 떠날 것을 강요 받았다.
해설 'force + 목적어 + to부정사' 형태의 5형식 문장이 수동태가 된 경우이다. 태가 바뀌어도 보어는 그대로 to부정사를 취해서 'be forced to부정사'의 형태가 된다.

B

1. 그의 어머니는 그 슬픈 소식을 들은 후에 침묵을 지켰다.
해설 remain은 형용사 보어를 취해 '~한 상태를 유지하다'란 의미로 사용되는 불완전자동사이다. 따라서 명사인 silence를 형용사인 silent로 고쳐야 한다.

2. 저는 이 신발을 좀더 큰 것으로 바꾸고 싶습니다.
해설 exchange는 'exchange A for B'의 형태로 'A를 B로 바꾸다(교환하다)'의 의미로 사용된다.

3. 저에게 마실 것을 주실 수 있으세요?
해설 이 문장에서 give는 4형식 동사이기 때문에 'give + 간접목적어(~에게) + 직접목적어(…을)'의 형태로 사용되므로 간접목적어 앞의 전치사는 불필요하다.

4. 그는 나에게 거짓말을 했다고 비난했다.
해설 accuse는 'accuse + 목적어 + of + v-ing'의 형태로 '~를 … 했다는 이유로 비난하다(고발하다)'의 의미로 사용된다.

5. 프랑스에서는 프랑스어로 의사소통해야 할 필요가 있다.
해설 사역동사 make는 5형식 문장에서 'make + 목적어 + 원형부정사'의 형태로 쓰이지만, 주어진 문장에서와 같이 목적어가 재귀대명사(-self)인 경우 '(자신을) ~되게 만들다'의 의미가 되기 때문에 목적격 보어자리에 과거분사를 쓰는 것이 적절하다.

6. 사장님은 내게 5시까지 그 보고서를 끝내서 제출하라고 지시했다.
해설 사역동사 have는 5형식 문장에서 'have + 목적어 + 원형부정사'의 형태로 쓰여 '~에게 …하라고 시키다'의 의미를 나타낸다.

7. 당신이 고를 수 있는 여러 가지 다양한 모델들이 있습니다.
해설 '~이 있다'의 표현은 'There is/are + 명사 ~'의 형태로 나타낸다.

Practice TEST p. 20-21

1. (b) 2. (a) 3. (b) 4. (c) 5. (c) 6. (a) 7. (c) 8. (a) 9. (b) 10. (a) 11. (a) have this suit clean → have this suit cleaned 12. (c) sound insincerely → sound insincere

1. (b)

해석 A: 서둘러, 그렇지 않으면 회의 시간에 맞춰 갈 수 없을 거야.
B: 늦어도 괜찮아. 걱정하지마.

해설 matter는 자동사로 '문제가 되다, 중요하다'의 의미를 가진다. 부정형 doesn't가 쓰였으므로 빈칸에는 일반동사의 원형을 써야 한다. 따라서 형용사인 (a)는 답이 될 수 없다. make가 자동사로 쓰이면 '~이 만들어지다', do가 자동사로 쓰이면 '충분하다'의 의미이다.

2. (a)

해석 A: 그는 예전의 그가 아닌 것 같아, 그렇지 않니?
B: 내가 아는 한, 그는 시험에 낙방한 후에 거의 정신이 나간 것 같아.

해설 go는 형용사 보어와 함께 쓰여 '(어떤 상태가) 되다'의 의미가 있다. 주로 부정적인 의미를 나타낼 때 쓰이는데, '정신이 나가다, 미치다' 등의 의미는 go mad 또는 go crazy로 표현한다.

3. (b)

해석 A: 내 생각에는 너의 피자 조각이 더 큰 것 같아.
B: 항상 남의 떡이 커 보이는 법이야.

해설 look이 자동사로 쓰여 '~처럼(하게) 보이다'의 의미일 때는 보어로 형용사를 쓴다. (a)는 부사이고 (c)나 (d)와 같은 준동사는 look의 보어가 될 수 없다. 비교급 형용사인 (b)가 정답이다.

4. (c)

해석 A: 반품 정책에 대해 설명해 주시겠어요?
B: 죄송합니다. 저는 담당자가 아닙니다.

해설 explain은 타동사로서 '~을 설명하다'의 의미로 직접 목적어를 취하는 3형식 동사이다. 그러므로 '~에게' 라는 표현은 따로 전치사 to를 이용해서 표현해야 한다. 의미상 수여동사로 착각하기 쉬우므로 4형식으로 쓰지 않도록 주의한다.

5. (c)

해석 A: 요즘 잘 안 들려서 걱정이에요.
B: 귀 검사를 한번 받아보시지 그러세요?

해설 have는 사역동사로서 목적어와 목적보어의 관계가 수동일 경우에는 과거분사를, 능동일 경우에는 동사원형을 목적보어로 쓴다. 의미상 your ears가 검사되는 것이므로 목적보어로는 과거분사인 examined가 와야 한다.

6. (a)

해석 교사들은 여름방학 동안 학생들에게 숙제를 내줄 것인지에 대해 논의했다.

어휘 assign homework 숙제를 내주다

해설 discuss는 '~에 대해서 의논하다'란 의미를 갖는 타동사이므로 전치사 about/over를 수반하지 않는다. 이와 같이 전치사를 붙여 쓰기 쉬운 대표적인 타동사로는 'marry(~와 결혼하다, marry with가 아님)', 'approach(~에 다가가다, approach to가 아님)', 'join(~에 가입하다, join to가 아님)' 등이 있다.

7. (c)

해석 여행 중에 거리에서 한 남자가 내 돈을 빼앗아 갔다.

해설 rob은 'rob + 사람(~에게서) + of + 사물(…을)'의 형태로 쓰여 '~에게서 …을 빼앗다'라는 의미를 나타낸다. 반면에 동사 steal은 빼앗는 대상을 목적어로 직접 취하여 'steal + 사물(…을) + (from 사람(~에게서))'의 형태로 쓰인다.

8. (a)

해석 의사가 그에게 정크푸드를 먹지 말라고 충고했다.

어휘 junk food 정크푸드

해설 advise를 사용하여 '~에게 …하라고(하지 말라고) 충고하다' 라고 표현할 때는 'advise + 목적어 + (not) to부정사' 문형을 사용한다. 그러므로 'of + 동명사'를 사용한 (c)와 (d)는 답이 될 수 없고, to부정사를 사용하지 않은 (b)도 정답에서 제외된다.

9. (b)

해석 한국의 영어 학습자들은 영어 모음을 발음하는 것이 어렵다는 것을 알고 있다.

어휘 vowel 모음

해설 find가 5형식 문장에 쓰여 '~이 …하다는 것을 알다'라는 의미를 나타내고 있다. 5형식 문장에서 목적어 자리에 to부정사구를 써야 하는 경우에는 가목적어 it으로 대체하고 진목적어인 to부정사구는 목적보어 다음에 위치시킨다. 즉, 'find + it(가목적어) + 형용사 보어 + to부정사(진목적어)'의 어순으로 쓴다.

10. (a)

해석 그녀는 그 꼬마가 집을 몰래 빠져나가는 것을 보았다.

어휘 sneak 살금살금 나가다

해설 지각동사 see가 5형식 문형에 쓰이면 목적보어 자리에는 동사원형 또는 분사를 쓸 수 있다. 목적어와 목적보어가 능동의 관계이므로 (b)나 (d)는 답이 될 수 없다.

11. (a)

해석 (a) A: 이 옷을 세탁하고 싶은데요.
(b) B: 언제쯤 필요하신가요?
(c) A: 이번 주 금요일에 입을 계획입니다.
(d) B: 문제 없습니다. 목요일 오후에 준비될 것입니다.

해설 (a)에서 have this suit clean은 '옷이 세탁되도록 하다'란 의미로서, have는 사역동사로 쓰였고 목적어는 사물이므로 목적보어는 과거분사 형태를 쓰는 것이 알맞다. 따라서 have this suit clean은 have this suit cleaned로 고쳐야 한다.

12. (c)

해석 (a) 당신이 아침에 기분이 언짢은 채 잠자리에서 일어난다고 가정해보자. (b) 몇 시간 동안 모든 것이 당신을 불쾌하게 할 것이다. (c) 당신의 식구들이 '잘 잤니?'라고 말해도 진심으로 들리지 않는다. (d) 당신의 계란은 너무 익은 것으로 보이며 학교에서 선생님은 종일 당신에게 눈살을 찌푸리는 것처럼 보인다.

어휘 greeting 인사 / insincerely 거짓으로 / frown 눈살을 찌푸리다

해설 (c)에서 sound는 '~하게 들리다'로 해석이 되는 불완전 자동사이기 때문에 보어를 필요로 한다. 이 때 보어 자리에는 부사를 쓸 수 없기 때문에 부사인 insincerely를 형용사인 insincere로 고쳐야 한다.

unit 02 동사의 시제

TEPS 문법 탐구

p. 23-25

1 이곳 한국에서는, 해마다 이맘때면 비가 많이 내린다.
2 우리 형은 토요일마다 대개 테니스를 친다.
3 그의 아버지는 2008년에 돌아가셨다.
4 한국 전쟁은 1950년에 일어났다.
5 일기 예보에서는 주말 내내 비가 많이 올 거라고 예측했다.
6 영화는 오늘 밤 10시에 시작된다.
7 내 여동생이 내일 아침에 우리 집에 올 것이다.
8 그녀가 내일 여기에 오면, 내가 그녀를 그 회의에 데려갈 것이다.
9 A: 엄마는 지금 무엇을 하고 계시니?
B: 주방에서 설거지를 하고 계세요.
10 나는 그 때 샤워를 하고 있어서 전화를 받을 수 없었다.
11 내일 공항에 도착해보면 그녀가 당신을 기다리고 있을 것입니다.
12 나는 강아지 한 마리와 고양이 한 마리를 키우고 있다.
13 나는 해변가에서 친구들과 좋은 시간을 보내고 있다.
14 나는 그가 어렸을 때부터 계속 그를 알고 지내왔다.
15 그녀의 남자친구가 그녀를 데리러 파티에 왔을 때 그녀는 이미 그곳을 떠나고 없었다.
16 우리 부모님은 다음 달이면 결혼한 지 25년째가 됩니다.
17 그녀가 오늘 밤 집에 돌아올 때쯤이면 그녀의 아기는 이미 잠이 들어 있을 것이다.
18 일주일 동안 계속 비가 내리고 있어서 (비에) 젖는 것이 지긋지긋하다.
19 그녀가 도착했을 때, 그녀의 친구는 몇 시간 동안 그녀를 기다렸다며 불평을 했다.
20 내일이면 일주일 째 눈이 내리는 셈이 될 것이다.
21 내 딸은 어젯밤부터 계속 아팠다.
22 그는 퇴직하여 시골에서 조용하게 살 수 있기를 희망했다.
23 A: 린다가 다음 달에 왜 런던으로 옮겨가는지 이유를 알고 있나요?
B: 정말 좋은 일자리를 제안 받았기 때문이에요.

Check up

p.25

A 1. a 2. b 3. a 4. b 5. b

B 1. had been looking for 2. has expanded 3. graduate 4. did 5. have known 6. rains 7. has been

A

1. 요 전날 한 식당 앞에서 당신을 봤어요.

해설 the other day는 과거의 명확한 시점을 나타내는 부사구이므로 과거형을 써야 한다.

2. 당신이 그 상점에 도착할 때 쯤이면, 그 상점은 문을 닫았을 거에요.

해설 By the time은 '~할 때 쯤이면'의 의미로 시간 부사절을 이끄는 접속사이다. 이 경우 현재시제가 미래시제를 대신하여 사용된다.

3. A: 왜 그렇게 지쳤니?
B: 하루 종일 걸었거든.

해설 A가 B에게 현재 피곤한 이유를 물었고 B는 all day라는 부사구를 사용하고 있으므로 과거가 현재까지 영향을 미친 일을 나타낼 때 사용하는 현재완료진행시제가 적절하다.

4. A: 이 그림은 내가 보기에 매우 이상해 보여.
B: 그러니? 내 생각에는 매우 흥미롭다고 여겨지는데.

어휘 weird 이상한, 괴상한

해설 look은 '~하게 보인다'를 의미하는 상태동사로 쓰였으므로 현재진행형으로 쓰지 않는다.

5. A: 오늘 밤에 나와 함께 저녁식사 어때?
B: 미안하지만 안되겠는걸. 6시에 교수님을 만날 거야.

해설 at 6 o'clock이 미래를 뜻하기 때문에 미래시제를 대신하는 현재진행시제가 적절하다. 현재시제도 미래를 대신할 수 있지만 보다 공식적인 일정과 관련된 상황에 어울린다.

B

1. 짐은 그 동안 찾아 왔었던 바로 그 차를 찾아 냈다.

해설 자동차를 발견한 시점이 과거(found)이므로 그 차를 찾고 있었던 것은 그보다 한 시제 앞선 시점부터 그 때까지 계속된 일을 표현하는 과거완료진행형(had been looking for)이 자연스럽다.

2. 중국의 경제는 지난 10년 사이에 급속도로 팽창해왔다.

해설 over the last decade는 '지난 10년 사이에'라는 의미로 과거와 현재 사이의 계속된 기간을 뜻하므로 현재완료형을 쓰는 것이 적절하다.

3. 나는 2월에 졸업을 하자마자 아프리카로 여행을 떠날 것이다.

해설 as soon as는 '~하자마자'를 의미하는 시간부사절 접속사이므로 현재시제를 써서 미래시제를 대신한다.

4. 반가워! 신혼여행에서 언제 돌아왔어?

해설 when은 특정한 시점을 묻는 의문사이므로 완료시제와 함께 사용될 수 없다. 주어진 문장에서는 문맥상 과거시제가 적절하다.

5. 나는 18살 때부터 운전하는 법을 알고 있었다.

해설 상태를 나타내는 know는 진행시제로 쓰지 않고, 문맥상 과거에서부터 지금까지 계속되는 사실을 나타내므로 현재완료형이 적절하다.

6. 여행 중에 비가 올 것을 대비해서 우비를 가져가라.

해설 in case는 '~할 경우에 대비해서'라는 의미의 조건부사절 접속사이므로 in case가 이끄는 절에서는 현재시제가 미래시제를 대신해야 한다.

7. 줄리가 결혼을 하고 일을 그만둔 지 5년째다.

해설 since 이후는 줄리가 결혼하여 일을 그만 둔 시점이 과거임을 알려주고 있다. 따라서 주절에서는 그 이후부터 현재까지 그 상태가 5년째 계속되고 있음을 나타내는 것이 자연스러우므로 현재완료시제가 적절하다.

Practice TEST p. 26-27

1. (d) 2. (a) 3. (a) 4. (d) 5. (d) 6. (a) 7. (a) 8. (a) 9. (c) 10. (d) 11. (d) we have dined → we dined 12. (c) is waiting → will be waiting

1. (d)

해석 A: 김선생님과 연락할 방법을 혹시 아시나요?
B: 도와드리고 싶지만 저도 그의 이메일 주소를 모릅니다.

해설 질문의 내용과 답변 모두 현재의 사실에 관한 것이므로 현재시제를 써야 한다. 답변에서 I wish I could help you는 가정법 과거로서 도와주고 싶으나 돕지 못한다는 현재의 사실을 표현한 것이므로 혼동하지 않도록 한다.

2. (a)

해석 A: 프랑스 혁명이 언제 일어났지?
B: 아마도 1789년에 일어났던 것 같아.

어휘 take place = occur (사건 등이) 발생하다, 일어나다

해설 과거에 일어난 일 혹은 역사적 사건은 과거형을 써서 나타내는데, 연도가 제시되어 있으므로 명백한 과거시제이다. 과거의 특정한 시점을 알리는 부사구가 있는 경우에는 완료시제를 쓸 수 없다는 것에 주의한다.

3. (a)

해석 A: 인터뷰를 언제 할 수 있을까요?
B: 제 상사가 회의를 끝내면 당신에게 알려줄 것입니다.

해설 시간을 나타내는 부사절(when, before, after 등)과 조건의 부사절(if)에서는 현재시제가 미래시제를 대신한다.

4. (d)

해석 A: 파티에서 스미스 양을 만났니?
B: 아니, 지난 밤 내가 파티에 도착했을 때 그녀는 이미 떠나고 없었어.

해설 접속사 when이 이끄는 부사절에 쓰인 시제가 과거인데 주절의 시제는 그보다 더 앞서 일어난 (완료된) 일을 표현해야 하므로 빈칸에 들어갈 동사의 시제는 과거완료시제가 되어야 한다.

5. (d)

해석 A: 이 곳에서 몇 년째 살고 계신가요?
B: 내년이면 우리 가족이 이곳에 산지 20년 째가 됩니다.

해설 next year를 통해 미래의 한 시점이 기준이 됨을 알 수 있고, for 20 years를 통해 기준시점까지 어떤 일이 계속될 것임을 알 수 있으므로 미래완료시제(will have + p.p.)를 사용해야 한다.

6. (a)

해석 제이슨은 일요일마다 교회에 가기 때문에 그가 그날 거기에 없었다는 것은 이상한 일이었다.

해설 부사구 every Sunday는 현재의 반복되는 일을 나타내므로 현재시제를 써야 한다. 현재의 사실이나 반복적 · 습관적 동작, 또는 일반적 진리를 표현할 때는 현재시제를 사용한다.

7. (a)

해석 나는 우리 팀이 이번 토요일에 열리는 댄스 경연대회에서 1등 상을 받기를 희망한다.

해설 'hope(~하기를 희망하다)'가 쓰이고 문장 끝에 미래를 나타내는 부사구 this Saturday가 있으므로 빈칸에 들어갈 시제는 미래시제가 적절하다.

8. (a)

해석 최근 몇 년간 과학자들은 다양한 분야에서 훌륭한 업적을 이룩해 왔다.

어휘 achievement 업적 / field 분야

해설 시간을 나타내는 부사구 'In the last few years(최근 몇 년간)'가 쓰여 과거의 불특정 시점으로부터 지금까지 동작이나 상태가 계속되고 있음을 나타낸다. 그러므로 현재완료 시제(have + p.p.)가 알맞다.

9. (c)

해석 나는 부산에서 태어났지만, 지난 20년 동안 쭉 여기 서울에서 지내왔어.

해설 시간을 나타내는 부사구 'for 20 years(20년 동안)'가 쓰였고 현재까지 어떤 상태가 계속되었음을 나타내고 있으므로 '~해 왔다' 라는 의미를 나타낼 수 있는 현재완료시제나 현재완료진행시제가 적절하다.

10. (d)

해석 올해 말이 되면 우리가 결혼한지 10년 째가 된다.

해설 시간을 나타내는 부사구 'at the end of this year(올해 말에)'가 기준 시점이 미래임을 나타내고 있으므로 (b)와 (c)는 정답에서 제외된다. 또 다른 시간의 부사구 for ten years는 동작이나 상태가 계속되는 상황을 나타내고 있으므로 미래완료시제인 will have been married가 적절하다.

11. (d)

해석 (a) A: 오늘 밤에 외식하는 게 어때요?
(b) B: 아니, 집에서 저녁 먹고 식사 후에는 쉬고 싶어.
(c) A: 하지만 매일 밤 당신을 위해 저녁식사를 요리해야 하는 일에 질렸어요.
(d) B: 여보, 내 기억이 정확하다면, 우리는 지난 주에 두 번이나 외식을 했어.

해설 (d)의 last week는 명확한 과거를 뜻하는 시간부사구이므로 문장의 시제는 과거시제가 되어야 한다.

12. (c)

해석 (a) '스스로 자신을 돌보지 않으면 아무도 돌봐주지 않을 것이다' 라는 말은 슬프지만 사실이다. (b) 예를 들면 어떤 사람들은 대학 학위의 힘에 대해 잘못된 생각을 가지고 있다. (c) 그들은 일단 학위만 가지면 세상이 문 앞에서 기다리고 있을 것이라고 생각한다. (d) 사실, 직업에 대해 준비하지 않으면 그들의 문 앞에는 아무도 없을 것이다.

어휘 look out 주의하여 돌보다 / degree 학위 / possess 소유하다

해설 (c)에서 once 가 이끄는 절은 '일단 ~하면'이라는 의미의 조건 부사절로서 현재시제가 미래시제를 대신하지만, 주절 시제에서는 미래 시제가 그대로 사용되어야 한다. 따라서 현재진행시제를 미래진행시제로 고쳐야 한다.

unit 03 동사의 태와 수 일치

TEPS 문법 탐구

p. 29-31

1 그 유명한 시인의 아내가 이 위대한 시를 10년 전에 썼다.
2 이 위대한 시는 10년 전에 그 유명한 시인의 아내에 의해 쓰여졌다.
3 사람들은 그가 유죄라고 말한다.
4 그는 그녀에게 생일 선물로 오페라 표 2장을 주었다.
5 그는 그녀를 거짓말쟁이라고 불렀다.
6 그는 그녀에게 그 편지를 소리 내서 읽어달라고 부탁했다.
7 나는 교회에서 그 소년이 피아노 치는 것을 들었다.
8 모든 교사와 학생들이 개막식에 참석하도록 요구 받는다.
9 어린아이가 강의에 집중하기에는 2시간은 매우 긴 시간이다.
10 버터 바른 빵이면 내 아침식사로 충분하다.
11 그의 가족들은 이 근방에서 30년 동안 살아왔다.
12 그의 가족은 모두 키가 크다.
13 그 선글라스는 내가 그동안 찾고 있었던 그것이다.
14 경찰이 그 사기사건을 조사 중이다.
15 2000년 이후로 흡연자들의 수가 꾸준히 줄어들고 있다.
16 많은 흡연자들이 흡연실의 부족에 대해 불평해왔다.
17 많은 양들이 언덕에서 풀을 뜯고 있다.
18 그 돈의 50%가 적십자에 기부되었다.

Check up

p.31

A 1. a 2. b 3. b 4. a 5. b
B 1. are expected 2. was offered 3. to memorize 4. are provided 5. is 6. was believed 7. were[are] fabricated

A

1. 강력한 지진이 어젯밤에 중국에서 발생했다.
해설 occur(발생하다)는 자동사이기 때문에 수동태로 쓸 수 없다.

2. 그 당시에 오 백 달러는 그에게 굉장히 큰 액수였다.
해설 '시간, 거리, 액수, 무게' 등에 해당되는 명사는 하나의 단위를 뜻할 때 단수 취급한다.

3. 낯선 사람으로부터의 편지 한 통이 그 항공사에 보내어졌다.
해설 주어인 A letter는 보내는 것이 아니라 보내어지는 것이므로 수동형인 was sent가 적절하다.

4. 비만인 아이들의 수가 요즘 늘어나고 있다.
해설 'the number of ~(~의 수)'가 주어로 쓰인 경우 동사는 단수 취급한다.

5. 독일산 칼이 전 세계적으로 최고라고 말하여진다.
해설 주어인 Knives가 주체가 되어 말하는 것이 아니라 (그것에 대하여) 말하여 지는 것이므로 say의 수동형이 적절하다.

B

1. 그 수리는 약 1주일 정도 걸리는 것으로 예상된다.
해설 'expect + 목적어 + to부정사' 형태의 5형식 문장이 수동태로 바뀐 문장이다. 주어진 문장의 주어와 동사의 관계를 볼 때 수동의 의미가 자연스러우므로 expect는 are expected로 고쳐야 한다.

2. 그는 매우 좋은 일자리를 제안 받았지만 그것을 거절했다.
해설 'offer + 간접목적어 + 직접목적어' 형태의 4형식 문장으로 보이나, 문맥상 주어가 '제안 받았다'는 의미가 적절하므로 수동태 was offered가 알맞다.

3. 우리 반 학생들은 그 시를 외우라고 지시 받았다.
해설 'make + 목적어 + 원형부정사'의 5형식 문장에서 사역동사인 make가 수동태로 변형되었으므로 목적격 보어의 형태는 원형부정사가 아닌 to부정사로 바뀌어야 한다.

4. 이 프로그램에 대한 자세한 설명은 이 안내책자에 제공되어 있다.
어휘 brochure 안내책자, 팸플릿
해설 문장의 주어는 program이 아닌 details이므로 복수 취급해야 한다.

5. 당뇨병은 여러 가지 합병증에 이르게 하는 심각한 질병이다.
어휘 complications 합병증
해설 주어인 diabetes의 -s에는 복수의 의미가 없으며 질병 이름은 보통 단수 취급한다.

6. 과거에는 그 희곡이 세익스피어가 쓴 것이라고 믿어졌다.
해설 that절 이하의 내용이 진주어이고 it이 가주어이며, that 이하의 내용은 믿는 게 아니라 믿어지는 대상이므로 'believe(~을 믿다)'의 수동형을 쓰는 것이 적절하다.

7. 인터넷 상에서 떠도는 소문들의 3분의 2는 날조된 것이었다.
어휘 fabricate ~을 꾸며내다, 날조하다, 위조하다
해설 주어자리에 분수(two thirds)가 오면 동사의 단수-복수 여부는 of 뒤에 오는 명사에 따라 결정된다. 주어진 문장에서는 of 뒤에 복수형(rumors)이 왔으므로 복수동사를 써야 한다.

Practice TEST

p. 32-33

1. (c) 2. (c) 3. (c) 4. (b) 5. (c) 6. (b)
7. (d) 8. (c) 9. (a) 10. (b) 11. (d) diphthongs pronounce → diphthongs were[are] pronounced
12. (c) A small number of bees works → A small number of bees work

1. (c)
해석 A: 왜 그가 직장을 그만두지 않을 거라고 생각해?
B: 왜냐하면 그는 현재의 위치에 만족하고 있거든.
해설 satisfy는 '~을 만족시키다'라는 의미의 타동사이며, '~에 만족하다'라는 표현은 수동형을 써서 'be(get) satisfied with +

목적어'로 나타낸다.

2. (c)

해석 A: 우리 형과 내가 다음 달에 있을 5킬로미터 경주에 참가하려고 하는데. 너도 같이 할래?

B: 내 생각에는 5킬로미터가 달리기에는 너무 먼 거리 같아. 이번에는 나는 빠질게.

해설 five kilometers는 think의 목적절의 주어로서 거리를 나타내는 단위명사로 쓰였기 때문에 단수 취급 한다. (a)와 (c) 중에 빈칸 뒤의 명사를 목적어가 아닌 보어로 받을 수 있는 (c)가 정답이다.

3. (c)

해석 A: 왜 그렇게 화가 났어?

B: 작년부터 내가 동료보다 급여를 훨씬 덜 받아온 사실을 알았어.

해설 pay는 '~을 지불하다'란 뜻의 타동사인데 바로 뒤에 목적어가 없고 문맥상 주어가 지불하는 주체가 아닌 지불 받는 대상이므로 수동태로 표현해야 한다. 작년 이후 계속 진행된 일을 말하고 있으므로 현재완료시제가 적용되었다.

4. (b)

해석 A: 그들이 모금한 돈이 어디에 쓰였는지 아세요?

B: 제가 아는 한, 대부분의 돈이 노숙자들을 위한 쉼터를 제공하는 데 쓰였어요.

해설 주어자리에 부분을 뜻하는 명사인 most가 있으므로 of 뒤에 있는 the money에 의해 동사의 수가 결정된다. 타동사인 spend의 목적어가 없고 문맥상 주어는 소비되는 대상이므로 was spent가 정답이다.

5. (c)

해석 A: 이 식당이 매일 밤 이렇게 붐비는 이유를 알아?

B: 한 유명한 여행 가이드 책자에 이름이 올라 있거든.

해설 pack은 '~를 가득 채우다'란 의미의 타동사인데 바로 뒤에 목적어가 없으니 주어인 the restaurant은 채우는 주체가 아닌 채워지는 대상이 되어야 한다. 그러므로 수동태로 표현해야 하며, 부사구 every night과 B의 Because it is를 볼 때 현재시제가 적절하다.

6. (b)

해석 비틀즈의 첫 번째 앨범은 1963년에 녹음되었다.

해설 record는 타동사인데 목적어가 없으므로 주어인 the first album이 녹음하는 주체가 아닌 녹음되는 대상이 되어야 한다. 따라서 수동태를 사용해 표현해야 하며, 특정 연도가 제시되어 있으므로 과거시제를 사용하는 것이 적절하다.

7. (d)

해석 경제학은 학창시절에 내가 가장 싫어한 과목이었다.

해설 economics는 '경제학'이란 의미의 학문명이므로 단수 취급한다. (c)와 (d) 중, 빈칸 뒤의 the subject(과목)를 목적어가 아닌 보어로 취하려면 be동사가 필요하기 때문에 was를 쓰는 것이 맞다.

8. (c)

해석 이 집이 그의 사무실 가까이 위치하기 때문에 그가 이것을 임대할 것이라고 예상합니다.

해설 locate는 '~을 …에 위치시키다'라는 뜻의 타동사인데 목적어가 없으므로 주어인 it(this house)가 locate의 주체가 아닌 대상임을 수동태로 나타내주어야 한다.

9. (a)

해석 우리는 어제 결승전에서 라이벌 팀에 패배했다.

해설 beat는 '~을 상대로 이기다'라는 의미의 타동사인데 빈칸 뒤에 목적어 없이 by our rival team이라는 행위자가 이어지므로 수동태가 쓰여야 하는 문장이다. 수동태가 사용된 (a)와 (d) 중 yesterday와 어울리는 과거시제인 (a)가 정답이다.

10. (b)

해석 일회용 젓가락의 90% 이상을 재활용하지 않으면 식당에서는 그것들을 사용할 수 없다.

어휘 disposable 사용 후 버릴 수 있는, 일회용의

해설 most, half, part, 분수 등 부분을 뜻하는 표현이 주어자리에 올 경우 of 뒤에 있는 명사가 동사의 수를 결정하기 때문에 them(=chopsticks)에 일치하는 동사 are가 알맞다. 또한 젓가락은 재활용되는 대상이므로 수동태가 사용된 are recycled가 정답이다.

11. (d)

해석 (a) A: 논문 주제가 무엇이었나요?

(b) B: 한국의 성인 학습자들의 영어 발음에 대해 연구했습니다.

(c) A: 연구를 통해 어떤 의미 있는 결론을 도출했나요?

(d) B: 영어 모음 중에서 이중모음이 가장 자주 부정확하게 발음된다는 사실을 알아냈습니다.

어휘 thesis 학위 논문 / diphthong 이중모음

해설 pronounce는 '~을 발음하다'라는 의미의 타동사인데, 주어진 문장에는 목적어가 없고 diphthong(이중모음)은 스스로 발음할 수 없고 발음되어야 하는 대상이므로 동사는 수동형이 되어야 한다.

12. (c)

해석 (a) 꿀벌들은 생존하기 위해 그들의 유일하고 필수적인 먹이인 꿀을 만든다. (b) 벌집에 만 마리의 꿀벌이 있다면 그들 중 1/3에 해당하는 꿀벌들이 꽃의 꿀을 모으는 일에 관여하는데 이 꿀이 나중에 일꾼 벌들에 의해 벌꿀로 만들어진다. (c) 소수의 벌들만이 탐색자 역할을 한다. (d) 그 벌들은 꿀의 근원지를 발견하고는 벌집으로 돌아와 다른 벌들에게 그곳의 위치를 알려준다.

어휘 essential 필수적인 / nectar 화밀, 꽃의 꿀

해설 a small number of는 '소수의, 얼마 안되는'의 의미이므로 뒤에는 '복수명사 + 복수동사'가 이어져야 하는데 동사가 works, 즉 단수 형태이므로 복수형인 work로 고쳐야 한다.

unit 04 조동사

TEPS 문법 탐구

p. 35-37

1 가능한 한 빨리 돌아올게.
2 필요하면 내 휴대폰을 써도 된다.
3 당신의 신분증을 제게 보여주시겠습니까?
4 대기 오염은 산성비를 일으킬 수 있다.
5 2~3일 후에 배달품을 받게 될 것입니다.
6 이번에는 내가 얼마나 결단력 있는지를 네게 반드시 보여 줄 거야.
7 나 대신 그 사람을 태우러 공항에 가줄 수 있니?
8 어렸을 때 고모께서 내게 책을 보내주시곤 하셨다.
9 내게 너의 공책을 빌려줄 수 있니?
10 이 방안에 있는 어떤 책이든 골라서 읽어도 좋아.
11 그가 우리의 약속에 대해서 잊을지도 모른다.
12 감기에 걸리지 않으려면 손을 씻어야 한다.
13 그들은 지금쯤이면 너의 집에 있을 것이다.
14 당신은 이번 달 말까지 돈을 갚아야 합니다.
15 그녀의 배터리 충전이 다 되었음이 틀림 없다.
16 그는 나보다 책을 더 많이 가지고 있다.
17 그는 정말 많은 책을 가지고 있다.
18 그녀는 직접 거기에 갈 필요가 있다.
19 그는 직접 거기에 갈 필요가 없다.
20 그는 감히 그의 사장에게 말대답을 한다.
21 그는 어떻게 감히 그의 사장에게 말대꾸를 할까?
22 너는 가방을 버스에 두고 내렸음에 틀림 없다.
23 그는 어젯밤에 거기에 있었을 리가 없다.
24 그녀는 너에게 편지를 쓸 것을 잊었을지도 모른다.
25 너는 그 소식을 내게 좀 더 일찍 말해주었어야 했다.
26 당신은 지금 당장 그녀에게 전화를 걸어 사과를 하는 게 낫다.
27 나는 컴퓨터를 가지고 싶다.
28 나는 저 식당에 가느니 차라리 점심을 굶겠다.
29 그가 그녀를 동정하는 것은 당연한 일이다.
30 너는 내게 사실을 말하는 것이 더 나을 것이다.
31 집을 살 때는 아무리 조심해도 지나치지 않다.
32 내가 어렸을 때, 나는 매해 겨울마다 스키를 타러 가곤 했었다.
33 그의 의사는 그가 더 이상 담배를 피우면 안 된다고 주장했다.
34 그녀는 가능한 한 책을 많이 읽을 필요가 있다.

Check up

p.37

A 1. a 2. b 3. b 4. a 5. b

B 1. must 2. would rather not 3. should have listened 4. need not take[doesn't need to take] 5. (should) see 6. promise 7. used to go

A

1. 비록 운전면허증은 없지만, 존은 운전할 수 있다.

해설 접속사 Although를 고려할 때, 문맥상 운전면허증이 없다는 내용과 반대의 뜻이어야 하므로 can이 정답이다.

2. 나는 어젯밤에 일찍 잠자리에 들었어야 했다.

해설 의무를 나타내는 must는 별도의 과거형이 없으므로 같은 의미인 have to의 과거형 had to를 사용한다.

3. A: 이것이 누구의 차인 줄 아세요? 샘의 차가 아닌가요?
B: 그의 차일 리가 없어요. 보시다시피, 그의 차는 저쪽에 있어요.

해설 B의 대답에서 샘의 차가 다른 곳에 있다고 했으므로 문맥상 '~일 리가 없다'의 의미인 can't가 적절하다.

4. A: 내 사전 봤니?
B: 네가 도서관에 두고 왔을지도 몰라.

해설 현재 사전이 없는 것으로 보아 도서관에 두고 온 시점은 과거이며, 과거의 일에 대한 약한 추측은 may have p.p.로 표현한다.

5. A: 파리 어땠어요?
B: 굉장했어요! 당신도 나와 함께 거기에 갔어야 했어요.

어휘 awesome 굉장한, 아주 멋진

해설 B는 함께 파리에 가지 못한 것에 대해 아쉬움을 표시하고 있으므로, 과거의 일에 대한 유감을 표현하는 'should have p.p. (~했어야 했는데)'가 적합하다.

B

1. 수잔은 하루 종일 TEPS 공부를 하고 있다. 그녀는 틀림없이 피곤할 것이다.

해설 하루 종일 공부를 한 상태이므로 문맥상 '피곤할 것임에 틀림 없다'는 의미가 적합하다. 따라서 '~해야 한다'의 has to를 '~임에 틀림 없다'의 must로 고쳐야 한다.

2. 날이 어두워지고 있다. 나가지 않는 게 좋겠다.

해설 would rather의 부정형은 would rather not이다.

3. 너는 내 말에 귀를 기울였어야 했다. 모든 것이 너의 잘못이다.

해설 상대방의 잘못을 질책하는 상황이므로 과거의 사실에 대해 유감을 표하는 should have p.p.를 쓰는 것이 적절하다.

4. 당신의 어머니는 수면제를 복용할 필요가 없습니다.

해설 need는 부정문에서 조동사(need not take)로도 쓰일 수 있고 본동사(doesn't need to take)로도 쓰일 수 있다.

5. 그녀의 친구는 그녀가 변호사를 만나봐야 한다고 제안했다.

해설 suggest(제안하다)의 목적절에 should가 생략된 형태이다. 따라서 sees가 아닌 동사원형 see를 쓰는 것이 맞다.

6. 아버지는 내게 자전거를 사주시겠다고 정말로 약속하셨다.

해설 평서문의 본동사 앞에 있는 do는 본동사의 의미를 강조하는 기능의 조동사로 그 뒤에는 동사원형을 쓴다.

7. 나는 어렸을 때 매주 일요일마다 아버지와 등산을 가곤 했었다.

해설 문맥상 '과거에 ~하곤 했다'의 의미가 적합하므로 used to go로 고쳐야 한다.

Practice TEST p. 38-39

1. (b) 2. (b) 3. (b) 4. (a) 5. (d) 6. (a) 7. (d) 8. (a) 9. (c) 10. (a) 11. (d) he has to be → he must be 12. (b) the teacher used to hurting → the teacher used to hurt

1. (b)

해석 A: 엄마, 야구 게임 보러 가도 되요?
B: 할아버지 할머니께서 오늘 오후에 오실 거야. 나가지 않는 것이 좋겠다.

해설 'had better + 동사원형'의 부정은 동사원형 앞에 not을 붙여 'had better not + 동사원형(~하지 않는 것이 더 낫다)'으로 표현한다.

2. (b)

해석 A: 무슨 일 있니?
B: 이 창문이 안 열려요.

해설 조동사 will 또는 would는 주어의 의지(고집)을 나타내는 의미로 쓰일 수 있다. 해석은 will(would)은 '~하려고 하다', will not(won't) / would not는 '~하지 않으려 하다'로 한다.

3. (b)

해석 A: 클린턴씨가 주식투자 실패로 인해 거의 파산 지경이래.
B: 그는 그렇게 무모한 짓은 하지 말았어야 했는데.

어휘 bankrupt 파산한 / reckless 무모한

해설 조동사 should는 have p.p.와 함께 쓰여 '~했어야 했는데 (하지 않았다)'라는 의미가 된다. 여기에 not을 붙인 shouldn't have p.p.는 '~하지 않았어야 했는데 (했다)'는 의미이다.

4. (a)

해석 A: 해리가 최근 새 프로젝트에 착수해서 그 이유로 어제 모임에 오지 않았다고 해요.
B: 정말? 그는 정말 바빴던 것임에 틀림없구나.

해설 조동사 must에는 의무(~해야 한다)와 추측(~임에 틀림없다)의 의미가 있다. 주어진 문장에서는 '~였음에 틀림없다'라는 과거 사실에 대한 강한 추측이 적절하므로 must have p.p.로 표현해야 한다.

5. (d)

해석 A: 크리스가 업무상 과실로 해고되었다는 소식 들었어?
B: 그가 그렇게 큰 실수를 저질렀을 리가 없어. 너도 알다시피, 그는 언제나 주의 깊잖아.

어휘 negligence 태만, 부주의; 과실

해설 강한 추측을 나타내는 can은 cannot have p.p. 구문으로 쓰여 '~였을 리가 없다'는 의미를 나타낸다.

6. (a)

해석 네가 시험에 합격하기를 진심으로 바랄게.

해설 조동사 do는 긍정문에서 일반동사 앞에 위치하여 그 동사의 의미를 강조하여 준다. hope은 '~하기를 바란다'라는 뜻으로 미래형으로는 쓰이지 않으며, might와 used to는 문맥상 부적절하다.

7. (d)

해석 나의 어린 시절을 생각하면 기분이 좋지 않아서, 그것에 대해서는 이야기하지 않는 것이 좋겠다.

해설 'would rather + 동사원형'은 '차라리 ~하는 것이 낫다'라는 의미를 표현한다. '차라리 ~하지 않는 게 낫다'는 'would rather not + 동사원형'으로 표현한다.

8. (a)

해석 그것이 아직도 작동하지 않는다면 시스템에 뭔가 문제가 있는 게 틀림없어.

해설 조동사 must는 강한 추측을 나타내어 '~임에 틀림없다'는 의미를 가진다. 현재 문제가 있다고 추측하는 것이므로 'must + 동사원형'으로 나타낸다.

9. (c)

해석 매니저는 전 직원이 고객들에게 더욱 친절할 것을 역설했다.

해설 요구나 주장을 나타내는 동사의 목적절에는 '(should) + 동사원형'을 쓰므로 should가 정답이다.

10. (a)

해석 걱정 마, 매일 나를 보러 올 필요는 없어.

해설 '~할 필요가 없다'는 의미는 'need not + 동사원형' 또는 'don't need to + 동사원형'으로 쓸 수 있으며, 'don't have to + 동사원형'으로도 바꾸어 쓸 수 있다.

11. (d)

해석 (a) A: 나는 신디가 좋아. 모든 사람들에게 항상 친절하잖아.
(b) B: 누가 아니래! 그녀는 친절 그 자체야.
(c) A: 닉은 어때? 그는 어떤 사람이야?
(d) B: 그의 태도나 어조로 봐서는 틀림없이 오만할 거야.

어휘 arrogant 거만한

해설 문맥상 '닉은 틀림없이 오만할 것이다'가 되어야 하므로 must be를 쓰는 것이 적합하다. must와 have(has) to는 '~해야 한다'의 의미일 때만 혼용하여 쓰기 때문에 has to be는 의미상 어울리지 않는다.

12. (b)

해석 (a) 강의실은 매우 오래되었고 칠판은 벽에 못으로 고정되어 있었는데 여러 해가 지나면서 헐거워져 있었다. (b) 그 결과 못들이 거의 눈에 보이지 않게 칠판으로부터 튀어 나와 있어서 선생님이 칠판 위에 글을 쓰다가 손을 다치곤 했다. (c) 하루는 선생님이 튀어 나와 있는 못들 중 하나 옆에 옷걸이를 그리셨다. (d) 그런 다음 우리 반 모두가 놀랍게도 선생님은 자신의 모자를 분필로 그린 옷걸이 위에 걸었다.

어휘 nail 못; ~에 못을 박다 / invisibly 눈에 안 보이게 / hook 갈고리, 훅

해설 used to는 '한때 ~였다' 또는 '~하곤 했다'의 의미로 그 뒤에는 동사원형을 써야 한다. 따라서 (b)의 hurting을 동사원형인 hurt로 고쳐야 한다.

unit 05 가정법

TEPS 문법 탐구

p. 41-43

1 내가 만약 너라면 그런 불공정한 제안은 받아들이지 않을 텐데.
2 내가 만약 그녀에게 지금 당장 연락할 수 있다면, 네가 틀렸다는 것을 너에게 보여줄 텐데.
3 혹시 궁금한 점이 있으시다면 망설이지 말고 질문해주세요.
4 그가 만약 내일까지 내게 전화를 한다면, 나는 그에게 기회를 주겠다.
5 만약 1분만 더 있었더라면, 너는 그 마지막 질문에 답할 수 있었을 텐데.
6 내가 만약 그 소식을 조금만 더 일찍 알았더라면 분명히 네게 말해 주었을 텐데.
7 내가 만약 어렸을 때 외국에 갔더라면 지금 다르게 살고 있을 텐데.
8 만약에 그가 한 시간 전에 그 기차를 탔더라면 지금쯤 살아 있지 않을 수도 있을 텐데.
9 만약에 이 사전이 없다면 나는 영어 공부하는 것이 힘들 것이다.
10 그 장학금이 없었더라면, 나는 경제학 과정을 마칠 수 없었을 것이다.
11 만약 당신이 저의 제안에 관심이 있다면, 가능한 한 빨리 내게 연락주세요.
12 A: 내 새 차 색깔로 검정색과 은색 중에 어떤 것이 더 좋으니?
B: (내가 너라면) 은색을 고를 거야.
13 A: 어젯밤에 열렸던 제니의 생일파티에 못 갔어. 어땠니?
B: (네가 거기에 왔더라면) 유명한 사람들을 많이 봤을 텐데.
14 나에게 멋진 차가 한 대 있음 좋을 텐데.
15 내가 어렸을 때 공부를 좀더 열심히 했더라면 좋을 텐데.
16 그녀는 자신이 마치 비행기 승무원인 것처럼 말했다.
17 그녀는 자신이 아프리카에 가 본 적이 있는 것처럼 말했다.
18 당신이 드디어 주식을 팔아 다른 곳에 투자할 때가 되었다.
19 A: 제가 여기서 담배를 피려고 하는데 싫으세요?
B: 당신이 (담배를) 피우지 않는 편이 나을 것 같아요.

Check up

p.43

A 1. b 2. b 3. a 4. b 5. b 6. b
B 1. were 2. Should 3. decided 4. Had it[If it had]
5. could 6. had seen 7. were

A

1. 내가 만약 너의 입장이라면 그렇게 멋진 기회를 받아들일 텐데.
해설 주절에 would accept가 있으므로 가정법 과거임을 알 수 있다. 따라서 조건절에는 동사의 과거형(be동사의 경우 were)을 써야 한다.

2. 그때 내가 좀 더 신중했더라면, 그 사고는 피할 수 있었을 텐데.
해설 then을 통해 과거의 사실에 대한 가정임을 알 수 있고, 주절의 시제가 would have avoided이므로 가정법 과거완료(had p.p.)가 알맞다.

3. 네가 학업을 포기하지 않았더라면 지금쯤 너는 변호사가 되어 있을 텐데.
해설 조건절에 had p.p.가 있어서 가정법 과거완료처럼 보일 수 있으나 주절의 끝에 now가 있으므로 혼합가정법임을 알 수 있다. 문맥상으로도 과거의 일이 현재까지 계속 영향을 미치는 내용이므로 주절에는 '조동사의 과거형 + 동사원형'을 쓴다.

4. 네가 만약 팀을 초대한다면, 나는 너의 집들이 파티에 가지 않을 것이다.
어휘 house warming party 집들이 파티
해설 주절에 wouldn't go만 보면 단순히 가정법 과거라고 생각할 수 있으나, 일반동사(invite)가 있으므로 were가 아닌 were to를 써야 한다.

5. 나는 엘리베이터의 '열림' 버튼을 얼른 눌렀다. 그렇지 않았더라면, 그 노인은 문에 치일 뻔 했다.
해설 Otherwise 이하는 과거 사실에 대한 가정이므로 가정법 과거완료를 사용해야 한다.

6. A: 그 축제는 어땠나요?
B: 환상적이었어요! 당신도 거기에 있었더라면 좋았을 걸.
해설 과거사건에 대해 아쉬움을 표현하고 있으므로 가정법 과거완료인 had been이 정답이다.

B

1. 내가 만약 수학을 잘 한다면, 지금 네가 그 문제 푸는 것을 도울 수 있을 텐데.
해설 주절의 시제가 could help인 가정법 과거이므로 조건절에는 동사의 과거형을 쓴다.

2. 혹시 불편한 점이 있으시면 메일이나 전화로 알려주세요.
해설 문맥상 '혹시 ~하면'의 의미를 나타내는 정중한 요청이므로 should 가정법을 쓰는 것이 적절하다. 주어진 문장의 원래 형태는 'If + 주어 + should + 동사원형~'이나 If가 생략되면서 주어와 should가 도치된 문장이다.

3. 네가 무엇을 전공할 지 결정해야 할 때이다.
해설 'It is time (that) + 주어 + 동사의 과거형 ~'은 '~해야 할 때이다'의 의미를 나타낸다.

4. 그때 그의 도움이 없었다면, 나는 아마 프로젝트를 끝내지 못했을지도 모른다.
해설 과거의 사실을 반대로 가정한 가정법 과거완료로, '만약 ~이 없었더라면'을 뜻하는 표현인 If it had not been for 혹은 Had it not been for가 답이 될 수 있다.

5. 내 친구인 닉만큼 빠르게 타이핑을 칠 수 있다면 좋을 텐데.
해설 I wish 가정법으로 문맥상 현재 상황에 대한 가정을 나타내고 있으므로 가정법 과거를 써야 한다.

6. 그가 유럽에 있었을 때 에펠탑을 본 적이 있는 것처럼 말했는데, 내가 알기로 그는 프랑스에 가본 적이 없다.

해설 주절의 시제 talked를 기준으로 에펠탑을 봤다고 가정하는 시점은 그 이전이므로 가정법 과거완료인 had seen을 써야 한다.

7. 만약 이 지도가 없다면, 우리는 우리의 목적지에 도착할 수 없을 것이다.

어휘 destination 목적지

해설 '만약 ~이 없다면'의 관용표현은 'if it were not for'이다.

Practice TEST

p. 44-45

1. (b) 2. (a) 3. (b) 4. (d) 5. (d) 6. (a) 7. (c) 8. (a) 9. (d) 10. (c) 11. (a) I wish I had lived → I wish I lived 12. (a) could be avoided → could have been avoided

1. (b)

해석 A: 일에 전혀 집중을 못하겠어.
B: 내가 너라면 잠시 휴식을 취하겠어.

해설 조건절에 were를 써서 현재 사실과 다른 일을 가정하는 가정법 과거이다. 따라서 주절에는 '조동사 과거형 + 동사원형'을 사용해야 하므로 I'd take a rest가 가장 적당하다.

2. (a)

해석 A: 내가 그녀에게 남자친구에 대한 안 좋은 소문에 대해 말해줘야 할까?
B: 아니, 나는 그녀가 모르는 것이 나을 것 같아.

해설 현재의 사실에 대해 '~하는 것이 좋을 텐데'라는 의미를 나타내는 'would rather (that) 주어 + 동사의 과거형 ~' 구문이다. 따라서 빈칸에는 과거형 didn't를 쓰는 것이 적합하다.

3. (b)

해석 A: 엄마, 제프랑 영화 보러 나가도 돼요?
B: 안돼! 기말시험 대비해서 공부를 시작해야 할 때잖니.

해설 It's about(high) time 뒤에 that 절이 쓰일 경우 가정법 과거를 사용하여 '(당연히) ~해야 할 때이다'라는 의미를 나타낼 수 있다. 그러므로 빈칸에는 동사의 과거형인 started를 쓰는 것이 적절하다.

4. (d)

해석 A: 어제 백화점에서 나 보지 못했니?
B: 난 거기 없었어. 내가 널 봤더라면 인사했겠지.

해설 주절의 would have said를 통해 가정법 과거완료임을 알 수 있다. 따라서 조건절에는 과거완료를 써야 한다. 또한 조건절에서 주어 다음에 seen이 바로 위치하고 있으므로 접속사 if가 생략되면서 had의 위치가 주어 앞으로 도치되었음을 알 수 있다. 따라서 'had + 주어 + p.p. ~'의 어순을 적용하여 정답을 찾는다.

5. (d)

해석 A: 지난 주에 그 파티에 가지 않은 것이 후회돼.
B: 네가 거기 갔었다면 지금쯤 여자친구가 있을지도 모르는데.

해설 주절의 동사가 might have로 가정법 과거로 보이나, 문맥을 보면 과거에 파티에 가지 않은 사실에 대해 가정하고 있으므로 과거부터 현재까지 영향을 미치는 혼합 가정법을 적용해야 한다. 따라서 조건절의 시제는 과거완료인 had been이 되어야 한다.

6. (a)

해석 그렉이 오늘 오후 비행기를 놓치면 내일까지 기다려야 할 거야.

해설 if절을 보고 가정법으로 생각하기 쉬우나 주절의 형태가 가정법이 아닌 단순한 미래형인 직설법 문장이다. 직설법의 경우 시간이나 조건을 나타내는 부사절에서는 미래 대신 현재형을 사용해야 하므로 misses를 써야 한다.

7. (c)

해석 삼촌이 병의 초기 단계에서 수술을 받으셨다면 더 오래 사셨을 텐데.

해설 주절의 동사 might have lived를 통해 가정법 과거완료임을 알 수 있으므로 if절에는 과거완료 형태가 와야 한다. If he had undergone이나 if가 생략된 had he undergone을 쓸 수 있다.

8. (a)

해석 당신의 도움이 없다면 저는 아무것도 할 수 없을 겁니다.

해설 주절의 동사가 couldn't do이므로 가정법 과거이다. 조건절에서 주어 it 뒤에 이어지는 동사가 없으므로 빈칸에는 접속사 if가 생략되면서 도치된 동사가 들어가야 함을 알 수 있다.

9. (d)

해석 시민들의 요구가 받아들여지지 않았다면 폭동이 일어났을 것이다.

어휘 riot 폭동, 소요

해설 주절의 동사가 would have been이므로 가정법 과거완료이며, 조건절의 빈칸에 들어가는 동사의 시제는 과거완료가 되어야 한다. 또한 주어가 demands이므로 동사 accept는 수동형이 되어야 하므로 hadn't been accepted가 적절하다.

10. (c)

해석 내가 학생이었을 때 공부를 더 열심히 했더라면 좋을 텐데.

해설 'I wish + 가정법 과거'는 '(현재) ~하면 좋을 텐데'의 의미이고, 'I wish + 가정법 과거완료'는 '(과거에) ~했다면 좋을 텐데'의 의미이다. 주어진 문장은 과거에 공부를 더 열심히 하지 않은 사실에 대한 아쉬움을 나타내고 있으므로 빈칸에 들어갈 동사의 시제는 과거완료가 되어야 한다.

11. (a)

해석 (a) A: 나는 시내 중심가에 있는 내 아파트가 정말 싫어. 시골에서 살면 좋겠어.
(b) B: 아, 그래? 매일 뭘 하면서 시간을 보내려고?
(c) A: 채소도 직접 기르고 완전한 평화 속에서 몇 마일이고 산책할 수도 있잖아.
(d) B: 이봐, 정신차려! 넌 할 수만 있다면 절대로 걷지 않잖아. 게다가 넌 잔디 알레르기까지 있잖아!

해설 (a)의 내용상 '시골에서 살면 좋겠다'는 가정은 현재 사실에 대한 가정이므로 가정법 과거를 써야 하는데 가정법 과거완료(I wish I had lived)를 썼으므로 틀린 표현이다.

12. (a)

해석 (a) 로마인들이 어디에서 도로 건설을 멈출 것인지 생각했더라면 로마제국의 멸망을 피할 수 있었을 것이다. (b) 문제는 도로를 완벽하게 관리한 데 있었다. (c) 수도로 통하는 길에 몇 개의 장애물만 있었어도 침입자를 막을 수 있었을 것이다. (d) 도로를 잘 관리했던 로마인들의 재능이 그들을 파멸로 이끌었다는 것은 역사의 아이러니 중 하나이다.

어휘 empire 제국 / maintenance 유지, 보수 관리 / obstacle 장애(물)

해설 과거 로마시대에 관한 내용이므로 (a)의 내용은 과거사실을 반대로 가정하고 있는 가정법 과거완료가 되어야 한다. 따라서 if절 속의 시제는 had p.p.가, 주절 속의 시제는 '조동사의 과거형 + have p.p.'인 could have been avoided가 되어야 한다.

unit 06 to부정사

TEPS 문법 탐구

p. 47-49

1 규칙적으로 운동하는 것이 네가 생각하는 것 만큼 어렵지 않다.
2 의사의 충고에 따라 나는 규칙적으로 운동하기로 결정했다.
3 나는 규칙적으로 운동하는 것이 쉽다는 것을 알게 되었다.
4 우리 형의 취미는 규칙적으로 운동하는 것이다.
5 의사는 그에게 규칙적으로 운동하라고 충고했다.
6 나도 가고 싶지만 이번 주에 써야 할 보고서가 많다.
7 적을 만한 종이가 필요합니다. 종이 좀 있나요?
8 그 개막식은 내일 올림픽 경기장에서 열릴 예정이다.
9 여러분 모두는 지정된 날짜에 기말 보고서를 제출해야 합니다.
10 그는 기말 보고서를 완성하기 위해 밤을 새야만 했었다.
11 그녀는 자라서 세계 최고의 발레리나가 되었다.
12 나는 그가 그런 식으로 말하는 것을 듣고 웃지 않을 수 없었다.
13 대상을 타다니 네 자신이 매우 자랑스럽겠다.
14 네가 나에게 그 비밀을 말해준다면 좋을 텐데.
15 그가 1년 안에 외국어를 마스터하는 것은 쉽지 않다.
16 그가 차 열쇠를 안에 두고 차 문을 닫아버린 것은 부주의했다.
17 그는 부자인 것 같다.
18 그는 부자였던 것 같다.
19 그 아기는 누군가에 의해서 보살핌을 받을 필요가 있다.
20 나는 그에게 나를 태워주지 않아도 된다고 했다.
21 A: 이번 주말에 동해안에 가는 것 어때?
B: 가고 싶어. 좋은 생각이야!

Check up

p.49

A 1. b 2. b 3. b 4. a 5. b

B 1. made it possible 2. for a delivery man 3. of 4. so as not to forget 5. to sign 6. to see 7. to

A

1. 건강 유지를 위한 첫 번째 단계는 식사를 거르지 않는 것이다.

해설 명사적 용법의 to부정사는 문장 속에서 주어, 목적어, 보어 역할을 한다. 주어진 문장에서는 주격 보어로 쓰였다.

2. 그는 그 여배우를 잘 알고 있는 척 했다.

해설 pretend는 to부정사를 목적어로 취하는 동사이다.

3. 나는 당신이 내게 오직 사실만을 말해주기를 바랍니다.

해설 'would like + 목적어 + to부정사' 구문으로, '~가 …하기를 바란다'의 의미로 사용된다.

4. 나는 혼자 여행하는 것이 좋다는 것을 깨달았다.

해설 I found to travel alone nice.인 5형식 문장에서 가목적어 it을 사용하여 to부정사를 문장 뒤로 보낸 경우이다.

5. 일주일 이내로 위원회가 구성될 예정이다.

해설 form은 '~을 구성하다'는 의미의 타동사이고 위원회는 구성되는 대상이므로 수동태형의 to부정사가 적절하다. 동시에, 주어진 문장에서는 'be + to부정사'가 '예정'의 의미로 사용되었다.

B

1. 그의 도움은 내가 나의 목표를 이루는 것을 가능하게 해 주었다.

해설 원래 목적어이던 to meet my goal 부분이 문장 뒤로 옮겨진 상태이므로 타동사인 make 뒤에는 가목적어 it을 써주어야 한다. for me는 to부정사의 의미상의 주어이므로 to부정사 앞에 위치한다.

2. 나는 배달원이 오기를 기다리고 있다.

해설 to부정사 to come의 주체는 a delivery man이므로 의미상 주어임을 나타내는 전치사 for를 a delivery man 앞에 써야 한다.

3. 제이크가 그런 나쁜 말들을 어린 여동생에게 한 것은 못된 짓이다.

해설 부정사의 의미상의 주어자리에는 'for + 목적격'을 쓰는 것이 원칙이지만 이 문장에서처럼 주절에 사람의 성격, 성향을 나타내는 형용사가 있을 경우에는 'of + 목적격'을 써야 한다.

4. 나는 잊어버리지 않기 위해서 그녀의 전화번호를 적어 두었다.

해설 '하기 위해서'라는 뜻을 나타내는 'so as to부정사'의 부정형은 'so as not to부정사'이다.

5. 그녀는 그 불공정한 계약서에 사인을 하는 수 밖에 방도가 없었다.

해설 'have no choice but to부정사'는 '~하지 않을 수 없다'라는 의미의 관용표현이다.

6. 불행하게도 나는 그런 걸작을 볼 기회가 한번도 없었다.

어휘 masterpiece 걸작

해설 'a chance to부정사'는 '~할 기회'라는 의미를 나타내는, to부정사의 형용사적 용법이 사용된 구문이다.

7. A: 저를 도와주시겠어요?
B: 그러고는 싶지만, 저도 역시 지금 바빠서요. 죄송합니다.

어휘 give ~ a hand ~을 도와주다 / hands are full 바쁘다

해설 원래 B의 대답은 'I'd like to give you a hand'이지만, 이미 언급된 내용의 반복을 피하기 위해 대부정사 to를 쓴다. to 이하에 give you a hand가 생략된 것이므로 do를 쓸 필요가 없다.

Practice TEST p. 50-51

1. (b) 2. (a) 3. (c) 4. (b) 5. (b) 6. (c) 7. (b) 8. (c) 9. (d) 10. (d) 11. (c) ask for your boss to help you → ask your boss to help you 12. (d) makes it hard for people get → makes it hard for people to get

1. (b)

해석 A: 굉장히 피곤해 보이네요. 내가 당신의 짐을 들어줄까요?
B: 그렇게 해 주시면 정말 고맙겠어요.

해설 'would like + 목적어 + to부정사'는 '~가 …하는 것을 원하다'는 의미로 쓰인다. 문맥상 질문자인 A가 가방을 들어주는 상황이므로 (c)는 답이 될 수 없고, to carry의 의미상의 주어는 사람이 되어야 하므로 (d)도 불가능하다.

2. (a)

해석 A: 너는 지나간 일을 염려하는 데에 시간을 덜 들여야 해.
B: 말은 쉽지.

해설 'It is 형용사 + to부정사~' 구문에서 to부정사의 의미상의 주어는 일반적으로 'for + 목적격'으로 쓰므로 (a)가 정답이다. 형용사가 사람의 성격을 나타내는 경우에만 'of + 목적격'으로 의미상의 주어를 표현한다.

3. (c)

해석 A: 그가 관리자 자리를 거절했다는 것이 믿어지니?
B: 글쎄, 내 생각에는 그가 그렇게 한 것이 현명한 것 같아.

해설 It is 다음에 나오는 형용사가 사람의 성격이나 성향을 나타내는 경우에는 'of + 목적격'으로 의미상의 주어를 나타낸다.

4. (b)

해석 A: 이번 주 토요일에 있는 그의 환송회에 올 수 있어?
B: 가고는 싶지만 안될 것 같아. 그날 선약이 있어.

어휘 farewell party 환송회

해설 'would love to(~하고 싶다)' 구문을 사용한 표현이다. 원래 문장은 I'd love to come to his farewell party this Saturday. 인데, 질문 내용과 반복되는 부분을 모두 생략하고 to만 남긴 대부정사 구문이다.

5. (b)

해석 A: 그는 그 회사의 사장으로부터 뇌물을 받는 것을 거부했어.
B: 놀랄 일도 아니야. 그는 늘 정직한걸.

어휘 bribe 뇌물

해설 refuse는 목적어로 to부정사를 취하는 동사이므로 (b)가 정답이 된다. 주어 he와 accept는 능동의 관계이므로 to부정사의 수동태가 사용된 (c)는 답이 될 수 없다.

6. (c)

해석 대통령이 내일 의회에 연설을 할 것이다.

해설 빈칸 앞에 is가 있으므로 형태상 (a)와 (c)만이 가능하다. 대통령이 연설을 하는 것이므로 수동형인 (a)는 답이 될 수 없으며 'be + to부정사' 구문을 이용해 공식적인 예정을 나타내고 있는 (c)가 정답이다.

7. (b)

해석 독해력을 향상시키려면 정독과 다독을 모두 연습할 필요가 있다.

어휘 intensively 집중적으로 / extensively 광범위하게

해설 you need to practice 이하는 완전한 문장이므로 그 앞은 이를 수식하는 부사구가 되어야 적절하다. 문맥상 목적의 의미가 적절하므로 부사적 용법의 to부정사 To improve가 정답이다.

8. (c)

해석 선생님은 학생들에게 혼자서 밖에 나가지 말라고 말했다.

해설 'tell + 목적어 + to부정사(~에게 …하라고 말하다)' 구문이며, to부정사의 부정은 to부정사 바로 앞에 not을 위치시켜 만드므로 not to go가 정답이다.

9. (d)

해석 회의장이 너무 붐벼서 나는 앉을 의자를 찾을 수 없었다.

해설 to부정사가 형용사적 용법으로 쓰여 앞에 나오는 명사를 수식하는 경우, 수식 받는 명사가 to부정사의 의미상 목적어 역할을 하는 경우가 많다. 이 경우, to부정사에 사용된 동사가 자동사이면 적절한 전치사가 함께 쓰여야 한다. sit은 자동사이므로 on과 같은 전치사가 필요하다.

10. (d)

해석 알렉산더 그레이엄 벨은 전화를 발명한 것으로 알려져 있다.

해설 'be known to부정사'는 '~한 것으로 알려져 있다'의 의미이며, 벨이 전화를 발명한 것은 술어동사(is known)보다 이전의 일이므로 완료부정사 to have p.p. 형태를 써야 한다.

11. (c)

해석 (a) A: 무슨 일 있어요? 당신 매우 긴장되어 보여요.
(b) B: 내일 회의 때 발표하기로 되어있는데 준비가 전혀 안되어 있어요.
(c) A: 상사에게 도와달라고 부탁해 보는 게 어때요?
(d) B: 그러면 상사가 나를 무능하다고 생각할까봐 걱정돼요.

어휘 far from v-ing 전혀 ~아닌

해설 '~에게 …을 해달라고 부탁하다'라는 의미의 'ask + 목적어 + to부정사' 구문이다. your boss 자체가 ask의 목적어이므로 별도의 전치사는 필요 없다.

12. (d)

해석 (a) 허리케인은 바람이 에너지를 얻기 위해 따뜻한 물과 혼합하면서 형성되는 강렬한 열대성 폭풍우이다. (b) 에너지가 커지면서 허리케인은 점점 더 위험해지고 높은 파도와 폭우를 일으킨다. (c) 높은 파도와 폭우는 사람들을 꼼짝 못하게 만드는 홍수의 원인이 되기도 한다. (d) 그러한 환경에서 운전은 불가능하며, 이는 사람들이 그 지역을 빠져 나오는 것을 어렵게 만든다.

어휘 torrential rain 폭우 / strand 오도가도 못하게 하다

해설 (d)의 'make it hard for + 목적어 + to부정사'는 '~가 …하는 것을 어렵게 만들다' 라는 의미로 to부정사 부분(의미상 주어 포함)을 문장 뒤로 위치시키고 그 자리에 가목적어 it을 사용한 구문이다. 따라서 for people get은 for people to get으로 바꾸어야 한다.

unit 07 동명사

TEPS 문법 탐구

p. 53-55

1 외국어를 배우는 것은 꾸준한 연습과 노력을 요한다.
2 그는 예전 여자 친구를 만나는 것을 피하기 위해 방을 나갔다.
3 그녀는 우리에게 작별인사도 없이 갑자기 사라져버렸다.
4 너의 일은 나를 통제하는 것이 아니라, 나를 돕는 것이다.
5 나는 주말에는 밖에 나가는 것보다 집에 머무르는 것이 더 좋다.
6 나는 요전 날에 설탕을 샀던 일을 잊어버리고 오늘 설탕을 더 샀다.
7 집에 오는 길에 설탕 사오는 것 잊지 말아라.
8 그녀는 2주 전에 전화요금 냈던 일을 기억했다.
9 너는 오늘 전화요금 내야 한다는 것을 기억해야 한다.
10 당신은 전공으로 물리학을 선택했던 것을 후회해보신 적이 있나요?
11 유감스럽지만 당신이 시험에 통과하지 못했다는 것을 알려드리는 바 입니다.
12 만약 위급 상황이면, 그녀의 휴대폰으로 전화를 한번 해보렴.
13 나는 하루 종일 그녀에게 연락을 하려고 노력했으나 할 수가 없었다.
14 우리 가족은 게임하는 것을 즐기곤 했었으나 요즘은 너무 바빠서 함께 모일 수 도 없다.
15 그는 내가 자신의 아내에게 그의 비밀을 말해준 것에 대해 분개했다.
16 나는 수잔이 공부하려고 해외에 나가는 것에 반대했다.
17 마이클은 내 결혼식에 초대받지 못했던 것에 분개했다.
18 당신을 다시 만나니 좋아요.
19 이번 주에 비가 얼마나 더 올지 아무도 알 수 없다.
20 내 부모님을 설득하려고 해 봐야 아무 소용도 없다.
21 그 전시회는 분명히 가볼 만한 가치가 있다.
22 극장에서 영화를 보고 싶으세요, 아님 집에서 비디오를 보고 싶으세요?
23 그 당시에는 그의 어리석은 생각을 받아들이지 않을 수 없었다.
24 내 딸은 요즘 기말 보고서를 쓰느라고 바쁘다.
25 나는 하루 종일 적당한 가격의 방을 찾아 다녔다.
26 나는 그 기사를 이해하기가 힘들었다.
27 그 새 교통 시스템은 사람들의 시간낭비를 덜어줄 것이다.

Check up

p.55

A 1. a 2. b 3. b 4. a 5. b
B 1. opening 2. to smoke 3. to say 4. sleeping 5. not having understood 6. being ignored 7. looking for

A

1. 물을 많이 마시는 것은 건강에 좋다.
해설 주어자리에는 동사원형을 쓸 수 없으므로 동명사형이 알맞다.

2. 제가 잠깐 동안 창문을 열어 놓으려고 하는데 싫으세요?
해설 mind는 목적어로 동명사를 취하는 동사이다.

3. 나는 좀 쉬자고 제안했는데 그녀가 거절했다.
해설 suggest는 목적어로 동명사를 취하는 동사이다.

4. 외출하기 전에 자외선 차단제를 바르는 것을 잊지 말아라.
해설 'forget + to부정사'는 '~할 것을 잊다'의 의미이고 to부정사 대신 동명사를 쓰면 '~한 것을 잊다'의 의미가 된다.

5. A: 그가 그 소식을 알 가능성이 있나요?
B: 아니오, 그렇지 않다고 생각해요.
해설 'chance of v-ing' 구문은 '~할 가능성'이란 의미로 사용된다.

B

1. 그는 시드니에 새로운 지점을 내는 것을 포기했다.
해설 give up은 목적어로 동명사를 취한다.

2. 사람들은 요즘 거의 모든 건물에서 담배를 필 수 없다.
해설 'allow + 목적어 + to부정사(~에게 …할 것을 허락하다)' 구문의 수동태형이므로 allowed 다음에 to부정사를 써야 한다.

3. 뉴욕에서 제니를 보게 되면 나 대신 안부 좀 전해줘.
해설 remember의 목적어로 동명사가 오면 '~했던 일을 기억하다'의 뜻인데 주어진 문장은 문맥상 앞으로 할 일에 대해 잊지 말라는 당부이므로 'remember + to부정사' 구문을 써야 한다.

4. 나는 오랫동안 밤에 잠을 자는 데 문제를 겪었었다.
해설 'have trouble v-ing'는 '~하는 데 어려움을 겪다'라는 의미의 관용표현이다.

5. 나는 그렇게 쉬운 규칙도 이해하지 못했다는 것이 부끄러웠다.
해설 앞에 있는 전치사 of로 인해 동명사가 와야 하지만 문맥상 동명사의 의미를 부정하는 뜻이므로 having 앞에 not을 두어야 한다. 또한 술어동사 was shamed 보다 이전에 있었던 일을 말하고 있으므로 완료동명사형인 having understood를 써야 한다.

6. 나는 그런 야비한 사람에게 무시를 당한 사실을 인정할 수 없다.
해설 전치사 of가 있으므로 동명사가 와야 하지만 문맥상 주어가 무시를 당한 것이기 때문에 수동태 동명사가 적절하다.

7. 나는 내 지갑을 찾느라고 거의 한 시간을 썼다.
해설 'spend + 시간 + v-ing'는 '~하느라 …(시간)을 보내다'의 관용표현이다.

Practice TEST

p. 56-57

1. (d) 2. (b) 3. (b) 4. (b) 5. (a) 6. (b) 7. (c) 8. (c) 9. (d) 10. (c) 11. (c) proud of he is my friend → proud of his being my friend[proud that he is my friend] 12. (d) preventing the planet to overheat → preventing the planet from overheating

1. (d)

해석 A: 그가 상위권 대학에 입학하리라는 것을 확신하니?
B: 물론이지. 그는 열심히 공부해왔으니까.

해설 빈칸은 'be sure of(~을 확신하다)' 구문에서 전치사 of의 목적어 자리이므로 동명사를 써야 하고 동명사의 의미상의 주어는 소유격으로 쓴다. 참고로 구어체에서는 동명사의 의미상 주어로 목적격을 쓰기도 한다.

2. (b)

해석 A: 새로 오신 선생님 만나봤니?
B: 아니, 아직 못 뵈었어. 하지만 빨리 만날 수 있기를 고대하고 있어.

해설 'look forward to v-ing (~할 것을 고대하다)'구문으로, 빈칸에는 전치사 to와 함께 동명사를 써야 한다.

3. (b)

해석 A: 담배 피우시나요?
B: 예전에는 피웠지만 지금은 아닙니다. 의사가 담배를 끊으라고 충고했거든요.

해설 'advise + 목적어 + to부정사' 구문이 수동태로 사용되었고 I was advised 다음에는 to부정사가 이어져야 하므로 (c)와 (d)는 답에서 제외된다. quit은 목적어로 동명사를 취하는 동사이므로 (b)의 to quit smoking이 정답이다.

4. (b)

해석 A: 아기가 울음을 그치려 하지 않는데 어떻게 해야 할지 모르겠어.
B: 기저귀를 갈아보는 게 어때?

해설 문맥상 한번 시도해 볼 것을 권유하는 의미이므로 'try v-ing (시험 삼아 한번 해보다, 시도하다)'의 구문이 적절하며 따라서 빈칸에는 동명사가 와야 한다. try의 목적어로 to부정사를 쓰면 '~하려고 노력하다'의 의미가 된다.

5. (a)

해석 A: 스미스씨를 알아?
B: 제가 어렸을 때 한번 만났던 것이 기억나요.

해설 remember는 동명사와 to부정사 모두를 목적어로 취할 수 있으나 각각의 뜻에 차이가 있다. 목적어로 동명사를 쓰면 '~했던 일을 기억하다'의 의미이고 to부정사를 쓰면 '~할 것을 기억하다'의 의미가 된다. when I was a child 라는 부사절이 있는 것으로 보아 과거에 한 일을 기억한다는 의미이므로 동명사 meeting을 써야 한다.

6. (b)

해석 요리법을 잘 따른다면 케이크 굽는 것은 매우 쉽다.

해설 빈칸은 문장의 주어 자리이므로 동사원형인 (a)는 답에서 제외된다. 준동사인 동명사와 to부정사는 주어의 자리에 올 수 있는 가능성이 있는데 (c)의 완료부정사와 (d)의 수동태 동명사는 문맥상 뜻이 통하지 않아 답이 될 수 없으므로 (b)가 정답이다.

7. (c)

해석 낸시는 그녀의 어머니가 병에서 회복할 때까지 결혼을 미루는 것을 고려 중이다.

해설 빈칸은 타동사의 목적어 자리이므로 to부정사 또는 동명사가 들어갈 수 있다. 따라서 동사원형이 쓰인 (a)와 전치사를 동반한 (d)가 우선 답에서 제외된다. consider는 목적어로 동명사를 취하는 동사이므로 (c)postponing이 정답이다.

8. (c)

해석 데이빗은 남들 앞에서 자신의 의견을 말하는 것을 회피하려는 경향이 있다.

해설 avoid(회피하다)는 타동사이므로 전치사 없이 목적어를 직접 취한다. 그러므로 '전치사 + 동명사' 형태인 (a)와 (d)는 답에서 제외된다. avoid는 동명사를 목적어로 취하는 동사이므로 (c)giving이 정답이다. 참고로, 동명사를 목적어로 취하는 동사로는 consider, avoid 이외에 admit, delay, postpone, mind, quit, stop 등이 있다.

9. (d)

해석 우리는 파리에서 가장 유명한 성당을 찾는 데 어려움을 겪었다.

어휘 cathedral 성당

해설 동명사 관용표현인 'have a hard time v-ing (~하느라 힘들이다, 고생하다)'가 쓰인 문장이므로 빈칸에는 동명사가 와야 한다. have 다음에 difficulty, trouble 등이 와도 같은 의미이다. 비슷한 형태로 'have fun(a good time) v-ing (~하느라 즐거운 시간을 보내다)'가 있다.

10. (c)

해석 다음 한달 간의 날씨가 어떨지 정확히 이야기하는 것은 불가능하다.

해설 동명사 관용표현 중 'There is no v-ing (~하는 것은 불가능하다)'를 이용한 표현이다.

11. (c)

해석 (a) A: 마이크가 말하기 대회에서 일등 했다는 얘기 들었어?
(b) B: 정말 대단하다.
(c) A: 그가 내 친구라는 사실이 자랑스러워.
(d) B: 동시에, 그가 부럽기도 하네.

해설 '~을 자랑스럽게 여기다'라는 표현은 'be proud of v-ing' 혹은 'be proud that + 주어 + 동사'이다. 주어진 문장에서 I'm proud of를 변경시키지 않으려면 동사를 동명사 being으로, 의미상 주어는 소유격 his로 바꾸어야 한다. 혹은 전치사 of를 없애고 that 절을 써서 I'm proud that he is my friend.로 쓸 수도 있다.

12. (d)

해석 (a) 과학자들은 전세계의 담수 중 70 퍼센트가 남극대륙의 만년설에 저장되어 있다고 믿는다. (b) 남극에는 전 대륙에 걸쳐 마을이나 도시도 없고 나무, 숲, 혹은 풀도 전혀 없다. (c) 그러나 남극은 쓸모 없는 대륙이 아니라, 지구상의 생명체에게 필수적이다. (d) 그 대륙의 빙원은 태양빛을 대기 중으로 반사시켜 지구가 과열되는 것을 막아준다.

어휘 icecap 만년설, 빙원

해설 'prevent + 목적어 + from v-ing' 구문을 이용한 표현으로 '~가 …하지 못하게 하다'의 뜻이다. 따라서 to overheat를 from overheating으로 바꾸어야 한다.

unit 08 분사

TEPS 문법 탐구 p. 59-61

1 점점 더 많은 학생들이 그 캠페인에 참여하고 있다.
2 홀 안에는 대략 300명의 사람들이 있었다.
3 저녁 뉴스에 따르면 매우 강력한 폭풍이 다가오고 있다고 한다.
4 저녁 뉴스에 따르면 대통령이 파괴된 지역을 방문했다고 한다.
5 당신은 현재의 여론을 반영하고 있는 그 결과에 주목할 필요가 있습니다.
6 당신은 이 결과에 반영되어 있는 여론에 주목할 필요가 있습니다.
7 한국과 일본 사이의 야구 경기는 매우 흥미진진했다.
8 우리 팀이 일본 팀을 이겼기 때문에 우리는 매우 신이 났었다.
9 나는 내 딸이 크레파스로 그림을 그리고 있는 것을 보았다.
10 나는 내 딸이 크레파스로 그린 그림을 보았다.
11 그는 매우 피곤했기 때문에, 평소보다 일찍 잠자리에 들었다.
12 비가 왔기 때문에 우리는 공원 피크닉을 취소해야만 했었다.
13 길을 따라 걸어 내려가다가, 한 남자가 비를 맞으며 춤을 추고 있는 것을 보았다.
14 그는 팔짱 낀 채로 벽에 기대어 서 있었다.
15 그녀는 개가 뒤따르는 채로 홀로 들어왔다.
16 저는 그 박물관을 여러 차례 가본 적이 있어서, 이번에는 저를 빼고 다녀오시기를 바랍니다.
17 가능한 한 그 보고서를 빨리 끝내라고 지시를 받았기 때문에 나는 그 당시에 사무실에서 일하고 있었다.
18 그 문제에 말려들고 싶지 않아서, 나는 침묵을 지켰다.

Check up p.61

A 1. b 2. a 3. b 4. a 5. a 6. b 7. b
B 1. wishing 2. made 3. Finishing 4. Roughly speaking 5. Not being 6. turned 7. When asked[Asked]

A

1. 줄리는 그녀가 이루어 놓은 성과에 만족하는 것처럼 보였다.
해설 주격보어자리에 어떤 분사를 쓸 것인지에 관한 문제이므로 주어를 기준으로 능동/수동을 판단해야 한다. 'satisfy(~을 만족시키다)'는 타동사인데 주어인 줄리가 다른 누군가를 만족시키는 것이 아니라 본인이 자신의 performance에 만족하고 있는 상태이므로 수동형이 적절하다.

2. 그와 토론을 하고 나니, 그의 새로운 아이디어가 재미있다는 것을 알게 되었다.
해설 목적격 보어자리에 쓸 분사를 고르는 문제이므로 목적어를 기준으로 능동/수동을 판단해야 한다. 목적어인 idea는 의미상 'amuse(~을 재미있게 하다)'의 주체가 되므로 능동형이 적절하다.

3. 해마다 많은 일본인들이 한국을 방문해서 쇼핑에 많은 돈을 소비하고 있다.
해설 접속사가 없는 상태에서 'spend(~시간을 보내다)'를 추가하기 위해서는 spend가 준동사형(부정사 내지 분사구문)이 되어야 하므로 능동의 분사형인 spending이 답이 된다.

4. 나는 어젯밤 TV에서 아주 재미있는 쇼를 보았다.
해설 'fascinate(마음을 빼앗다)'는 명사 show를 수식하고 있는 분사인데, show가 나를 즐겁게 한 주체이므로 능동형인 fascinating을 쓰는 것이 적절하다.

5. 안녕이라고 말하면서, 그녀는 돌아서서 가버렸다.
해설 문장의 주어인 she가 say good-bye의 행위주체이므로 능동형인 현재분사가 필요하다.

6. 예전에 그를 본적이 있어서, 나는 그를 한 눈에 알아보았다.
해설 before를 통해서 그를 본 적이 있었던 것이 주절보다 이전의 일임을 알 수 있으므로 완료분사형을 골라야 한다.

7. A: 왜 그렇게 늦게 도착했니?
B: 버스 요금이 없어서 집까지 내내 걸어와야만 했어.
해설 문맥상 Because I had no bus fare가 분사구문으로 변형된 상태임을 알 수 있다. 부사절의 주어와 주절의 주어가 동일하므로 접속사와 주어를 생략하고, 능동의 의미이므로 have에 -ing를 붙여 Having으로 시작하는 분사구문을 쓰는 것이 적절하다.

B

1. 가수가 되고 싶어하는 사람은 누구나 이번 기회에 지원할 수 있다.
해설 주어인 anyone을 꾸며주는 형용사가 필요하기 때문에 'wish(~을 바라다)'가 분사형이 되어야 하는데 주어인 anyone은 wish의 주체이기 때문에 능동의 의미가 있는 현재분사로 고쳐 써야 한다.

2. 당신의 아내가 만든 빵은 맛이 환상적입니다.
해설 'make(~을 만들다)'는 bread를 꾸며주는 형용사, 즉 분사이어야 하는데 빵은 만들어지는 대상이므로 수동의 의미가 있는 과거분사가 필요하다.

3. 아침식사를 끝내고 나서 우리는 숲속으로 산책을 나갔다.
해설 접속사 없이 finish를 추가하려면 분사구문이어야 하는데 문장의 주어인 we는 finish의 행위주체이므로 능동형인 현재분사가 필요하다.

4. 대략 말하자면, 이 보고서를 끝내기 위해서 적어도 이틀은 더 필요합니다.
해설 roughly speaking은 '대략 말하자면'의 의미로 쓰이는 관용표현이다.

5. 마감기한을 맞출 수가 없어서 나는 경연대회에 참가하는 것을 포기해야만 했었다.
해설 분사구문의 부정형은 'not + 분사'이다.

6. 나는 에어컨을 틀고 자서 감기에 걸렸다.
해설 'with + 명사 + 분사'의 분사구문에서는 명사와 분사의 관계를 따져 능동이면 현재분사, 수동이면 과거분사를 쓴다. 에어컨은 'turn on(켜다)'의 대상이므로 과거분사 turned on을 써야 한다.

7. 돈을 빌려달라고 부탁 받았을 때 그는 못 들은 척 했다.

해설 원래 When he was asked to lend some money의 형태였는데 분사구문으로 압축되었다. 주어인 he가 요청을 한 것이 아니라 요청을 받은 것이므로 asking은 asked가 되어야 한다.

Practice TEST

p. 62-63

1. (c) 2. (d) 3. (b) 4. (b) 5. (d) 6. (a) 7. (b) 8. (b) 9. (a) 10. (d) 11. (a) Being sunny → It being sunny 12. (b) used natural things around them → using natural things around them

1. (c)

해석 A: 이 강의는 정말 지루하다고 생각해.
B: 네 말에 전적으로 동의해.

해설 빈칸은 주격 보어 자리(형용사)이므로 주어와의 관계를 살피도록 한다. lecture 는 'bore(~을 지루하게 하다)'의 의미상 행위 주체이므로 능동의 의미가 있는 현재분사를 골라야 한다.

2. (d)

해석 A: 공원 근처에 버려진 차들이 있었는데, 이제는 보이지 않네.
B: 오늘 아침에 견인되어 갔어.

어휘 tow away 견인하다

해설 cars를 꾸미는 수식어가 필요하므로 빈칸에는 형용사, 또는 형용사 역할을 하는 분사가 들어갈 수 있다. abandon은 '~을 버리다'란 뜻의 타동사인데 수식을 받는 cars는 abandon의 주체가 아닌 대상이므로 '버려진'이라는 수동의 의미를 나타내려면 과거분사 (d)abandoned를 써야 한다.

3. (b)

해석 A: 셔츠에 얼룩이 묻었네요.
B: 오, 이런. 오늘 아침에 신문을 읽으면서 커피를 마셔서 그래요.

해설 I had a cup of coffee는 이미 완전한 문장이므로 준동사를 이용하여 빈칸을 채워야 한다. 문맥상 '~하면서'라는 동시 상황을 표현하는 것이 적절하므로 분사구문을 이용한 (b)reading이 정답이다.

4. (b)

해석 A: 선생님, 제가 왜 역사 과목에서 C를 받았는지 이해가 안됩니다.
B: 솔직히 말해서, 네 기말 보고서는 내가 기대했던 것에 비해 훨씬 더 좋지 않았다.

해설 frankly speaking은 '솔직히 말해서'라는 뜻이며 to부정사를 사용하여 'to be frank (with you)' 라고도 쓸 수 있다. 분사구문에서 자주 사용되는 관용표현이므로 익숙해지도록 외워두자.

5. (d)

해석 A: 날씨가 좋으면 나는 내일 친구들과 캠핑하러 갈 거야.
B: 날씨가 맑기를 바랄게.

해설 접속사 없이 부사절의 의미를 표현하기 위해 분사구문을 사용한 문장인데, 분사구문의 주어가 주절의 주어와 달라 그대로 남아 있는 경우이다. 동사 permit는 '여건이 되다'라는 뜻의 자동사로서, weather가 permit의 주체가 되므로 현재분사를 사용해야 한다. 보통 weather permitting은 '날씨가 좋으면'이라는 관용 표현으로 쓰인다.

6. (a)

해석 기차에서 내 옆에 앉은 남자가 너무 크게 말해서 나는 전혀 잠을 잘 수 없었다.

해설 빈칸에는 주어인 The man을 수식하는 주격 보어를 써 넣어야 한다. 의미상 '내 옆에 앉은'이 되어야 하므로 현재분사 sitting에 next to me가 더해진 (a)가 적절하다.

7. (b)

해석 선생님이 하는 말씀에 주의를 기울이지 않아서, 나는 그 수업의 가장 중요한 부분을 놓쳤다.

해설 pay attention to는 '~에 주의를 기울이다'라는 의미의 타동사구이고 to 뒤에 what the teacher said라는 목적어절이 이어지므로 능동의 의미가 있는 현재분사가 필요하다. (b)와 (d) 중 분사구문의 부정은 다른 모든 준동사의 부정과 마찬가지로 분사구문 바로 앞에 not을 써서 나타내므로 (b)가 정답이다.

8. (b)

해석 손수건을 흔들며 수잔은 그녀의 가족에게 작별 인사를 했다.

해설 wave가 '~을 흔들다'란 의미의 타동사이고 바로 뒤에 her handkerchief라는 목적어가 이어지는 분사구문이므로 능동의 의미를 표현하는 현재분사가 적당하다.

9. (a)

해석 모든 것을 고려하면, 너는 다른 것을 샀어야 했다.

해설 분사구문의 주어(everything)가 주절의 주어(you)와 달라 그대로 남아 있는 경우이다. consider는 '~를 고려하다'라는 뜻의 타동사인데 목적어가 없으므로 주어가 타동사의 주체가 아닌 대상이 되어 수동 표현인 과거분사를 사용해야 한다. everything considered 또는 all things considered는 '모든 것을 고려하면'이란 의미의 관용표현으로 기억해 두도록 하자.

10. (d)

해석 다리를 꼰 채로 의자에 앉지 마. 척추에 매우 안좋아.

해설 분사구문의 주어가 주절의 주어와 달라서 남아있는 경우, 명사 앞에 전치사 with를 써서 동시상황을 나타낼 수 있다. 주로 동시에 일어나는 동작을 표현할 때 사용되며 의미는 '~한 상태로'로 해석된다. 분사구문의 주어 your legs가 cross의 대상이 되므로 뒤따르는 분사는 수동의 의미를 나타내는 과거분사 crossed가 알맞다. 'with arms folded (팔짱을 낀 채로)', 'with eyes closed (눈을 감은 채로)' 등의 표현이 빈번히 쓰인다.

11. (a)

해석 (a) A: 날씨가 좋으면 오늘 오후에 하이킹 하러 갈 수 있겠다.
(b) B: 하지만 오늘 신문의 일기예보에는 저녁에 비가 올 거라고 하는데.
(c) A: 그럼 오늘 뭐 하고 싶어?
(d) B: 사실은 하루 종일 호텔에 머물면서 수영하고 싶어.

해설 '날씨가 좋으면'이라는 의미를 분사구문을 사용해서 표현할 때 분사구문의 주어는 날씨를 가리키는 비인칭주어 it이다. 이는 주절의 주어 we와 다르므로 삭제되지 않고 분사구문의 앞에 그대로 쓴다. 그러므로 It being sunny라고 써야 한다.

12. (b)

해석 (a) 일기 예보는 매우 복잡하고 어려운 일이라서 전문적인 기상학자들 조차도 종종 날씨를 정확히 예측하지 못하곤 한다. (b) 그러나, 위성이나 슈퍼 컴퓨터가 사용되기 전부터 사람들은 주변의 자연 사물을 이용해서 날씨를 예측했었다. (c) 예를 들면, 사람들은 나팔꽃의 꽃잎이 비가 올 것 같은 날씨에는 닫히고 날이 맑으면 활짝 열린다는 사실을 관찰했다. (d) 마찬가지로, 솔방울은 건조한 날씨에는 활짝 열리고 습한 공기에서는 수축하므로 천연 기상 예측관으로 사용되었다.

어휘 meteorologist 기상학자 / petal 꽃잎 / pinecone 솔방울 / scale 비늘; 깍지, 껍질 / contract 줄어들다, 수축하다

해설 '~하면서'라는 의미의 분사구문이 사용된 문장으로, 문맥상 분사구문의 주어는 주절의 주어인 people과 같음을 알 수 있다. people과 동사 use는 능동의 관계이므로 used가 아닌 현재분사 using을 써야 한다.

unit 09 관계사

TEPS 문법 탐구 p. 65-67

1 이 곳은 그가 다니는 학교이다.
2 저 아이가 내게 탐의 집에 가는 법을 물었던 그 소녀이다.
3 내가 생각하기에 매우 건강하다고 여겼던 그 소년이 갑자기 병이 들었다.
4 지난 주에 산 내 자전거를 우리 집 앞에서 도난 당했다.
5 목록에는 10명의 지원자가 있는데, 그들 대부분은 자격이 없다.
6 아들이 1등상을 탄 그 여자는 굉장히 행복할 것임에 틀림없다.
7 표지가 뜯겨져 있는 잡지를 탁자 밑에서 발견할 수 있을 것이다.
8 마이클은 수업에 늦었는데, 이것이 그의 선생님을 매우 화나게 만들었다.
9 나는 그가 그 문제를 해결한 방법을 알고 싶다.
10 나는 어려운 상황에 직면할 때 의지할 수 있는 누군가가 필요하다.
11 어젯밤에 그가 말한 것은 사실임이 증명되었다.
12 그녀는 내게 어젯밤에 그가 말한 것을 알려주었다.
13 이곳은 그가 다니는 학교이다.
14 당신이 말하는 것은 뭐든지 믿을 거에요.
15 당신이 무슨 말을 한다 할지라도 믿지 않을 겁니다.
16 편할 때 언제든지 절 보러 오세요.
17 당신이 언제든 집에 들어오면, 제게 전화해 주세요.
18 당신이 아무리 열심히 노력한다 할지라도 3개월 만에 외국어를 마스터할 수는 없다.

Check up p.67

A 1. a 2. a 3. b 4. b 5. a 6. b
B 1. who 2. whose [of which the] 3. which 4. why 5. No matter what[Whatever] 6. however[no matter how] 7. of whom

A

1. 내 여동생이 내게 추천해준 그 호텔은 매우 호화로웠다.
해설 관계사절(_____ my sister recommended to me) 부분에 recommend의 목적어가 없는 불완전한 구조이므로 목적격 관계대명사 which가 적절하다.

2. 나는 개가 크게 짖는 소리를 들었는데, 그것은 나를 겁나게 했다.
해설 관계사절(_____ made me feel scared) 부분에 주어가 없고, 관계대명사 앞의 절 전체가 선행사이므로 which가 정답이다.

3. 내가 가장 존경하는 사람들 중에 한 분이 바로 우리 어머니이다.
해설 관계사절(_____ I respect most)에 respect의 목적어가 없으므로 목적격 관계대명사 whom이 필요하다.

4. 나는 유명 가수가 살았던 집에서 산다.
해설 the house를 수식하는 형용사절에 '장소'를 나타내는 부사가 없으므로 관계부사 where를 쓰는 것이 맞다. 여기서의 where는 in which로도 바꾸어 쓸 수 있다.

5. A: 어젯밤에 남은 피자 어디 있는지 아니?
B: 그게 바로 내가 너한테 묻고 싶은 점이야.
해설 관계사절(_____ I'd like to ask you)에서 4형식 동사 ask의 직접목적어가 없는 불완전한 구조임을 알 수 있고, 주절의 주격보어 자리가 비었으므로 선행사를 포함하는 관계대명사 what이 정답이다.

6. A: 여전히 시드니에 살고 있니?
B: 아니. 어린 시절을 보냈던 멜버른으로 이사했어.
해설 빈칸 이하는 '주어 + 동사 + 목적어'의 완전한 문장이므로 빈칸에는 관계대명사가 아닌 관계부사가 필요하다. 선행사 Melbourne이 장소를 나타내는 말이므로 where를 쓰는 것이 적절하다.

B

1. 나는 내 생각에 그 상점의 주인인 것 같은 사람과 얘기를 했다.
해설 종속절(_____ (I believed) was the owner of the shop)에서 본동사는 believe가 아니고 was이므로 주격관계대명사가 필요하다. I believed는 문장 속 삽입된 절이다.

2. 여기가 바로 창문들이 깨어져 있는 그 집입니다.
해설 which는 종속절의 주어이거나 목적어 역할을 해야 하는데 종속절(_____ windows were broken)에는 주어나 목적어가 필요하지 않고 선행사 the house와 windows의 관계를 볼 때 소유격관계대명사 whose 또는 of which the가 필요함을 알 수 있다.

3. 그는 그녀에게 긴 편지를 써 놓고 보내지 않았다.
해설 관계대명사 that은 계속적 용법에 쓸 수 없으므로 선행사인 a

long letter를 받는 목적격 관계대명사 which로 고쳐야 한다.

4. 나는 그가 우리의 초대를 거절한 이유를 모르겠다.

해설 선행사가 the reason이고 종속절(_______ he refused our invitation)의 구조가 완전하므로 관계부사 why가 필요하다.

5. 당신이 무엇을 찾고 있든지 간에, 여기서 그것을 구할 수 있을 겁니다.

해설 관계사절의 동사 look for의 목적어가 없는 것을 보면 불완전한 구조의 문장임을 알 수 있다. 의미상 복합관계부사인 no matter where(=wherever)를 복합관계대명사인 no matter what(=whatever)으로 바꾸어야 한다.

6. 상황이 아무리 어렵더라도 마음을 바꾸지 말아라.

해설 how 앞 부분은 완전한 문장이므로 how 이하는 명사절이 아니라 부사절이 되어야 한다. 의미상 양보의 부사절을 이끄는 복합관계 부사 however 또는 no matter how가 적절하다.

7. 당신이 두려워할 필요가 있는 사람은 여기에 아무도 없다.

해설 관계대명사 that은 전치사 뒤에 나란히 쓸 수 없으므로 사람을 나타내는 선행사인 no one을 받는 목적격 관계대명사 whom으로 고쳐야 한다.

Practice TEST

p. 68-69

1. (c) 2. (d) 3. (b) 4. (b) 5. (a) 6. (b) 7. (a) 8. (c) 9. (b) 10. (b) 11. (c) this is not I want → this is not what I want 12. (d) some of them → some of which

1. (c)

해석 A: 신디는 너무 무례한 것 같아. 그녀의 태도를 참기 힘들어.
B: 내 말이 바로 그거야.

해설 That is ~ 의 보어 자리가 비었으므로 빈칸에는 명사절 접속사가 필요하다. 빈칸 앞에 선행사가 없으므로 (d)that은 답이 될 수 없다. 문맥상 의미가 '~하는 것'이 되므로 (c)what이 알맞다.

2. (d)

해석 A: 새로운 직원이 필요하신가요?
B: 네, 저는 전공이 컴퓨터 프로그래밍인 사람을 한 명 뽑을 예정입니다.

해설 선행사가 사람을 나타내는 one person이고, 빈칸 뒤에 major라는 명사가 있으므로 소유격 관계대명사 whose가 정답이다. 빈칸 뒤의 major를 주어로 보고 정답을 목적격 관계대명사로 착각할 수도 있으나 관계사절의 동사가 is이므로 목적어를 필요로 하지 않는다.

3. (b)

해석 A: 왜 그렇게 기분이 좋아?
B: 방금 계약을 갱신했는데, 그건 10% 연봉 인상을 의미하거든.

해설 앞 문장 전체를 선행사로 받는 관계대명사가 필요하므로 계속적 용법으로 쓰일 수 있는 관계대명사 which가 정답이다. (d)도 의미상 앞 문장을 받을 수는 있으나 접속사 기능이 없기 때문에 답이 될 수 없다.

4. (b)

해석 A: 이 책들이 당신 것인가요?
B: 아니요, 하지만 앤디가 무슨 책을 찾고 있는 걸 봤어요. 아마 그의 것일지도 몰라요.

해설 선행사가 the person이고 'belong to(~에 속하다, ~의 소유이다)'에 포함되어 있던 전치사 to가 빈칸 앞에 있는 것을 보면 빈칸 뒤의 절은 원래 'These books belong to the person'의 형태였음을 알 수 있다. 따라서 전치사 to의 목적격 관계대명사 whom이 적절하다.

5. (a)

해석 A: 나는 정치가라면 언제나 국민들의 목소리에 귀를 기울여야 한다고 생각해.
B: 네가 하는 말이 어떤 면에서는 맞지만, 그게 항상 쉬운 일은 아니야.

해설 '_______ you say' 부분이 문장의 주어로서 '~한 것'으로 해석되므로 선행사를 포함한 관계대명사 what이 정답이다. (d)의 whatever도 선행사를 포함한 관계대명사이지만 '~한 것은 무엇이든지'의 뜻이므로 문맥에 어울리지 않는다.

6. (b)

해석 생각을 표현하는 데 쓰이고 거의 모든 사람들이 이해하는 몸짓들이 많이 있다.

해설 선행사인 many gestures를 수식하는 형용사절이 두 개 오는 경우이다. 앞의 형용사절을 이끄는 which는 주격이고 뒤의 which는 목적격이다.

7. (a)

해석 내가 돈을 지불한 그 여자가 거스름돈을 주지도 않고 사라져 버렸다.

해설 주어진 문장에서의 pay는 '~에게 지불하다'의 의미이고 선행사는 The woman이므로 정답은 목적격 관계대명사 whom이다.

8. (c)

해석 그녀가 이웃에게 보여준 따뜻함과 사랑은 우리에게 진정한 공동체의 의미를 가르쳐 준다.

해설 선행사가 있는 선택지 (d)는 정답이 아니고 (b) 역시 접속사가 없으므로 답이 될 수 없다. (a)의 경우, 관계대명사 which를 주격으로 쓰려면 선행사가 show 동사의 주체일 수 없으므로 'which are shown'의 형태이어야 한다. (c)는 목적격 관계대명사 which가 생략된 것으로 볼 수 있으므로 정답이다.

9. (b)

해석 이 성당을 건축한 안토니오 가우디는 세계에서 가장 유명하고 인기 있는 건축가 중 한 명이다.

해설 빈칸 다음에 이어지는 문장에 수동태의 행위자(by+목적어)가 없으므로 빈칸에는 '전치사 by + 목적격 관계대명사'가 들어가야 한다. 선행사가 사람이므로 (b)by whom 이 정답이다. 관계대명사 that은 선행사가 사람이든 사물이든 관계없이 쓸 수 있으나 전치사와 나란히 쓸 수 없다는 점에 유의한다.

10. (b)

해석 내가 일하는 사무실 근처에서 대형화재가 나서 교통이 정체되었다.

해설 장소를 나타내는 선행사인 the office가 있고 빈칸 뒤의 I'm working 부분이 완전한 문장구조를 이루고 있기 때문에 장소를 나타내는 관계부사인 (b)의 where이 정답이다. 여기서의 where는 '장소를 나타내는 전치사 + 관계대명사'인 in(at) + which로도 나타낼 수 있다.

11. (c)

해석 (a) A: 천연 가죽으로 만든 큰 사이즈의 가방을 찾고 있어요.
(b) B: 이건 어떠세요? 손님에게 잘 어울리는 것 같아요.
(c) A: 아뇨, 그건 제가 원하는 게 아닌데요.
(d) B: 그럼 시간을 두고 천천히 둘러보시는 게 어때요?

해설 this is 다음에 보어가 될 명사절이 이어져야 하므로 접속사가 필요하다. 'I want' 뒤에 목적어가 빠져 있으므로 '~하는 것'이란 뜻의 관계대명사 what 을 사용해 'This is not what I want' 라고 해야 한다.

12. (d)

해석 (a)일광욕을 지나치게 하는 사람들은 볕에 타서 고통을 겪게 된다. (b)더 심한 경우에는 피부가 탄력을 잃고 빨리 노화될 수도 있다. (c)볕에 심하게 태우면 면역체계를 손상시켜 상처나 질병에 대한 저항력을 떨어뜨리게 될지도 모른다. (d)어떤 경우에는 과다한 태양 복사열이 결과적으로 피부암을 유발하는데, 그 중 어떤 것은 다른 기관으로 퍼질 수도 있다.

어휘 sunbather 일광욕자 / overdo 지나치게 하다 / elasticity 탄력 / immune system 면역체계/ impair 약하게 하다, 손상시키다 / overdose 과량 복용, 과량 투여

해설 (d)에서 skin cancer와 some of them의 them이 동일한 내용을 나타내므로 관계대명사 which를 사용하여 두 문장을 연결해야 한다.

unit 10 접속사

TEPS 문법 탐구

p. 71-73

1 저는 음악 감상, 수영, 그리고 등산을 좋아합니다.
2 그곳에 혼자 가고 싶으세요, 아니면 저와 함께 가고 싶으세요?
3 나는 그 콘서트에 가고 싶지만, 충분한 돈이 없다.
4 그 거지가 매우 배고파 보여서 나는 그에게 음식을 좀 주었다.
5 그녀는 오늘 아침에 학교에 늦을지도 모른다. 왜냐하면 어젯밤에 늦게까지 자지 않았기 때문이다.
6 내 꿈을 이루기 위해서는 시간과 돈이 모두 필요하다.
7 내 동생은 영어뿐만 아니라 스페인어까지 할 줄 안다.
8 나는 유럽이나 아프리카 둘 중 한 곳에 가고 싶다.
9 내 남동생이나 여동생 모두 운전면허가 없다.
10 그가 하버드 대학에 다녔다는 것은 사실이다.
11 나는 그가 그 당시에 내게 거짓말을 했다는 것을 믿을 수 없었다.
12 이유는 내가 그와 이야기하고 싶지 않다는 것이다.
13 그가 거짓말을 했는가 아닌가는 지금 내게 중요하지 않다.
14 나는 그가 내일 회의에 참석할 수 있는지의 여부를 알고 싶다.
15 승진하려면 제가 무엇을 해야 하는지 아세요?
16 승진하려면 제가 무엇을 해야 한다고 생각하세요?
17 감기에 걸렸을 때는 휴식을 취할 필요가 있다.
18 너는 거기에 도착하자마자 할아버지, 할머니를 찾아뵈어야 한다.
19 30년 전에 일본을 떠난 이후로 그는 한 번도 돌아온 적이 없다.
20 그녀는 다른 사람들이 그를 왕자라고 부르고 나서야 비로소 그가 누군지 알았다.
21 네가 집에 돌아갈 때 쯤이면, 나는 내 목적지에 도착했을 것이다.
22 이 셔츠를 구매하시면, 하나를 더 공짜로 드리겠습니다.
23 네가 약속을 지키지 않는다면 나는 너의 제안을 받아들이지 않을 거야.
24 비가 많이 올 경우를 대비해서 나는 우산을 가져가겠다.
25 네가 나를 믿어주는 한, 너를 위해서 뭐든지 하겠다.
26 긁히지 않게 조심한다면 내 차를 써도 좋아.
27 일단 마지막 단계를 통과하면, 너는 큰 상을 받게 될 거야.
28 나는 준비가 되어있지 않았기 때문에 시험을 앞두고 걱정이 많이 되었다.
29 1년 동안 그로부터 소식을 들은 바가 없어서 나는 그가 요즘 어떻게 지내고 있는지 모른다.
30 그의 집을 처음 방문하는 것이었기 때문에 그 집을 찾느라 힘들었다.
31 비가 내리기 시작했기 때문에 야외 전시회는 열릴 수 없다.
32 비록 그는 너무 아팠지만 제시간에 맞추어 보고서를 완성했다.
33 비록 눈 때문에 도로가 폐쇄되었지만 그의 아버지는 집에 왔다.
34 그녀는 쇼핑을 즐기는 반면, 그녀의 남편은 그렇지 않았다.
35 그는 높은 점수를 받기 위해 TEPS 공부를 열심히 했다.
36 그는 TEPS 공부를 아주 열심히 해서 높은 점수를 받았다.
37 그는 아주 높은 점수를 받아서 입학시험에 붙었다.
38 그는 아주 높은 점수를 받아서 입학시험에 붙었다.
39 그는 비록 가난하지만 매우 비싼 차를 몬다.
40 가난에도 불구하고 그는 매우 비싼 차를 몬다.
41 그는 아파서 침대에 누워 있었기 때문에, 개막식에 참석할 수 없었다.
42 병 때문에, 그는 개막식에 참석할 수 없었다.
43 그는 부자가 아니다. 그럼에도 불구하고, 그는 매우 비싼 차를 몬다.

Check up

p.73

A 1. b 2. b 3. a 4. b 5. a

B 1. what he wants 2. and 3. if 4. that 5. Although [Though, Even though] 6. that 7. such

A

1. 늦은 시간이었고 매우 피곤해서 나는 잠자리에 들었다.

해설 알맞은 등위접속사를 고르는 문제인데, 문맥상 '그래서'의 의미가 적당하므로 so가 정답이다.

2. 그가 내 말에 동의할지 안 할지 누가 알겠니?
해설 문맥상 '~인지 아닌지'의 의미이고 종속절에 or not이란 연관어가 있으므로 whether가 정답이다.

3. 그녀는 매일 운동을 하기 때문에 건강하고 날씬해 보인다.
해설 문맥상 '~하기 때문에'로 절과 절이 이어지고 있기 때문에 '이유'를 뜻하는 부사절 접속사 because가 정답이다.

4. 내 부모님 뿐만 아니라 내 조부모님들도 나와 함께 살고 계신다.
해설 'A뿐만 아니라 B도 역시'의 표현은 'Not only A but also B'로 나타낸다.

5. 나는 그녀의 전화번호를 모르기 때문에 그녀에게 연락할 수 없다.
해설 문맥상 '~하기 때문에'의 의미이므로 부사절 접속사 since가 적절하다.

B

1. 그가 생일 선물로 무엇을 가지고 싶어하는지 아니?
해설 what does he want는 타동사인 know의 목적어가 된다. 여기서의 what은 간접의문문을 이끄는 의문사이자 명사절을 이끄는 접속사로, '접속사 + 주어 + 동사'의 어순으로 쓴다.

2. 민주주의는 가장 쉽고도 어려운 정부 형태를 말한다.
해설 문맥상 'A와 B 둘 다'의 의미가 적절하므로 'both A and B'의 구문에 맞추어야 한다.

3. 네가 5천 달러를 준다면 네게 내 차를 팔겠다.
해설 unless는 '만약 ~하지 않는다면'의 의미인데 문맥에서는 '~라면'의 의미여야 하기 때문에 unless를 if로 고쳐야 한다.

4. 나는 그녀가 어제 할 일이 너무 많아서 집에 늦게 왔다는 것을 알고 있다.
해설 if는 명사절을 이끄는 접속사인 경우 '~인지 아닌지를'의 의미이다. 문맥에서는 '~라는 것을'의 의미가 적합하므로 명사절 접속사 that으로 고쳐야 한다.

5. 그는 매운 음식을 좋아하지 않았지만, 그녀를 실망시키지 않기 위해서 그것을 모두 먹어야만 했다.
해설 despite는 전치사로서 절과 절을 이어줄 수 없으므로 양보를 뜻하는 부사절 접속사로 고쳐야 한다.

6. 당신이 아셔야 하는 사실은 그가 한국어를 전혀 못한다는 것입니다.
해설 '~라는 것'을 뜻하는 명사절 접속사에는 that과 what이 있는데 that은 종속절 구조가 완전해야 하고 what은 종속절 구조가 불완전해야 한다. 주어진 문장의 종속절 구조(he can't speak Korean at all)는 완전한 상태이기 때문에 what이 아닌 that을 써야 한다.

7. 그는 굉장히 큰 실수를 저질렀기 때문에 어떻게 해야 할지 몰랐다.
해설 '너무 ~해서 …하다'의 구조는 'so + 형용사 + a(an) + 명사 + that'이거나 'such + a(an) + 형용사 + 명사 + that' 구조를 써야 하므로 so를 such로 고쳐야 한다.

Practice TEST

p. 74-75

1. (b) 2. (c) 3. (d) 4. (c) 5. (d) 6. (c) 7. (c) 8. (b) 9. (d) 10. (b) 11. (c) where does she put things → where she puts things 12. (b) When we were impressed → Although[Though, Even though] we were impressed

1. (b)
해석 A: 엄마! 목이 너무 말라요. 마실 것 좀 주세요.
B: 나는 너무 바빠서 너를 도와줄 수가 없단다, 빌. 냉장고에서 콜라든 뭐든 꺼내 마시렴.
해설 a coke와 something이 대등하게 연결되는 구조로, '목이 마르다'라는 A의 말에 대해 B가 콜라 또는 다른 마실 것을 취하라는 선택의 뜻이므로 or이 정답이다.

2. (c)
해석 A: 오후에 짐이랑 놀러 나가도 되요?
B: 네가 숙제를 빨리 끝내느냐 아니냐의 여부에 달려있지.
해설 depend on의 목적어절이 이어지므로 빈칸에는 명사절을 만드는 접속사가 들어가야 한다. 빈칸 바로 뒤에 or not이 있으므로 이와 연결될 수 있는 접속사는 (c)whether 뿐이다.

3. (d)
해석 A: 경기장에 관중이 많이 몰릴 것 같으니 일찍 오는 게 좋겠다.
B: 알았어. 지금 출발할게.
해설 문맥상 '~ 때문에'란 뜻을 지닌 접속사가 적절하다.

4. (c)
해석 A: 너랑 제임스에게 무슨 일이 있었어? 너 그와 아주 잘 지냈잖아.
B: 문제가 너무 복잡해서 너에게 설명할 수가 없어.
해설 문장 중간에 so가 있으므로 '너무나 ~해서 …하다' 라는 표현인 'so ~ that' 구문을 이용해야 한다.

5. (d)
해석 A: 돌아다니다 길을 잃을까 걱정이야.
B: 길을 잃을 경우에 대비해서 내 휴대폰을 가져가렴.
해설 '~할 경우에 대비해서'란 뜻의 부사절로 'in case + 주어 + 동사'를 쓰는데, 조건의 의미를 지니는 부사절이므로 현재시제가 미래시제를 대신한다.

6. (c)
해석 그가 나의 아이디어를 도용하지 않았다는 것은 인정하지만, 그것이 그만의 아이디어라는 사실은 아직도 못 믿겠다.
해설 두 문장이 comma로 이어지고 문장 처음에 빈칸이 있으므로 부사절 접속사를 고르는 문제이다. 문맥상 '~인 반면에'란 의미가 어울리므로 (c)while이 정답이다.

7. (c)
해석 당신은 별도의 지시가 없는 한 계약서에 제시된 조건을 따라야 한다.

해설 문맥상 부사절 접속사 중 조건의 의미가 있는 (c)와 (d) 중에서 답을 고를 수 있다. 부사절의 뜻이 '다르게 지시받지 않는다면'이란 if not의 의미가 되어야 하므로 (c)unless가 정답이다.

8. (b)

해석 수와 같은 급여를 받을 수 있다면 이 회사에서 일하고 싶다.

해설 빈칸 다음으로 주어와 동사가 이어지므로 전치사인 (a)despite는 답이 될 수 없고, (c)as if(마치~인 것처럼) 뒤에는 가정법이 와야 하므로 역시 답이 아니다. 문맥상 '~한다면(조건)'의 의미를 나타내는 것은 (b)provided이다.

9. (d)

해석 우리는 주차문제를 피하기 위해 자전거를 타고 시내로 갔다.

해설 문맥상 '~하기 위해'의 의미가 필요하기 때문에 (d)의 so that이 정답이다. (a)in order to도 같은 의미이나 접속사가 아니므로 답이 될 수 없다.

10. (b)

해석 타샤는 바빴음에도 불구하고 그녀의 오빠를 배웅하기 위해 공항에 왔다.

해설 빈칸에는 절과 절을 이어주는 접속사가 필요한데 문맥상 '~에도 불구하고(양보)'의 의미를 나타내야 하기 때문에 (b)Though가 정답이다. (a)Despite는 의미는 맞지만 전치사이므로 뒤에 절이 이어질 수 없다.

11. (c)

해석 (a) A: 있잖아. 오늘 아침에 주디랑 또 싸웠어.
(b) B: 왜?
(c) A: 그녀가 또 자동차 열쇠를 잃어버렸어. 물건을 어디에 두었는지 도통 신경을 안 써.
(d) B: 아마도 그것은 그녀가 항상 너무 서두르기 때문일 거야.

어휘 quarrel 싸움, 말다툼

해설 (c)에서 where 이하의 절은 전치사인 about의 목적어로 쓰인 명사절이므로 의문문의 어순(의문사 + 동사 + 주어)이 아닌 명사절의 어순, 즉 간접의문문의 어순(의문사 + 주어 + 동사)이 되어야 한다.

12. (b)

해석 (a) 당신을 만나 당신의 자질에 대해 논해볼 수 있는 기회를 주셔서 감사합니다. (b) 저희는 당신의 이력과 경력을 인상 깊게 생각했으나, 다른 후보자의 자질이 저희의 요구사항에 보다 부합한다는 사실을 말씀 드리게 되어 유감입니다. (c) 금번에 당신을 고용하지 못함을 유감스럽게 생각합니다. (d) 다른 적절한 자리가 있을 경우, 당신께 연락 드리겠습니다.

어휘 qualification 자격, 자질 / candidate 후보자, 지원자

해설 (b)의 문맥상 부사절과 주절의 내용은 대조를 이루고 있으므로 접속사 when은 적절하지 않다. 양보를 나타내는 접속사를 사용하는 것이 자연스럽다.

unit 11 전치사

TEPS 문법 탐구

p. 77-79

1 제일 높은 선반 위에 있는 그 책들은 너무나 귀중해서 허락 없이는 손대면 안됩니다.
2 그는 나를 돕기 위해 애썼으나 그의 도움은 내게 아무런 소용이 없었다.
3 그의 소설에서 매우 멋진 표현들을 많이 발견할 수 있을 겁니다.
4 내가 놀랍게도, 그는 갑자기 쓰러지더니 기절해 버렸다.
5 이번 주 토요일에 나랑 쇼핑가는 게 어때?
6 그는 외국에 나갈 때 보통 매우 비싼 호텔에 머무른다.
7 그는 내가 아닌 당신과 이야기하기를 원한다.
8 선생님은 그가 수업에 늦는 것에 화나신 상태였다.
9 나는 이런 상황에서 네가 어떻게 해야 할지에 대해 말하고 있는 거야.
10 엄격히 말하자면, 그는 그의 아버지의 재산에 일부 의존했다.
11 5시 30분에, 정오에/밤에/자정에, 월 초에/월 말에
12 오전에/오후에/저녁에, 10월에, 겨울에, 2010년에
13 월요일에, 3월 9일에, 크리스마스에, 화요일 오후에
14 내가 지금 다른 전화를 받고 있기 때문에 30분 후에 전화할게.
15 5시 이후에 내가 너에게 합류할 테니까 지금은 먼저 가거라.
16 이 보고서를 한 시간 내에는 완성할 수 없다.
17 나는 거의 40분 동안 그를 기다리고 있었다.
18 휴가 중에는 충분한 휴식을 취하고 싶다.
19 나는 주말 내내 새 집을 청소해야만 했다.
20 나는 수요일까지는 가족들과 함께 머물 것이다.
21 내일 오전까지는 숙제를 제출해야 한다.
22 어제부터 오늘 아침까지 비가 내렸다.
23 2시부터 지금까지 비가 내리고 있다.
24 공항에서, 횡단보도에서, 교차로에서
25 주방에서, 서울에서, 대한민국에서, 세계에서
26 네가 찾고 있는 그 사전은 너의 책상 위에 있다.
27 낡은 램프 하나가 탁자 위에 매달려 있었다.
28 그녀의 침실은 지붕 바로 아래에 있다.
29 그 공원은 주차장 옆에 있다.
30 고양이가 도로를 가로질러서 달려갔다.
31 이 도로를 따라 쭉 가세요, 그러면 찾으실 수 있을 거에요.
32 차가 너무 막혀서 나는 택시에서 내려서 뛰어야만 했다.
33 내 모든 노력에도 불구하고 내 애완용 강아지는 어젯밤에 죽고 말았다.
34 그 유명한 여배우는 자신의 나이에 대해서 거짓말을 했다.
35 네가 관심이 있는 주식 가격이 5% 올랐다.
36 여기 오실 때 버스나 지하철을 이용하시면 됩니다.
37 파트타임 근무자들은 시간당으로 보수를 받을 것이다.
38 그는 결혼기념일을 위해 선물을 준비했다.
39 그 계획에 찬성하십니까?
40 당신의 어머니는 연세에 비해 참 젊어 보이시네요.

41 언제 시드니로 떠나시나요?
42 그 노인은 아들과 함께 저녁을 먹고 있었다.
43 금발 머리의 한 소년을 보신 적이 있나요?

Check up

p.79

A 1. b 2. b 3. a 4. a 5. a
B 1. next Thursday 2. for cheating 3. by 4. since
5. Despite[In spite of] 6. because of 7. on

A

1. 이 책은 내 연구에 매우 중요합니다.
해설 This book이 주어인 문장의 be 동사 뒤의 보어를 완성하는 문제이다. 'of + 명사'는 형용사와 같으므로 'of + importance'는 important와 같다.

2. 다음 학기는 2010년 9월 1일에 시작한다는 것을 기억하세요.
해설 원래 '~월에'라는 표현에는 'in + 월 이름'을 써야 하지만, 날짜가 함께 명시되는 경우는 특정 시간을 언급하는 것이므로 in이 아닌 on을 써야 한다.

3. 해변가에는 사진 찍기에 정말 멋진 장소가 있다.
해설 over는 접촉하지 않은 상태에서의 '위'를 뜻하므로 '해변가의 장소'를 표현할 때는 적합하지 않다. on the beach는 자주 쓰이는 형태이므로 익혀두면 편리하다.

4. A: 윌라드씨와 통화할 수 있을까요?
B: 현재 여기에 안 계십니다. 2시간 후에 돌아오실 거예요.
해설 현재시점을 기준으로 '~ 후에'를 표현할 때는 in을 써야 한다. after는 과거나 미래의 기점을 중심으로 '~ 후에'이기 때문에 이 문맥에서는 어울리지 않는다.

5. A: 이 빗속에서 얼마나 오랫동안 저를 기다리셨나요?
B: 약 한 시간 동안이요.
해설 '~ 동안'을 뜻하는 표현에는 for와 during이 있는데 for 뒤에는 시간을 나타내는 표현이 이어지고 during 뒤에는 기간을 나타내는 명사가 이어진다. 따라서 about an hour와 어울리는 전치사는 for이다.

B

1. 인터뷰 결과는 다음 주 목요일에 발표될 것입니다.
해설 원래 요일 앞에는 on을 쓰지만 'next, last, this' 등과 함께 사용될 때는 전치사를 생략한다.

2. 그는 시험에서 부정행위를 했기 때문에 처벌을 받게 될 것이다.
해설 전치사의 목적어 자리에 동사가 오게 될 경우, 동명사 형태로 써야 하므로 전치사 for 뒤의 cheat를 cheating으로 고쳐야 한다.

3. 내일까지 그 청구서를 지불하지 않으면 벌금을 물게 될 것입니다.
해설 '~까지'의 의미로 by나 until을 쓰는데 by는 언급된 시점까지의 행동의 완료를, until은 행동의 지속을 나타낸다. 주어진 문맥은 그 시점까지 행동을 완료하라는 의미이므로 until보다는 by가 적합하다.

4. 우리 부모님께서는 20년 전부터 이 근처에서 살고 계십니다.
해설 시제가 현재완료이기 때문에 20년 전부터 지금까지 지속되고 있는 상태를 의미한다. 이때는 사건의 시작만을 뜻하는 from이 아닌 계속을 나타내는 since를 쓰는 것이 알맞다.

5. 궂은 날씨에도 불구하고 그 결승전 경기는 예정대로 치러졌다.
해설 '~에도 불구하고'라는 의미의 전치사는 despite 또는 in spite of이다.

6. 나는 독감 때문에 온천 여행을 취소하지 않을 수 없었다.
해설 because는 접속사이기 때문에 뒤에 절(주어와 동사)이 이어지고 because of는 전치사이기 때문에 뒤에 명사 또는 명사 상당어구를 수반한다.

7. 전날 밤에 늦게까지 못 잤음에도 불구하고, 나는 월요일 아침에 일찍 일어나야만 했다.
해설 '아침에'란 표현은 원래 in the morning이지만 요일 등의 표현이 추가되어 특정한 날의 아침을 뜻하는 경우에는 전치사 on을 써서 나타낸다.

Practice TEST

p. 80-81

1. (a) 2. (a) 3. (b) 4. (d) 5. (c) 6. (b)
7. (a) 8. (b) 9. (c) 10. (c) 11. (c) for → of[about] 12. (d) play a role on → play a role in

1. (a)
해석 A: 지난 분기 때 귀사의 영업은 어땠나요?
B: 실적이 아주 좋았습니다.
해설 this, that, last, next 뒤에 시간을 나타내는 명사가 오면 전치사가 생략된다.

2. (a)
해석 A: 제 차를 수리하는 데 얼마나 걸릴까요?
B: 제 짐작으로는 일주일 후면 끝날 것 같습니다.
해설 B의 대답에서 'it will be done(끝날 것이다)'이라고 했으므로 현재를 기준으로 미래를 나타내는 전치사 'in(~후에)'이 적절하다.

3. (b)
해석 A: 이 수업을 들으려면 어떻게 해야 하죠?
B: 화요일까지 등록을 마치셔야 합니다. 그렇지 않으면 그 수업을 들을 수 없게 됩니다.
어휘 be entitled to ~의 자격(권리)을 갖다.
해설 문맥상 '화요일까지 등록을 마쳐라'의 의미를 위해서는 언급된 시점까지의 '완료'를 뜻하는 전치사 by를 써야 한다.

4. (d)
해석 A: 당신이 여행가 있는 동안 많이 그리울 거예요.
B: 저두요. 계속 연락합시다.
해설 문맥상 '~ 동안'을 뜻하는 전치사가 필요하기 때문에 for와 during 두 가지가 정답의 가능성이 있다. for는 '시간명사'와 함께 쓰이고 during은 '기간명사'와 함께 쓰이므로 (d)가 정답이다.

5. (c)

해석 A: 여기서 뭐해? 어제 뉴욕으로 떠났을 거라고 생각했는데.
B: 내가 탈 비행편이 날씨가 안좋아서 취소되었어.

해설 문맥상 '~때문에'의 의미이기 때문에 '이유'를 뜻하는 전치사인 because of가 정답이다.

6. (b)

해석 내가 파리에 있는 여동생을 보러 갔을 때, 그녀는 일주일 동안 앓고 있었다.

해설 문맥상 '일주일 동안'의 의미이어야 하는데 '~ 동안'을 뜻하는 전치사인 for와 during 중 뒤에 '시간명사'를 동반할 수 있는 전치사는 for이므로 정답은 (b)이다.

7. (a)

해석 우리가 살던 그 집은 우리가 구입하기 전에는 유명한 영화배우의 것이었다.

해설 '~의 소유이다'를 뜻하는 표현은 belong to이다.

8. (b)

해석 우리 아버지는 심리학에 관심이 무척 많으시다.

해설 '~에 관심이 많다'는 be interested in이다.

9. (c)

해석 닉은 나이에 비해 매우 어려 보였기 때문에 그 술집에 들어가는 것이 허락되지 않았다.

해설 '나이에 비해서'라는 표현은 for one's age로 나타낸다.

10. (c)

해석 박테리아는 너무 작아서 현미경 없이는 볼 수가 없다.

해설 'too ~ to부정사' 구문은 '너무 ~해서 …할 수 없다'는 의미이므로 이를 문맥에 적용하면 '현미경 없이는 볼 수 없다'의 의미가 된다. '~없이'에 해당하는 전치사는 without이다.

11. (c)

해석 (a) A: 너 굉장히 걱정스러워 보여.
(b) B: 그래. 회사 차로 작은 사고를 냈거든.
(c) A: 상사에게 그것에 대해 보고했니?
(d) B: 아니. 그것 때문에 걱정하는 거야.

해설 '~에게 …을 알리다'라는 표현은 'inform A of[about] B'로 나타낸다. 따라서 (c)의 전치사 for를 of[about]로 고쳐야 한다.

12. (d)

해석 (a) 자외선은 대부분의 피부암의 주요 요인 중 하나라고 오랫동안 여겨져 왔다. (b) 그래서 자외선 차단제를 사용하거나 긴팔 옷과 모자를 착용하는 등 자외선으로부터 피부를 보호하는 방법들이 강조되어 왔다. (c) 그러나 최근의 연구결과는 매일의 음식 섭취 또한 피부에 영향을 준다는 사실을 보여주었다. (d) 즉, 피부암의 위험을 증가시키거나 감소시키는 데 있어 어떠한 역할을 하는 몇 가지 영양학적 요소들이 있다는 것이다.

어휘 ultraviolet ray 자외선 / factor 요소, 요인 / intake 흡입, 섭취

해설 (d)에 사용된 play a role은 전치사 in과 함께 쓰여서 '~하는 데 역할을 하다'라는 의미를 나타내므로 on을 in으로 고쳐야 한다.

unit 12 명사, 관사

TEPS 문법 탐구

p. 83-85

1 너와 이야기를 할 만한 여유 시간이 거의 없다.
2 나는 가족들과 함께 좋은 시간을 보내고 있다.
3 지금 몇 시죠?
4 초기 시대에 인류는 불의 사용법을 몰랐다.
5 전화를 좀 걸어야겠는데. 휴대폰 있니?
6 브라운 씨라는 남자분이 전화를 해서 메시지를 남기셨어요.
7 이 알약들 중 하나를 하루 두 번 복용하세요.
8 프레리독은 다량의 풀을 먹을 수 있다.
9 나는 개와 고양이 한 마리씩을 봤는데, 그 개에게는 갈색 점이 있었다.
10 내가 일전에 네게 보낸 편지를 받았니?
11 그는 그 어려운 시험을 통과한 첫 번째 학생이다.
12 지구는 태양 주위를 돈다.
13 나는 바이올린을 배우기로 결심했다.
14 매우 키 큰 나무, 꽤 멋진 쇼, 다소 더운 날씨, 굉장히 큰 사과다!
15 매우 큰 자동차, 너무 작은 자동차, ~만큼 비싼 자동차, 무척 빠른 자동차다!
16 모든 사람들, 형제 둘 모두, 정상 가격의 2배, 그 돈의 두 배/절반

Check up

p.85

A 1. b 2. b 3. b 4. a 5. b 6. a 7. b

B 1. a lot of furniture[much furniture] 2. there are cattle 3. the piano 4. such a foolish offer[so foolish an offer] 5. take a coffee break 6. an MP3 player 7. The bread

A

1. 건강하려면, 정크푸드를 먹지 말아야 한다.

해설 junk food는 셀 수 없는 명사이므로 복수형으로 사용할 수 없다.

2. 사용설명을 적을 만한 종이를 좀 주세요.

어휘 jot down 적어두다, 메모하다

해설 뭔가를 적어야 한다는 문맥이기 때문에 paper가 '보고서, 논문'의 뜻이 아닌 일반적인 '종이'임을 알 수 있고 이때의 paper는 셀 수 없는 명사이므로 부정관사 a가 아닌 some을 골라야 한다.

3. 날씨가 아주 좋아서 나는 산책을 나갔다.

해설 'such + a/an + 형용사 + 명사'의 어순을 적용해야 하는 경우이지만 weather가 셀 수 없는 명사이기 때문에 부정관사 a/an은 쓰지 않는다.

4. 여러 가지 많은 충고를 들어볼 수는 있으나 결정을 내려야 할 사람은 바로 너다.

해설 advice는 셀 수 없는 명사이기 때문에 '수가 많은'을 의미하는

many와는 함께 사용할 수 없다. 반면 lots of는 셀 수 있는 명사, 셀 수 없는 명사에 모두 쓰일 수 있다.

5. 한 외국인이 세관에서 제지 당한 후 가방을 열라는 요구를 받았다.

해설 custom이란 단어가 '풍습, 관습'의 의미가 아닌 '세관'의 의미로 쓰일 때의 알맞은 형태를 고르는 문제이므로 정답은 customs이다.

6. 이 팸플릿에서 당신이 필요로 하는 모든 장비들을 찾을 수 있을 것입니다.

해설 equipment는 의미상으로는 복수지만 -s형으로 쓰지 않으며 단수 취급을 하는 집합명사이다.

7. A: 에이미는 지원했던 그 직장을 구했니?
B: 확실히는 모르겠지만 그랬을 것 같아.

해설 she applied for라는 관계대명사절이 job을 수식해서 '그녀가 지원했던 그 직장'이라는 의미로 한정하고 있으므로 부정관사가 아닌 정관사를 쓰는 것이 적절하다.

B

1. 돈이 충분하지 않기 때문에 나는 가구를 많이 살 수 없다.

해설 furniture는 셀 수 없는 명사이기 때문에 many와 함께 사용하거나 복수형을 취할 수 없다.

2. 이 백과사전에 따르면, 북미대륙의 초원지대에는 소떼들이 있다.

해설 cattle은 복수 취급을 하는 집합명사이므로 복수동사와 일치되어야 하며 단수를 나타내는 부정관사 a와는 함께 쓸 수 없다.

3. 처음으로 피아노를 치기 시작했던 때가 언제인지 기억하십니까?

해설 악기명 앞에는 정관사 the를 붙이는 것이 일반적이므로 play the piano가 되어야 한다.

4. 그렇게 어리석은 제안은 무시하는 것이 낫다.

해설 관사를 포함하는 어순의 문제이다. 밑줄 친 부분은 'such + a/an + 형용사 + 명사' 또는 'so + 형용사 + a/an + 명사'의 어순으로 써야 한다.

5. 잠깐 커피 마시면서 쉬었다 합시다. 커피값은 제가 낼게요.

해설 '휴식을 취하다'라는 표현인 'take a break'에 coffee가 추가된 형태이다. coffee가 셀 수 없는 명사이지만 부정관사 a는 coffee에 수반되는 것이 아니라 break를 수식하는 것이다.

6. 거의 한 달 동안이나 어머니께 MP3 플레이어를 사달라고 조르고 있다.

해설 MP3 player는 셀 수 있는 명사이기 때문에 앞에 관사나 소유격, 한정사 등의 수식을 받을 수 있는데, 문맥상 특정하거나 구체적인 대상을 지칭하는 것이 아니므로 부정관사를 쓰는 것이 적절하다. 다만 MP3 player의 첫 철자인 'M'의 발음이 [e], 즉 모음이기 때문에 그 앞에는 a가 아닌 an을 써야 한다.

7. 네가 어젯밤에 내게 사다준 그 빵에 곰팡이가 좀 피어 있었다.

어휘 mold 곰팡이

해설 일반적인 의미의 bread는 셀 수 없는 명사이므로 굳이 관사를 필요로 하지 않지만 이 문장에서처럼 구체적인 의미(어제 사다준 특정 빵)로 사용될 때는 정관사 the를 필요로 한다.

Practice TEST

p. 86-87

1. (b) 2. (a) 3. (b) 4. (d) 5. (d) 6. (c) 7. (d) 8. (c) 9. (d) 10. (a) 11. (b) Couple of → A couple of 12. (a) get as many rests as you can → get as much rest as you can

1. (b)

해석 A: 왜 이 문학 수업을 다시 듣는 거야?
B: 지난 학기에 F 학점을 받았거든.

해설 문제에서 'F'는 F 학점이라는 의미의 가산명사인데, 첫 발음이 모음이기 때문에 부정관사 an을 써야 한다.

2. (a)

해석 A: 얼마나 자주 부모님을 뵈러 가나요?
B: 특별한 일이 없으면 한 달에 한 번 갑니다.

해설 once a month는 '한 달에 한 번'이라는 뜻으로 부정관사가 'per(~마다)'의 의미로 사용되는 경우이다.

3. (b)

해석 A: 내일 우리 집으로 점심 먹으러 올래?
B: 미안해. 아들이 다니는 학교에 가봐야 해.

해설 빈칸은 생략된 관계사 that이 이끄는 절의 수식을 받는 명사의 자리이다. '아들이 다니는 (특정한) 학교'의 의미이므로 school 앞에 정관사 the를 써야 한다.

4. (d)

해석 A: 스미스씨가 노숙자들을 위한 쉼터를 짓는 데 그의 돈을 모두 썼다고 들었어.
B: 그게 바로 내가 그를 존경하는 이유야. 그는 정말 대단한 사람이지.

해설 such를 사용해 '너무나 ~한' 이라는 표현을 할 때 어순은 'such + a/an + 형용사 + 명사'가 되어야 한다.

5. (d)

해석 A: 이 마을은 너무 좋아서 나는 여기서 평생이라도 살 수 있겠어.
B: 게다가 마을 사람들은 친절하고 공손해.

해설 so를 사용해 '너무나 ~한' 이라는 표현을 할 때 어순은 'so + 형용사 + a/an + 명사'가 되어야 한다.

6. (c)

해석 제트기는 음속의 두 배로 비행할 수 있다.

해설 관사의 위치에 유의해야 하는 문제이다. all, both, double, twice, half 등의 뒤에는 'the + (형용사) + 명사'의 어순으로 쓴다.

7. (d)

해석 신상품을 성공적으로 출시한 후 헤이즈씨는 가족들과 해변으로 가서 즐거운 시간을 보냈다.

해설 문맥상 '즐거운 시간'이라는 뜻이 적합하며, have a good time은 관용적으로 쓰여 '즐거운 시간을 보내다'를 뜻한다.

8. (c)

해석 그 병원에 새로운 장비를 몇 대 설치하기 위해서는 많은 돈이 필요할 것이다.

해설 equipment는 집합명사이지만 물질명사처럼 관사를 붙이거나 복수형으로 쓸 수 없으며 양을 표시할 때도 some, much, little 등의 수식을 받는다. 한편 several은 수를 나타내는 형용사로, 셀 수 있는 명사의 복수형과 함께 쓸 수 있다. 따라서 정답은 some new equipment이다.

9. (d)

해석 이번에 네가 제안받은 일자리는 놓치기에는 너무 좋은 기회이다.

해설 '너무나 ~해서'의 too 구문에 명사가 쓰일 때는 'too + 형용사 + a/an + 명사'의 어순을 취한다.

10. (a)

해석 검찰이 그 용의자가 유죄라는 명백한 증거를 제시하지 못했기 때문에 그는 곧 풀려날 것이다.

어휘 prosecutor 검사 / suspect 용의자 / guilty 유죄인 / set ~ free ~를 풀어주다

해설 '증거'라는 뜻의 evidence는 셀 수 없는 명사이기 때문에 부정관사를 붙이거나 복수형으로 쓸 수 없다.

11. (b)

해석 (a) A: 언제 결혼하셨어요?
(b) B: 2년 전에 했습니다.
(c) A: 아이가 있나요?
(d) B: 현재로는 아이 가질 계획이 없습니다.

해설 a couple of는 two의 의미이고 여기서의 couple은 하나의 단위로 쓰인 것이므로 a를 함께 써야 한다.

12. (a)

해석 (a) 독감에 걸리면 첫 번째로 해야 할 일이 물을 많이 마시고 가능한 많이 휴식을 취하는 것이다. (b) 손을 씻는 것 역시 매우 중요한데, 그렇지 않는다면 독감을 유발하는 병원균을 퍼트릴 수도 있다. (c) 컵, 포크나 숟가락을 다른 사람과 같이 써서도 안 된다. (d) 대개 약 일주일 이내에 회복이 되지만 온몸이 쑤시거나 숨쉬기 힘들다면 치료를 위해 의사의 진찰을 받도록 해라.

어휘 germ 세균 / achy 아픈, 쑤시는

해설 rest는 '휴식'이라는 의미의 셀 수 없는 명사이므로 형용사 many로 수식할 수 없고 복수형도 불가능하다. 그러므로 many 대신 much로 수식해야 하며 rests는 단수로 표현해야 한다.

unit 13 대명사

TEPS 문법 탐구 p. 89-91

1 A: 우리 거실에 있는 텔레비전이 고장났어. 새것으로 하나 사고 싶어.
B: 한번 더 고쳐서 쓰는 것이 좋을 거야.

2 A: 요즘 어떻게 지내세요?
B: 그럭저럭 이요.

3 A: 여기 런던에서 지내시는 게 어떠세요?
B: 지금까지는 아주 좋아요.

4 댁의 자녀는 독감 예방주사를 맞을 필요가 있습니다.

5 커피 없이 지내는 것이 힘들다는 것을 알고 있다.

6 너에게 이것을 말하고 싶다. 그것은 너의 잘못이 아니다. 따라서 자신을 비난하지 말아라.

7 놀랍게도 그 어린 소년이 내놓은 해결책이 많은 전문가들의 그것과 유사했다.

8 이 계약서의 조건들은 예전의 것들보다 더 나빠졌다.

9 하늘은 스스로 돕는 사람들을 돕는다.

10 너희들 중 누가 지금 당장 나를 도울 수 있니?

11 당신은 누구를 가장 존경하나요?

12 네가 소파 밑에 숨기고 있는 그것은 무엇이냐?

13 날씨가 어떤가요?

14 그들 중 일부는 우리의 제안에 관심이 있다.

15 그는 너를 무시하겠다는 의도는 전혀 없었다.

16 제가 방금 만든 샌드위치를 좀 드셔 보시겠어요?

17 네가 원한다면 어떤 책이든지 읽어도 좋다.

18 그 드레스는 네게 어울리지 않아. 다른 것을 한번 입어봐.

19 내게는 두 개의 가방이 있다. 하나는 매우 크고, 다른 하나는 매우 작다.

20 여러 개의 공이 있다. 한 개는 핑크색이고 (또 하나는 노란색이고,) 그리고 나머지 것들은 모두 초록색이다.

21 몇 권의 책들은 쓸모가 있지만 그렇지 않은 책들도 있다.

22 대부분의 사람들은 건강보험 문제를 놓고 그의 말에 동의했다.

23 초대받은 사람들 중에 대부분이 그 의식에 참석했다.

24 나는 제니퍼와 마이크를 초대했는데 그들 두 사람 모두 파티에 왔다.

25 제니퍼와 마이크가 파티에 왔지만, 나는 그들 중 누구도 초대한 적이 없다.

26 나는 제니퍼와 마이크를 초대했는데 그들 중 한 명도 파티에 오지 않았다.

27 나는 제니퍼, 마이크, 그리고 잭을 초대했는데, 그들 중 아무도 파티에 나타나지 않았다.

28 나는 내 동료들을 모두 초대했지만, 아무도 파티에 오지 않았다.

29 미안하지만 지금은 네게 빌려줄 돈이 전혀 없다.

30 영어를 말할 줄 안다는 것과 영어에 유창하다는 것은 별개의 것이다.

31 그 국제 회의는 4년에 한 번씩 열린다.

32 데이빗은 여자친구와 하루 걸러 데이트를 했다.

33 카멜레온은 자신들의 색깔을 바꿈으로써 스스로 보호한다.

Check up p.91

A 1. a 2. b 3. a 4. b 5. a

B 1. some 2. myself 3. that 4. either 5. most of the books[most books] 6. What 7. it

A

1. 여기서 우체국까지 얼마나 멀어요?

해설 거리를 의미하는 비인칭 주어 it이 필요하다.

2. 미국의 전체 면적은 멕시코의 그것보다 크다.
해설 that은 앞서 언급된 명사의 반복을 피하기 위해 쓰인다.

3. 우리 할머니는 하루 걸러서 교회에 가신다.
해설 '하루 걸러'라는 의미의 관용표현은 every other day이다.

4. 내게는 두 명의 친구가 있다. 한 명은 의사이고 다른 한 명은 간호사이다.
해설 둘 중의 하나는 one, 나머지 하나는 the other이다.

5. 나는 하루 종일 한가하니 아무 때나 들러.
해설 any가 긍정문에서는 '어떤 ~라도'의 의미로 쓰인다.

B

1. 사탕을 더 먹겠니?
해설 의문문에서는 원래 any를 써야 하지만 '권유'의 의미를 나타낼 때는 의문문이더라도 some을 써야 한다.

2. 나는 매니저에게 나 자신을 소개했다.
해설 문장의 주어와 목적어가 동일인물이기 때문에 목적어 자리에는 재귀대명사를 써야 한다.

3. 일본어의 발음은 한국어의 발음보다 더 단순하다.
해설 반복되는 명사는 the pronunciation, 즉 단수명사이기 때문에 단수형의 대명사인 that으로 고쳐야 한다.

4. 그녀가 내게 두 개의 가방을 빌려주었는데 나는 그 둘 다 마음에 들지 않았다.
해설 didn't가 이미 부정의 의미를 나타내고 있는데 또 neither를 쓰면 이중 부정이 된다. '둘 중 그 어느 하나도'의 의미가 되게 하기 위해서는 either로 고쳐야 한다. 해당 절은 I liked neither of them. 으로 고쳐 쓸 수도 있다.

5. 나는 나의 학교 도서관에 있는 대부분의 책들을 읽었다.
해설 '대부분의'라는 의미를 나타내기 위해서는 'most + 명사' 또는 'most of the + 명사'를 써야 한다.

6. 내 새 차에 대해서 어떻게 생각하시나요?
해설 동사 think의 목적어가 없는 의문문이므로 문장을 이끌면서 문장 내의 목적어 역할을 하는 의문대명사 what을 써야 한다.

7. 내가 지난 주에 산 MP3 플레이어 기억해? 나 방금 그것을 잃어버렸어!
해설 문맥상 앞에 있는 the MP3 player를 지칭하는 대명사가 필요하기 때문에 특정명사를 가리키는 it이 적당하다.

Practice TEST p. 92-93

1. (b) 2. (d) 3. (a) 4. (c) 5. (d) 6. (c) 7. (b) 8. (a) 9. (d) 10. (b) 11. (d) Neither the doctor and the pharmacist → Neither the doctor nor the pharmacist 12. (c) These who → Those who

1. (b)
해석 A: 왜 이 아파트를 고르셨나요?
B: 이 아파트의 가격이 또 다른 아파트 가격보다 약간 더 낮거든요.
해설 비교 구문에서 비교 대상끼리는 같은 형태로 명확히 밝혀주어야 한다. 다만, 앞서 언급된 명사의 반복을 피하기 위해 지시대명사 that(단수)이나 those(복수)가 대신 쓰이므로 명사의 속성을 잘 파악하여야 한다. 반복되는 명사가 the price로서 단수취급하므로 빈칸에는 that을 써야 한다.

2. (d)
해석 A: 가장 좋아하는 과목과 가장 싫어하는 과목이 뭐야?
B: 나는 역사 과목을 가장 좋아해. 내가 제일 싫어하는 과목은 수학이야. 너무 어렵거든.
해설 학문 또는 과목 이름은 -s로 끝나는 경우가 많으나 단수 취급한다(mathematics, politics, ethics 등). 문맥상 앞에서 제시된 특정 대상을 가리키므로 대명사 it으로 받고, 답변하는 시제가 현재이므로 (d)가 정답이다.

3. (a)
해석 A: 쿠키 좀 더 드시겠어요?
B: 네, 주세요. 쿠키가 참 맛있네요.
해설 일반적으로 some은 평서문에, any는 의문문/부정문/조건문에 사용되지만, 의문문에 some을 쓰면 '부탁, 권유'의 의미가 있다. 참고로 평서문에서 any를 쓰면 '어떤 ~라도'라는 의미를 나타낸다.

4. (c)
해석 A: 이 영화는 내가 본 영화 중 최고야. 너도 볼 기회가 있으면 좋겠다.
B: 사실, 나 그 영화 이미 봤어. 다른 걸로 추천해 줄래?
해설 another는 앞서 언급된 것과 같은 종류의 또 다른 것을 나타낼 때 쓴다.

5. (d)
해석 A: 중식 아니면 일식, 어떤 종류의 음식점에 가고 싶니?
B: 난 둘 다 좋아. 네가 정해.
해설 문맥상 둘 다 좋다는 의미가 되어야 하는데, 동사가 단수형으로 제시되었기 때문에 both가 아닌 either를 써야 한다.

6. (c)
해석 추수감사절 다음날인 '검은 금요일(Black Friday)'에는 이 마을 대부분의 상점이 크게 할인을 한다.
해설 '대부분의 ~'라고 표현할 때는 'most of the + 명사' 또는 'most + 명사'를 쓸 수 있다.

7. (b)
해석 18개월짜리 아기들은 대개 아무 도움 없이 스스로 걸을 수 있다.
해설 부정문이나 부정의 문맥에서는 any가 어울린다.

8. (a)
해석 존은 쇼핑을 가지 않아서, 냉장고에 먹을 음식이 없다.
해설 food는 셀 수 없는 명사이므로 빈칸에 불가산명사와 어울리는 한정사가 와야 한다. few는 가산 복수 명사와 함께 쓰이고, any

는 부정문에서 주로 쓰이고, none은 명사와 함께 쓸 수 없으므로 정답은 (a) no 이다.

9. (d)

해석 나에게는 오빠가 둘 있는데, 한 명은 은행에서 일하지만 다른 한 명은 현재 구직 중이다.

해설 둘 중 하나는 one, 나머지 하나는 the other를 써서 나타낸다.

10. (b)

해석 사라를 제외하고는 아무도 그 문제에 정확히 답하지 못해서 선생님은 그 이론을 한번 더 설명했다

해설 문맥상 '아무도 ~하지 않았다'의 의미이므로 no one을 써야 한다. 문제에서 but은 except의 의미, 즉 '~를 제외하고'라는 뜻으로 쓰였다.

11. (d)

해석 (a) A: 아직도 콧물이 흐르네. 의사에게 진찰 아직 안 받았니?
(b) B: 진찰 받았는데 증세가 더 심해져.
(c) A: 매일 아침 체온을 재고 있어?
(d) B: 의사나 약사 누구도 그런 말은 안 했는데.

해설 '(둘 중) 누구도 ~가 아닌'의 뜻을 나타내려면 'neither A nor B' 구문을 사용해야 한다.

12. (c)

해석 (a)일반적으로 자기 자신을 자랑스러워하는 사람들은 자존감이 높다. (b)높은 자존감을 갖는 것은 당신의 행동에 영향을 주기 때문에 중요하다. (c)십대들은 사춘기 동안 신체의 변화를 경험하기 때문에 신체에 대해 가지는 이미지와 자존감을 연관시키는 경향이 있다. (d)그러므로 십대들이 긍정적인 신체 이미지를 가진다면 건강한 자존감 또한 가질 수 있다.

어휘 self-esteem 자존감 / puberty 사춘기

해설 '~한 사람들'이라는 표현은 those who를 사용하고, 복수취급하므로 who 뒤에 나오는 동사의 수를 일치시켜야 한다. these who라는 표현은 사용하지 않는다.

unit 14 형용사, 부사

TEPS 문법 탐구 p. 95-97

1 그는 굉장한 아이디어를 가지고 있다.
2 그의 아이디어는 굉장하다.
3 나는 그의 아이디어가 굉장하다는 것을 알고 있다.
4 일주일 동안 비가 심하게 내리고 있다.
5 그는 선반의 맨 위에 닿을 만큼 키가 크다.
6 그 장난감 자동차는 그가 사기에는 너무나 비쌌다.
7 그는 시장이 도착하기 훨씬 전에 회의장에 도착했다.
8 불행하게도, 그는 그의 딸을 알아보지 못하고 그녀를 지나쳤다.
9 저기 있는 세 개의 크고 빨간 사과를 보세요. 맛있어 보이네요.
10 저는 아내의 생일을 위한 뭔가 특별한 것을 찾고 있습니다.
11 당신은 그 호텔을 미리 확실히 예약해야 합니다.
12 남편과 나는 토요일에는 보통 영화를 보러 간다.
13 그는 그의 숙제를 했고, 나도 역시 했다.
14 그는 그의 숙제를 하지 않았고, 나도 역시 하지 않았다.
15 나의 오빠는 차를 몰 수 있을 만큼 충분히 나이가 들었다.
16 내 여동생은 너무 어려서 아직은 차를 몰 수 없다.
17 내가 그곳에 도착했을 때 그는 이미 그 장소를 떠나고 없었다.
18 그는 아직 여기에 안 왔다.
19 나는 여전히 그녀를 사랑한다.
20 그녀는 아직도 나를 못 믿는다.
21 그는 키가 매우 크다. / 그 경기는 매우 흥미진진했다. / 나는 매우 피곤했다.
22 그는 그의 형보다 훨씬 더 크다. / 너의 도움이 지금 매우 필요하다. / 그 차는 내가 사기에는 정말 너무 비싸다.

Check up p.97

A 1. b 2. b 3. b 4. b 5. a 6. a 7. b
B 1. sleeping 2. first three old wooden 3. something wrong 4. very 5. much 6. overseas 7. either

A

1. 나는 그녀가 우리를 가르치는 것을 즐기고 있다는 것을 항상 느낀다.

해설 always는 빈도부사이기 때문에 일반동사인 have동사의 앞에 위치해야 한다.

2. 나는 너와 이야기할 시간이 거의 없었다.

해설 일반동사인 had의 앞에 위치할 수 있는 부사는 빈도부사인 hardly(거의 ~하지 않는)이다. hard는 부사일 경우 동사 뒤에 써야 하며 '열심히' 또는 '심하게'의 의미이다.

3. 나는 네가 말한 것을 아직도 이해할 수 없다.

해설 '여전히, 아직도'를 의미하는 still이 부정문에 올 때는 부정을 뜻하는 조동사의 앞에 위치해야 한다.

4. 그 소년은 어머니로부터 독립할 만큼 충분히 나이가 들었다.

해설 enough가 명사를 수식하는 형용사로 쓰일 때는 명사의 앞에 오지만, 형용사나 부사를 수식하는 부사로 쓰일 때는 수식대상의 뒤에 위치한다.

5. 나는 너무나 피곤해서, 저녁식사도 하지 않고 일찍 잤다.

해설 원칙적으로는 much가 비교급이나 과거분사를 수식하지만 주어진 문장에 쓰인 tired는 완전히 형용사화된 과거분사이므로 very로 수식하는 것이 적절하다.

6. 고모가 내게 보내신 생일 카드는 이틀 늦게 도착했다.

해설 late는 서로 다른 뜻을 가진 두 개의 부사 형태를 갖는데, late는 '늦게'라는 의미인 반면 lately는 '최근에'라는 뜻이다. 문맥상 이틀 늦게 도착했다는 의미가 적합하므로 late를 써야 한다.

7. 그 회사는 몹시 빠르게 성장해 왔다.

해설 문맥상 동사 has grown을 수식해야 하므로 형용사 quick이 아

닌 부사 quickly가 적절하다.

B

1. 자고 있는 아기를 깨우지 마라.

해설 asleep을 비롯한 몇몇 형용사들은 명사를 수식할 수 없고 오직 보어자리에만 쓸 수 있다. asleep은 baby를 꾸며줄 수 없으므로 명사를 수식할 수 있는 현재분사 sleeping으로 바꿔야 한다.

2. 선생님은 우리에게 맨 처음의 낡은 나무 책상 세 개를 교실 밖으로 옮기라고 말씀하셨다.

해설 명사를 수식하는 형용사가 여러 개일 때 형용사는 '서수+기수+성질+대소+신구+색깔+재료'의 어순을 따른다.

3. 이 기계에는 뭔가 문제가 있다.

해설 -thing이나 -body로 끝나는 명사는 형용사가 뒤에서 수식한다.

4. 그는 야구를 매우 좋아한다.

해설 형용사나 부사의 원급은 much가 아닌 very로 수식해야 한다.

5. 티나는 언니보다 훨씬 더 영리하다.

해설 형용사나 부사의 비교급을 수식할 때는 very가 아닌 much를 써야 한다. much 외에 even, far, still 등도 비교급을 강조할 수 있다.

6. 그는 공부를 더 하기 위해서 해외로 갔다.

해설 overseas는 '해외로'를 뜻하는 부사로서 별도의 전치사를 붙이지 않아도 된다.

7. 그는 약속을 지키지 않았고 나 역시 그랬다.

해설 부정문에서 '역시'라는 뜻은 too가 아닌 either를 써서 나타낸다.

Practice TEST

p. 98-99

1. (b) 2. (a) 3. (b) 4. (d) 5. (b) 6. (a) 7. (a) 8. (b) 9. (b) 10. (d) 11. (a) Hasn't he arrived already? → Hasn't he arrived yet? 12. (c) speaks English fluent → speaks English fluently [speaks fluent English]

1. (b)

해석 A: 경매가 언제 시작하기로 되어 있죠?
B: 잠깐만 기다려 주세요. 곧 시작될 겁니다.

해설 자동사 begin이 쓰여 목적어나 보어가 필요 없는 문장이므로 빈칸에는 부사가 들어가야 한다. 부사 shortly는 '곧, 금방' 이라는 의미이다.

2. (a)

해석 A: 수가 해고된 걸 몰랐어.
B: 나도 역시 몰랐어.

해설 부정문에서 '또한, 역시'는 either로 표현한다.

3. (b)

해석 A: 엄마, 이번 주말에 새로 개봉한 공포 영화 보러 가도 돼요?
B: 글쎄, 너는 그런 종류의 영화를 볼 나이가 안 되잖니.

해설 enough가 '충분히'라는 의미의 부사로 쓰일 경우 형용사의 뒤에서 수식한다. 특히 '~할 만큼 충분히 …한' 이라는 의미로 '형용사 + enough + to부정사'의 구문으로 주로 사용된다.

4. (d)

해석 A: 오늘 날이 정말 더워서 너무 갈증이 나.
B: 내가 시원한 마실 것을 줄게.

해설 형용사가 something, anything, nothing과 같이 '-thing' 으로 끝나는 명사를 수식하는 경우 형용사는 명사 뒤에 위치한다. to부정사가 형용사적 용법으로 쓰이는 경우, 어순은 '-thing + 형용사 + to부정사'이다.

5. (b)

해석 A: 그렇게 어려운 일을 해야 해서 힘들겠구나.
B: 네, 하지만 아무리 어려워도 포기하지 않겠다고 결심했어요.

해설 however는 '아무리 ~일지라도'의 뜻으로 'however + 형용사(부사) + 주어 + 동사' 어순으로 사용된다. 문맥상 it may be와 어울려야 하므로 be동사의 보어가 될 수 있는 형용사 hard가 정답이다. hardly는 '거의 ~않다'의 뜻이고, hardy는 '견고한'이라는 뜻이므로 문맥과 어울리지 않고, 비교급 harder 역시 어법상 답이 될 수 없다.

6. (a)

해석 나는 생일 선물로 세 개의 큰 갈색 곰인형을 받았다.

해설 형용사를 여러 개 나열하는 경우 '서수+기수+성질+대소+신구+색깔+재료' 순으로 쓴다.

7. (a)

해석 너는 훨씬 더 일찍 서둘러서 여기에 왔어야 했다. 지금은 너무 늦어 버렸다.

해설 ahead of time은 '미리, 앞서서' 란 의미의 부사구인데 well은 '훨씬'이란 의미로 부사구를 앞에서 수식한다.

8. (b)

해석 나는 앨리가 한 마디 말 없이 캐나다로 가버렸다는 사실을 아직도 믿을 수가 없다.

해설 still은 긍정문에서는 빈도부사의 위치에 쓰이지만, 부정문에서는 동사 앞이나 조동사 앞에 써야 한다.

9. (b)

해석 이 가방은 나의 남편이 내게 생일선물로 준 것과 거의 같다.

해설 '~와 거의 똑같은'이란 의미를 나타낼 때는 the same 바로 앞에 부사를 much를 써서 'much the same'으로 쓴다.

10. (d)

해석 그녀는 렘브란트의 걸작을 몹시 보고 싶어 했으나 박물관 입장료가 그녀에게는 너무 비쌌다.

해설 '~가 (~할 수 없을 만큼) 지나치게 …한'의 의미로 'far too 형용사(부사) for somebody (to부정사~)' 표현을 쓴다. 문맥상 비교의 뜻이 없으므로 more는 답이 될 수 없고, much와 a lot은 형용사 원급을 수식할 수 없어 답이 아니다.

11. (a)

해석 (a) A: 그가 아직도 도착하지 않은 거야?

(b) B: 안 왔어. 게다가 휴대폰도 받지 않고 있어. 그가 오긴 오는 거야?
(c) A: 나와 약속 했다구. 그는 내게 거짓말 할 사람이 아니야.
(d) B: 알았어. 다시 전화해 보자.

해설 부정문에서 '아직도'의 뜻을 나타내는 단어는 yet이다. 'already(이미, 벌써)'는 긍정문, 평서문에 쓰인다.

12. (c)

해석 (a) 소프트웨어 개발 부서에 자리가 있습니다. (b) 소프트웨어 기술자 자격증이 있는 분을 모십니다. (c) 소프트웨어 산업에서 최소 5년 이상 경력이 있고 영어 구사가 유창하신 분을 우대합니다. (d) 지원하실 분들은 온라인으로 이력서를 제출하시고 자격증이 있으신 분은 사본을 우편으로 보내주시기 바랍니다.

어휘 submit 제출하다 / CV 이력서(curriculum vitae)

해설 speaks English를 수식하기 위해 부사가 필요하므로 fluent의 부사형인 fluently로 써야 하며, 같은 의미로 speaks fluent English라는 표현도 가능하다.

unit 15 비교

TEPS 문법 탐구 p. 101-103

1 이 호텔은 지난 여름에 내가 묵었던 호텔만큼 호화롭다.
2 이 소형차가 당신의 스포츠카만큼 빨리 달릴 수 있다는 것을 알게 되면 놀랄 것입니다.
3 나는 언젠가는 우리 삼촌의 집 만큼 큰 집을 사고 싶다.
4 그의 서재에는 우리 학교 도서관에 있는 책보다 두 배나 많은 책들이 있다.
5 나는 그가 가능한 한 빨리 내 전화에 응답해주기를 바란다.
6 그녀는 영업사원이라기 보다는 전도사 같다.
7 정크 푸드를 먹는 것은 담배를 피는 것보다 더 나쁘다.
8 그는 그의 상사보다 더 열심히 일한다.
9 주방 벽 색으로 노란색과 초록색 중에 어느 것이 더 적절할까?
10 TEPS 공부를 더 열심히 하면, 당신의 목표에 더 빨리 도달할 수 있을 것이다.
11 그가 아닌 그의 형이 두 명의 소녀들 중에서 더 영리하다.
12 나는 2달러밖에 없다.
13 나는 200달러나 있다.
14 그 극장에는 기껏해야 100개의 좌석밖에 없다.
15 그 극장에는 적어도 1,000개의 좌석이 있다.
16 달리기에 관한 한, 우사인 볼트가 지금까지 살았던 그 누구보다도 빠른 사람이다.
17 그녀는 항상 제일 먼저 오고 제일 늦게 가는데, 이것은 그녀가 도서관에서 가장 오랫동안 공부한다는 것을 의미한다.
18 이것은 이 화랑에서 가장 귀중한 그림들 중 하나이다.
19 이 약을 먹고 난 후에 기분이 한결 나아지고 있나요?
20 영화를 보는 것은 토요일 오후에 연인들이 하는 일 중에 단연코 가장 인기 있는 일이다.
21 그의 형은 나보다 세 살 위다.
22 이 사전은 어휘와 예문이 많다는 점에서 저 사전보다 훨씬 더 우수하다.
23 검은 장미는 내가 가장 좋아하는 꽃이다.
24 케이트는 우리 학교에서 플룻을 가장 잘 분다.
25 간디는 지금까지 살았던 그 어떤 지도자보다도 더 위대하다.
26 애니는 우리 반에서 다른 어떤 소녀보다도 키가 크다.
27 애니는 우리 반에서 (다른) 모든 소녀들보다도 키가 크다.
28 우리반의 다른 어떤 소녀도 애니보다 크지 않다.
29 우리반의 다른 어떤 소녀도 애니만큼 크지 않다.

Check up p.103

A 1. a 2. b 3. a 4. b 5. b 6. a 7. b
B 1. the bigger 2. boy 3. more 4. three times as big as 5. cars 6. much[still, far, even, a lot] 7. cleverer

A

1. 그녀는 나이가 많지만 그녀의 남편만큼 많지는 않다.

해설 as + 형용사 + as는 '~만큼 …한'의 의미이다. 빈칸 앞에 as old가 있으므로 '~만큼의'의 의미를 완성하려면 as가 필요하다.

2. 네 생각에는 그 두 명의 소녀들 중에서 누가 더 아름다운 것 같니?

해설 '둘 중에서'의 의미인 of the two가 비교급을 수식하면 비교급 앞에는 the를 쓴다.

3. 그는 선생님이라기 보다는 학자에 가깝다.

해설 'A라기보다는 차라리 B다'라는 의미의 관용표현은 not so much A as B이다.

4. 저는 당신이 가능한 한 빨리 이곳으로 오셨으면 합니다.

해설 '가능한 한 빨리'라는 표현은 'as soon as possible'이나 'as soon as + 주어 + can'이며 후자를 써야 할 경우 행위를 직접 하는 사람이 주어가 되어야 한다. 문맥상 와야 할 사람은 you이므로 you can이 정답이다.

5. 당신의 자동차가 제 차보다 우수합니다.

해설 -er로 끝나는 비교급에는 '~보다'의 의미로 'than'을 써야 하지만 -or로 끝나는 비교급에는 than 대신 to를 쓴다.

6. 이 노래들 중 어떤 것을 가장 좋아하십니까?

해설 문맥상 '가장 좋아한다'의 의미가 되어야 하므로 최상급을 써야 하는데, 부사의 최상급에는 the를 붙이지 않으므로 most가 적절하다. mostly는 '대부분'의 의미이므로 적절하지 않다.

7. 이 갈색 재킷과 저 검정색 재킷 중 어느 것이 더 좋나요?

해설 'A와 B 중에 어느 쪽이 더 ~한가?'라는 의미는 'Which is + 비교급, A or B?'으로 표현한다. 따라서 or가 정답이다.

B

1. 지위가 올라갈수록, 감당해야 할 책임도 커진다.

해설 'The + 비교급 ~, the + 비교급 …'은 '~하면 할수록 점점 더 …하다'의 의미이다. 따라서 bigger 앞에 the를 넣어야 한다.

2. 내 아들은 학교에서 다른 어떤 소년들보다도 더 크다.
해설 비교급을 사용하여 최상급의 의미를 나타내는 표현에는 '비교급 + than any other + 단수명사'가 있다.

3. 도덕적인 행동보다 더 중요한 것은 없다.
해설 '부정주어 ~ 비교급 + than' 구문과 같이 부정주어를 사용하여 최상급의 의미를 나타낼수 있다.

4. 그의 집은 내 집보다 세 배나 크다.
해설 '~배 만큼 …한'의 배수사가 들어간 비교 표현은 '배수사 + as + 원급 + as'의 어순이어야 한다.

5. 그 자동차는 세계에서 가장 비싼 차들 중 하나이다.
해설 '가장 ~한 것들 중의 하나'는 'one of the + 최상급 + 복수명사'의 구문으로 써야 한다.

6. 그녀는 짧은 머리일 때보다 긴 머리일 때 훨씬 더 예뻐 보인다.
해설 very는 비교급을 수식할 수 없다. 비교급을 강조하는 부사에는 much, even, far, still, a lot 등이 있다.

7. 그는 그의 친구들보다 훨씬 더 영리하다.
해설 문맥상 비교급의 의미가 적절한데 clever는 원급의 형태이므로 끝에 -er를 붙여 비교급 형태로 만들어야 한다.

Practice TEST

p. 104-105

1. (a) 2. (b) 3. (c) 4. (c) 5. (d) 6. (d) 7. (d) 8. (c) 9. (d) 10. (d) 11. (d) as twice expensive as the other → twice as expensive as the other 12. (d) they are inferior than others → they are inferior to others

1. (a)
해석 A: 그녀의 나이를 들었을 때 정말 놀랐어.
B: 나도야. 그녀는 실제보다 훨씬 젊어 보이지.
해설 looks 뒤에 형용사 보어가 와야 하는데 빈칸 뒤에 than이 있으므로 비교급을 써야 한다. (a)와 (b) 중에서 부사 very는 비교급을 수식할 수 없으므로 much younger가 정답이다.

2. (b)
해석 A: 결혼 생활이 어때?
B: 아주 좋아. 더 이상 좋을 수가 없을 정도야.
해설 couldn't be better는 최상급의 의미가 되어 '더 좋아질 수 없다, 즉 최상이다'라는 표현이다.

3. (c)
해석 A: 네가 준비한 그 도서 전시회 어땠어?
B: 아주 성공적이었어. 내가 예상한 것 보다 사람들이 더 많았어.
해설 people 다음에 than이 있으므로 빈칸에는 형용사 비교급이 들어가야 한다. 전시회가 성공적이었다고 했으므로 (b)와 (c) 중 정답은 (c)이다.

4. (c)
해석 A: 어떤 에어컨이 가장 좋다고 생각하세요?
B: 제 생각에는 이 제품이 다른 것들보다 우수한 것 같습니다.
해설 빈칸 뒤에 all the others가 있으므로 빈칸에는 비교급이 들어가야 한다. superior 처럼 -or로 끝나는 비교급은 than이 아닌 to를 써야 하므로 정답은 (c)이다.

5. (d)
해석 A: 나는 윌리엄과 그의 동생을 분간할 수가 없어. 그들은 외모가 너무 비슷해.
B: 윌리엄이 둘 중에서 더 크지.
해설 '둘 중에서 더 ~한'이라는 표현은 'the + 비교급 + of the two' 구문을 사용하여 나타낸다.

6. (d)
해석 나는 애나의 집이 내 집보다 두 배 더 커서 그녀에게 질투가 난다.
해설 '~보다 몇 배 더 …하다'라는 표현은 '배수사 + as + 원급 + as' 구문을 사용하여 나타낸다.

7. (d)
해석 지구 온난화로 인해, 에너지 사용의 효율성이 훨씬 더 강조된다.
해설 빈칸 뒤에 비교급 more가 있으므로, 비교급을 수식할 수 있는 부사가 빈칸 속에 들어가야 한다. even 외에 much, far, still 등도 비교급을 강조할 수 있는 부사이다.

8. (c)
해석 우리 회사는 세계 그 어떤 항공사보다도 더 나은 서비스를 제공합니다.
해설 '비교급 + than any other + 단수명사' 구문은 '그 어떤 ~보다 더 …하다'라는 뜻으로 의미상 최상급을 나타내는 표현이다.

9. (d)
해석 세상을 더 많이 경험할수록 배울 것이 여전히 많다는 것을 더 잘 알게 된다.
해설 'The + 비교급 ~, the + 비교급 …'은 '~하면 할수록 점점 더 …하다'는 의미이다.

10. (d)
해석 교장 선생님은 데이빗이 학교에서 가장 똑똑한 학생들 중 한 명이라고 말씀하셨다.
해설 '가장 ~한 것들 중의 하나'는 one of the + 최상급 + 복수명사'로 표현한다.

11. (d)
해석 (a) A: 이 드레스 왜 환불하려고 해?
(b) B: 훨씬 싼 가격에 비슷한 것을 찾았거든.
(c) A: 그건 가격이 얼마인데?
(d) B: 정확히 기억은 안 나지만 이 드레스가 그것보다 거의 두 배가 비싸.
해설 비교 구문에서 배수사가 쓰일 때는 '배수사 + as + 원급 + as'를 써서 표현한다. 따라서 본문의 as twice expensive as the other는 twice as expensive as the other로 표현해야 한다.

12. (d)
해석 (a)아이들이 학업 목표를 달성하는 데 실패할 때, 교사들은 화를 내거나 연민을 보일 수 있다. (b)만일 교사가 화를 내고 아이들의 실패를 노력 부족 탓으로 돌린다면, 아이들은 다음에는 최선을 다하도록 동기 부여될 수 있다. (c)그러나 만일 교사의 반응이 연민이라면, 아이들은 실패가 자신들의 능력 부족으로 인한 것으로 생각할 수 있는데, 이는 긍정적인 동기를 전혀 부여하지 않는다. (d)연민은 아이들로 하여금 그들이 남들보다 열등하다고 생각하게 만들어 그들이 성공하기 어렵게 한다.

해설 어미가 -or로 끝나는 비교급 형용사(superior, inferior, junior, senior 등)를 사용할 때는 뒤에 than이 아닌 to를 써야 한다.

unit 16 특수구문

TEPS 문법 탐구 p. 107-109

1 나는 한 번도 유럽에 가본 적이 없다.
2 내가 유럽으로 여행을 갈 수 있을 거라고는 꿈에도 생각 못했다.
3 나는 너에게 초대장을 보냈을 뿐만 아니라 전화도 여러 번 했었다.
4 어떤 경우에라도 허락 없이 밤 11시 이후에 밖에 있으면 안된다.
5 내가 주 도로에 들어서자마자 차가 막히기 시작했다.
6 다음 날이 되어서야 내 노트북 컴퓨터가 없어졌음을 알게 되었다.
7 그녀는 도움이 필요할 때만 내게 전화를 하거나 찾아온다.
8 많은 정치가들 중에 유명한 여배우가 있었다.
9 네 남자친구가 이리로 온다.
10 여기 있어요.
11 A: 나는 커피를 좋아해.
B: 나도 역시 좋아해.
12 A: 나는 커피를 좋아하지 않아.
B: 나도 역시 좋아하지 않아.
13 그는 그 문제를 해결하지 못했고 그의 학급친구들도 마찬가지였다.
14 토니는 어제 이 상점에서 카메라를 샀다.
15 어제 이 상점에서 카메라를 산 것은 바로 토니였다.
16 토니가 어제 이 상점에서 산 것은 바로 카메라였다.
17 토니가 어제 카메라를 산 곳은 바로 이 상점에서였다.
18 토니가 이 상점에서 카메라를 샀던 때는 바로 어제였다.
19 나는 어젯밤에 네게 이메일을 분명히 보냈었다.
20 나는 당신이 빨리 회복되기를 간절히 바란다.
21 어떤 학생들은 버스를 타고 학교에 다니고 어떤 학생들은 걸어서 다닌다.
22 시내로 걸어가다가 나는 어린 소녀가 잔돈을 구걸하고 있는 것을 보았다.
23 A: 내일 눈이 올까?
B: 그럴 거라고 생각해. / 그러기를 바래. / 그럴까 봐 걱정이야.
24 A: 내일 눈이 올까?
B: 그렇지 않을 거라고 생각해. / 그러지 않기를 바래. / 그러지 않을까 봐 걱정이야.
25 A: 따님이 자랑스러우시겠어요.
B: 그렇답니다.
26 나는 하루 종일 그녀에게 연락하려고 애썼으나 할 수 없었다.
27 A: 너를 위해서 이 CD를 샀어.
B: 그럴 필요 없었는데.
28 A: 내가 꽃병을 깨뜨렸다고 누가 너에게 말했니?
B: 테리가 그랬어.
29 A: 오늘 밤에 저와 함께 영화 보러 가실래요?
B: 그러고 싶어요.
30 그는 결점이, 있다고 해도, 거의 없다.
31 그는 다른 사람들의 험담을, 한다고 해도, 거의 안 한다.
32 이 건물은, 내가 보기에, 적어도 100년 전에 지어졌다.

Check up p.109

A 1. b 2. b 3. b 4. a 5. b 6. b

B 1. had she left 2. win 3. Helen met 4. While staying[While I was staying] 5. nor[and neither] 6. did he realize 7. to

A

1. 내가 그 경기에서 이길 거라고는 꿈에도 생각 못했다.

해설 부정어인 little이 문두에 위치하였으므로 주어와 동사가 도치되어야 한다. dream은 일반동사이고 시제가 과거이므로 did I dream의 어순이 맞다.

2. 그들의 머리 바로 위로 장난감 비행기가 지나갔다.

해설 장소의 부사구가 문두에 위치하였으므로 주어와 동사가 도치된 '동사 + 주어'의 순이 되어야 한다. 부사구에 의한 도치는 조동사 do를 쓰지 않고 '동사+주어' 순으로 쓰므로 passed a toy plane이 정답이 된다.

3. A: 그가 해고될까요?
B: 그러지 않기를 바래요.

해설 B의 대답은 원래 I hope that he will not be laid off.가 되지만 반복되는 부분을 생략하여 I hope not.으로 표현한다.

4. A: 나는 샘의 아이디어가 맘에 들어.
B: 나도 그래.

해설 긍정문에 대한 '나도 그렇다' 표현은 'So + 동사 + 주어'이다.

5. A: 나는 팀의 아이디어가 맘에 들지 않아.
B: 나도 그래.

해설 부정문에 대한 '나도 그렇다' 표현은 'Neither(Nor) + 동사 + 주어'이다.

6. A: 여권을 보여 주시겠어요?
B: 여기 있습니다.

해설 문두에 Here 또는 There이 오면 그 뒤의 주어와 동사는 도치가 되는 것이 원칙이지만, 주어가 대명사인 경우에는 도치를 하지 않는다.

B

1. 그녀가 집을 나서자마자 비가 내리기 시작했다.

해설 부정어인 Hardly가 문두에 있으므로 주어와 동사를 도치하여 had she left로 고쳐야 한다.

2. 우리는 그가 거짓말을 하고 있다고 생각했지만, 그는 정말 경기에서 우승을 했다.

해설 강조의 조동사 did에 뒤따르는 본동사는 동사원형이어야 하므로 win으로 고쳐야 한다.

3. 헬렌이 그녀의 예전 남자친구를 만났던 곳은 한 식당에서였다.

해설 It was ~ that 구문을 이용한 강조 용법에서는 도치가 일어나지 않는다.

4. 파리에 머무르는 동안 나는 루브르 박물관을 두 번 방문했다.

해설 접속사 while이 이끄는 부사절의 주어가 주절의 주어와 같으면 부사절의 주어와 be동사를 모두 생략할 수 있다. 단, 주어나 be동사 중 하나만을 생략할 수는 없다.

5. 나는 백만장자가 아니며 또한 그렇게 되고 싶지도 않다.

해설 부정문 뒤에 또 하나의 절이 연결되면서 '~도 역시 아니다'의 의미를 나타내는 경우이다. 주의해야 할 것은 neither는 접속사가 아닌 부사이므로 주어진 문장에서는 and와 같은 접속사가 필요하다는 것이다. and neither는 접속사 nor로 대체할 수 있다.

6. 연기가 아파트 전체를 채우고 나서야 그는 비로소 자신의 저녁식사가 타고 있다는 사실을 깨달았다.

해설 Only after ~ apartment에 해당되는 부사절 전체가 문두에서 강조된 상황이므로 주절의 주어와 동사는 도치되어야 한다.

7. A: 나와 함께 소풍 가시겠어요?
B: 가고는 싶지만, 못 가요.

해설 '~하고 싶다'의 would like to 뒤에 반복되는 부분은 go on a picnic with you이다. 이렇게 중복을 피하기 위해서 to부정사의 to만 남기고 나머지 내용을 생략하는 것을 대부정사라 한다. 대부정사에서는 굳이 대동사 do를 포함할 필요가 없다.

Practice TEST

p. 110-111

1. (c) 2. (d) 3. (d) 4. (c) 5. (b) 6. (c) 7. (c) 8. (b) 9. (c) 10. (d) 11. (b) So I did → So did I 12. (b) if any → if ever

1. (c)

해석 A: 왜 어린 아들을 때렸나요?
B: 그러지 말라고 했는데도 문을 열었거든요.

어휘 spank 찰싹 때리다

해설 대부정사 문제이다. B의 원래 문장은 He opened the door, even though I told him not to open the door.인데, to이하의 내용이 앞의 내용과 반복되기 때문에 대부정사 to만 남기고 반복되는 부분을 생략한 것이다.

2. (d)

해석 A: 그 회사 주식을 살 거니?
B: 아니, 주식을 살 돈이 없어. 또 그러고 싶지도 않아.

해설 Nor로 시작하는 문장은 부정문에 이어져서 '~도 역시 아니다'라는 뜻을 나타내며 뒤따르는 주어와 동사는 도치되어야 한다. 도치되어야 할 동사인 wish가 일반동사이므로 조동사 do를 사용한다. 한편, wish to 뒤에는 반복을 피해 buy any stock이 생략되어 있다.

3. (d)

해석 A: 어젯밤 콘서트 어땠나요?
B: 아주 재미있게 봤고요, 제 여자친구도 그랬습니다.

해설 긍정문에 대해 '~도 그렇다'고 동의를 표현할 때는 'So + 동사 + 주어'의 어순으로 쓴다. 앞에 쓰인 동사가 be동사나 조동사일 때는 be동사나 조동사를, 일반동사일 경우에는 do를 사용하며, 수와 시제도 앞에 쓰인 동사에 일치시킨다.

4. (c)

해석 A: 집에 가는 버스를 기다리고 있는 중이니?.
B: 응. 아, 저기 내 버스가 온다.

해설 'Here(There) + 동사 + 주어'의 구문으로 문맥상 '내 버스가 온다'는 의미가 되어야 하므로 here comes my bus가 정답이다.

5. (b)

해석 A: 어젯밤에 그가 몇 시에 집에 들어왔니?
B: 자정이 넘어서 들어왔어.

해설 부정어 Not until이 부사(구)나 부사절을 동반하여 문두에 위치하면 이어지는 주절의 주어와 동사는 도치된다. 도치된 어순이 쓰인 (b)와 (d) 중에서 until 뒤로 midnight이 이어지는 (b)가 정답이다.

6. (c)

해석 그는 시험에 통과했을 뿐만 아니라 전액 장학금을 받았다.

해설 'not only ~ but also ...'가 쓰인 구문에서 not only가 문장의 맨 앞으로 나가는 경우가 많은데, 이때는 반드시 그 절의 주어와 동사를 도치시켜야 한다. pass는 일반동사이므로 시제를 맞춘 조동사 did를 사용하여 도치해야 한다.

7. (c)

해석 아기는 엄마를 보자마자 울기 시작했다.

해설 'no sooner ~ than ...'은 '~하자마자 …했다'라는 의미로 해석되며 no sooner절에는 과거완료를, than절에는 과거시제를 쓴다. 부정어인 no sooner가 문장의 맨 앞에 위치하였으므로 뒤이어 오는 주어와 동사를 도치시켜야 한다. 따라서 'No sooner + had + 주어 + p.p. ~'의 어순으로 쓰인 (c)가 답이 된다.

8. (b)

해석 선생님이 교실에 들어오고 나서야 그는 숙제를 가져오지 않았다는 사실을 깨달았다.

해설 문두에 부사절을 동반한 only가 있으므로 주절의 주어와 동사가 도치되어야 한다. 도치가 적용된 (b)와 (c) 중, 의미상 '숙제를 가져오지 않았다는 것을 깨달았다'가 자연스러우므로 (b)가 답이 된다.

9. (c)

해석 아인슈타인이 수학적 재능을 보인 것은 14세가 되어서였다.

해설 It was ~ that을 사용한 강조구문을 묻는 문제이다. 접속사 that 뒤의 절의 구조가 완전한 것으로 보아 It was ~ that 사이에는 부사절이 강조되었다는 것을 알 수 있다. 따라서 'Not until + 주어 + 동사'의 어순으로 강조되어 있는 (c)가 정답이다.

10. (d)

해석 이제는 90분 동안 축구를 하는 것이 어렸을 때 그랬던 것보다 훨씬 더 힘들다.

해설 대동사 문제이다. 어렸을 때 힘들었던 것과 현재 힘든 것을 비교하고 있으므로 than 이하에는 playing soccer for 90 minutes was hard의 내용이 포함되어야 한다. 따라서 playing ~ hard를 대명사 it으로 쓰고 동사는 문맥상 과거시제에 맞추어 was를 쓰는 것이 적절하다.

11. (b)

해석 (a) A: 나는 존이 우리와 함께 이 소풍을 갈 거라고 생각했어.
(b) B: 나도 그랬어. 하지만 지금 막 못 온다고 나에게 전화했어.
(c) A: 이상하군.
(d) B: 그래, 뭔가 문제가 있음에 틀림없어.

어휘 odd 이상한, 기묘한

해설 (b)에는 문맥상 '나도 그랬어'라는 뜻이 필요하기 때문에 So 뒤에 도치 어순을 적용해야 한다.

12. (b)

해석 (a) 뛰어난 운동선수라면 누구나 최상의 컨디션으로 높은 영예를 얻기 위해 오래도록 열심히 연습해왔다고 말할 것이다. (b) 우리는 아무런 노력 없이 챔피언이 된 운동선수에 대해, 설사 들어봤다고 해도, 거의 들어본 적이 없다. (c) 우리가 훈련 없이 100미터 달리기를 할 수 있으리라고 기대하는가? (d) 아니다. 우리는 챔피언이 되는 데 있어 훈련이 필수적이라는 것을 알고 있다.

어휘 athlete 운동선수 / a hundred-meter dash 100미터 경주

해설 (b)에서 '~한다고 해도 거의 …하지 않는다'는 의미의 관용표현은 'seldom, if ever, + 동사'로 나타낸다.

Section Ⅱ 실전 Mini Test

Mini TEST 1

p. 114-116

1. (c)	2. (b)	3. (a)	4. (b)	5. (b)
6. (d)	7. (a)	8. (d)	9. (d)	10. (b)
11. (d)	12. (c)	13. (d)	14. (a)	15. (b)

16. (a) 17. (b) Tell about it to me. → Tell me about it.
18. (b) I remember him to ask me → I remember him[his] asking me 19. (b) even though → because[as]
20. (b) as devastated than this city → as devastated as this city[more devastated than this city]

1. (c)

해석 A: 이것이 네가 원하는 가방 맞아?
B: 맞아! 그게 바로 내가 계속 찾고 있던 거야.

해설 문장의 보어자리에 알맞은 명사절 어순 및 적절한 시제를 고르는 문제이다. 명사절의 어순은 '접속사 + 주어 + 동사 ~'인데, 선행사를 포함한 관계대명사 what이 접속사 대신 명사절을 이끌 수 있다. 또한 가방을 발견한 현재시점까지 계속 찾고 있었다는 문맥을 반영하려면 현재완료진행시제가 적절하므로 정답은 (c)이다.

2. (b)

해석 A: 피곤한 건 알지만, 내일까지 보고서를 끝내 줄 수 있나요?
B: 확신할 수는 없지만 노력해 볼게요.

해설 원래 B의 대답은 I'll try to finish the report by tomorrow.인데, finish 이하는 반복되는 내용이므로 이런 경우에는 대부정사 to를 사용하고 나머지는 생략한다.

3. (a)

해석 A: 수학숙제 했니?
B: 아직 못했어. 몇 문제가 아직 헷갈리거든.

해설 confuse는 '~를 헷갈리게 하다, 혼동시키다'의 의미이고 주어인 problems가 목적어인 me를 헷갈리게 만드는 행위주체(능동)이므로 현재분사를 써야 한다. 또한 숙제를 아직 다 하지 못한 상태이기 때문에 현재에도 계속되는 상황, 즉 현재진행시제가 적절하다.

4. (b)

해석 A: 네 아버님 상태가 점점 안 좋아지고 있다고 들었어.
B: 맞아. 회복의 가능성이 거의 없는 것 같아 걱정이야.

해설 빈칸 뒤의 명사가 possibility, 즉 불가산 명사이므로 (b) 혹은 (c)가 답이 될 수 있는데, 비교대상이 있는 상황이 아니므로 'little(거의 없는)'이 적절하다.

5. (b)

해석 A: 제니는 너무 이기적이야. 그녀는 내게 노트를 절대 빌려주지 않아.
B: 맞아, 그녀는 심지어 수업 중에 나와 책을 함께 보려 하지도 않

더군.

해설 조동사 will을 사용하여 '주어의 의지'를 나타낼 수 있다. won't는 '~하려 하지 않다'는 의미로, 주로 주어의 고집이나 경향을 나타낼 때 사용된다. '~해서는 안된다'는 의미의 shouldn't, must not과 '~할 필요 없다'는 의미의 doesn't have to는 문맥과 어울리지 않는다.

6. (d)

해석 A: 실례합니다. 지원서를 언제까지 제출해야 되나요?
B: 내일 정오까지는 내셔야 합니다.

해설 문장의 주어인 It은, 앞에 언급된 my application을 가리키며 receive 되는 대상이므로 빈칸에 들어갈 동사는 수동태가 되어야 한다. 빈칸 앞에 조동사 must가 있으므로 'be동사 + p.p.' 형태로 쓰는 것이 적절하다.

7. (a)

해석 A: 해리, 굉장히 피곤해 보인다. 무슨 문제 있니?
B: 별일 아니야. 학기말 보고서를 완성하느라 밤늦게까지 못 잤거든.

해설 'stay up(잠을 안자고 깨어 있다)'과 'complete(~을 완성하다, 끝내다)' 중에서 stay up이 본동사가 되고 complete 이하 부분이 '~하기 위해서'라는 의미의 부정사로 연결되는 것이 문맥상 자연스럽다. (a)와 (b) 중 부사 late(늦게)가 동사 stay up을 수식하여 '늦게까지 자지 않고 깨어있다'는 의미가 되는 (a)가 정답이다.

8. (d)

해석 A: 내가 너라면 그 도전을 받아들이겠어.
B: 네가 그렇게 말하니 그것에 대해 다시 생각해봐야겠다.

해설 문맥상 '내가 너라면'의 의미이고 주절의 동사가 would accept이므로 가정법 과거 문장이다. 가정법 과거의 if절에 be동사를 쓸 경우에는 주어와 관계 없이 were를 쓰므로 (d)가 정답이다.

9. (d)

해석 브랜든은 마약 밀수 혐의로 기소되었는데, 이것은 그를 알고 있는 사람들에게 엄청난 충격이었다.

어휘 smuggle 밀수하다 / acquaintance 아는 사람

해설 앞의 절 전체를 선행사로 받는 경우 관계대명사 which를 사용한다.

10. (b)

해석 칼슘 부족은 뼈를 약화시키면서 그것에 영향을 끼칠 수 있다.

해설 문장 구성을 볼 때, 빈칸 앞으로는 완벽한 문장이므로 빈칸 이후는 주절을 수식하는 분사구문이 되어야 한다. 빈칸 뒤에 목적어가 있으므로 (b)와 (c) 중 능동의 형태인 (b)가 적절하다.

11. (d)

해석 잭과 그의 친구들이 산의 정상에 올랐을 때쯤, 해는 이미 뜨기 시작했다.

해설 절과 절을 연결하는 적절한 부사절 접속사를 찾는 문제이다. 문맥상 '~할 때쯤'의 의미가 어울리므로 By the time이 정답이다.

12. (c)

해석 채용담당자들은 보통 공석을 채울 만한 자격요건을 제대로 갖춘 후보자를 찾는 데 어려움을 겪는다.

해설 'have difficulty -ing(~하느라 어려움을 겪다)'의 관용표현을 묻는 문제이다.

13. (d)

해석 경력사원을 채용할 때 고용주들은 보통 경력증명서를 고려한다.

해설 '~를 고려하다'의 의미는 'take + 목적어 + into account' 구문을 사용한다. usually는 빈도부사이기 때문에 일반동사 앞에 위치하므로 정답은 (d)이다.

14. (a)

해석 지난 수 세기 동안 미의 기준이 변했을 뿐만 아니라 유행의 경향도 역시 변했다.

어휘 criterion (판단, 평가의) 기준 (pl. criteria)

해설 부정어구 not only가 문장의 맨 앞에 위치하여 강조되면 그 뒤에 오는 주어와 동사는 도치되어야 한다.

15. (b)

해석 아이들이 언어에 노출되는 나이가 이를수록 그것을 더 빠르게 학습할 수 있다는 견해는 오류의 여지가 있다.

해설 동사의 수 일치에 관한 문제인데 동격절의 수식을 받는 주어부분(The view ~ learn it)에서 실질적인 주어는 The view이므로 동사의 수는 단수가 되어야 한다. 또한 빈칸 뒤에 목적어(room)가 있으므로 (b)와 (c) 중 능동형인 leaves가 정답이다.

16. (a)

해석 인도 인구의 70 퍼센트 이상은 이슬람 교도들이다.

해설 '~ percent of 명사'가 주어자리에 오면 동사의 수는 of 뒤에 있는 명사가 결정하는데, population이 단수형이므로 단수동사를 쓰는 것이 알맞다. 일반적 사실은 진행시제로 쓰지 않으므로 (c)는 답이 될 수 없다.

17. (b)

해석 (a) A : 리사, 돈을 좀 더 벌 수 있는 좋은 방법이 떠올랐어.
(b) B : 정말? 잘 듣고 있어. 내게 말해봐.
(c) A : 주말에 별도의 아르바이트를 하는 게 어때?
(d) B : 글쎄, 피곤할 것 같은데.

해설 (b)의 동사 tell은 '~에게'를 뜻하는 간접 목적어 me를 전치사 없이 쓸 수 있는 동사이므로 어순은 Tell me about it.이 되어야 한다.

18. (b)

해석 (a) A: 피터 삼촌이 네게 보낸 생일 선물에 대해 왜 기분이 상해 있니?
(b) B: 저는 삼촌이 'small check(작은 체크무늬, 소액 수표)'과 'large check(큰 체크무늬, 큰 액수의 수표)' 중 어느 것을 원하냐고 물어본 걸로 기억하고 있어요.
(c) A: 그러면 삼촌이 네게 체크무늬 넥타이를 보낼 생각이란 걸 알았어야지.
(d) B: 아니오. 전 수표를 보내는 것에 대해 이야기하시는 줄 알았어요.

해설 remember는 목적어로 to부정사를 취하면 미래의 일을, 동명사를 취하면 과거의 일을 나타낸다. 삼촌이 물어본 것은 과거의 일이므로 동명사를 써야 한다.

19. (b)

해석 (a) 아시아 국가들은 대부분 빠르게 변화하고 있다. (b) 사람들이 시골을 떠나 계속 도시로 몰려들기 때문에 도시가 점점 확장되고 있다. (c) 아시아 경제 또한 대부분 빠르게 성장하고 있다. (d) 아시아가 점점 더 중요해짐에 따라 아시아 사람들이 평화와 진보를 위해 협조하는 것이 필요하다.

어휘 flock to 떼지어 가다

해설 (b)에서 앞, 뒤의 절을 이어주는 접속사로 '양보'의 의미가 있는 even though가 사용되었는데, 문맥상 양보가 아닌 '이유'의 의미로 연결되는 것이 자연스럽기 때문에 even though를 because로 고쳐야 한다.

20. (b)

해석 (a) 지진이 수십억 달러 가치의 집과 건물들을 파괴했다. (b) 현대의 어떤 도시도 이 도시만큼[도시보다 더] 파괴된 적은 없었다. (c) 단 하루 사이에 집과 직장을 잃어버린 수백만 명의 사람들은 절망 상태에 빠져 있다. (d) 추억을 제외하고는 그 도시에 남아 있는 것이라고는 아무것도 없다.

어휘 devastated 황폐화된, 파괴된

해설 (b)는 문맥상 부정주어 No modern city를 사용하여 최상급의 의미를 나타내는 구문이므로 '부정주어 ~ as + 원급 + as'나 '부정주어 ~ 비교급 + than'의 형태로 쓰여야 한다.

Mini TEST 2

p. 117-119

1. (c) 2. (b) 3. (c) 4. (a) 5. (c)
6. (d) 7. (d) 8. (b) 9. (c) 10. (c)
11. (b) 12. (c) 13. (b) 14. (b) 15. (a)
16. (d) 17. (a) too tiring → too tired 18. (c) there are cases which → there are cases in which[there are cases where] 19. (b) drivers and passengers are careless → drivers and passengers who are careless[drivers and passengers being careless] 또는 due to → because
20. (a) Do you think what is → What do you think is

1. (c)

해석 A: 제이미, 뭐 하니?
B: 그냥 이 앨범에 있는 네 옛날 사진들을 보고 있어.

해설 현재 무엇을 하고 있냐는 질문에 대한 답변이므로 현재진행시제로 답하는 것이 적절하다.

2. (b)

해석 A: 윌라드씨와 통화할 수 있을까요?
B: 어느 분을 말씀하시는 거죠? 저희 지점에는 윌라드씨가 두 분이 계시거든요.

어휘 branch 지점, 지부

해설 '~이 있다'라는 표현은 'There is/are' 구문을 사용하여 나타낸다. 이 구문에서 동사의 수를 결정하는 주어는 be동사 뒤에 있는 명사인데 이 문장의 경우 빈칸 뒤에 two Willards, 즉 복수형의 명사가 있으므로 동사도 복수형으로 써야 한다.

3. (c)

해석 A: 그 신입사원을 왜 야단치셨어요?
B: 오늘 아침에 또 늦게 와서는 차가 막혔다고 서툰 변명을 하잖아요.

어휘 lame 절름발이의; (설명 등이) 서투른

해설 이미 갖추어진 절에 접속사 없이 동사(give)를 추가하는 상황이므로 분사구문이 적절하다. 빈칸 뒤에 a lame excuse, 즉 목적어가 있고 주절의 주어와 give a lame excuse의 주어가 의미상 동일하므로 빈칸에는 능동의 분사형인 giving을 쓰는 것이 적절하다.

4. (a)

해석 A: 엄마, 이 모형 비행기 사 주시면 안돼요?
B: 안돼. 너는 이미 모형을 충분히 많이 가지고 있잖니.

해설 buy는 4형식 동사이므로 'buy + 사람목적어(~에게) + 사물목적어(~을/를)'의 어순이거나 'buy + 사물목적어(~을/를) + for 사람목적어(~에게)'의 어순이어야 한다. 따라서 정답은 (a)이다.

5. (c)

해석 A: 마케팅 부서의 쿠퍼양을 만나러 왔습니다.
B: 죄송합니다만, 그분은 오늘 퇴근하셨는데요.

해설 문맥에 맞는 적절한 시제를 고르는 문제인데, '퇴근해서(과거시점) 현재 이곳에 없다'라는 의미는 현재완료 시제로 표현해야 하기 때문에 정답은 (c)가 된다.

6. (d)

해석 A: 론이 다음 달에 결혼할 거라는 소식 들었니?
B: 정말? 나는 그가 그렇게 젊은 나이에 결혼할 그런 사람은 아니라고 생각했어.

해설 '종류, 부류'의 의미인 kind는 가산명사이며 빈칸은 문맥상 '~한 그런 사람'을 의미하므로 특정한 의미를 부여하기 위해 kind 앞에 정관사 the를 쓴다.

7. (d)

해석 A: 밤에 10시간 이상 자는 것도 문제가 될 수 있나요?
B: 저는 그렇게 생각합니다. 너무 많이 자는 것은 잠을 충분히 자지 않는 것 만큼 해로울 수 있거든요.

해설 빈칸 앞에 as가 있으므로 '~만큼 …하다'의 동등비교 구문을 완성하는 문제이다. 선택지 중 'as + 원급 형용사 + as + 비교대상'의 순서로 어순이 배열되어 있는 (d)를 골라야 한다.

8. (b)

해석 A: 너를 배웅하러 공항에 가줄까?
B: 걱정하지 마. 올 필요 없어.

해설 부정문에서 need가 '~할 필요 없다'의 의미로 쓰일 때는 'don't need to부정사' 또는 'need not + 동사원형' 구문으로 나타낸다.

9. (c)

해석 현대 사회에서는 모든 사람이 평등하게 창조되었고 누구나 자유로울 권리가 있다고 여겨진다.

해설 believe가 3형식에서 that절을 목적어로 받을 때의 수동태는 'It

is believed that절'로 쓰거나 'that절의 주어 + be believed to부정사'로 쓴다.

10. (c)

해석 내가 당신 입장이라면 그런 결정은 하지 않을 겁니다.

해설 주절의 시제가 would make이므로 가정법 과거임을 알 수 있다. 따라서 조건절에는 동사의 과거형이 와야 하는데 가정법 과거에서는 주어의 인칭에 상관 없이 be 동사의 과거형으로 were를 사용하기 때문에 정답은 (c)이다.

11. (b)

해석 내가 경찰관에게 뇌물을 주려했을 때, 그는 그것을 받기를 거절했다.

어휘 bribe 뇌물

해설 '~을 거절하다'는 의미의 refuse는 목적어 자리에 동명사가 아닌 to부정사를 취하는 동사이다. 빈칸 뒤에 accept의 목적어 it이 있으므로 (b)와 (d) 중 능동형 부정사인 (b)가 정답이다.

12. (c)

해석 그녀의 아들은 대단히 총명할 뿐 아니라 스포츠와 음악에도 소질이 있다.

해설 'not only A but also B(A 뿐만 아니라 B도 역시)' 구문이다.

13. (b)

해석 수잔의 생일 파티에 참석한 각각의 아이들은 그녀의 어머니로부터 작은 선물을 받았다.

해설 문장의 동사가 단수형(was)인 것으로 보아 복수명사인 children이 주어가 아니라 단수 취급하는 수량 표현이 별도로 나와야 함을 알 수 있다. 가능한 선택지 each와 every 중 every는 형용사로만 쓰이는 반면, each는 대명사로 쓰여 of the children의 수식을 받을 수 있으므로 정답은 (b)이다.

14. (b)

해석 이산가족 상봉문제와 핵무기 비확산을 위한 회담은 별개의 것으로 고려되어야 한다.

어휘 non-proliferation (핵무기의) 비확산, 확산 방지

해설 타동사 'consider(~를 고려하다)'가 수동태로 쓰여 '고려되다'라는 의미가 되었고 별도의 형용사 보어는 필요로 하지 않으므로 빈칸에는 should be considered를 수식하는 부사 separately를 쓰는 것이 적절하다.

15. (a)

해석 증거의 부족에도 불구하고 그 검사는 그 살인 용의자가 유죄라는 것을 증명하려고 애를 썼다.

어휘 prosecutor 검찰관, 검사 / suspect 용의자

해설 알맞은 전치사를 고르는 문제이다. despite(~에도 불구하고), because of(~때문에), in addition to(~ 외에도), with regard to(~에 관해) 중 문맥에 어울리는 것은 despite이다.

16. (d)

해석 벽에 붙은 포스터를 보자마자 그에게 번뜩이는 아이디어가 떠올랐다.

해설 부정어 No sooner로 시작하는 도치문의 어순과 시제를 묻는 문제이다. 'No sooner A(had + 주어 + p.p.) than B(주어 + 과거시제)'는 'A하자마자 B했다'의 의미로, 대표적인 도치구문이다.

17. (a)

해석 (a) A: 나 집에 가서 쉬려고 해. 너무 피곤해.
(b) B: 어젯밤에 잠을 잘 못 잤니?
(c) A: 옆집에서 너무 시끄럽게 구는 바람에 한숨도 못 잤어.
(d) B: 만약에 그런 일이 또 생기면 네 이웃에게 항의를 하는 게 좋을 거야.

어휘 not sleep a wink 한숨도 자지 않다

해설 (a)의 tiring은 '(사람, 사물 등이) ~를 피곤하게 하는'의 의미이므로 문맥에서와 같이 '(사람이) 피곤한'의 의미로 쓰려면 tired로 고쳐야 한다.

18. (c)

해석 (a) A: 너 정말 안경을 쓸 필요 없도록 눈 수술을 받을 생각이니?
(b) B: 그래. 수술과정이 간단하다고 들었어.
(c) A: 그건 사실이지만, 이전보다 시력이 더 나빠지는 경우도 있어.
(d) B: 정말? 그러면 좀 더 고민해봐야겠는걸.

해설 (c)에서 관계대명사 which가 이끄는 종속절은 완전한 문장이므로 '전치사+관계대명사' 또는 관계부사를 써야 한다. 선행사가 cases이기 때문에 전치사 in을 써서 in which나 관계부사 where로 고쳐야 한다.

19. (b)

해석 (a) 연간 자동차 사고 사망자수가 수년 동안 증가해왔다. (b) 이는 주로 운전자와 승객이 안전벨트 착용에 주의를 기울이지 않기 때문이다. (c) 그러니 당신과 당신의 아이들은 반드시 안전벨트를 매도록 해라. (d) 그것이 당신의 생명을 구해줄지도 모른다.

해설 (b)의 due to 다음에는 '주어+동사'로 이루어진 절의 형태가 올 수 없다. 따라서 drivers and passengers 뒤의 동사 are 대신에 현재분사 being을 쓰거나 are 앞에 관계대명사 who를 써서 drivers and passengers를 수식하는 형용사구(절)의 형태로 고쳐야 한다. 또는 due to를 같은 의미의 접속사 because로 고쳐 쓸 경우에도 맞는 문장이 된다.

20. (a)

해석 (a) 당신은 인생에서 무엇이 가장 중요하다고 생각하는가? 돈? 건강? 아니면 사랑? (b) 많은 사람들이 돈으로 행복을 살 수 있다고 생각해서 '돈'이라고 답할지도 모른다. (c) 또 어떤 사람들은 건강하지 않고는 행복하기 어렵다고 생각해서 '건강'이라고 답할 것이다. (d) 그러나 모든 것 중에서 사랑이 우리를 가장 행복하게 만들어주기 때문에 나의 대답은 사랑이다.

해설 간접의문문의 어순을 묻는 문제이다. 간접의문문이 있는 주절의 동사가 think, believe, suppose 등과 같이 생각이나 추측을 나타내는 경우 의문사는 문장의 맨 앞에 와야 한다. 따라서 Do you think what is의 어순을 What do you think is로 고쳐야 한다.

Mini TEST 3 p. 120-122

1. (a) 2. (b) 3. (a) 4. (b) 5. (c)
6. (d) 7. (b) 8. (c) 9. (d) 10. (b)
11. (a) 12. (b) 13. (b) 14. (b) 15. (b)
16. (d) 17. (a) cardboard those brown small boxes → those small brown cardboard boxes 18. (b) I wish I can → I wish I could 19. (d) if the boss will lose → if the boss loses 20. (b) Considered → Considering

1. (a)

해석 A: 수잔이 어디 사는지 아시나요?
B: 잘 모르겠어요.

해설 'Where does Susan live?'라는 의문문이 동사 know의 목적어절로 삽입된 간접의문문이다. 간접의문문의 어순은 '의문사 + 주어 + 동사'이므로 조동사 does는 필요 없게 되어 (a)와 같이 표현한다.

2. (b)

해석 A: 무얼 읽고 있어?
B: 파리에 관한 정보가 많은 안내서야.

해설 information은 불가산 명사이므로 양을 나타내는 형용사로만 수식할 수 있다. 가능한 선택지 (a)와 (b) 중 little은 '거의 없는'의 부정적 의미이고 a lot of 는 긍정적 의미이므로 문맥상 (b)가 적절하다.

3. (a)

해석 A: 어디에서 이 옷들을 입어볼 수 있나요?
B: 바로 저기 있는 탈의실 중 한군데서 입어 보시면 돼요. 커튼이 드리워져 있는 것은 사용 중인 방입니다.

해설 'with + 명사 + 분사' 형태의 분사구문을 고르는 문제이다. 이 경우 분사의 능동/수동은 바로 앞에 있는 명사와의 관계를 고려해서 결정해야 한다. 커튼은 드리워지는 것이므로 수동의 의미가 있는 과거분사를 포함한 (a)가 정답이다.

4. (b)

해석 A: 마이클, 굉장히 기뻐 보이는데.
B: 맞아. 예상했던 것보다 훨씬 더 높은 TEPS 점수를 받았거든.

해설 비교급을 수식해서 '훨씬'이라는 의미를 나타내는 부사에는 far 외에도 much, still, even, a lot 등이 있다.

5. (c)

해석 A: 이 시계 고치는 데 얼마나 걸릴까요?
B: 적어도 삼십 분은 걸릴 거에요. 시계가 수리되는 동안 상점을 둘러보시죠.

해설 repair는 '~를 고치다'라는 의미의 타동사인데 주어인 your watch는 수리하는 주체가 아닌 수리의 대상이므로 수동태로 나타내어야 한다. 또한 접속사 while은 '~하는 동안'의 의미이므로 문맥상 진행시제가 적절하다. 따라서 진행형과 수동태를 합친 표현인 being repaired가 적절하다.

6. (d)

해석 A: 긴 비행이 될 테니 읽을거리를 가져가는 게 좋겠는데.
B: 알았어. 공항에 있는 서점에 들를 수 있어.

해설 문맥상 '~하기 때문에'라는 의미의 접속사를 골라야 한다. since는 because의 의미로 쓰일 수 있으므로 정답은 (d)이다.

7. (b)

해석 A: 영어 말하기 대회에서 네가 1등 상을 받은 것이 아직도 믿기지가 않는구나.
B: 그건 모두 선생님처럼 훌륭한 분이 도와주신 덕택이죠.

해설 'A는 B의 덕택이다'라는 의미는 'owe A to B'의 구문으로 나타낼 수 있다.

8. (c)

해석 A: 이렇게 일찍 나가려구? 아직 새벽 6시야.
B: 이번 학기에 아침 일찍 수업을 듣는다고 말씀 안 드렸나요?

해설 접속사 that 뒤에는 주어와 동사 순의 절이 이어져야 하므로 가능한 선택지는 (c)와 (d)이다. 형용사와 부사의 형태가 동일한 early는 문맥상 have가 아닌 class를 수식하는 형용사로 쓰이는 것이 자연스러우므로 정답은 (c)이다.

9. (d)

해석 나는 형이 유명한 물리학 교수인 한 소년을 알고 있다.

해설 선행사가 사람이므로 which를 쓸 수 없고, 빈칸 뒤에 be동사가 있으므로 목적격 관계대명사 whom도 정답이 될 수 없다. 관계대명사 that이 이끄는 문장구조는 불완전해야 하는데 (c)의 that he를 넣으면 완전한 절이 성립되어 답이 될 수 없으므로 정답은 소유격 관계대명사가 있는 (d)이다.

10. (b)

해석 너와 내가 마지막으로 만난 이후로 믿기 어려울 만큼 여러 해가 지나갔다.

해설 'since', 'so far', 'for + 기간' 등과 같이 과거부터 현재까지의 시간을 나타내는 부사(구)가 있는 경우 주절에는 현재완료 시제를 써야 한다.

11. (a)

해석 작년 이후로 신생아 수가 현저하게 줄어들었다.

해설 The number가 문장의 주어이므로 단수 동사를 사용해야 하고, 시간을 나타내는 부사구 since last year가 있으므로 현재완료 시제가 적용된 (a)가 정답이다.

12. (b)

해석 그녀는 어머니께 편지 쓰기가 어려웠다.

해설 difficult, easy, hard, possible, impossible과 같은 형용사들은 사람을 주어로 쓰지 않고 가주어 it을 사용하여 'It is + 형용사 + (for 목적격) + to부정사' 구문으로 쓰인다.

13. (b)

해석 나는 부모님께 약간의 돈을 부탁했지만, 한 푼도 없다는 얘기만 들었다.

해설 문맥상 no money를 대신할 수 있는 대명사가 필요하므로 none이 정답이다. any는 부정의 뜻을 나타내지 못하므로 답이 될 수 없다.

14. (b)

해석 그 가족이 외국으로 이사할 때 그들은 애완동물들을 데려가지 않기로 결정했다.

해설 주어인 they 뒤에 이어지는 어순을 완성하는 문제로서 '~하지 않기로 결정하다'의 구문은 'decide not to부정사' 구조이다. to부정사의 부정은 to부정사 앞에 not을 써서 나타낸다.

15. (b)

해석 정부는 중국이나 일본, 그 외의 아시아 국가에서 오는 외국인 관광객들을 위해 도로표지판에 한자를 추가해야 한다고 제안했다.

해설 주절의 동사가 제안(suggest, propose), 충고(advise), 요구(request, demand), 주장(insist), 명령(order) 등의 의미일 때 종속절인 that절에는 '(should) + 동사원형'을 쓴다. 동사원형의 형태인 (a), (b) 중 한자는 '추가되는' 대상이므로 수동태를 포함한 (b)가 정답이다.

16. (d)

해석 나는 어렸을 때는 우리 나라의 대통령이 되고 싶었지만, 요즘은 비행기 조종사가 되고 싶다.

해설 앞의 절 속에는 어렸을 때의 희망이, but 이후에는 요즘의 희망이 제시되고 있다. 따라서 '(한때) ~하곤 했다'의 의미를 나타내는 조동사 used to를 쓰는 것이 알맞다.

17. (a)

해석 (a) A: 그 작은 갈색 종이 상자들을 어떻게 하려는 거야?
(b) B: 이것들을 창고로 가져가야 해.
(c) A: 옮기는 거 도와줄까?
(d) B: 그거 좋지. 정말 고마워.

해설 여러 개의 형용사를 나열하는 경우, '지시 + 대소 + 색깔 + 재료' 의 순서로 쓰는 것이 원칙이다. 따라서 올바른 어순은 'those(지시) small (대소) brown(색깔) cardboard(재료)'가 된다.

18. (b)

해석 (a) A : 수잔, 오늘 오후에 수영장에 가는 게 어때?
(b) B : 갈 수 있다면 좋겠지만, 다음에 갈래. 아무튼 고마워.
(c) A : 왜 못 가는지 물어 봐도 되니?
(d) B : 그냥 감기 기운이 좀 있어. 그게 다야.

해설 I wish 가정법 구문이다. 현재 사실에 대해 아쉬워하는 상황이라면 'I wish + 주어 + 동사의 과거형'을 써야 하기 때문에 I wish I can을 I wish I could로 고쳐야 한다.

19. (d)

해석 (a) 사장님이 오늘 아침에 기분이 아주 좋으시니 우리로서는 다행이다. (b) 그는 한동안 새 골프채를 시험해보고 싶어했다. (c) 관리부장님이 자신의 클럽에서 골프 한 라운드를 치자고 사장님을 초대했다. (d) 물론 사장님이 지면, 내일 아침에 그는 심기가 매우 상해있을 것이다.

해설 (d)의 if절은 조건을 나타내는 부사절이므로 현재시제가 미래시제를 대신해야 한다. 따라서 will lose가 아닌 loses를 쓰는 것이 적절하다.

20. (b)

해석 (a) 그는 재빨리 술을 마시고는 병을 다시 주머니에 넣었다. (b) 그는 담배를 피우는 모험을 할까 말까 망설이면서 잠시 가만히 서 있었다. (c) 그는 모험을 감행하기로 결심했다. (d) 그는 입술 사이에 담배를 물고 폐까지 깊숙이 연기를 들이마시고는 담뱃불을 껐다.

해설 (b)의 Considered는 분사구문이므로 능동/수동의 여부를 확인해야 한다. 타동사인 consider(~을 고려하다) 뒤에 whether가 이끄는 명사절 즉, 목적어가 있으므로 능동임을 알 수 있다. 따라서 considered는 능동의 분사구문인 considering으로 고쳐야 한다.

Reading Comprehension

TEPS BY STEP

Part 1 unit 01 내용 완성하기

Basic Drill

p.128-129

1. ⓑ 2. ⓑ 3. ⓑ 4. ⓐ 5. ⓐ 6. ⓐ

1. ⓑ

기술은 진보에 있어서 인간적인 요소를 고려해야 한다는 점에서 과학과 다르다. 과학이 이론적인 질문에 대해 숙고하는 반면, 기술은 실질적인 이용에 더욱 관계가 있다. 기술의 목적은 인간의 필요를 충족시키기 위함이다. 만약 우리가 현재와 미래 세대 모두에게 더 나은 세상을 만들고자 한다면, 기술에 대한 좀 더 인간적인 접근이 이루어져야 한다.

ⓐ 과학적인

ⓑ 인간적인

어휘 ponder 숙고하다 / theoretical 이론의 / practical 실제적인, 실용적인 / application 적용, 이용

해설 과학과는 달리 기술은 인간의 필요를 충족시키기 위한 목적이기 때문에 인간적인 요소를 고려하여 기술의 진보가 이루어져야 한다는 내용의 지문이므로 정답은 ⓑ이다.

2. ⓑ

오늘 일련의 폭발로 35명이 사망하며 뉴델리가 혼란에 빠졌습니다. 이 폭발은 부적절하게 저장되어 있던 화학 약품에 의해 발생한 것으로 보입니다. 이 폭발로 인해 많은 건물들이 붕괴되었습니다. 경찰 및 구조대원들이 생존자들을 찾기 위해 잔해를 수색 중에 있습니다. 정부는 이 지역을 재해 지역으로 선포했으며 국제기구들로부터 인도주의적인 원조를 받기를 희망하고 있습니다.

ⓐ 개발 제한 구역

ⓑ 재해 지역

어휘 explosion 폭발 / chemicals 화학 약품(제품) / improperly 부적절하게, 틀리게 / owing to ~때문에 / rescue 구조의 / wreckage 잔해, 파편 / survivor 생존자 / humanitarian 인도주의적인 / assistance 원조, 도움

해설 화학 약품에 의한 것으로 보이는 폭발로 수십 명이 사망하고 많은 건물이 무너지는 등의 피해를 입은 곳에 대한 설명이므로, ⓐ의 개발 제한 구역보다는 ⓑ의 재해 지역이 더 적당하다.

3. ⓑ

동화는 어린이들의 흥미를 끌지만 어른들의 관심도 불러 일으킬 수 있다. 드림웍스는 '토이 스토리'나 '벅스 라이프'와 같이 동화 같은 이야기를 만들어낼 수 있었는데, 많은 어린이들과 어른들의 마음을 움직였다. 이러한 전략은 매우 성공적이었다. 만약 디즈니가 단순히 어린이 영화만을 만들었다면, 아마도 어른들은 자녀들을 아동 영화를 보도록 두고 자신들은 성인용 영화 한 편을 찾았을 것이다. 그런 까닭에, 드림웍스는 가족 전체가 즐길 수 있는 영화를 만들어내고 있는 것이다.

ⓐ 이윤을 증가시킬 수 있는

ⓑ 가족 전체가 즐길 수 있는

어휘 fairy tale 동화, 옛날 이야기 / appeal to ~의 흥미를 끌다 / reach (마음을) 움직이다 / flick 영화 / boost 증가시키다, 인상하다

해설 동화가 어린이와 어른 모두의 관심을 불러 일으킬 수 있음을 첫 문장에서 언급한 후, 동화 같은 이야기로 어린이와 어른 모두의 마음을 얻는 데 성공한 드림웍스의 예를 들어 그 내용을 뒷받침하고 있다. 빈칸이 마지막 문장에 포함되어 있을 때에는 그 문장이 글 전체의 내용을 결론짓는 경우가 많은데, 부모와 자녀가 함께 즐길 수 있는 영화에 대해 설명하고 있으므로 ⓑ가 정답이다.

4. ⓐ

예전에 세계는 급속히 늘어나는 인구에 대해 걱정하였으며, 따라서 많은 나라들이 출산 억제 캠페인을 실시했다. 하지만 요즘에는 실질적으로 모든 인구 증가가 개발도상국에서만 일어나고 있다. 그 결과, 인구통계학자들은 그 나라 사람들의 삶의 질을 우려하고 있다. 인구 증가는 보건, 교육, 경제 활동의 기회를 계속해서 줄어들게 하면서 개발도상국의 사람들에게 막대한 영향을 미칠 것이다.

ⓐ 삶의 질

ⓑ 이민 문제

어휘 rapidly 급속히 / population 인구(수) / birth-control campaign 출산 억제 캠페인 / virtually 사실상, 실질적으로 / demographer 인구통계학자 / profound 심오한, 깊은 / impact 영향, 충격 / decline 쇠퇴; *감소 / healthcare 보건 (활동)

해설 빈칸 이후에 나오는 문장에서는 인구 증가로 개발도상국에서 보건, 교육, 경제 활동의 기회 등이 줄어든다는 내용을 언급하고 있다. 이러한 기회가 줄어든다는 것은 곧 삶의 질의 저하를 의미하므로 ⓐ가 빈칸에 들어가는 것이 더 적절하다.

5. ⓐ

미국인들은 자신들의 문화를 대개 숫자와 정확한 자료를 통해 검토하려는 경향을 가지고 있다. 미국 스포츠, 특히 미식축구는 아마도 역사상 가장 많이 '수치화된' 스포츠일 것이다. 다음과 같은 말, 즉 "이것은 지금까지 이 경기장에서 왼발잡이 선수가 필드골을 넣은 거리 중 가장 긴 거리로, 이곳에서 이전에 기록된 가장 긴 킥은 1957년 11월 17일, 51야드였습니다"는 전형적인 해설일 것이다. 분명 미국인들은 구체적인

세부 내용에 감명 받는다고 말해도 과언이 아니다.
ⓐ 구체적인 세부 내용
ⓑ 과학적인 접근법

어휘 tendency 경향 / precise 정확한 / measured 정확히 잰, 측정한 / typical 전형적인 / be impressed with(by, at) ~으로 감명 받다 / concrete 구체적인

해설 주제문에 이어 구체적인 예를 제시한 뒤, 빈칸을 포함하는 마지막 문장에서 주제를 다시 한 번 반복하고 있다. 주제문에서 사용된 'numbers and precise data'라는 표현이 자칫 'scientific'이라는 표현과 연관되어 보일 수도 있으나, 제시된 예는 과학적 접근(가설-검증-이론 도출)이라기보다는 매우 구체적인 사항이다. 따라서 정답은 ⓐ이다.

6. ⓐ
1996년 여름, 한 아프리카계 미국인 가족이 아들의 10번째 생일을 축하하기 위해 댈러스에 있는 한 피자헛에 들어갔다. 그러나 도착하기 전에 전화로 피자 다섯 판을 주문해 놓았음에도 불구하고 식당에 들어갈 수 없었다. 그 부모는 인종차별로 피자헛을 고소했다. 소송 결과, 피자헛 법인은 전국에 있는 수만 명의 직원들에게 인종차별에 주의하는 교육을 제공하기로 했다. 회사는 또한 그 가족에게 16만 달러를 지급하는 데 동의했다.
ⓐ 인종차별
ⓑ 계약의 불이행

어휘 turn away 쫓아버리다 / phone in (정보 등을) 전화로 알리다 / sue 고소하다(suit 소송) / incorporated 법인 조직의 / racial 인종의 / sensitivity 예민함, 민감(성) / nationwide 전국적으로 / discrimination 차별 / nonfulfillment 불이행

해설 빈칸 뒤에 소송의 결과로 피자헛에서 직원들에게 인종차별과 관련된 교육을 하기로 결정했으므로, 소송의 이유가 인종차별 때문임을 알 수 있다.

Practice TEST

p.130-131

1. (d) 2. (b) 3. (b) 4. (b)

1. (d)
대부분의 사람들은 일반적으로 가장 격렬한 육체노동을 수행하는 데 있어서 남자들이 선천적으로 더 적합하다고 생각한다. 그러나 세계의 모든 민족들이 같은 견해를 가지고 있는 것은 아니다. 아프리카의 다호메이 왕국의 지배자들은 여자들이 특히 맹렬한 전사라고 믿었기 때문에 이들을 경호원으로 사용했다. 이와 유사하게 태즈메이니아인들은 여자들이 가장 위험한 사냥 일에 완벽하게 적합하다고 생각했다. 이러한 예들은 각종 형태의 일을 하기 위한 기술이나 일반적인 능력과 관련하여 성에 관한 보편적인 특징은 없다는 사실을 보여준다.
(a) 여자들이 남자들보다 더 강하다
(b) 여자들이 주도적 역할을 해야 한다
(c) 성 역할에는 엄밀한 차이가 존재한다
(d) 성에 관한 보편적인 특징은 없다

어휘 strenuous 격렬한 / fierce 사나운, 맹렬한 / in regard to ~에 관해서 / universal 보편적인

해설 성에 대한 고정관념을 먼저 언급하고 둘째 문장에서 역접을 통한 전환이 이루어진 후, 이 고정관념을 깨는 두 가지 예가 제시되었다. 마지막 문장에서 결론으로 '성에 관한 보편적인 특징은 없다'는 주제를 이끌어내고 있다.

2. (b)
미국의 옥수수와 콩의 50% 이상이 유전자 변형된 것이라고 추정되고 있다. 몇몇 주요 식품 회사들은 유럽에서는 유전자 변형 식품에 대한 대중들의 분노 때문에 이를 판매하지 않는 반면, 미국 제품들은 당연히 유전자 변형된 원료를 포함하고 있다고 인정한다. 그러나, 미국 소비자들은 (성분 표시) 라벨이 의무화되지 않아 그들이 무엇을 소비하고 있는지 정확히 알지 못한다. 심지어 일부 유기농 식품들도 유전자 변형되었을 수 있다. 유제품들 또한, 소들에게 종종 유전자 조작된 물질과 성장 호르몬을 먹이므로 잠재적으로 유전자 변형된 물질을 함유할 수 있다.
(a) 늘 잘 알고 있다
(b) 정확히 알지 못한다
(c) 늘 주의하고 있다
(d) 절대 주의를 기울이지 않는다

어휘 genetically modified(engineered) 유전자 변형(조작)의 / outrage 분노 / may well-v ~하는 것은 당연하다 / ingredient 재료, 성분 / dairy products 유제품 / potentially 잠재적으로 / alert 조심하는, 경계하는

해설 엄청난 양의 유전자 변형 식품이 판매되고 있지만(성분 표시) 라벨이 의무화되지 않았다고 했으므로, 빈칸에는 소비자들이 이에 대해 정확히 알지 못한다는 내용이 와야 한다. 이것은 소비자의 태만 때문이 아니라 식품 회사들이 라벨을 제대로 붙이지 않는 탓이므로 (d)는 답이 될 수 없다.

3. (b)
집단행동의 개념은 종종 사회학자들에 의해 논의된다. 그들은 사람들이 혼자 있을 때의 행동과 군중 속에서의 행동을 비교한다. 혼자 있을 때 사람들은 이성적이다. 그들의 행동은 그들 자신의 사고방식과 상황에 대한 자신의 관점에 근거한다. 그러나 군중 속에 있을 때 사람들은 그들의 도덕적 자아로부터 분리된다. 그들은 단순히 더 큰 집단의 일부분이기 때문에 더 이상 자신들의 행동에 대해 책임을 지지 않는다. 그들은 상황을 잘못 이해하거나, 어떤 사람에 대해 부주의하게 성급한 판단을 내릴 수 있다. 일단 군중이 행동하기로 결정하면 통제가 불가능해진다. 그들의 행동이 불법적이거나 비도덕적일 수 있지만 개인은 더 이상 사물들을 한 사람의 개인으로서 보지 못한다. 이것이 집단행동이다.
(a) 그들의 도덕관이 변했다
(b) 그들은 단순히 더 큰 집단의 일부분이다
(c) 그들은 상황에 책임을 돌린다
(d) 그들은 자신들이 하고 있는 일을 인식하지 못한다

어휘 sociologist 사회학자 / disconnected 접촉이 끊긴, 분리된 / moral 도덕(상)의(↔immoral); (~s) 도덕(관) / prejudge 성급하게 판단하다 / uncontrollable 통제할 수 없는

해설 개인행동과 대비되는 집단행동의 개념에 대해서 설명하고 있다. 빈칸이 있는 문장에서부터 사람들이 개인이 아닌 집단의 일부가 되면서 나타나는 행동의 변화를 설명하고 있으므로 (b)가 정답이다.

4. (b)
왼손잡이에 대한 연구가 늘고 있다. 예를 들어, 한 심리학자는 왼손잡이들이 상상력이 더 풍부한 경향이 있다고 한다. 그들은 또한 오른손잡이들보다 물속에서 수영하는 것을 더 좋아한다. 그러나 왼손잡이인 것이 사람들에게 문제를 일으킬 수도 있다. 일부 왼손잡이 아이들은 글자와 단어를 거꾸로 본다. 그들은 b를 d로, saw를 was로 읽는다. 또 다른 문제는 말을 더듬는 것이다. 일부 왼손잡이 아이들은 오른손으로 글을 쓰라고 강요당할 때 말을 더듬기 시작한다. 엘리자베스 2세의 아버지인 조지 6세는 어렸을 때 왼손으로 글씨를 쓰던 것을 오른손으로 바꿔야만 했고, 그는 평생 말을 더듬었다.
(a) 오른손잡이 아이들이 수영을 싫어하게 만든다
(b) 사람들에게 문제를 일으킨다
(c) 과거로 거슬러 올라간다
(d) 여성보다 남성에게 더 많이 나타난다

어휘 left-handedness 왼손잡이 / psychologist 심리학자 / imagination 상상력 / backwards 거꾸로, 반대로 / stutter 말을 더듬다 / all one's life 평생 / trace back (유래를) 거슬러 올라가다

해설 빈칸 앞의 내용은 왼손잡이의 긍정적인 성향들을 설명하고 있는 반면, 빈칸이 있는 문장에 대조를 나타내는 연결사인 however가 있고 그 뒤로는 왼손잡이들이 겪는 여러 가지 문제점들이 나열되고 있다. 따라서 빈칸에 들어갈 내용은 왼손잡이인 것에 단점이 있다는 내용이어야 하므로 정답은 (b)이다.

Part 1 unit 02 연결어 넣기

Basic Drill p.134-135

1. ⓑ 2. ⓑ 3. ⓐ 4. ⓐ 5. ⓐ 6. ⓐ

1. ⓑ
터키 서부 지역에서 발생한 거대한 지진으로 인한 사망자 수가 생존자들의 고통이 계속 늘어가는 가운데 화요일 자로 1만 7천 명에 이르렀습니다. 유엔 관계자들은 이 지진으로 인한 최종 사망자 수가 최대 4만 명에 이를 수 있다고 추정하며, 현재 10만 명에서 20만 명에 이르는 사람들이 집을 잃었다고 밝히고 있습니다. 반면에, 관계자들은 지진의 여파로 발생할 수 있는 질병의 위협에 대한 언론의 공포는 오도된 것이라고 말했습니다.
ⓐ 예를 들면
ⓑ 반면에

어휘 toll 사상자 수(=casualties) / monster 거대한 / mount (수량 등이) 늘다, 오르다 / scare 공포 / in the aftermath of ~의 여파로 / misleading 오도하는, 그릇된 인상을 주는

해설 빈칸 앞에는 지진으로 인해 발생한 막대한 피해 상황을, 빈칸 뒤에는 지진의 여파로 발생할 수 있는 질병에 대한 현재의 우려는 지나치다는 서로 상반된 내용을 설명하고 있으므로 빈칸에 대조를 나타내는 On the other hand가 들어가는 것이 적절하다.

2. ⓑ
호텔 요리사들이 그들의 요리에 가공 식품을 사용하는 것을 선호하던 시기가 있었다. 그러나 사회의 주변부에서 일하고 있던 일부 반항적인 요리사들은 산업화된 요리 재료들을 받아들이지 않았다. 대신에, 그들은 더 소규모이지만 더 건강에 신경 쓰는 납품업자들을 찾기로 했다. 요즘에는 더 많은 요리사들이 이러한 움직임에 동참하고 있다.
ⓐ 그럼에도 불구하고
ⓑ 대신에

어휘 processed food 가공 식품 / rebellious 반항적인 / outskirts 변두리, 주변부 / industrialized 산업화된 / ingredient 재료

해설 빈칸 앞에서는 요리에 가공 식품을 사용한 요리사들이 많았으나 이런 시류를 따르지 않는 요리사들도 있었음을 언급하였다. 빈칸의 바로 뒷 문장에서는 그런 요리사들이 가공 식품을 대신하여 사용하기 위해 건강에 우선을 둔 재료를 구입했다는 내용의 부연 설명을 하고 있으므로 빈칸에는 ⓑ가 들어가는 것이 적절하다.

3. ⓐ
우리가 집과 건물의 난방을 하고, 전기를 생산하고 화석 연료를 태울 때, 환경은 끊임없이 스트레스를 받고 있다. 이것들은 모두 대기로 배출되는 이산화탄소의 양을 증가시킨다. 이 이산화탄소는 열을 대기에 머무르게 한다. 그 결과, 열이 대기 밖으로 빠르게 빠져나가지 못하고 전 세계의 기온을 천천히 상승시키고 있다.
ⓐ 그 결과
ⓑ 게다가

어휘 constantly 끊임없이 / generate 발생시키다 / electricity 전기 / fossil fuel 화석 연료 / carbon dioxide 이산화탄소

해설 인간의 활동으로 대기 중으로 배출되는 이산화탄소의 양이 증

가함에 따라 세계의 기온이 오르는 것이므로 결과를 나타내는 연결사가 필요하다. 따라서 정답은 ⓐ이다.

4. ⓐ
개발도상국들이 선진국의 은행과 정부에 지고 있는 막대한 빚은 주된 경제 문제이다. 이 국가들은 투자가 성장을 가져올 것이라는 기대를 가지며 1970년대에 대량으로 돈을 빌렸다. 그러나 세계 경제의 침체로 인해 많은 개발도상국들이 막대한 부채와 소득 감소를 겪게 되었고, 이는 빈곤의 증대를 가져왔다. 이 부채 문제는 또 세계 금융 시스템에 불안정성을 야기하였다. 그러므로, 이 문제를 해결하여 개발도상국들이 경제를 성장시킬 수 있게 하는 것은 모든 당사자들의 이익을 위한 것이다.
ⓐ 그러므로
ⓑ 다행히

어휘 debt 빚, 부채 / expectation 기대 / investment 투자 / downturn (경기 등의) 하강, 침체 / poverty 빈곤, 가난 / instability 불안정(성) / party 당사자, 관계자 / sort out (문제 등을) 해결하다

해설 빈칸 앞의 내용은 개발도상국이 진 빚이 세계 경제를 위협하고 있다는 내용이다. 그리고 빈칸을 포함하고 있는 마지막 문장에서 '이 문제를 해결하여 개발도상국들이 경제를 성장시킬 수 있게 하는 것은 모든 당사자들의 이익을 위한 것이다'라고 마무리하고 있다. 빈칸 앞에는 원인, 빈칸 뒤에는 그에 대한 해결책을 제시하고 있으므로 therefore가 적절하다.

5. ⓐ
새로운 물건을 만드는 데 필요한 에너지를 제공하기 위해 어떤 종류의 쓰레기를 사용하는 과정을 '에너지 재생'이라고 부른다. 적절한 처리를 통해 일부 쓰레기는 유용한 연료로 전환될 수 있다. 이 쓰레기는 산업용 보일러에서 연소되어 새로운 제품을 만들어내는 데 필요한 에너지를 제공할 수 있다. 공장으로 유입되는 쓰레기는 사용되기 전에 재활용할 수 있는 다른 요소들을 모두 제거해야 한다. 그 결과, 남은 쓰레기 중 많은 부분이 연료로 쓰일 수 있게 되면, 쓰레기 매립지에서 처리되어야 할 최종적인 쓰레기의 양은 적어질 것이다.
ⓐ 그 결과
ⓑ 예를 들면

어휘 reclamation 개간; *재생 / rubbish 쓰레기(=waste) / recyclable 재활용할 수 있는 / dispose of ~을 처리하다 / landfill 쓰레기 매립지

해설 빈칸 앞에서는 쓰레기를 연료로 전환할 수 있다는 사실과 그 과정을 설명하고 있는데, 빈칸 뒤의 내용은 쓰레기를 연료로 전환한 후의 결과를 예측하는 내용이므로 As a result가 정답이다.

6. ⓐ
'육백만 달러의 사나이'는 기계로 된 신체 부위로 인해 놀라운 힘과 스피드를 갖게 된 사이보그 인간에 대한 미국의 인기 TV 쇼였다. 이 쇼는 공상 과학류의 이야기였고, 육백만 달러의 사나이가 할 수 있는 일들 중 어떤 것들은 믿기 어려웠다. 그러나, 오늘날의 생물 의학 기술은 그 쇼에 나온 일부 기술을 현실로 만들고 있다. 예를 들면, 금속 뼈로 부상을 치료하는 것이 가능하다. 그리고 생각을 하는 것만으로 어떤 사람들은 그들의 인공 팔다리를 자신의 팔다리를 움직였던 것과 동일한 방법으로 움직일 수 있다.
ⓐ 그러나
ⓑ 다시 말하면

어휘 cyborg 사이보그, 인조 인간 / science fiction 공상 과학 소설〔영화〕 / biomedical 생물 의학의 / metal 금속의

해설 빈칸의 앞에서는 '육백만 달러의 사나이'라는 예전 TV 쇼의 내용이 당시에는 비현실적이었음을 강조하는 반면, 빈칸의 뒤에서는 그 이야기들 중 일부가 기술의 발달로 현실화되고 있음을 보여주고 있다. 따라서 반전을 의미하는 연결사인 However가 필요하다.

Practice TEST

p.136-137

1. (b) 2. (b) 3. (d) 4. (c)

1. (b)
광고는 우리에게 여행을 떠나라고 유혹한다. 광고들은 베니스의 경이로움을 보라고, 파리의 요리를 맛보라고, 카리브해의 아름다운 바다에서 수영하라고 우리를 초대한다. 세계의 산악 지대의 스키장에서 깨끗한 공기를 마시거나 에메랄드 섬의 매력을 즐기는 것에 누가 마음이 끌리지 않겠는가? 그러나, 광고는 사람을 지치게 하는 여행의 고생스러움에 대해서는 언급하지 않는다. 광고는휴가가 시작하기도 전에 거의 끝나버리는 것 같다는 점을 말하지 않는다. 당신이 지금 비행기를 탈 때 나중에 지불해야 하는 금전적 부담에 대해서는 언급하지 않는다. 이런 것들을 고려하면 집에 있는 것이 휴가를 보내는 가장 좋은 방법이 된다.
(a) 게다가
(b) 그러나
(c) 예를 들어
(d) 따라서

어휘 tempt 마음을 끌다, 유혹하다 / wonder 경탄할 만한 것, 놀라움 / cuisine 요리 / charm 매력 / isle (작은) 섬 / weary 지치게 하다 / trial 시련, 고난 / burden 짐; *부담 / consideration 고려 사항

해설 빈칸이 있는 문장 앞에서는 광고가 묘사하는 여행의 긍정적인 측면을, 뒤에서는 광고에서 묘사되지 않는 여행의 부정적인 측면들을 서술하고 있으므로 역접(However)으로 연결되어야 자연스럽다.

2. (b)
조류의 모든 독특한 특징들 중에서, 아마도 깃털이 생존과 관련해 가장 중요한 부분일 것이다. 깃털은 새들의 체온을 조절하고, 번식을

목적으로 같은 종의 일원을 매혹시키며, 비행을 하는 데 있어 매우 중요하다. 깃털의 중요한 역할 때문에, 새들은 매일 그것들을 관리하는 데 상당한 시간을 들인다. 이러한 조류의 깃털 단장과 정돈의 의식은 깃털 다듬기(preening)라고 알려져 있다. 이 행동은 애완동물로 새장에서 사육되는 대부분의 새들에서뿐만 아니라 야생 조류에서도 보여진다.

(a) ~에도 불구하고
(b) ~때문에
(c) ~외에도
(d) ~와는 달리

어휘 feather 깃털 / in respect to ~와 관련해 / survival 생존 / reproduction 번식 / vital 매우 중요한 / on a daily basis 매일 / ritual 의례, 의식 / groom 다듬다 / preen (새가) 날개를 다듬다 / exhibit 나타내다, 보이다 / in captivity 갇힌, 사로잡혀

해설 명사구(the vital role of feathers)를 받아줄 전치사가 필요하다. 빈칸의 앞에서는 깃털의 중요한 역할이 설명되었고, 빈칸의 뒤에서는 새들이 깃털을 관리하는 데 많은 시간을 할애한다는 것이 언급되었으므로 인과관계를 보여주는 (b)가 정답이다.

3. (d)
역사책은 특정 시대와 장소의 정치적 현실에 대해 어떠한 견해도 드러내지 않은 채로 객관적인 시각을 제시한다. 하지만 예술은 예술가와 일반 대중 모두의 감정과 견해를 반영해, 같은 상황에 대한 좀 더 주관적인 관점을 제시할 수 있다. 최초의 위대한 정치적 예술가 중 한 명이 스페인의 프란시스코 고야이다. 그의 그림 '1808년 5월 3일'은 한 무리의 무방비 상태의 사람들에게 총을 쏘고 있는 얼굴 없는 군인들을 보여주고 있다. 이것은 보편적으로 국민에 대한 정부 권력의 악용을 상징하고 있다. 더 최근에는, 파블로 피카소가 자신의 작품 '게르니카'를 통해 전쟁의 참혹한 결과를 보여주었다. 요컨대, 역사에 대한 개인적이고 정서적인 시각은 예술을 통해 보여질 수 있는 것이다.

(a) 마지막으로
(b) 반대로
(c) 게다가
(d) 요컨대

어휘 objective 객관적인(↔subjective 주관적인) / political 정치적인 / reflect 반영하다 / defenseless 무방비의 / universally 보편적으로 / abuse 악용, 오용

해설 지문의 앞부분에서 역사에 대해 객관적인 시각만을 전달하는 역사책과는 달리 예술은 주관적인 견해를 표현할 수 있다고 언급한 뒤, 그에 해당하는 고야와 피카소의 예를 보여주고 있다. 빈칸이 있는 마지막 문장은 이러한 지문의 주제를 다시 한 번 요약하여 제시하고 있으므로 (d)가 정답이다.

4. (c)
영화에 나오는 가장 터무니없는 것들 중의 하나는 교통과 관계가 있다. 현실에서 우리는 일주일 내내 교통 체증 속에 있다. 주말이면 더 심한 교통 체증에 시달리면서 영화를 보러 간다. 그리고 늦게 도착해서는 어두운 극장에 앉아 한 남자가 러시아워의 교통 혼잡을 헤치고 시속 80마일의 속도로 운전하는 것을 본다. 놀랍게도, 우리는 이를 받아들일뿐만 아니라 그 주인공이 운전을 매우 잘한다고 생각한다. 그는 다른 차를 만나면 그 차를 돌아서 가거나, 어쩌면 그것을 그대로 지나쳐 운전해 간다. 때로는 자신의 차를 그 차 위로 날아가게 만들기도 한다! 영화가 끝나면 우리는 밖으로 나와서 다시 교통 체증 속에 있게 된다.

(a) 게다가
(b) 예를 들어
(c) 놀랍게도
(d) 따라서

어휘 absurd 터무니없는 / have to do with ~와 관계가 있다 / traffic jam 교통 체증 / encounter (우연히) 만나다, 마주치다 / round ~을 우회하여

해설 빈칸이 있는 문장의 앞 내용을 요약하면 '현실에서 교통 체증에 시달리는 사람들이 영화 속에서 주인공이 비현실적인 속도로 운전하는 모습을 본다'는 것이고 빈칸이 있는 문장의 내용은 '이를 자연스럽게 받아들인다'는 것이다. 영화 속의 비현실적인 상황을 자연스럽게 받아들이는 것이 매우 납득하기 힘들다는 의미를 나타내려면 Surprisingly가 적절하다.

Basic Drill

p.140-141

1. ⓑ 2. ⓐ 3. ⓑ 4. ⓑ 5. ⓑ 6. ⓐ

1. ⓑ
마리노 씨께,
귀하의 내년 연봉이 귀하가 근무를 시작했던 날부터 생활비 인상을 반영하여 8% 인상될 것이라는 것을 알려 드리게 되어 기쁩니다. 또한 평가 회의에서 논의되었듯이, 지난 12개월간의 귀하의 업적과 업무 능력 향상에 근거하여 추가로 7%의 성과 인상을 받게 될 것입니다. 결과적으로 귀하의 내년 연봉은 45,000달러가 될 것입니다.
인사부 차장 폴 홈즈 드림
ⓐ 연봉에 대한 정보를 얻기 위해
ⓑ 연봉 인상을 알리기 위해

어휘 cost-of-living 생활비의 / evaluation 평가 / additional 추가의 / merit increase 성과급, 능률제 승급 / personnel 인사과

해설 첫 문장에서 편지를 받는 사람인 마리노 씨의 연봉이 인상된 것을 알려주게 되어 기쁘다고 언급했으므로, 이 편지는 임금 인상

내용에 대해 통보하기 위해 쓰여진 것임을 알 수 있다. 따라서 정답은 ⓑ이다.

2. ⓐ

이 기기는 대략적으로 크기가 수첩과 같습니다. 하지만 키보드와 마우스 대신에, 기기의 화면에 직접 무언가를 쓰는 데 사용되는 작은 펜처럼 생긴 기구를 가지고 있습니다. 한 장의 종이에 쓰는 것처럼 필기를 할 수 있고, 당신이 쓴 단어들은 컴퓨터가 판독할 수 있는 문자 데이터로 즉시 변환될 것입니다. 만약 단어를 바꿔야 하면, 그냥 그 단어에 동그라미를 하세요. 단어를 지우고 싶다면, 그냥 그 단어에 줄을 그어 지우세요. 한 번 이 기기에 익숙해지면, 아마도 당신은 결단코 다시는 키보드를 사용하고 싶지 않을 것입니다.

ⓐ 새로운 기기의 특징과 편리성

ⓑ 새로운 종류의 기기가 개발된 과정

어휘 device 장치, 기기 / approximately 대략 / instantly 즉시 / convert 전환하다 / text (컴퓨터) 문자 데이터 / cross out ~에 줄을 그어 지우다

해설 지문의 앞부분에서는 새로운 기기의 크기와 특징을 소개하고 있으며, 뒷부분에서는 이 기기의 사용 방법을 설명한 후 '한번 이 기기에 익숙해지면, 아마도 당신은 결단코 다시는 키보드를 사용하고 싶지 않을 것입니다'라고 언급함으로써 기기의 편리성에 대해 강조했다.

3. ⓑ

헌법에 따라, 대통령은 자신의 권력을 어떻게 사용할 것인지 결정하는 데 있어 상당한 자유를 가지고 있다. 헌법을 매우 엄격하게 따르며 어떠한 새로운 권력도 취하지 않는 대통령들이 있는가 하면, 좀 더 넓은 관점을 택하여 의도적으로 자신의 권력을 확대하는 대통령들도 있다. 후자의 철학을 가지고 있는 대통령들은 과감하지만 때로는 논란의 여지가 있는 행동을 선호하여 종종 전통적인 절차를 버린다.

ⓐ 헌법에 의해 허용되는 대통령 권력의 범위

ⓑ 헌법상의 권력에 대한 대통령들의 서로 다른 해석

어휘 constitution 헌법(constitutional 헌법(상)의) / purposefully 의도적으로 / embrace (주의 등을) 채택하다 / latter 후자의 / philosophy 철학 / bold 과감한, 단호한 / controversial 논란의 여지가 있는 / presidential 대통령의 / interpretation 해석

해설 첫 문장인 '헌법에 따라, 대통령은 자신의 권력을 어떻게 사용할 것인지 결정하는 데 있어 상당한 자유를 가지고 있다'가 지문의 주제문이다. 그 뒤에는 대통령의 권력의 사용에 대해 서로 다르게 받아들이는 대통령들의 사례를 제시하면서 주제를 부연 설명하고 있다. 따라서 지문의 중심 소재는 ⓑ가 된다. 헌법에 대통령의 권한이 어떤 범위로 명시되어 있는지는 언급되지 않았다.

4. ⓑ

전자 상거래 규제 위원회는 온라인 구매자들은 이메일이나 전화로 주문해야 하고, 웹사이트는 합의된 기한 내에 배송을 해야 한다고 권고한다. 배송에는 28일의 시한이 있으며 배송 시간에 대해 미리 합의한 바가 없다면 회사는 반드시 이 기한을 지켜야 한다. 이에 더해, 배송이 시간에 맞춰 이루어지지 못할 경우 고객들에게 반드시 알려야 하며 환불의 기회를 제공해야 한다.

ⓐ 온라인 쇼핑몰을 여는 복잡한 절차

ⓑ 온라인 회사가 배송에 관련하여 지켜야 할 규정들

어휘 regulation 규제, 규정 / commission 위원회 / place an order 주문하다 / shipment 배송, 출하(shipping 수송, 선적) / time frame 시간 기한 / prior 앞선 / advise 고지하다 / complicated 복잡한 / procedure 절차 / comply with ~을 준수하다, 지키다

해설 첫 문장에서는 전자 상거래 규제 위원회에서 온라인 쇼핑몰의 구매자와 판매자에게 각각 권고하는 내용을 담고 있다. 이후, 판매 회사가 지켜야 하는 배송 기한에 관한 규정들을 설명하고, 이를 지키지 못할 경우 어떻게 해야 하는지를 알려 주고 있으므로 지문의 주제는 ⓑ이다.

5. ⓑ

사춘기에서 특히 힘든 부분이 있다면 그것은 아마 부모로부터 심리적 독립을 이루고자 하는 사춘기 아이들의 욕구와 관련이 있을 것이다. 사춘기 아이들이 성인기에 요구되는 독립적인 지위에 가까워짐에 따라 유년기의 의존적 관계는 바뀌어야 한다. 이러한 변화가 일어나는 동안 부모와 사춘기 아이들은 종종 사이가 나빠진다. 부모는 여전히 자녀들을 관리해야 할 필요를 느낀다. 그들은 자녀들을 의존적이고 미성숙하다고 여긴다. 사춘기 아이들은 '어린이와 같은' 취급을 받는다고 느끼며, 스스로를 어른으로 생각하는 것을 더 좋아한다.

ⓐ 자녀들을 성숙한 성인으로 만들기 위한 부모들의 끊임없는 노력

ⓑ 독립적인 성인이 되려는 사춘기 아이들과 관련된 갈등

어휘 adolescence 사춘기(adolescent 사춘기의 청소년) / be associated with ~와 관련이 있다 / dependent 의존적인 / alter 변경하다, 고치다 / shift 변화, 전환 / be at odds with ~와 사이가 나쁘다 / regard A as B A를 B로 여기다 / immature 미숙한(↔mature 성숙한)

해설 지문의 전반부에서 사춘기에 생기는 갈등의 원인으로 '부모로부터 심리적 독립을 이루고자 하는 사춘기 아이들의 욕구'를 제시했다. 이로 인해 '부모와 사춘기 아이들은 종종 사이가 나빠진다'라는 결과가 제시되고, 그 뒤에 아이들과 부모간의 갈등 상황이 구체적으로 부연 설명되고 있다. 따라서 지문의 중심 소재는 ⓑ이다.

6. ⓐ

지난 4일간에 걸쳐 대한민국을 황폐화시킨 집중호우가 그치면서 전국 각지의 수해 지역에서 복구 작업이 시작되었습니다. 복구 작업으로 침수되었던 750개 도로 가운데 3분의 1이 복구되었으며, 전기가

끊겼던 94만 가구 중 58만 가구에 전기가 들어오게 되었습니다. 그러나 경기 북부와 강원 지역의 약 9만 세대는 식수의 불충분한 공급으로 여전히 고통을 겪고 있습니다.
ⓐ 침수 지역의 복구 작업 개시
ⓑ 폭우로 인한 전력 공급 지연

어휘 torrential downpour 집중호우 / devastate (국토 등을) 황폐시키다 / flood-stricken 수해를 입은 / recovery 복구 / operation 작업 / restore 복구(재건)하다 / household 가구, 세대 / power failure 정전 / province (행정 구역) 도 / inadequate 불충분한

해설 기사문의 주제는 보통 지문의 앞쪽에 놓이며, 이 지문에서도 첫 번째 문장이 기사의 핵심 내용을 보여주고 있다. 수해를 입은 지역의 복구 작업이 시작되었다는 내용을 시작으로 구체적인 복구 사항(도로 복구, 전기 공급 재개)이 제시되고 있으므로, 지문의 중심 소재는 '침수 지역의 복구 작업 개시'임을 알 수 있다. 또한 전기가 끊겼던 가구에 전기 공급이 재개되었다고 했으므로 ⓑ는 지문의 내용과 다르다.

Practice TEST

p.142-143

1. (d) 2. (b) 3. (c) 4. (d)

1. (d)
약 5개월 전, 우리 집 TV의 위성방송 수신 안테나가 갑자기 작동을 완전히 멈춰버렸다. 우리는 새로운 안테나를 살 여유가 없었기 때문에 TV의 코드를 뽑아 두는 것 말고는 방법이 없었다. 그런 까닭에, 우리는 대통령 선거뿐만 아니라 월드컵도 놓칠 수밖에 없었다. 시사 문제에 뒤떨어짐에도 불구하고 우리 아이들은 거의 불평을 하지 않았다. 대신에 그들은 여러 다양한 야외 활동을 하는 법을 배웠고 독서를 많이 했다. 나는 컴퓨터나 인터넷 같은 기술들을 이용하기 때문에 단순한 삶으로의 회귀를 옹호하는 쪽은 아니지만 확실히 어디에나 있는 바보 상자의 존재를 우리 가족의 삶에서 완전히 제외시키는 것은 부정할 수 없이 훌륭하다.

Q. 윗글의 요지는?
(a) TV는 여러모로 아이들에게 해를 끼친다.
(b) 부모들은 자녀들이 텔레비전을 멀리 하도록 해야 한다.
(c) 위성방송 수신 안테나가 고장나지 않는다면 아무도 TV를 버려서는 안 된다.
(d) 사람들은 TV를 보지 않더라도 여전히 삶을 즐길 수 있다.

어휘 satellite dish 위성방송 수신 안테나 / unplug ~의 플러그를 뽑다 / presidential election 대통령 선거 / lag behind ~보다 뒤떨어지다, 뒤처지다 / current issue 시사 문제 / hardly 거의 ~않다 / advocate 옹호하다, 지지하다 / take advantage of ~을 이용하다 / undeniably 부인할 수 없이 / ubiquitous 어디에나 있는, 편재하는 / idiot box 바보 상자(=텔레비전)

해설 우연히 위성 안테나가 고장이 나서 TV를 보지 못하게 된 가족의 이야기로, TV를 보는 대신 다른 활동을 하며 즐겁게 지낸 아이들의 이야기를 예로 들면서 TV가 행복한 삶의 절대 조건이 아니라는 것을 역설하고 있다. 마지막 문장인 '확실히 어디에나 있는 바보 상자의 존재를 우리 가족의 삶에서 완전히 제외시키는 것은 부정할 수 없이 훌륭하다'가 주제문이며, 따라서 정답은 (d)이다.

2. (b)
글을 읽을 때 자신을 글쓴이와 동일시하는 것은 항상 좋은 생각이다. 소설에서 신문 기사에 이르기까지, 모든 쓰여진 것들은 마음 속에서 특정한 목적을 갖고 쓰여졌다. 글쓴이는 마치 자신이 여행을 하고 있는 듯, 마지막 목적지를 마음에 두고 특정 방향으로 나아간다. 다시 말하면, 그 사람에게는 항상 그 여행을 하는 이유가 있다. 당신이 글을 읽을 때, 당신은 글쓴이와 함께 여행을 하는 것이다. 만약 당신이 이 역할을 받아들이고 함께 참여한다면, 당신의 독서 경험은 훨씬 더 즐거울 것이다.

Q. 윗글의 요지는?
(a) 독서의 목적을 정하라.
(b) 글을 읽을 때는 글쓴이의 의도를 따르라.
(c) 책이 주는 교훈을 명심하라.
(d) 여행을 하는 것처럼 글을 읽어라.

어휘 identify 동일시하다 / destination 목적지 / intention 의도 / instruction 교훈

해설 첫 문장에서 글을 읽을 때 자기 자신을 글쓴이와 동일시하는 것이 좋다는 것을 먼저 제시하고, 다음 문장에서부터 그 이유, 즉 어떤 글이든지 글쓴이가 그 글을 쓴 의도나 목적이 있기 때문에 그것을 염두에 두고 글을 읽으면 독서의 효과가 더욱 좋을 수 있음을 밝히고 있다. 따라서 정답은 (b)이다. 독자가 스스로 글을 읽는 목적을 정하라는 (a)는 글의 내용과 정반대의 주장이므로 오답이다.

3. (c)
현대인은 신화 속의 시시포스와 닮았는데, 그는 일생을 올림푸스산 위로 무거운 바위를 밀어 올리며 보내지만 정상에 막 도달하려고 할 때마다 바위가 아래로 굴러 떨어지는 운명에 처했다. 오늘날 우리의 바위는 정보이다. 뒤처지지 않으려고 우리가 아무리 애를 써도 정보의 무게는 계속 우리를 압도한다. 작가 리차드 솔 워먼은 '정보 불안'이라는 어구를 만들어 냈는데, 그는 이것을 '우리가 이해하고 있는 것과 우리가 이해해야 한다고 생각하는 것 사이에 끊임없이 벌어지는 간격이며 정보와 지식 사이에 있는 블랙홀이다'라고 정의하고 있다.

Q. 윗글의 요지는?
(a) 우리는 현대 사회가 우리에게 제공하는 어떠한 정보도 놓치지 않도록 애써야 한다.
(b) 현대 사회에서는 신문과 인터넷 같은 매체에 노출될 필요가 있다.
(c) 현대 사회에서는 자신이 처리할 것으로 기대하는 정보의 양을 따라가는 것이 어려운 일이다.

(d) 정보 불안은 적절한 훈련과 바람직한 태도를 통해 통제될 수 있다.

어휘 mythological 신화의 / be destined to ~할 운명에 있다 / keep up (with) 뒤처지지 않고 따라가다 / overwhelm 압도하다 / anxiety 불안 / define 정의하다

해설 서두에 나오는 시시포스에 대한 이야기는 정보에 짓눌려 사는 현대인의 모습을 비유적으로 나타낸 것이고, 이를 토대로 '뒤처지지 않으려고 우리가 아무리 애를 써도 정보의 무게는 계속 우리를 압도한다'라는 주제가 제시되고 있다. 이하 문장들은 '정보 불안'에 대한 정의를 설명하고 있으므로 정답은 (c)이다.

4. (d)

(지구 외에) 생명체가 있는 어떤 행성도 아직까지 발견되지 않았다. 그러나 만약 그런 행성이 발견된다면, 그 행성은 생명체를 유지시키기 위해 몇 가지 중요한 특징들을 가지고 있어야 할 것이다. 우선, 행성의 질량이 가능한 질량의 매우 좁은 범위 안에 들어야 한다. 우리가 알고 있는 종류의 생명체가 존재하기 위해서는 산소를 필요로 하기 때문에 행성에는 대기가 있어야 한다. 행성의 질량이 너무 작으면 대기가 우주 속으로 새어 나갈 것이다. 반면, 행성의 질량이 너무 크면 내부에서 나오는 열이 지표면에 있는 물을 증발시키게 되는데, 그 물 역시 생명체에게 필수적이다. 또한, 그 행성이 주위를 돌고 있는 항성은 정확히 알맞은 크기여야 한다. 너무 큰 항성은 생명체가 그 주변에서 생길 기회를 갖기 전에 폭발해 버리기 쉬울 것이다. 너무 작은 항성은 아주 가까운 궤도 안에 행성을 두고 있어서 (행성의) 한쪽은 얼고 다른 한쪽은 타 버릴 것이다.

Q. 윗글의 주제로 가장 적합한 것은?

(a) 새로운 행성을 발견하려는 노력

(b) 생명체가 있는 행성들의 크기와 질량

(c) 우리가 살 수 있는 다른 행성이 없다는 현실

(d) 생명체를 지속시키기 위한 행성의 필요 조건들

어휘 detect 발견하다 / mass 질량 / oxygen 산소 / evaporate 증발시키다 / essential 필수적인 / revolve 공전하다, 회전하다 / explode 폭발하다 / orbit 궤도 / endeavor 노력

해설 객관적인 정보인 첫 번째 문장을 도입부로 하여 두 번째 문장에서 주제문 '행성은 생명체를 유지시키기 위해 몇 가지 중요한 특징들을 가지고 있어야 할 것이다'를 제시하고 있다. 주제문 뒤에 '우선(First of all)'과 '또한(In addition)'과 같은 열거의 기능이 있는 연결사를 사용하여 행성이 생명을 유지하기 위해 필요한 조건을 나열하고 있다. 선택지 (b)도 정답으로 오인될 수 있는데 이는 지문의 구체적인 정보를 잘못 이해했기 때문이다. 지문에서는 행성이 생명체를 유지하기 위해 갖춰야 할 조건으로 '행성의 질량(the planet's mass)'과 '항성의 크기(the star's right size)'를 언급했다.

Part 2 unit 04 사실 확인하기

Basic Drill

p.146-147

1. (1) F (2) T   2. (1) F (2) T   3. (1) F (2) F
4. (1) T (2) F   5. (1) F (2) T   6. (1) F (2) F

1. (1) F (2) T

랜돌프 씨께,

요즘의 불경기로 인해 저희의 많은 고객들이 파산하게 되었습니다. 이로 인해 그들에게서 수금하기가 어려워졌습니다. 그 결과 저희가 귀사께 대금을 지불하기로 한 기일을 맞추기가 어려울 것 같습니다. 귀사께서 송장(送狀)의 지불 기간을 3개월 연장해 주신다면 대단히 감사하겠습니다. 저희의 현재 상황을 이해하시고 이 건에 대해 조금만 인내심을 갖고 기다려 주시기를 바랍니다.

모리스 오스틴 드림

(1) 오스틴 씨는 회사가 파산하여 송장 대금을 지불할 수 없다.

(2) 오스틴 씨는 랜돌프 씨에게 3개월 후에 송장 대금을 지불하기를 원한다.

어휘 current 현재의 / recession 경기 침체, 불경기 / bankruptcy 파산 / appreciate 감사하다 / extension 연장 / invoice 송장(送狀), 청구서

해설 (1) 파산을 한 것은 오스틴 씨가 아니라 오스틴 씨의 고객들이고 그로 인해 수금이 어려워졌다고 했으므로 사실이 아니다.

(2) 오스틴 씨가 랜돌프 씨에게 편지를 쓴 목적이 지불 기한을 연기해 달라고 부탁하는 것이었고, 3개월 연장을 요청했으므로 사실이다.

2. (1) F (2) T

인도 역사상 최악의 열차 사고의 하나로, 두 대의 열차가 웨스트벵갈 주의 가이살 부근에서 정면충돌하면서 285명이 사망했고 수백 명이 부상을 입었습니다. 니티시 쿠마르 철도장관은 이 비극적인 사고를 초래한 '형사상 과실'에 대한 도덕적 책임을 인정하면서 사임하였습니다. 조사단은 브라마푸트라 우편 열차와 약 2,500명의 승객을 수송하고 있던 아바드-아삼 특급열차가 어떻게 똑같은 철로 위를 달리게 되었는지에 대한 조사에 착수했습니다.

(1) 기차 한 대를 다른 기차가 뒤에서 들이받았다.

(2) 철도장관은 도덕적 책임감을 느꼈기 때문에 사임하였다.

어휘 deadly 치명적인, 매우 나쁜 / head-on 정면으로, 똑바로 / resign 사임(사직)하다 / acknowledge 인정하다, 시인하다 / moral 도덕적인 / criminal 형사상의 / negligence 과실, 태만 / tragic 비극적인 / investigator 조사원

해설 (1) 한 기차가 다른 기차의 뒤를 들이받아서 생긴 사고가 아니라, 두 대의 열차가 정면충돌을 하여 생긴 사고이므로 사실이 아

니다.
(2) 니티시 쿠마르 철도장관은 형사상 과실에 대한 도덕적 책임을 인정하면서 사임하였다고 했으므로 사실이다.

3. (1) F (2) F
자동차 대여 서비스: 에이비스, 스리프티, 버짓, 달러, 알라모 자동차 대여소는 국내선 도착 층 서부 터미널에 위치해 있습니다. 허츠, 내셔널 자동차 대여소는 국제선 도착 층 동부 터미널에 위치해 있습니다. 모든 자동차 대여소에서는 하루 24시간 대여와 반납 서비스를 제공합니다. 모든 주요 신용카드의 사용이 가능합니다.
(1) 대다수의 자동차 대여소는 동부 터미널에 있다.
(2) 차를 빌린 후에 24시간 이내에 차를 반납해야 한다.

어휘 rental 임대; 임대의 / domestic 국내의(↔ international) / pick-up 대여 / drop-off 반납

해설 (1) 자동차 대여소가 서부 터미널에는 5개(Avis, Thrifty, Budget, Dollar, Alamo), 동부 터미널에는 2개(Hertz, National)가 있으므로 대부분 서부 터미널에 있다고 볼 수 있다. 따라서 사실이 아니다.
(2) 지문 중에 24시간이 언급된 이유는 24시간 내내 차를 대여할 수도 반납할 수도 있음을 알려주기 위해서이며 반납 기한은 언급되지 않았으므로 사실이 아니다.

4. (1) T (2) F
미국에서는 똑바로 서 있는 사람을 에너지와 자신감이 있는 사람으로 여긴다. 대조적으로 몸을 수그리고 있는 사람은 게으르고 자존감이 결여되었음을 암시한다. 이와 비슷하게 눈을 마주치기를 어려워하는 사람들은 다른 사람에게 부정적인 메시지를 준다. 그들은 초조하고 자기 자신에 대한 확신이 없으며 심지어는 약간 부정직하게 보이기도 한다. 언제나 다른 사람의 눈을 똑바로 쳐다보는 사람들에게는 이점이 있다. 사람들은 그런 사람들을 더 쉽게 믿고 심지어는 더 좋아할지도 모른다.
(1) 미국에서는 특정 행동이 그 사람이 어떤 사람인가를 보여준다고 생각한다.
(2) 미국에서는 게으른 사람들을 부정직하다고 여긴다.

어휘 convey (의미 등을) 전달하다 / self-confidence 자신감 / slouch 몸을 구부리다 / self-esteem 자존심, 자부심 / make it a point to-v 반드시 ~하다 / readily 쉽사리, 서슴없이 / conduct 행위, 행동

해설 (1) 미국 사람들은 자세나 눈을 마주치는 것과 같은 행동을 통해서 다른 사람이 어떤 사람인지를 평가한다고 했으므로 사실이다.
(2) 자세가 구부정한 사람은 게으르다고 여겨질 수 있고, 눈 마주치기를 꺼려하는 사람은 부정직하게 여겨질 수 있다고 했으므로 사실이 아니다.

5. (1) F (2) T
에드가 앨런 포우는 1826년에 버지니아 대학교에 입학했다. 모범생이었지만 포우는 많은 도박 빚을 지게 되었고, 포우의 보호자인 존 앨런은 그것을 싫어했다. 앨런은 포우에게 돈을 주었지만, 포우의 빚은 계속 늘어났다. 마침내, 포우는 1년 만에 학교를 그만두었고, 그의 여자친구인 사라 엘마이라 로이스터는 다른 남자와 결혼을 했다. 생계 수단이 없어진 포우는 군에 입대했다. 그러나 그 당시 포우는 이미 바이런 스타일의 시 모음집인 〈태머레인 외(外)(1827)〉를 출판했었다.
(1) 포우는 모범생이었고 버지니아 대학교를 졸업하였다.
(2) 군에 입대하기 전, 포우는 〈태머레인 외(外)〉라는 책을 출판하였다.

어휘 enroll 입학하다 / accumulate 축적하다 / gambling 노름, 도박 / guardian 보호자 / verse 시, 운문

해설 (1) 포우가 모범생이었다고는 했으나 대학을 1년 만에 그만두고 군에 입대했다고 했으므로 사실이 아니다.
(2) 포우가 군에 입대할 당시 이미 시 모음집인 〈태머레인 외(外)〉를 출판했었다고 했으므로 사실이다.

6. (1) F (2) F
현대적 장비의 발달과 함께, 천문학에서는 많은 과학적 발견들이 있었다. 예를 들어, 허블 우주망원경은 먼 우주와 블랙홀을 우리가 눈으로 볼 뿐만 아니라 이해하는 것을 가능하게 했다. 고도로 발달한 무인 우주선인 보이저호는 처음으로 외행성들과 그것들의 많은 위성을 자세히 볼 수 있게 했다. 또한, 마젤란 우주선 덕분에 금성의 표면을 지도화할 수 있었다. 또한, 화성 탐사선 패스파인더호는 우리에게 적은 비용으로 화성에 착륙하여 화성 표면을 탐사할 수 있다는 가능성을 보여주었다.
(1) 보이저호는 처음으로 외행성들의 위성을 발견했다.
(2) 마젤란 우주선은 적은 비용으로 화성에 착륙했다.

어휘 astronomy 천문학 / Hubble Space Telescope 허블 우주망원경 / distant 거리가 먼 / black hole 블랙홀(강력한 중력장(重力場)의 구멍) / sophisticated 고도로 발달한, 정교한 / unmanned 무인의 / spacecraft 우주선 / outer planet 외행성(목성, 토성, 천왕성, 해왕성의 총칭) / moon (행성의) 위성 / map out 지도를 자세히 작성하다 / explore 탐사하다 / Martian 화성의

해설 (1) 보이저호가 외행성의 위성을 처음으로 발견한 것이 아니라 외행성과 그들의 위성의 모습을 처음으로 자세히 보게 해주었다고 한 것이므로 사실이 아니다.
(2) 마젤란 우주선은 금성 탐사를 위한 것이었고 적은 비용을 들여 화성에 착륙했던 것은 화성 탐사선 패스파인더호이다. 따라서 사실이 아니다.

Practice TEST p.148-149

1. (b) 2. (a) 3. (b) 4. (c)

1. (b)
수신: 전 직원
발신: 인사부 과장
제목: 여름 휴가 일정
7월이 다가옴에 따라 올 여름 휴가 일정을 세워야 합니다. 올해에 사용할 수 있는 휴가 일수를 확실히 모르시면 저에게 확인하시거나 개인적으로 RJ323 서류를 참조하십시오. 6월 25일까지는 자신의 일정을 결정해서 1순위 및 2순위 선택일을 알려주십시오. 한 사무실에서 같은 주에 두 명만 휴가가 허용될 것이며, 날짜 선택권은 상급자 순으로 배정될 것입니다.

Q. 위 공지와 일치하는 것은?
(a) 여름 휴가에 관한 개인적인 조회는 허용되지 않는다.
(b) 모든 직원들은 자신의 휴가 일정을 두 가지로 선택해 제출해야 한다.
(c) 한 번에 직원 한 명씩만 휴가를 갈 수 있다.
(d) 배정되는 휴가 일수는 근속 연수에 근거한다.

어휘 human resources 인사부 / refer to ~을 참조하다 / allocate 배당하다 / seniority 선임 순위; 근속 연수 / inquiry 문의, 조회

해설 (a) 휴가 일수에 대해 확실히 모를 경우 담당 직원에게 문의하거나 개인적으로 조회할 수 있다고 했으므로 사실이 아니다.
(b) 직원들에게 1순위 및 2순위 선택일을 알려달라고 했으므로 사실이다.
(c) 한 사무실에서 같은 주에 두 명씩 휴가가 허용될 것이라고 했으므로 사실이 아니다.
(d) 휴가 일수가 아니라 휴가 일정 선택권이 상급자 순으로 배정된다고 했으므로 사실이 아니다. 휴가 일수가 어떻게 정해졌는지는 지문에 언급되지 않았다.

2. (a)
개인의 지위와 복지가 그 사람의 직업에 따라 좌우되는 사회에서 실직은 중대한 사회 문제이다. 이는 심리적인 고통, 극심한 불안감, 공격성, 그리고 자살로 이어져 왔다. 실업으로 인한 사회적 비용에는 세입의 감소와 사회 보장 및 보건 비용의 증가가 포함된다. 실업은 흔히 지리적으로 (한 곳에) 집중되어서 지역 사회 전체의 쇠퇴를 초래하기도 한다. 높은 실업률은 또한 사회적 불안과 범죄와도 결부되어 왔다. 그러므로 정부는 종종 실업을 우선적으로 해야 할 일들 중에서 우위에 둔다.

Q. 실업에 의해 야기되는 결과에 대해 사실인 것은?
(a) 불안감과 자살 등의 심리적 문제들이 발생할 수 있다.
(b) 실업자에 대한 사회 보장이 필요하지 않을 수도 있다.
(c) 높은 수준의 과세 때문에 지역 사회가 붕괴될 수도 있다.
(d) 사람들이 정부의 행정 능력에 대한 신뢰를 잃게 된다.

어휘 welfare 복지, 행복 / unemployment 실업(=joblessness) / grave 심각한, 중대한 / distress 고통, 고뇌 / aggression 공격성 / suicide 자살 / revenue 세입 / expenditure 지출, 비용 / geographically 지리적으로 / unrest 불안 / priority 우선 사항 / taxation 과세 / administrative 관리의, 행정상의

해설 (a) 실업으로 인해 불안감, 공격성, 자살과 같은 심리적 문제가 발생할 수 있다고 했으므로 사실이다.
(b) 실업자들에 대한 사회 보장 비용이 증가된다고 했으므로 사실이 아니다.
(c) 지역 사회가 붕괴되는 것은 높은 세금 부과 때문이 아니라 지리적으로 집중된 실업 때문이라고 했으므로 사실이 아니다.
(d) 실업으로 인해 정부의 행정 능력에 대해서 사람들이 신뢰를 잃는다는 내용은 지문에 언급되지 않았다.

3. (b)
최근의 몇몇 총기 관련 사건들로 많은 사람들이 미국 내의 총기 규제에 대한 강화된 노력을 요구하게 되었다. 그러나 반대파들은 지금 무기에 대한 미국인들의 헌법상의 권리가 어느 때보다 더 필요하다고 주장한다. 전국 총기 협회와 같은 총기 옹호단체는 우리 사회가 점점 더 폭력적으로 되고 있기 때문에, 우리 자신을 보호하기 위해서 총들이 더욱더 필요하다고 주장한다. 반면에, 비영리 단체인 총기 폭력 반대 어머니회에 따르면, 그것은 이 나라에 너무나 많은 총들이 있어서 (정서적으로) 불안정한 사람들이 아주 쉽게 총을 찾아내 다른 이들을 다치게 하는 데 사용하기 때문이라고 한다.

Q. 위 기사에 따르면 사실인 것은?
(a) 사람들은 총기 관련 폭력에 맞서 싸우기 위한 노력을 멈추었다.
(b) 총기 옹호단체는 총기 소지가 만연한 폭력에 대한 해결책이라고 생각한다.
(c) 미국이 총기 소지에 관해 신경 쓰지 않기 때문에 총기 관련 범죄의 수가 두드러지게 증가하고 있다.
(d) 미국인들은 총기 관련 문제들에 어떻게 대처할 것인지에 대해 합의를 이루었다.

어휘 incident 사건 / call for ~을 요청하다, 바라다 / opponent 반대자 / constitutional 헌법상의 / arms 무기 / advocacy 옹호, 지지 / rifle 라이플총, 소총 / non-profit 비영리의 / possession 소유

해설 (a) 최근에 발생한 총기 관련 사건으로 총기 규제에 대한 강화된 노력이 요구되기 시작했다고 했으므로 사실이 아니다.
(b) 총기 옹호단체는 폭력적인 사회에서 자신을 지키기 위한 수단으로 총기를 소지해야 한다고 주장하고 있으므로 사실이다.
(c) 총기 관련 범죄의 숫자가 늘어나고 있는지의 여부는 지문에 정확히 언급되지 않았다.
(d) 총기 소지에 대해 전혀 다른 의견을 가진 두 단체(National

Rifle Association, Mothers Against Gun Violence)를 예로 들었으므로 사실이 아니다.

4. (c)

햇빛 찬란한 멕시코 아카풀코에서 2박 3일을 즐기세요!
아름다운 아카풀코 만(灣)이 내려다 보이는 4성급 국제 호텔인 파라다이스 비치 호텔에 묵으세요. 낮에는 열대의 낙원에서 수영, 보트, 스노클링을, 밤에는 VIP 라운지에서 무료로 칵테일을 즐기실 수 있습니다. 패키지 여행은 미국 어디에서나 출발하실 수 있는 항공권 두 매, 2인용 호텔 객실 이용, 호텔의 모든 시설 이용까지 포함하여 단돈 990달러입니다. 오셔서 낙원을 경험하십시오!

Q. 위 광고와 일치하지 않는 내용은?
(a) 미국 어디에서나 출발할 수 있다.
(b) 호텔은 손님들에게 만(灣)의 멋진 풍경을 보여줄 수 있는 곳에 위치해 있다.
(c) 패키지 여행의 총 비용은 1인당 990달러이다.
(d) 호텔 시설 이용료는 990달러 안에 포함되어 있다.

어휘 overlook 내려다 보다 / bay (작은) 만(灣) / snorkel 스노클링을 하다 / tropical 열대(성)의 / occupancy 점유, 거주 / expense 비용

해설 (a) 패키지 여행에는 미국 어디에서나 출발할 수 있는 항공권 두 매가 포함되어 있다고 했으므로 사실이다.
(b) 호텔에서 아름다운 아카풀코 만이 내려다 보인다고 했으므로 사실이다.
(c) 패키지 여행은 항공권과 호텔 객실이 모두 2인용으로 구성되어 있으므로 2인 상품으로 볼 수 있다. 따라서 사실이 아니다.
(d) 패키지 여행의 가격은 호텔 시설 이용까지 포함해 990달러라고 했으므로 사실이다.

Basic Drill

p.152-153

1. ⓑ 2. ⓐ 3. ⓑ 4. ⓐ 5. ⓐ 6. ⓑ

1. ⓑ

임대 안내: 여러분의 사무실이 준비되어 있습니다! 가장 기능적이며 비용이 적게 들고 가구가 완벽하게 갖추어져 있는 사무실들이 이용 가능합니다. 여러분의 사무실 공간을 저희에게서 임대하십시오. 저희 사무실에는 팩스, 복사기, 화상 회의실, 접견실 등이 갖춰져 있습니다. 로스앤젤레스 관리 사무국 (210) 384-6547로 전화하시면 됩니다. 롱비치, 세리토스, 다우니, 레돈도비치에도 지점이 있습니다.

Q. 광고된 사무실에 포함되어 있지 않은 것은?
ⓐ 사무기기
ⓑ 노트북 컴퓨터

어휘 functional 기능적인, 편리한 / furnished 가구가 갖추어진 / photocopier 복사기 / video conferencing room 화상 회의실 / reception room 접견실 / executive 관리(경영)의 / branch 지점

해설 사무실에 팩스나 복사기와 같은 사무기기가 구비되어 있다고 했으며, 노트북 컴퓨터에 대한 언급은 없었다. 따라서 정답은 ⓑ이다.

2. ⓐ

미국의 주요 채소 생산지에서 일어난 심각한 홍수로 인해 올해 초여름에 채소 품귀 현상이 발생할 것으로 예상됩니다. 소비자들은 앞으로 60일에서 90일 동안 거의 모든 농산물의 소매가가 오를 것으로 예상할 수 있습니다. 이미 양상추의 가격은 개당 3달러에 이르고 있습니다. 이것은 작년 같은 시기의 가격에서 50% 오른 것입니다. 그러나 전문가들은 걱정하지 않아도 된다고 합니다. 한여름에 접어들면 다음 작물들이 시장에 출하되기 시작하면서 가격이 다시 내리기 시작할 것입니다.

Q. 1년 전 양상추 한 개의 가격은?
ⓐ 2달러
ⓑ 3달러

어휘 flooding 홍수 / shortage 부족, 고갈 / produce 농산물 / lettuce 양상추 / hit (수량 · 수준 등에) 이르다 / expert 전문가

해설 문제에서 묻고 있는 것은 양상추의 1년 전 가격이므로 지문에서 양상추 가격을 언급한 부분을 찾는다. 올해 가격이 작년보다 50% 올랐다고 했고 올해 양상추 한 개의 가격이 3달러이므로, 작년 가격은 2달러이다.

3. ⓑ

도쿄의 거리에서 정치적 견해에 대한 표명이 있었다. 자동차 운전자들은 일본이 러시아에게 빼앗긴 영토를 되찾아야 한다고 요구하며 자신들의 의견을 크게 외쳤다. 그들은 또한 아이들이 천왕을 기리는 국가를 불러야 하며, 외국인들에 맞서기 위해 군대가 더 강해져야 한다고 주장했다. 군가가 확성기를 통해 틀어졌다. 흰 머리띠를 두른 운전자들은 손을 흔들며 "러시아인들은 일본 땅에서 물러가라!"와 같은 구호를 외쳤다.

Q. 운전자들이 요구했던 것은?
ⓐ 학생들에게 학교에서 군가를 부르게 하는 것
ⓑ 국가의 군대를 강하게 만드는 것

어휘 display 드러냄, 표명 / call for 요구하다 / take back ~을 되찾다 / territory 영토 / national anthem 국가 / stand up to ~에게 과감히 맞서다 / loudspeaker 확성기 / slogan 슬로건

해설 ⓐ 운전자들이 학생들에게 요구하는 내용은 천황을 찬양하는 국가를 부르는 것이라고 했으므로 정답이 아니다.
ⓑ 외국인들에게 맞서기 위해 군대가 더 강해져야 한다고 언급되어 있으므로 정답이다.

4. ⓐ
1830년대에 사진이 발명된 이후로 사진은 여러모로 예술계를 변화시켰다. 화가들은 사진과 경쟁하려는 노력의 일환으로 그들의 작품에 훨씬 더 많은 현실성을 부여하고자 했다. 하지만 19세기 후반에 이르러서, 몇몇 예술가들은 예술이 현실 세계를 묘사해야 할 필요성이 있는지에 대해 의문을 갖기 시작했다. 이는 더 추상적인 형태의 예술을 발달시켰다. 동시에, 작품의 대다수가 교회, 왕족, 귀족의 주문에 의해 만들어지는 시스템이 쇠퇴하였다. 대신 화상들은 예술 작품들을 더 넓은 층의 사람들에게 팔기 시작했다.

Q. 사진 발명의 최종적인 결과는?
ⓐ 예술이 좀 더 추상적이게 되었다.
ⓑ 예술 작품이 대부분의 사람들이 사기에 너무 비싸졌다.

어휘 realism 현실성, 현실주의 / question 의문을 갖다, 이의를 제기하다 / portray 묘사하다 / abstract 추상적인 / commission 주문하다 / royalty 왕족 / aristocracy 귀족 / eventual 최종적인

해설 ⓐ 사진이 발명된 후, 처음에는 예술가들이 자신들의 작품을 사실적으로 만들려고 노력했으나 오히려 이에 대한 반발로 추상 예술이 발달했다고 했다. 질문에서 사진 발명의 최종적인 결과를 묻고 있으므로 ⓐ가 정답이다.
ⓑ 예술이 교회, 왕족, 귀족의 전유물에서 보다 대중적으로 바뀌었다고 했으므로 오답이다.

5. ⓐ
7월, 8월, 9월 동안 재임대할 침실 하나짜리 아파트가 있습니다. 주인은 유럽에 가 있을 예정입니다. 집세는 한 달에 단돈 250달러이지만 세입자는 화분에 물을 주고 고양이 두 마리에게 먹이를 주어야 합니다. 또한 아파트를 깨끗하게 사용해야 하며 파티는 허용되지 않습니다. 수납용 벽장 하나를 사용하실 수 있지만 뒷골목 주차는 가능하지 않습니다. 관심 있는 분은 747-0749로 브렌다에게 연락 바랍니다.

Q. 세입자에게 요구되는 조건은?
ⓐ 애완동물 돌보기
ⓑ 정원 손질하기

어휘 sublet 재임대하다 / rent 집세 / tenant 세입자 / closet 벽장 / storage 저장, 보관 / off-street 뒷길의, 뒷골목의 / requirement 요구 사항

해설 ⓐ 세입자는 고양이 두 마리에게 먹이를 주어야 한다고 했으므로 정답이다.
ⓑ 화분에 물을 주라고는 했으나 정원을 손질하라는 언급은 없었다.

6. ⓑ
언론인들은 때때로 좋은 뉴스는 나쁜 뉴스다 라고 말하는데 그것은 좋은 뉴스로는 신문이 팔리지 않기 때문이다. 언론 매체가 아무리 세계에서 일어나는 사건들을 정확하고 철저하게 보도하려고 시도한다 하더라도, 핵심은 그들의 제1의 목적은 신문을 팔고 시청자들을 자신들의 방송국으로 끌어 모으는 것이다. 이 때문에 충격적인 비극적 사건들은 시청률이나 독자의 수를 증가시키기 위해 자주 소개된다.

Q. 미디어의 주된 목적은?
ⓐ 사건을 가능한 한 정확하게 보도하는 것
ⓑ 가능한 한 많은 사람의 관심을 모으는 것

어휘 media outlet 언론 매체 / accurately 정확하게 / thoroughly 완전히, 철저히 / bottom line 핵심 / rating 시청률 / readership 독자 수

해설 지문에서 언론 매체들의 제1의 목적은 사건의 정확한 보도라기보다는 더 많은 독자와 시청자들이 그 매체의 보도를 보게 만드는 것이라고 했으므로 정답은 ⓑ이다.

Practice TEST

p.154-155

1. (c) 2. (b) 3. (a) 4. (c)

1. (c)
(세상에는) 내가 싫어하는 것이 많다. 회사의 구조 조정도 싫고, 차를 타고 가며 총격을 하는 것도 싫고, 강도질도 싫다. 내가 정말 좋아하는 것은 MP3 플레이어, 휴대용 게임기, 디지털 카메라와 같은 훌륭한 기기들이다. 그러나 무엇보다도 나는 홈시어터 시스템을 좋아한다. 난 모든 사람이 홈시어터를 하나씩 갖고 있거나, 아니면 적어도 이 세상의 모든 무례한 사람들만이라도 홈시어터를 하나씩 갖고 있어야 한다고 생각한다. 사실, 우리는 모금이라도 해서 아직 홈시어터가 없는 모든 무례한 사람들이 그것을 살 수 있도록 도와주어야 한다. 그러면 내 아내와 내가 영화를 보러 갔을 때, 영화가 상영되는 내내 떠들어대는 무례한 사람들 옆에 앉는 일이 아마 없을 것이다.

Q. 글쓴이가 홈시어터 시스템을 좋아하는 이유는?
(a) 그와 그의 아내가 집에서 영화를 보는 것을 더 좋아하기 때문에
(b) 영화를 보러 가는 것보다 비용이 덜 들기 때문에
(c) 영화관에서 떠드는 사람들이 집에 있도록 할 것이기 때문에
(d) 좋아하는 영화를 언제든지 보고 싶을 때 볼 수 있기 때문에

어휘 corporate 법인(회사)의 / downsizing (대폭적) 인원 삭감 / drive-by shooting 자동차를 타고 가며 하는 총격 /

robbery 강도(질) / handheld game console 휴대용 게임기 / at the very least 적어도, 아무리 못해도 / take up a collection 모금하다

해설 마지막 문장에서 '영화가 상영되는 내내 떠들어대는 무례한 사람들 옆에 앉는 일이 아마 없을 것이다'라고 한 것으로 보아 글쓴이는 극장에서 떠드는 사람들이 싫어서 그런 사람들이 집에서 영화를 볼 수 있도록 홈시어터가 꼭 필요하다고 생각하고 있으므로 (c)가 정답이다.

2. (b)

1999년, 미국은 유럽 연합에서 만들어진 여러 가지의 사치품에 대해 100% 관세를 부과했다. 이 관세는 북미 지역으로의 연간 매출액 중 1억 2천4백만 달러에 영향을 끼쳤으며, 프랑스 농민들이 지역 맥도날드 가게에 몇 톤의 가축 분뇨를 가져다 버리는 시위를 초래했다. 또 다른 사건에서는 아베롱 지역의 목양업자들이 맥도날드 건축 공사장을 습격하여 건물을 심하게 파손하였고, 벽에 "로크포르 치즈가 최고다, 맥도날드는 물러가라!"라고 스프레이로 쓰기도 했다. 맥도날드는 미국 관세의 상징적인 표시로서 공격의 목표가 된 것으로 보인다.

Q. 프랑스 농민들이 맥도날드 가게를 습격했던 이유는?
(a) 맥도날드의 불친절함에 항의하기 위해
(b) 미국의 지나친 관세에 대한 반대를 나타내기 위해
(c) 낮은 가격에 미국 제품을 수입할 수 있도록 요청하기 위해
(d) 맥도날드가 유기농 재료를 사용해야 한다고 주장하기 위해

어휘 tariff 관세 / luxury product 사치품 / annual sales 연간 매출액 / dump 가져다 버리다 / animal waste 가축 분뇨 / target 겨냥하다, ~을 목표로 삼다 / representation 표시 / excessive 과도한

해설 유럽 연합에서 제조된 물품에 대해 미국이 100%라는 높은 관세를 부과하자, 이에 항의하기 위해 프랑스 농민들이 맥도날드 가게에 가축 분뇨를 가져다 버린 시위가 일어났다고 했으므로 정답은 (b)이다.

3. (a)

모리스 씨께,
귀사에서 판매한 모델 번호 207번 휴대용 계산기 천 대에 관련하여 본 서신을 보냅니다. 저희 점포에서 이 휴대용 계산기를 판매하기 시작한 이후로 고객의 절반 가까이가 며칠도 되지 않아 계산기가 작동을 하지 않는다면서 반품을 해오고 있습니다. 저희가 계산기를 검사해 보니 대부분의 계산기 안의 건전지가 새고 있었습니다. 저희는 고객들에게 구매 금액을 환불해 드릴 수밖에 없었습니다. 이로 인해 저희 점포와 직원들은 상당한 낭패를 겪었습니다. 이에 휴대용 계산기 모두를 귀사께 반품하오니 이 휴대용 계산기에 해당하는 총액과 운송비를 환불해주시기 바랍니다.
빌 스미스 드림

Q. 빌 스미스가 요구하고 있는 것은?
(a) 제품의 환불
(b) 납득이 가고 만족스러운 설명
(c) 즉각적인 협상
(d) 배송의 확인

어휘 calculator 계산기 / leak (물 · 가스 · 광선 등이) 새어 나오다 / considerable 상당한 / embarrassment 당혹, 난처 / shipping expense 운송비 / convincing 납득이 가는 / satisfactory 만족스러운 / negotiation 협상 / confirmation 확정, 확인

해설 판매한 휴대용 계산기의 결함으로 반품이 계속되고 있음을 먼저 설명한 뒤, 마지막 문장에서 휴대용 계산기의 금액과 운송비를 환불해 달라고 요청하고 있으므로 (a)가 정답이다.

4. (c)

카자흐 족의 민족주의적 정서는 다른 나라들에 의한 점령과 식민 통치라는 긴 역사에서 비롯되었다. 중국, 러시아, 우즈베키스탄, 키르기스스탄, 투르크메니스탄과 국경을 접하고 있어 카자흐스탄은 많은 침략을 받았다. 초기의 카자흐 족은 광활한 대초원 지대 전역을 돌며 필요할 때마다 가축을 데리고 새로운 땅으로 이동하며 돌아다니던 사람들이었다. 서기 1218년 칭기즈칸의 침략을 시작으로 몽골인은 카자흐 민족에 많은 영향을 주었다. 몽골 문화는 카자흐스탄의 법률과 언어의 변화에서 우위를 차지했다. 몽골 사람들은 또한 이슬람교를 전파했으나, (카자흐) 부족들은 초기의 종교적 관습을 유지했다.

Q. 초기 카자흐 족의 생활방식을 가장 잘 나타내는 것은?
(a) 투르크메니스탄의 지배를 받았으며 독립을 위해 싸웠다.
(b) 나라 전역에 전쟁이 일어나서 떠돌아다녀야만 했다.
(c) 그들은 양과 염소를 목초지로 데리고 다니며 유목 생활을 했다.
(d) 사람들이 정착한 많은 농장들이 있었다.

어휘 nationalistic 민족주의적인 / occupation 점령, 점거 / colonization 식민지화 / subject to ~의 대상인 / invasion 침략, 침입 / wanderer 떠돌아다니는 사람(wander 떠돌아다니다) / livestock 가축 / vast 광활한 / steppe (시베리아) 대초원 / Genghis Khan 칭기즈칸 / precedence 우위 / nomadic 유목의 / herd 가축을 몰다 / pasture 목초지

해설 질문에서 초기 카자흐 족의 생활방식에 대해 묻고 있으므로 이와 관련된 부분을 지문에서 찾으면 쉽게 정답을 맞출 수 있다. 세 번째 문장에서 초기 카자흐 족은 초원을 떠돌며 가축을 기르며 생활했다고 설명되고 있으므로 그들이 유목민 생활, 즉 a nomadic lifestyle을 가졌음을 알 수 있다. 따라서 정답은 (c)이다. 유목민이라는 단어 nomad(e)도 함께 알아 두자.

Part 2 unit 06 추론하기

Basic Drill

p.158-159

1. ⓐ 2. ⓐ 3. ⓐ 4. ⓑ 5. ⓑ

1. ⓐ

내가 다니는 지역 전문 대학에서는 많은 학생들이 일을 하기 때문에 숙제를 할 시간이 많지 않다. 학생들은 강의를 이해하는 데 어려움을 겪고, 그래서 강사들은 같은 내용을 반복해서 가르친다. 그 결과, 강의의 질이 떨어졌다. 이곳의 학생들은 시험에 대비하여 열심히 공부하지 않으므로 강사들은 시험 문제를 쉽게 낼 수밖에 없게 된다. 학생들은 대개 좋은 학점으로 수강 과목을 통과하지만 많은 것을 배우지는 못한다. 2년 후에는 학위를 받는다. 그러나 이런 학위가 무슨 의미가 있을까?

Q. 미국의 대학 교육 체계에 대한 글쓴이의 의견에 대해 추론할 수 있는 것은?

ⓐ 너무 쉽고 거의 쓸모가 없으므로 좀 더 어려워져야 한다.

ⓑ 등록금이 너무 비싸서 많은 학생들은 등록금을 내기 위해 일을 해야만 한다.

어휘 community college 지역 전문 대학 / instructor 교사, 강사 / material *교육 내용; 자료 / demanding 큰 노력을 요하는 / tuition 수업료, 등록금

해설 ⓐ 글쓴이는 강의의 수준이 떨어지고 시험 문제가 쉽다는 문제를 언급하며 대학의 교과 과정에 대해 불만을 표시하고 있다. 따라서 글쓴이는 대학 교육이 좀 더 어려워지고 도전적이어야 한다고 생각하고 있음을 추론할 수 있다.

ⓑ 많은 학생들이 일을 한다고 했지만 이것이 비싼 등록금을 내기 위해서라는 내용을 추론할 근거는 없다.

2. ⓐ

온라인 보안 용어 중에서, 방화벽은 회사의 전산망을 지키는 경비원과 같은 역할을 하는 프로그램이다. 방화벽은 일반적으로 침입자들이 들어오지 못하게 하기 위해 암호를 사용하고, 해커들이 시스템에 침입하려고 할 때 경보를 울린다. 그러나 지금 방화벽이 개인 컴퓨터와 기업 네트워크 모두의 표준 보안 수단이지만, 전문가들은 온라인상에서 절대적인 안전이라는 것은 없다고 경고한다.

Q. 윗글을 통해 추론할 수 있는 것은?

ⓐ 방화벽은 당신의 정보가 해커들로부터 안전하다는 것을 보장하지 않는다.

ⓑ 방화벽은 회사 직원의 얼굴과 침입자의 얼굴을 구별할 수 있다.

어휘 terminology (전문) 용어 / security 안전, 보안 / firewall (컴퓨터의) 방화벽 / employ 사용하다 / intruder 침입자 / break into 침입하다 / corporate 기업(회사)의 / expert 전문가 / absolute 절대적인(↔ relative 상대적인)

해설 ⓐ 비록 방화벽이 현재의 표준 보안 수단이지만 전문가들은 온라인상에서 절대적인 안전이라는 것은 없다고 말한다고 한 마지막 문장에서 방화벽이 해커의 공격을 완벽하게 차단하지 못함을 추론할 수 있다.

ⓑ 방화벽이 컴퓨터 시스템이라는 점을 감안할 때 얼굴을 구별한다는 내용은 옳지 않다.

3. ⓐ

샤론 씨께,

당신의 어머니께서 돌아가셨다는 소식을 듣고 매우 충격을 받았습니다. 당신의 어머니께서 저에게 베푸셨던 모든 호의에 대한 애정과 감사의 마음으로 그분을 늘 기억할 것입니다. 힘든 시기에 진심 어린 애도를 표합니다. 당신께 도움이 될 수 있는 일이 있다면 제게 알려주시기 바랍니다.

팸 드림

Q. 윗글을 통해 팸에 대해 추론할 수 있는 것은?

ⓐ 그녀는 동정심을 느꼈을 것이다.

ⓑ 그녀는 샤론과 같은 경험을 한 적이 있다.

어휘 pass away 죽다 / fondness 애정 / gratitude 감사(하는 마음) / sincere 진심의, 거짓 없는 / condolence 애도, 조의 / sympathetic 동정심 있는

해설 ⓐ 편지에서 언급된 여러 가지 표현들(I was greatly shocked to hear …, Please accept my sincerest condolences …, If there is any way that I can be of help to you …)을 통해 팸이 어머니를 잃은 샤론에 대해서 안타깝게 여기고 있음을 유추할 수 있다.

ⓑ 팸 또한 어머니가 돌아가신 경험이 있는지를 추론할 수 있는 근거는 찾을 수 없다.

4. ⓑ

어떤 사람들은 그 상황에 필요한 것보다 더 고가의 선물을 한다. 값비싼 선물을 하는 사람은 흔히 덜 비싼 선물을 했을 때보다 더 많은 칭찬을 받을 것이라고 생각한다. 따라서 그 사람은 스스로에게도 위신이라는 선물을 주고 있는 셈이다. 혹은 사랑과 애정 같은 훨씬 더 직접적인 것 대신에 돈이 사용되고 있는 것일 수도 있다. 비싼 선물을 자주 하는 사람들은 그것을 받는 사람들의 행복 이상의 것에 관심이 있는 것인지도 모른다.

Q. 윗글을 통해 추론할 수 있는 것은?

ⓐ 선물이 비싸면 비쌀수록, 당신은 더 많은 감사를 받게 될 것이다.

ⓑ 비싼 선물 주는 것을 좋아하는 사람들은 스스로를 만족시키기 원하는 것일 뿐이다.

어휘 status 지위; *위신 / in place of ~대신에 / affection 애정 / appreciate 감사하다

해설 ⓐ '값비싼 선물을 하는 사람은 흔히 덜 비싼 선물을 했을 때보다 더 많은 칭찬을 받을 것이라고 생각한다'라고 한 부분은 비싼 선물을 주는 사람의 생각으로 언급된 것이지 실제로 비싼 선물을 주면 감사를 더 받게 될 것이라는 근거는 아니다.
ⓑ 비싼 선물을 하는 사람들은 스스로에게도 위신이라는 선물을 주고 있는 셈이라고 했으므로 결국 자기 만족을 위해 비싼 선물을 하고 있음을 추론할 수 있다

5. ⓑ

미국 입법 교환협의회는 그들의 임무를 '자유 시장, 제한된 정부, 연방주의 제도, 개인의 자유라는 제퍼슨식 원리들을 미국의 주(州) 입법자들 사이에 퍼지게 하는 것'이라고 설명한다. '제퍼슨식 원리'라는 어구는 미국의 3번째 대통령이었던 토마스 제퍼슨으로부터 유래된 것이다. 제퍼슨은 켄터키 결의안의 초안에서 "주(州)로부터 자치 정부의 모든 권한을 빼앗고 그것들을 총괄적이며 통합된 정부에게 넘겨주는 것은 이 주의 평화, 행복, 그리고 번영을 위한 것이 아니다"라고 했다.

Q. 윗글을 통해 추론할 수 있는 것은?
ⓐ 제퍼슨식 원리들은 미국 입법 교환협의회에 의해 만들어졌다.
ⓑ 토마스 제퍼슨은 시장 경제를 존중했고 제한된 정부를 선호했다.

어휘 American Legislative Exchange Council 미국 입법 교환협의회 / Jeffersonian 제퍼슨식 (민주주의)의 / federalism 연방주의 제도 / liberty 자유 / draft 초안 / Kentucky Resolution 켄터키 결의안 / self-government 자치 정부 / prosperity 번영 / market economy 시장 경제

해설 ⓐ 제퍼슨식 원리는 미국 입법 교환협의회가 만든 것이 아니라 그들이 추구하는 정치 노선이다.
ⓑ 제퍼슨식 원리로 자유 시장(free market)과 제한된 정부(limited government)를 언급했고 이 원리들이 토마스 제퍼슨으로부터 유래되었으므로, 토마스 제퍼슨이 이 두 개념을 따르고자 했을 것이라고 추론할 수 있다.

Practice TEST

p.160-161

1. (b) 2. (a) 3. (c) 4. (b)

1. (b)

안녕하세요 여러분. 목요일에 회의실 A에서 열리는 분기 품질 회의에 대해 상기시켜 드리고자 합니다. 3급 혹은 그 이상인 직원들은 의무적으로 참석해야 하는 회의입니다. 소피아와 루비는 회의가 진행되는 동안 우리 층을 맡아 주시느라 참석하지 못할 예정입니다. 부디 안전 주제에 대해 토의할 수 있게 준비해 주시기 바랍니다. 하지만 제기하고자 하는 다른 사안이 있다면 의견을 맞출 수 있게 사전에 제게 알려주시기 바랍니다. 브렌다는 회의 전에 나머지 팀원들에게 당신을 소개할 수 있도록 제게 간략한 소개글을 보내주시기 바랍니다. 마지막으로 콜린과 홀리는 수술실 절차에 대한 새로운 지침서에 대해 논의할 수 있게 회의 직후 15분 정도만 시간을 내주세요.
수간호사 샌디 콘웨이로부터

Q. 이 통신문에서 추론할 수 있는 것은?
(a) 소피아와 루비는 3급 직원이 아니다.
(b) 샌디는 회의 중에 예상치 못한 논의가 없기를 바란다.
(c) 브렌다는 샌디의 간호사팀과 수 년간 함께 일해왔다.
(d) 콜린과 홀리는 수술 때문에 회의에 참석하지 못할 것이다.

어휘 remind 상기시키다 / quarterly 분기의, 한 해 네 번의 / mandatory 의무의, 필수의 / session 회의 / be on the same page 동의하다 / bio 인물 소개, 약력 / manual 지침서, 안내서 / operating room 수술실 / operation 수술

해설 (a) 소피아와 루비는 그들의 층을 맡아야 해서 참석하지 못한다고 했는데, 이는 원래대로라면 회의에 참석했을 것임을 의미하므로 그들이 3급 이상 직원임을 알 수 있다.
(b) 샌디는 회의 주제에 대해 알리면서 별도의 의제가 있는 경우 사전에 알려달라고 요청하고 있으므로, 샌디는 회의에서 논의될 안건에 대해 사전에 확인하기를 원한다는 것을 추론할 수 있다.
(c) 브렌다에게 나머지 팀원들에게 소개하기 위해 자기 소개글을 준비해 오라고 했으므로 브렌다가 새로 팀에 합류한 사람임을 알 수 있다.
(d) 콜린과 홀리는 회의에 참석할 것이므로 정답이 아니다.

2. (a)

'편의상 친구'란 일상적으로 우리의 삶과 접하고 살아가는 이웃 사람들이나 동료 직원들, 또는 카풀을 하고 있는 사람들을 말한다. 그들은 우리와 작은 호의를 교환하는 사람들이다. 그들은 우리가 휴가 중일 때 우리 애완동물을 일주일 동안 돌봐주며, 우리가 필요로 할 때 차를 태워 준다. 물론 우리도 그들을 위해서 같은 일을 한다. 그러나 우리는 편의상 친구와 지나치게 가까워지거나 너무 많은 것을 말하지는 않는다. 예를 들어 우리는 살이 쪘다는 것에 대해서는 이야기하지만, 우울하다는 것에 대해서는 이야기하지 않을 것이다. 그리고 그것은 우리가 이번 달에 돈에 쪼들린다고 말할 수는 있지만, 절대로 그것에 대해 심각하게 걱정하고 있다고 말하지는 않음을 의미한다.

Q. 윗글을 통해 '편의상 친구'에 대해 추론할 수 있는 것은?
(a) 우리는 그들 앞에서 사회적 체면과 정서적 거리를 유지한다.
(b) 그들은 우리가 완전히 믿고 의지할 수 있는 진정한 친구이다.
(c) 우리는 그들에게 감정적인 문제뿐만 아니라 재정적인 문제까지 말한다.
(d) 그들이 우리를 위해 뭔가 해줄 수 있을 때만 친구이다.

어휘 convenience 편리함, 편의 / co-worker 동료 / routinely 일상적으로 / come into contact with ~와 접촉하다, 마주치다 / lift 차에 태워줌

해설 (a) 편의상 친구와 아주 가까워지거나 너무 많은 것을 말하지는 않으며 대화 내용도 가려서 한다고 설명했으므로, 편의상 친구

와는 어느 정도의 거리를 유지한다는 것을 추론할 수 있다.
(b) 편의상 친구란 필요에 의해서 호의를 주고 받는 친구라고 했기 때문에 진정한 친구라고 하기는 어려울 것이다.
(c) 편의상 친구에게는 자신의 감정적 문제에 대해서는 말하지 않는다고 했으므로 틀린 내용이다.
(d) 편의상 친구는 서로 작은 호의를 교환하는 사람들이기 때문에 우리에게 도움을 줄 때만 친구인 것은 아니다.

3. (c)

모든 관리자들은 직원들과 민감한 문제에 관해 논의하는 기술을 향상시키기 위해 전략을 배우고 확실한 기술을 습득할 필요가 있습니다. 커뮤니케이션 전략 연구소(ICS)는 어려운 종류의 논의에 접근하는 방법에 관한 8시간짜리 과정을 관리자들에게 제공하고 있습니다. 그 과정은 관리자들이 감봉을 하고 평가, 징계, 해고를 할 때 직원들에게 건설적인 비판을 하고 피드백을 제공하는 것과 같은 상황들에 어떻게 접근할 것인가를 다룰 것입니다. 이 세미나에 관한 정보를 얻으려면 ICS로 510-681-0410번으로 전화하거나 저희 웹사이트 www.bizstrategy.dt를 방문하세요.

Q. 강좌에서 다룰 것 같지 않은 상황은?
(a) 관리자가 업무 불량을 이유로 직원을 해고할 필요가 있을 때
(b) 관리자가 직원들에게 감봉될 것이라고 말할 때
(c) 관리자가 자신의 직원에게 승진을 통보할 때
(d) 관리자가 직원들에게 그들의 형편없는 실적에 관해 이야기할 때

어휘 solid 확실한, 믿을 수 있는 / touchy 민감한 / challenging 힘든, 까다로운 / constructive 건설적인 / criticism 비판 / evaluate 평가하다 / reprimand 징계하다, 질책하다 / misconduct 업무 불량 / promotion 승진

해설 이 강좌에서 다룰 상황들은 얘기하기 어려운 민감한 문제들에 관해 직원들에게 얘기해야 할 때이다. (a)의 해고, (b)의 감봉, (d)의 나쁜 실적은 이야기하기 어려운 주제들이지만 (c)의 승진은 전달하기 즐거운 소식이므로 이 강좌의 목적과 어긋난다. 따라서 정답은 (c)이다.

4. (b)

4백 명의 동료 근로자들과 함께 이제 막 재봉사라는 직업을 잃은 사람은 국가의 경제 상황이 매우 좋지 않다고 생각할지도 모른다. 사실은 그 나라가 의류 수출을 중지하고 이제는 국제 시장에서 중장비를 생산 · 판매하고 있을 수도 있으며, 실제로 중공업 분야에는 일할 기회가 많을 수도 있다. 같은 식으로, 새 냉장고를 사려는 사람은 상점에서 최신 수입 모델들을 많이 보게 된다. 그는 국가의 경제 상황이 매우 좋아서 냉장고의 선택 범위가 그렇게 커진 것이라고 생각할 수도 있다. 사실 수입품의 증가는 경제에 위협이 되는 대량의 국가 외채의 원인일 수 있다.

Q. 윗글에서 추론할 수 있는 것은?
(a) 한 나라의 경제 상황이 좋은지 나쁜지는 취업 기회와 국가의 외채에 좌우된다.
(b) 개인적인 경험에 근거한 국가 경제에 대한 판단은 실제 경제 상황을 반영하지 않을 수 있다.
(c) 수출품과 수입품의 변화는 국가 경제를 위협한다.
(d) 국가 경제의 정확한 상황을 알기 위해서는 여러 개인들의 판단을 무시할 수 없다.

어휘 sewing machine 재봉틀 / operator (기계 · 장치의) 조작자, 기사 / fellow 동료 / heavy machinery 중장비 / heavy industry 중공업 / foreign debt 외채(외국에서 발행되는 부채) / accurate 정확한 / picture 상황

해설 (a) 취업 기회와 국가의 외채에 대한 언급은 있으나 이 두 가지가 한 나라의 경제 상황에 대한 판단의 기준이 된다는 근거는 없다.
(b) 지문에서 제시된 재봉사와 냉장고 구매자의 두 가지 사례 모두 국가 경제에 대한 개인의 판단이 틀릴 수도 있다는 것을 보여주고 있으므로 정답이다.
(c) 수입품의 증가가 국가 경제에 위협이 되는 외채의 원인일 수 있다고 했지만 수출품의 변화로 인한 경제 위협에 대해서는 지문에 추론할 만한 근거가 없다.
(d) 국가 경제 상황에 대한 판단을 할 때 개인의 판단을 반영해야 한다는 것은 지문과 정반대의 내용이므로 오답이다.

Basic Drill

p.164-165

1. ⓑ 2. ⓐ 3. ⓑ 4. ⓐ 5. ⓑ 6. ⓐ

1. ⓑ

영어는 오랫동안 세계의 사람들이 모든 것을 볼 수 있고 누구와도 접촉할 수 있는 창으로 일컬어져 왔다.
ⓐ 영어를 모국어로 사용하는 사람들의 수는 대략 3억 7천5백만 명으로, 중국어, 스페인어에 이어 세 번째로 많다.
ⓑ 정보 네트워크에 의해 지배될 것이 확실한 가까운 미래에 세계어로서의 영어의 기능은 확대될 것이다.

어휘 dominate 지배하다

해설 첫 문장에서 영어가 오랜 세월 동안 세계어로서의 역할을 해왔음이 언급되었는데, 영어가 모국어인 사람의 수가 많다는 내용의 ⓐ는 첫 문장과 내용상 연결되지 않는다. 따라서 세계어로서의 영어의 역할이 커질 것이라는 내용의 ⓑ가 정답이다.

2. ⓐ

한국의 한 정당이 어제 예비 여성 정치인들을 위한 정당 산하 학교

에서 75명의 학생들을 청중으로 하여 세미나를 열었다.
ⓐ 참석자들은 정치계의 적은 여성 비율에 대해 조치를 취해야겠다는 굳은 결심을 보였다.
ⓑ 대부분의 참석자들은 그들 자신의 사업체를 운영하는 데 대한 강한 관심을 보였다.

어휘 political party 정당 / would-be 장래의, ~이 되려고 하는 / politician 정치인 / participant 참석자 / determination 결심, 결단력 / proportion 비율

해설 첫 문장에서 한 정당이 예비 여성 정치인들을 양성하는 학교의 학생들을 대상으로 세미나를 개최했다고 했다. 따라서 세미나 참석자들이 모두 정치에 관심을 보였다는 내용이 이어지는 것이 자연스럽다. 참석자들이 자신의 사업체를 운영하는 데 관심을 보였다는 ⓑ는 논리 전개가 자연스럽지 못하다. 따라서 정답은 ⓐ이다.

3. ⓑ
다른 많은 난민 및 이주 집단과 마찬가지로 캄보디아 난민 부모들도 혹독한 경제적 압박과 문화적 소외감으로 인해 발생한 피로와 우울증을 겪고 있다.
ⓐ 이로 인해, 그들은 자녀들의 교육을 가장 주요한 관심사로 여긴다.
ⓑ 이로 인해, 외국 문화 속에서 자녀들을 양육하는 능력이 약화되었다.

어휘 refugee 난민, 망명자 / immigrant 이민(이주)자 / fatigue 피로, 피곤 / depression 우울(증) / alienation 소외감

해설 선택지 ⓐ, ⓑ 모두 '이로 인해(Thus)'로 시작하고 있으므로 첫 문장이 두 번째 문장에 대한 원인임을 알 수 있다. 첫 문장에서 캄보디아 난민 부모들이 겪고 있는 피로와 우울증에 대해 말하고 있기 때문에 긍정적인 결과가 이어지지는 않을 것이다. 따라서 ⓑ가 ⓐ에 비해서 더 논리적인 결론이라고 볼 수 있다.

4. ⓐ
어린 나이에 많은 양의 문화적 영감에 노출된 어린이들은 더 높은 수준의 사고와 더 큰 인간애를 가지게 된다고 믿어진다.
ⓐ 예를 들어, 어떤 연구원들은 예술적인 환경을 가진 어린이들은 자기를 쉽게 표현하며 다른 이들에 대해 관대하다고 주장한다.
ⓑ 그러나, 어떤 예술가들은 예술에서 큰 차이를 만드는 것은 재능이 아니라 열정이라고 생각한다.

어휘 exposed to ~에 노출된, ~의 영향을 받은 / inspiration 영감 / possess 소유하다 / humanity 인성, 인간애 / claim 주장하다 / surroundings 환경, 주변 상황 / generosity 관대함

해설 첫 문장에서 문화적 영감에 많이 노출되는 것이 어린이들의 사고와 성격에 미치는 영향을 설명했으므로, 그에 대한 예시를 제공하는 ⓐ로 연결되는 것이 자연스럽다. ⓑ의 경우, 예술에서는 열정이 재능보다 중요하다는 것은 첫 문장의 내용과 연계성이 부족하다. 따라서, 정답은 ⓐ이다.

5. ⓑ
우리 회사는 지난 5년 동안 제품 수요의 감소, 높은 생산 원가, 그리고 무엇보다도 경제 위기와 같은 이유로 인해 손실을 입고 있습니다.
ⓐ 그 결과, 우리는 상당한 양의 이윤이 우리 주주들에게 환원되게 해야만 합니다.
ⓑ 그런 까닭에, 우리는 모든 공장에서의 생산량을 감소시켜야 하며, 그것은 모든 부서의 전 직원들에게 영향을 미칠 것입니다.

어휘 fair 상당한 / profit 이윤 / shareholder 주주 / personnel 전 직원, 총 인원

해설 첫 문장은 회사가 손실을 보고 있는 이유를 밝히고 있다. 따라서 손실로 인한 결과들을 언급하는 ⓑ가 이윤의 배분에 관해 이야기하는 ⓐ보다 글을 논리적으로 완성하므로 정답은 ⓑ가 된다.

6. ⓐ
알루미늄 광석을 채굴하여 정련하고, 제품을 만들어내기 위해 형태를 잡는 것은 오래된 캔이나 다른 형태의 폐알루미늄으로 똑같은 제품을 만드는 것보다 20배나 더 많은 에너지를 필요로 한다.
ⓐ 이는 곧 재활용품을 생산하면 우리의 에너지를 덜 사용하게 되고, 그 결과 발전소에서 발생하는 오염이 줄어든다는 것을 의미한다.
ⓑ 이는 곧 더 많은 제품이 재활용될수록 더 많은 에너지가 소비될 것이고, 그 결과 발전소에서 발생하는 오염이 늘어난다는 것을 의미한다.

어휘 mine 채굴하다 / aluminum 알루미늄 / ore 광석 / purify 정련하다 / discard 폐기하다 / result in ~의 결과를 낳다 / power station 발전소

해설 첫 문장에서 재활용품을 만드는 것이 제품을 새로 만드는 것에 비해 에너지 소모가 훨씬 적다고 했기 때문에 두 번째 문장에서도 이 논리를 그대로 유지해야 한다. 그런데 ⓑ에서는 재활용을 많이 할수록 에너지 소비와 환경 오염이 더 늘어날 것이라고 했으므로 첫 문장과 반대의 논리가 된다. 따라서 일관된 논리를 보여주고 있는 ⓐ가 정답이다.

Practice TEST

p.166-167

1. (a) 2. (b) 3. (b) 4. (c)

1. (a)
우리들 대부분은 지는 것보다 이기고 싶어 하고, 분명 성공은 실패보다 더 달콤하다. (a) 다행히 우리가 성공을 열심히 추구하면 할수록 더 쉽게 승리의 영광을 얻는다. (b) 그러나 현실은 때로는 우리 모두가 진다는 것이다. (c) 승리와 패배를 균형 있게 보는 방법을 배우는 것은 연륜에서 오는 것이다. (d) 올림픽 마라톤 챔피언인 조안 베노이트 사무엘슨은 자신의 풍부한 경험을 바탕으로 이 점을 포착하여 "승리는 전부인

것도 아니고 유일한 것도 아니다. 그것은 많은 것들 중의 하나일 뿐이다"라고 말했다.

어휘 pursue 추구하다 / perspective 관점; *균형 있게 보기 / a wealth of 풍부한 / capture 포착하다

해설 첫 문장에서 (a)로 이어지면서 부자연스러움이 별로 느껴지지 않기 때문에 정답을 고르기가 어려운 문제이다. 그러나 (b)에서 실질적인 주제로의 반전을 시도하고 (c)가 실제 주제문, 그리고 (d)가 그에 대한 부연 설명임을 파악한다면 (a)를 제거하는 것이 전체의 흐름을 자연스럽게 유지한다는 것을 알 수 있다.

2. (b)

원치 않는 소음은, 특히 장기간에 걸쳐 지속되는 경우 종종 문제의 발단이 된다. (a) 예를 들어, 직장에서 오랫동안 소음에 노출되는 것과 심장병 간의 관계를 보여주는 연구가 있다. (b) 과학자들은 200 데시벨이 넘는 소음은 어떤 것이든 매우 유해할 수 있다고 믿는다. (c) 게다가 시끄러운 지역에 사는 주민들은 더 조용한 환경에서 사는 사람들보다 혈압이 더 높은 편이다. (d) 뿐만 아니라 직장에서나 집에서 높은 수치의 소음을 지속적으로 겪어야 하는 사람들은 생활하면서 많은 마찰을 겪는 것으로 알려져 있다.

어휘 extended 장기간에 걸친 / prolonged 장기의 / exposure 노출 / decibel 데시벨 / inhabitant 주민 / conflict 마찰, 다툼

해설 첫 번째 문장이 주제문으로 장시간 지속되는 원치 않는 소음이 문제를 야기할 수 있다는 내용이다. 나머지 문장들은 이 주제를 뒷받침하기 위한 구체적인 부연 설명들이다. (a), (c), (d)에서는 직장이나 주거지에서 지속적으로 소음에 노출될 경우 신체적, 정신적으로 발생하는 문제점들(heart disease, higher blood pressure, a high degree of conflict)이 제시되고 있는 데 반해 (b)만 지속적인 소음이 아닌 소음의 크기에 대한 언급을 하고 있다. 따라서 정답은 (b)이다.

3. (b)

젊은이들의 대량 실업은 우리 사회에 큰 문제로 남아 있다. 그러나 수천 가지의 필요한 일들은 이행되지 않은 상태로 있다. (a) 산업과 공공 서비스 분야 모두에서 이행되어야 할 많은 일들이 있는데, 노인과 병자, 그리고 어린이를 돌보는 것과 같은 일들이다. (b) 많은 젊은 이들은 공공 서비스 분야에서의 경험이 없기 때문에 그들의 지역 사회에 큰 도움을 줄 수 없다. (c) 이 일자리들을 통해 젊은이들을 길거리에서 벗어날 수 있게 할 뿐만 아니라 적절한 보수와 훈련을 제공해야 한다. (d) 그렇지 않으면, 우리의 가장 귀중한 자원인 국가의 젊은이들을 낭비하는 것이 될 것이다.

어휘 mass 대량의, 대규모의 / unfulfilled 이행되지 않은, 실현되지 않은 / take ~ off … ~를 …에서 떠나게 하다

해설 지문의 주제는 산업과 공공 서비스 분야에 남아 있는 일자리에서 적절한 보수와 훈련을 제공하여 대량 실업 상태에 있는 젊은 인력을 활용하자는 것이다. 그런데 (b)는 젊은이들이 경험이 부족해서 지역 사회에 큰 도움이 되지 못할 것이라는 내용으로, 지문 내용과 반대되는 논리를 펼치고 있다. 따라서 (b)를 제거해야 전체의 흐름이 자연스럽게 연결될 수 있다.

4. (c)

우리 사회는 특정 '유명 상표' 제품을 높은 사회적 지위와 연관 짓는 경향이 있다. (a) 예를 들면, 작동하는 차라면 어느 것이든지 당신이 원하는 곳으로 당신을 데려다 줄 수 있지만, 다른 차들보다 더 고급스러운 것으로 여겨지는 차들이 있다. (b) 이런 차량을 운전하는 사람들은 평범한 차를 운전하는 이웃들보다 더 교양 있고 성공한 것으로 보여진다. (c) 대부분의 유명 상표 제품은 다른 제품들보다 더 잘 만들어졌고 내구성이 좋다. (d) 하지만 (사회적) 위신이 비싼 구입품의 과시보다는 관대함에서 비롯되는 다른 사회들도 있다.

어휘 brand name 유명 상표 / functional 기능을 하는, 작동하는 / prestigious 고급의, 일류의 / sophisticated 세련된, 교양 있는 / prestige 위신, 명성 / display 과시

해설 사회 속에서 보여지는 사회적 위신과 유명 상표 제품의 관계에 대한 글이다. (a)와 (b)에서는 비싼 자동차를 예로 들어 소유하고 있는 자동차에 따라 사람이 평가되는 사회의 양상을 보여주고 있으며, (d)는 이와 정반대의 사회도 있음을 언급하고 있다. 하지만 유명 브랜드 제품의 장점을 언급하고 있는 (c)의 내용은 지문의 주제와 전혀 상관이 없으므로 정답은 (c)이다.

Mini TEST 1

p.170-174

1. (b)	2. (c)	3. (b)	4. (b)	5. (b)
6. (a)	7. (d)	8. (d)	9. (c)	10. (c)

1. (b)
청바지가 그랬던 것처럼 비록 새로운 스타일이 때때로 하류층으로부터 생겨나지만 대부분의 패션은 상류층에서 시작한다. 상위 계층 사람들은 어떤 스타일이나 물건을 그들의 지위에 대한 표시로서 선택하지만 그들은 대부분의 지위 상징물을 오랫동안 독점적으로 유지할 수 없다. 그 스타일이나 물건은 중류층에 의해 받아들여지고, 어쩌면 하류층 사람들의 사용을 위해 복제되거나 수정되기도 하면서, 사람들에게 높은 지위의 상징을 소유하고 있다는 위신을 갖게 해준다. 이런 식으로 그 상징은 결국 위신을 잃게 된다. 그러면 상류층은 새로운 스타일을 채택하게 되는데, 결국에는 그것 또한 이 과정을 반복하고 틀림없이 다른 것으로 대체된다.
(a) 그 스타일을 패션의 중심으로 만든다
(b) 대부분의 지위 상징물을 오랫동안 독점적으로 유지하다
(c) 그 스타일과 물건의 본래의 용도를 변화시키다
(d) 하류층이 그들의 스타일을 받아들이도록 돕는다

어휘 occasionally 때때로, 이따금 / originate 생기다, 시작하다 / badge 견장; *상징, 식별 표시 / modify 변경하다 / prestige 위신, 명성 / eventually 결국 / exclusive 독점적인

해설 빈칸 앞 내용의 요지는 '대부분의 패션은 자신들의 지위를 상징적으로 나타내려는 목적으로 상류층에서 시작된다'는 것인데, 이 논리가 빈칸 앞의 연결어 but에서 반전이 되고 있다. 빈칸 뒤의 내용은 상류층이 채택한 스타일이나 물건들이 중 · 하류층으로 전파가 되고 나면 더 이상 상류층만의 것이 될 수 없고, 그러므로 상류층은 새로운 스타일을 다시 채택할 수밖에 없다는 것이다. 따라서 이 내용과 가장 논리적으로 연결되는 선택지는 (b)이다.

2. (c)
로스 알토스 근방의 광활한 지역을 여행하는 도보 여행자들은 수컷 칠면조들을 조심하도록 경고받고 있는데, 야생의 새들이 텃세를 부릴 수 있고 봄의 짝짓기 기간 동안에는 심지어 공격적일 수 있기 때문이다. 예전에 샌안토니오의 보호 구역에서는 사랑에 빠진 수컷 칠면조들이 지나가는 행인을 희생시켜 장래의 짝이 될 암컷 칠면조들의 관심을 끌고자 했을 때 부상 사고가 일어난 적이 있었다. 그들은 자신들의 힘과 능력을 과시하기 위해 때로는 사람들을 쫓아와 공격할 것이다. 도보 여행자들은 칠면조들 중 한 마리가 접근하면 소리를 내거나 손뼉을 치도록 권고받는다.
(a) 날개를 사납게 퍼덕거린다
(b) 달려가 암컷 위로 뛰어오른다
(c) 사람들을 쫓아와 공격한다
(d) 큰 비명 소리를 낸다

어휘 hiker 도보 여행자 / territorial 영토의; *텃세적 습성을 가진 / aggressive 공격적인 / mating 짝짓기(mate 짝) / love-struck 사랑에 빠진 / at the expense of ~을 희생하여, ~에게 손해를 끼쳐 / show off 과시하다 / clap 손뼉을 치다 / flap 날개를 치다, 퍼덕거리다 / fiercely 사납게 / chase 뒤쫓다

해설 첫 문장에서 이 지문의 주제가 '수컷 칠면조들이 도보 여행자들을 공격할 가능성이 있다는 것'임을 알 수 있다. 다음 문장에서 이러한 공격이 짝짓기 상대에게 잘 보이기 위한 것임이 언급되었는데, 빈칸이 있는 문장은 이에 대한 부연 설명이다. 따라서 정답은 (c)이다.

3. (b)
유럽 국가들이 산업화되면서 그들은 또한 더욱 번영하게 되었다. 각 국의 국민들은 자국에 대하여 강한 권위 의식과 자부심, 즉 당신이 제일 좋아하는 팀이 매 게임마다 승리할 때 느낄 수 있는 감정 같은 것을 느끼기 시작했다. 이러한 강한 민족주의 감정은 많은 유럽 국가들로 하여금 영국과 동등한 혹은 영국보다 더 큰 제국을 건설하려는 노력을 하게 만들었다. 유럽 국가들은 특히 아프리카의 지배권을 놓고 서로 경쟁했다. 아프리카 대륙을 지배하려는 1880년대와 1890년대의 유럽 열강들의 이러한 경쟁은 '아프리카 쟁탈전'이라는 말로 알려지게 되었다.
(a) 아프리카로의 수출을 늘리기 위해
(b) 아프리카의 지배권을 놓고
(c) 더 많은 권력을 추구하면서
(d) 새로운 왕조를 건설하기 위해

어휘 industrialize 산업화하다 / prosperous 번영하는 / nationalism 민족주의, 애국심 / drive A to-v A로 하여금~하게 내몰다 / empire 제국 / compete 경쟁하다 / take over 지배하다 / scramble 쟁탈(전) / dynasty 왕조

해설 이 지문의 주제는 유럽 국가들이 산업화되면서 번영을 이루게 되어 보다 큰 제국을 건설하고자 하는 민족 의식이 생겨났다는 것이다. 그에 대한 구체적인 예가 빈칸을 포함하는 문장 이하이다. 빈칸 뒤에 나오는 '아프리카 대륙을 지배하려는 유럽 열강들의 이러한 경쟁'과 '아프리카 쟁탈전' 등의 단서를 통해서 유럽 국가들이 아프리카의 지배권을 놓고 경쟁했음을 알 수 있다.

4. (b)
열대 우림 같은 서식지의 면적이 줄어듦에 따라 그것이 지속시킬 수 있는 동식물 종(種)의 수도 감소한다. 자연 환경의 이 두 가지 특질, 즉 지역과 다양성의 관계는 일관적이다. 서식지가 원래 지역의 10분의 1로 감소한다는 것은 종(種)이 결국 절반 가량으로 줄어든다는 것을 의미한다. 다시 말해서, 100종의 텃새가 서식하는 1만 평방마일의 숲이 1천 평방마일로 줄어들면 결국에는 그 중 50종의 새가 사라질 것이다.
(a) 요약하자면
(b) 다시 말해서

(c) 이와 비슷하게
(d) 반대로

어휘 habitat 서식지 / rainforest 열대 우림 / shrink 줄다 / diversity 다양성 / consistent 일치하는; *일관된 / eventual 결과로서 생기는, 최후의 / square 정사각형의; *평방의 / resident bird 텃새

해설 서식지가 감소하면 종(種)도 줄어든다는 주장에 대해 빈칸 뒤에서 구체적인 수치를 이용하여 다시 설명하고 있다. 따라서 빈칸에는 In other words가 적절하다.

5. (b)
사람들은 특수한 집단의 일원으로서의 그들을 겨냥하여 만들어진 잡지를 구입한다. 그래서 잡지 광고는 신문 광고에 비해 보다 선택적인 집단에 접근한다. 잡지는 일반적으로 광고의 창의적인 디자인과 색의 효과를 높이는 고품질의 종이에 인쇄된다. 그리고 사람들은 신문보다 잡지를 훨씬 더 오래 간직하며 계속해서 훑어보는데, 이는 그들의 마음에 광고를 각인시키는 효과가 있다.

Q. 윗글의 요지는?
(a) 신문 광고 뒤에 숨은 기술
(b) 잡지 광고의 특징
(c) 신문과 잡지의 차이
(d) 잡지가 신문보다 오래 간직되는 이유

어휘 selective 선택적인 / enhance 높이다, 강화하다 / thumb (책 등을) 넘기다, 훑어보다 / embed (마음 속에) 깊이 간직하다

해설 잡지 광고가 선택적인 집단을 대상으로 만들어진다는 점, 잡지 광고가 고품질의 종이에 인쇄된다는 점, 잡지를 오래 간직하는 독자들의 특성상 광고의 효과가 높다는 점은 모두 잡지 광고의 특징에 해당하는 설명이다. (a)와 (b)는 지문에 언급되지 않았으며 (c)의 경우 신문에 관한 언급이 있기는 하나 잡지 광고의 특징을 설명하기 위한 비교 대상일 뿐, 잡지와 신문이 대등하게 비교되고 있는 것은 아니다.

6. (a)
과학자들은 인간의 특성 중 다수가 명백히 유전적 요인을 지니고 있다는 것을 알아냈다. 신체적 특성들은 유전에 의해 가장 큰 영향을 받는다. 예를 들어, 신장과 비만, 치아가 썩는 형태 등은 유전자에 의해 결정되는 것으로 밝혀진 특성들 중 일부에 불과하다. 지적 특성들도 유전자에 의해 크게 영향을 받는다. 예를 들어, 연구에 의하면 지능 검사 지수와 기억력은 강력한 유전적 근거를 지니고 있다. 게다가, 성격 요소들과 정서적 장애도 유전에 의해 크게 영향을 받는다. 수줍음, 특기와 관심사, 그리고 정신 분열증은 모두 유전적인 전달에 의해 영향을 받는다.

Q. 윗글의 제목으로 가장 적합한 것은?
(a) 인간의 어떤 특성들이 유전적 요인의 영향을 받는가?
(b) 왜 유전이 환경보다 중요한가?
(c) 환경적 요인과 관련 있는 인간의 특성들은 무엇인가?
(d) 우리의 일부분이 유전의 영향을 받는 이유는 무엇인가?

어휘 genetic 유전학적인 / trait 특성, 특질 / heredity 유전 (hereditary 유전적인) / obesity 비만 / decay 부식 / gene 유전자 / illustrate 설명(예증)하다 / schizophrenia 정신 분열증 / transmission 전달

해설 첫 번째 문장이 주제문으로 이 지문은 유전과 환경의 영향 중에서 유전의 영향이 더 크다는 쪽에 비중을 두고 쓰여졌음을 보여주고 있다. 이를 뒷받침하기 위해 '신체적 특성(physical traits)', '지적 특성(intellectual traits)', '성격 요소들과 정서적 장애(personality factors and emotional disorders)' 등이 유전적 요인의 영향을 받고 있음을 구체적인 증거로 제시하고 있다. 따라서 정답은 이 모든 내용을 포괄할 수 있는 선택지 (a)이다. (b)와 (d)의 내용은 언급되지 않았고 (c)는 지문의 내용과 전혀 다른 방향의 내용이므로 답이 될 수 없다.

7. (d)
2000년에 코카콜라사는 거의 6천 명의 직원들을 감원하면서, 전 종업원의 5분의 1 이상을 줄였다. 이 대규모 개편의 목적은 애틀란타에 있는 본사의 중앙 통제력을 약화시키고, 전 세계 지점장들이 각 지역에서 더 많은 수익을 올릴 수 있는 방법에 대한 그들만의 결정을 내리도록 하기 위함이었다. "우리는 우리의 사업 활동을 우리의 사업체가 있는 곳에 맞춰서 그 지역에 맞게 생각하고 행동해야 합니다. 이러한 방침은 상품 판매를 촉진시킬 것입니다"라고 당시 코카콜라사의 회장이었던 더글라스 대프트가 말했다. 이 인원 감축은 애틀란타 본사에서 2,500명, 미국 내 지사에서 800명, 해외 지사에서 2,700명에게 영향을 미쳤다.

Q. 위 기사의 내용과 일치하는 것은?
(a) 코카콜라사는 해외 지사에서 6,000명을 감축했다.
(b) 코카콜라사의 대규모 인력 감축은 재정적인 어려움 때문이었다.
(c) 코카콜라 본사의 중앙 통제력이 급속히 감소되고 있었다.
(d) 더글라스 대프트는 지점장들이 제품을 더 많이 판매하는 가장 좋은 방법을 알고 있다고 생각했다.

어휘 work force 전 종업원 / lay off 해고하다 / massive 대규모의 / reorganization 재편성, 개편 / headquarters 본사 / profitable 이익을 내는 / branch 지점, 지사 / financial 재정(상)의 / rapidly 빨리, 급속히

해설 (a) 해외 지사에서는 2,700명이 감원되었다고 했으므로 오답이다.
(b) 지문 중에 제시된 인원 감축의 이유는 재정적 어려움이 아니고, 애틀란타 본사의 중앙 통제력을 약화시키고 전 세계 지점장들이 자율적으로 결정을 내리도록 하기 위해서라고 했으므로 오답이다.
(c) 본사의 중앙 통제력을 줄이기 위해서 감축을 했다고 했으나, 당시 본사의 중앙 통제력이 감소하고 있었다는 언급은 없으므로 오답이다.
(d) 각 지역에 맞춘 사업을 해야 하며, 수익을 올리는 방법에 대해 각 지역의 지점장들에게 결정권을 준다고 했으므로 정답이다.

8. (d)

'핏 아메리카' 체중 감량 약초 캡슐

현재 접할 수 있는 가장 뛰어나고 실용적인 100퍼센트 천연 체중 감량 프로그램입니다. 이 제품에 들어 있는 13가지 약초와 미네랄은 식욕을 억제시켜 주고 신진대사를 촉진하는 데 도움을 주어서 인체가 섭취한 음식물을 더욱 효과적으로 이용하게 됩니다. '핏 아메리카'에서 요구하는 것은 고단백(닭고기, 해산물, 비계가 적은 붉은 고기류), 저탄수화물(빵, 밥, 감자, 파스타) 식단에 매일 과일과 채소류는 제한 없이 섭취하는 것입니다. 균형 잡힌 음식과 적당한 수분 섭취(8온스 컵으로 매일 6~8잔)를 통해 여러분은 한 달 안에 10에서 18파운드까지 감량을 하실 수 있습니다. 시작하시는 분들을 위한 10일분 팩은 29달러 95센트, 45일분 병은 135달러입니다. 가까운 지점을 알고 싶으시면 1-800-221-1186으로 전화 주십시오.

Q. 위 프로그램의 내용과 일치하는 것은?

(a) 닭고기와 소고기 같은 고단백 식품은 피해야 한다.

(b) 과일과 야채는 소량만 섭취해야 한다.

(c) 한 달에 20파운드 이상의 체중 감량을 기대할 수 있다.

(d) 균형 잡힌 식단, 천연 약초와 미네랄이 체중 감량에 사용된다.

어휘 herbal 약초의 / mineral 미네랄, 무기질 / appetite 식욕 / stimulate 자극하다, 촉진하다 / metabolism 신진대사 / consume 먹다, 마시다 (consumption 섭취) / efficiently 효과적으로 / protein 단백질 / carbohydrate 탄수화물 / ounce 온스(28.35그램)

해설 (a) 닭고기, 해산물, 비계가 적은 붉은 고기류와 같은 고단백 식품을 섭취하라고 했으므로 오답이다.

(b) 과일과 채소류는 제한 없이 섭취하라고 했으므로 오답이다.

(c) 한 달 안에 10에서 18파운드까지 체중 감량이 가능하다고 했으므로 오답이다.

(d) 프로그램의 특징으로 균형 잡힌 음식, 열세 가지 약초와 미네랄이 언급되어 있으므로 정답이다.

9. (c)

서울에 거주하는 외국인들의 생활비가 세계의 다른 주요 도시들에 비해 계속 증가하고 있다. 세계적으로 유명한 조사 기관에 따르면 6월 현재 서울의 생활비는 세계 143개 도시 중 5위를 기록하였고, 주택비를 제외하면 87위였다. 작년 6월, 주택비를 포함한 서울에서의 생활비는 세계 7위를 기록하였고, 주택비를 제외하면 95위였다. 이것은 다른 나라로 파견된 국제 기업 직원들의 경비를 근거로 하여 주요 도시의 생활비 수준을 조사하여 나온 결과이다.

Q. 윗글을 통해 추론할 수 있는 것은?

(a) 높은 주택비는 서울의 가장 긴급한 문제이다.

(b) 서울의 주택비는 전 세계 143개 주요 도시들 중에서 가장 높다.

(c) 서울의 생활비에서 주택비가 많은 비중을 차지하고 있다.

(d) 서울에 거주하는 외국인의 생활비는 내년에 하락할 전망이다.

어휘 living cost 생활비(=cost of living, living expenses) / as of 현재로 / excluding ~을 제외하고(↔including) / renowned 유명한 / urgent 긴급한 / proportion 비율

해설 (a) 지문에 언급되어 있지 않은 내용이다.

(b) 서울의 정확한 주택비 순위는 언급되지 않았다.

(c) 주택비를 포함한 서울의 생활비가 올해에는 5위, 작년에는 7위인 반면, 주택비를 제외한 생활비는 각각 87위와 95위로 현저하게 낮아지므로, 생활비에서 주택비가 차지하는 비율이 매우 크다는 것을 추론할 수 있다.

(d) 내년의 서울 생활비에 대한 전망은 언급되어 있지 않다.

10. (c)

평등권을 다루는 중요한 법률이 린든 존슨 대통령 재임 중에 통과되었다. (a) 1964년에 제정된 공민권법에서는 인종이나 종교 또는 국적을 이유로 누구든 차별하는 행위를 불법화하였다. (b) 공민권법 이후로 고용주들은 사람을 고용할 때 차별을 할 수 없었다. (c) 이 법이 통과되었음에도 불구하고 많은 흑인들은 평등한 권리를 위한 투쟁이 계속될 것이라는 사실을 깨달았다. (d) 노동조합은 조합원을 입회시키는 데 있어 차별을 할 수가 없었으며, 호텔 및 식당과 같은 사업체들은 지불할 능력이 있는 사람이라면 누구에게나 서비스를 제공해야 했다.

어휘 civil rights 평등권, 공민권 / presidency 대통령의 임기 / Civil Rights Act 공민권법 / discriminate 차별하다 / nationality 국적 / hire 고용하다 / labor union 노동조합

해설 첫 문장에서 공민권법이 통과되었다고 언급한 이후, (a), (b), (d)에서는 이 법의 내용, 즉 특정 조건(인종, 국적, 종교 등)을 근거로 사람을 차별해서는 안 된다는 내용과 구체적인 예를 제시하고 있다. 반면 (c)에서는 흑인들의 차별 철폐를 위한 투쟁에 대해 이야기하고 있기 때문에 전체 흐름상 어색한 내용이다.

Mini TEST 2

p.175-179

1. (b)	2. (c)	3. (b)	4. (c)	5. (d)
6. (c)	7. (d)	8. (c)	9. (a)	10. (c)

1. (b)

생물체는 생명이 없는 분자들로 이루어져 있다. 그렇다면 왜 생물체는, 역시 생명이 없는 분자들로 이루어져 있는 무생물체와 매우 다른 것일까? 일찍이 철학자들은 생물체가 신성한 생명력, 즉 신이 내린 힘을 부여받았다고 답했다. 그러나 이 힘의 존재는 현대의 연구자들에 의해 부인되었다. 오늘날의 과학자들은 자연 현상에 대한 시험 가능한 설명을 찾는다. 생화학의 기본 목표 중 하나는 생명이 없는 분자들이 어떻게 서로 상호 작용을 하여 생명을 창조하고 유지하는지 규명하는 것이다. 과학자들이 분자들 간에 무엇이 일어나는지를 발견해 내면 생물체가 왜 생명이 없는 성분들의 결합체 그 이상인지를 알게 될 것이다.

(a) 매우 쉽게 상호 작용하다

(b) 매우 다르다

(c) 더 복잡하다

(d) 매우 완벽하게 지배하다

어휘 living organism(matter) 생물체 / be composed of ~로 구성되다(=consist of) / molecule 분자 / endow A with B A에게 B를 부여하다 / divine 신성한 / life force 생명력 / testable 시험(검사)할 수 있는 / phenomena 현상(phenomenon의 복수형) / biochemistry 생화학 / interact 상호 작용하다 / sum 합계

해설 생물체가 생명이 없는 분자들로 이루어져 있다는 도입문에 이어 빈칸을 포함한 주제문이 제시되었다. 이 문장의 구조는 생물체와 무생물체를 대비시키면서 질문하는 형태인데, 빈칸 뒤에서는 무생물체 역시 생물체와 마찬가지로 생명이 없는 분자로 이루어져 있다는 사실을 언급하고 있다. 이후 문장들에서는 무생물체와는 다르게 생물체가 생명력을 가지고 있는 이유를 규명하고자 하는 지금까지의 노력들을 보여준다. 즉, 이 글은 생물체와 무생물체가 똑같이 생명이 없는 분자로 이루어져 있음에도 불구하고 왜 서로 다른가에 대해 서술하고 있다. 따라서 정답은 (b)이다.

2. (c)

모기의 독특한 지그재그 형태의 비행은 목적 없는 행동이 아니다. 모기는 따뜻한 피를 가진 식사를 찾아 헤매고 있는 것이다. 온혈동물의 몸에서는 축축한 공기가 발생한다. 모기는 올바른 방향을 유지하기 위해 왔다갔다하며 이것을 쫓아간다. 움직임과 화학적인 신호들이 모기를 먹이가 있는 곳으로 인도한다. 공격에 대한 최고의 자연 방어책은 가만히, 즉 차분하게 열을 내지 않고 땀이 나지 않은 상태로 있는 것이다. 그러나 우리는 모기의 소리를 들으면 이리저리 움직이고 땀을 흘리며 체온을 올려서 모기가 우리를 더 잘 발견하도록 만든다. 방충제가 실제로 모기를 쫓는 것은 아니다. 그것은 모기가 우리를 찾도록 도와주는 감각 기관을 마비시킨다.

(a) 스스로를 방어하지 않은 채로 그 소리를 무시한다

(b) 모기를 정상적인 진로에서 이탈시키려고 애쓴다

(c) 이리저리 움직이고 땀을 흘리며 체온을 올린다

(d) 모기가 가까이 다가오면 그것이 내는 소리를 따라간다

어휘 peculiar 독특한 / mosquito 모기 / aimless 목적(목표) 없는 / moist 축축한, 습기 있는 / arise 발생하다 / cue 단서, 신호 / prey 먹이 / defense 방어(defend 방어하다) / insect repellent 방충제 / drive away 쫓아 버리다 / sensory organ 감각 기관 / rush about 사방으로 움직이다

해설 빈칸이 있는 문장이 But으로 시작하는 것으로 보아 앞 문장과 역접 관계에 있음을 알 수 있다. 빈칸 앞의 내용이 '모기의 공격에 대처하는 최고의 자연 방어법은 가만히 있는 것이다'이므로 빈칸을 포함한 문장의 내용은 가만히 있는 것의 반대, 즉 모기에게 더 잘 발각되게 만드는 내용이 와야 하며 따라서 (c)가 정답이다.

3. (b)

대부분의 현대인들에게 있어서 일은 단순히 음식과 집, 육체의 따뜻함을 얻기 위한 수단이 아니라 그 이상이다. 사람들은 일을 하면서 사회 속에서 공헌하는 위치를 얻는다. 그들이 노동에 대한 보수를 받는다는 사실은 그들이 하는 일이 다른 사람들에게 필요한 것이고, 그들이 사회 구조의 필요한 한 부분임을 보여준다. 일은 또한 사람들에게 개인적, 사회적 정체성을 제공하기 위한 주요한 사회적 장치이다. 개인들이 스스로와 타인들에게 어떤 존재인가 하는 것의 많은 부분은 그들이 생계비를 어떻게 버느냐와 밀접하게 연관되어 있다. 현대 사회에서 아무 일도 하지 않는 것은 아무 존재도 아니라는 것을 의미하고, 일을 거의 하지 않는 것은 거의 아무것도 아닌 존재라는 것을 의미한다는 것은 잔인한 사실이다. 즉, 일은 보편적으로 개인을 평가하는 기준으로 간주된다.

(a) 사람들에게 가장 스트레스를 주는 것

(b) 개인을 평가하는 기준

(c) 더 나은 사회를 만들기 위한 수단

(d) 현대 사회의 필수적인 측면

어휘 merely 단지(~에 불과한) / means 수단 / shelter 피난처; *집 / indicate 나타내다 / mechanism 장치 / identity 정체성 / livelihood 생계; *생활비 / cruel 잔인한 / essential 필수적인

해설 이 글의 요지는 현대인들의 삶에서 일이 가지는 의미가 단순히 의식주를 해결하는 것 이상이라는 것이다. 보다 큰 의미 중 첫째는 일을 통해 사회적인 공헌을 할 수 있다는 것이고, 둘째는 개인적, 사회적 정체성을 갖게 된다는 것이다. 빈칸이 있는 문장은 일이 주는 정체성에 대한 부연 설명이고, 인간을 어떤 존재로 여기는가는 그가 하는 일과 관련되어 있다는 앞 문장의 내용과 연결되는 것은 (b)이다.

4. (c)

남북전쟁 후에 이루어진 산업의 발전은 미국 경제를 비롯하여 미국 사회에도 혁명적인 변화를 가져왔다. 처음에 정부는 이러한 변화와 보조를 맞출 수 없었다. 그러므로 노동자들과 농민들은 자신들의 이익을 지키기 위해 단체들을 설립하였다. 이와 동시에 그들은 정부에게 나라의 경제 생활에서 보다 적극적인 역할을 하도록 압력을 가했다. 그들의 노력이 완전히 성공하지는 못했지만 1900년대 초반의 새롭고 보다 나은 정부 정책을 위한 발판을 마련했다.

(a) 그러나

(b) 다시 말해서

(c) 그러므로

(d) 게다가

어휘 post- 뒤의, 다음의 / Civil War 남북전쟁 / era 시대 / revolutionary 혁명적인 / keep pace with ~와 보조를 맞추다 / pressure A to-v A가 ~하도록 압력을 가하다 / pave the way for ~의 발판을 마련하다

해설 연결사가 들어갈 빈칸 전후 문장에 주목했을 때, '정부가 변화를 따라잡지 못했다'라는 빈칸 앞 문장이 원인이고 '노동자와 농민들이 자신들의 이익을 지키기 위해 단체를 만들었다'라는 뒷 문장이 결과에 해당된다. 따라서 원인과 결과를 이어주는 접속사 Therefore가 들어가는 것이 적절하다.

5. (d)

노벨평화상은 해마다 상의 공정성과 관련해 많은 의문과 불만을 만들

어 낸다. 헨리 키신저가 1973년에 수상자로 선정되었을 때, 미국이 여전히 베트남전에 깊이 관여하고 있었기 때문에 뉴욕타임즈는 그것을 '전쟁상'이라고 불렀다. 리고베르타 멘추가 1970년대와 80년대에 벌어진 독재 정부에 의한 과테말라 대학살을 폭로한 것으로 1992년 평화상을 수상한 후, 많은 남미 지식인들은 멘추의 주장에 대한 타당성과 반체제 운동가로서의 그녀의 배경에 대해 의문을 제기했다.

Q. 윗글의 주된 내용은?
(a) 노벨평화상의 영향력
(b) 노벨평화상 수상자들의 업적
(c) 노벨평화상 수상자가 되기 위한 필요조건
(d) 노벨평화상 수상자들을 둘러싼 논란

어휘 generate 초래하다, 만들다 / regarding ~에 관하여 / fairness 공정성 / reveal 폭로하다 / massacre 대학살 / authoritarian 독재주의의 / intellectual 지식인 / raise (문제 등을) 제기하다 / validity 타당성 / claim 주장 / freedom fighter 반체제 운동가, 자유 투사 / controversy 논란

해설 첫 문장이 주제문으로 노벨평화상의 공정성이 해마다 의문과 불만을 일으키며 문제가 되고 있음을 밝히고 있다. 나머지 내용은 이를 뒷받침하는 구체적인 예시들이므로 이 글의 주제는 (d)이다.

6. (c)
1990년대에 미국 기업들은 직원들을 유치하고 유지하기 위해 스톡옵션의 사용을 상당히 증대시켰다. 2000년대 초 무렵에 스톡옵션은 사실상 모든 대기업의 중요 임원들의 총 수당에서 없어서는 안 될 부분이 되었다. 미국 대기업의 90% 이상이 스톡옵션을 발행하며 CEO 수당의 60%가 (그들이 받은) 임원 스톡옵션으로부터 나온다. 종합 수당에서 스톡옵션 비율이 증가함에 따라 스톡옵션의 세무 처리 또한 미국의 세금 당국이 인식하는 가장 중대한 쟁점들 중 하나가 되었다.

Q. 윗글의 주제는?
(a) 미국 세금 제도의 문제
(b) 미국 기업 문화의 역사
(c) 임원 수당의 변화하는 측면
(d) 새로운 방식의 임원 채용

어휘 significantly 상당히 / stock option 스톡옵션(회사의 임직원에게 그 회사의 주식을 일정 가격에 살 수 있는 권리를 주는 것) / retain 보유하다 / compensation 보수, 수당 / integral 필수의 / executive 임원, 경영진 / virtually 사실상 / issue 발행하다 / proportion 비율 / treatment 취급, 처리 / crucial 중대한 / authority 당국 / recruitment 채용

해설 첫 문장에서 90년대부터 미국 기업에서의 스톡옵션 사용이 늘었다는 배경 설명을 한 뒤, 주제문인 두 번째 문장에서 2000년 이후 스톡옵션이 모든 대기업 임원 수당의 중요한 일부분이 되었음을 설명하고 있다. 이후 스톡옵션의 구체적인 사용 현황과 늘어난 스톡옵션으로 생겨난 변화 등을 통해 주제를 부연 설명하고 있다. 따라서 정답은 (c)이다.

7. (d)
경찰 대변인에 의하면 어제 런던의 한 호텔 방에서 발견된 사체가 록 그룹 딜라이트의 리드 보컬인 폴 마틴인 것으로 확인되었다. 대변인은 사인에 대해 상세히 언급하지 않았지만 익명의 한 호텔 직원은 사체 근처에서 다량의 수면제가 발견되었다고 말했다. 딜라이트는 데뷔 앨범 'Fresh Out'으로 엄청난 성공을 거두었지만, 후속 앨범을 발매하지 못한 채 녹음실에서 3년을 보냈다. 보컬이자 대표 작사자인 폴 마틴은 최근 모델 출신 미국인 여배우 신디 사이퍼와 이혼했다.

Q. 위 기사에 의하면 다음 중 옳은 것은?
(a) 경찰은 그 가수가 자살했다고 공식 발표했다.
(b) 사체는 호텔 직원에 의해 처음 발견되었다.
(c) 폴의 죽음은 가정 문제와는 관련이 없는 것으로 추정된다.
(d) 딜라이트는 슬럼프를 겪고 있었다.

어휘 spokesman 대변인 / anonymous 익명의, 이름 없는 / release (음반 등을) 발매하다 / follow-up 후속물(작품) / lyricist 작사자 / divorce 이혼하다 / commit 저지르다 / suicide 자살 / slump 슬럼프, 부진

해설 (a) 사체 주변에서 다량의 수면제가 발견된 것으로 보아 자살로 추정할 수는 있지만, 경찰 대변인은 사인에 대해 상세히 언급하지 않았다고 했으므로 오답이다.
(b) 폴의 사체를 처음으로 발견한 사람이 누구인지는 언급되지 않았다.
(c) 폴이 최근 부인과 이혼했다고 했으나, 그것이 그의 죽음과는 관련이 없다고 추정되고 있다는 언급은 없었다.
(d) 딜라이트는 데뷔 앨범으로 큰 성공을 얻었지만 최근 3년간 후속 앨범을 발표하지 못했다고 했으므로 사실이다.

8. (c)
자동차 경주 게임이 당신이 가장 좋아하는 컴퓨터 게임이라면, 인터 액트 액세서리에서 새로 나온 이 제어 장치가 아주 마음에 드실 겁니다. '포스 피드백 레이싱 휠'이라 불리는 이 제품은 사용자가 핸들의 모든 움직임과 도로의 요철을 느낄 수 있도록 설계되었습니다. 이 제어 장치는 조이스틱과 버튼을 포함하여 30가지에 이르는 프로그램화 가능한 기능들을 가지고 있습니다. 포스 피드백 레이싱 휠은 윈도우 XP와 Vista 버전의 게임들과 호환이 가능합니다. 지금 컴퓨터 매장에서 40달러에 판매되고 있습니다.

Q. 다음 중 포스 피드백 레이싱 휠에 대해 옳은 것은?
(a) 그것을 구입하면 컴퓨터 부속용품을 무료로 받을 수 있다.
(b) 어떤 종류의 컴퓨터 게임과도 호환 가능하다.
(c) 사용자가 실제로 운전하고 있는 것처럼 느끼게 해준다.
(d) 자동차의 핸들에 부착할 수 있도록 고안되었다.

어휘 controller 게임 컨트롤러, 제어 장치 / force feedback 반응 감각 기술(게임 컨트롤러에 탑재되고 있는 기능으로 게임 중에 실제의 물리적 힘을 느낄 수 있도록 하는 것) / (steering) wheel 자동차의 핸들 / bump 요철, 충돌 / programmable 프로그램화 가능한 / joystick 조작용 손잡이 / compatible 호환 가능한

해설 (a) 새로 나온 제어 장치 구입 시 무료 컴퓨터 부속품을 제공한다는 내용은 언급되지 않았다.
(b) 윈도우 XP, Vista 버전의 게임들과 호환 가능하다고 했으므로 모든 컴퓨터 게임에 사용 가능한 것은 아니다.
(c) 새로운 제어 장치는 사용자가 핸들의 움직임과 도로의 요철을 느낄 수 있도록 설계되었다고 했으므로 정답이다.
(d) 이 제어 장치는 자동차 경주 게임을 할 때 컴퓨터에 연결해서 사용하는 장치로 실제 자동차에 장착할 수 있다는 언급은 없다.

9. (a)
수신: 모든 사무실 직원
발신: 캐슬린 스미스, 인사부장
제목: 사적인 이메일 사용 방침
우리 회사에서는 사무실 컴퓨터를 사적인 이메일을 보내는 데 사용하는 것과 관련하여 임시적인 규정을 마련하기로 결정했습니다. 기본 방침은 직원용 컴퓨터로 사적인 이메일을 사용하는 것을 금지하지는 않지만 제한하는 것입니다. 사적인 이메일을 작성하거나 보내는 것은 정규 업무 시간에는 허용되지 않습니다. 휴식 시간이나 점심 시간에는 직원들이 사무실 컴퓨터로 사적인 이메일을 보내도 됩니다. 직원들이 사무실 컴퓨터로 사적인 이메일을 받는 것은 이전의 주의사항들이 여전히 적용되는 한에서 허용됩니다. 이 규정에 대해선 두 달 후에 재검토가 있을 예정입니다. 사적인 이메일 사용으로 인한 문제가 더 이상 생기지 않는다면 제한 방침은 계속 유지될 것입니다.

Q. 윗글에 의하면 사적인 이메일에 대한 방침은?
(a) 직원들은 여유 시간에 이메일을 보내고 받을 수 있다.
(b) 직원들은 자신의 개인 컴퓨터로 이메일을 보낼 수 있다.
(c) 직원들은 이메일을 보내거나 받을 수 없다.
(d) 직원들은 이메일을 보내고 받는 데 인사과 사무실을 사용할 수 있다.

어휘 policy 방침 / institute (제도 등을) 마련하다, 제정하다 / temporary 일시적인 / compose 글을 쓰다 / break 휴식 시간 / previous 이전의 / come up for (토론 · 심의 등에) 회부되다

해설 (a) 휴식 시간이나 점심 시간에는 사적인 이메일을 보내도 된다고 했으므로 정답이다.
(b) 개인 컴퓨터를 사용하여 이메일을 보내는 것에 대해서는 언급하고 있지 않다.
(c) 이메일을 받는 것은 허용되며 휴식 시간과 점심 시간에는 이메일을 보내도 된다고 했으므로 오답이다.
(d) 인사과 사무실에서 이메일을 보내고 받아야 하는 것은 아니므로 오답이다.

10. (c)
1880년경 화가로서 활동하기 시작한 반 고흐는 부드러운 붓질과 밝은 색상을 특징으로 하는 인상주의 스타일의 영향을 받았다. (a) 그러나 반 고흐는 인상주의 스타일로 작업하는 것에 만족하지 않았는데, 그것으로는 자신이 느끼는 것을 충분히 표현할 수가 없었기 때문이었다. (b) 그는 프랑스 남부로 옮겨 그곳에서 자신만의 독특한 스타일을 개발하였다. (c) 그곳에 머무르는 동안, 그의 남동생인 테오가 그를 재정적으로 지원해주었다. (d) 그는 자신의 그림에 부드러운 스타일이 아닌 아주 강렬한 색상을 사용하였고, 인상적인 이미지를 만들어내기 위해 노력했다.

어휘 Impressionist 인상파(주의)의 / loose (움직임이) 부드러운 / brush stroke 붓질 / distinctive 독특한 / striking 인상적인

해설 (a), (b), (d)는 모두 반 고흐가 인상주의 스타일에 만족하지 못하고 그만의 독특한 스타일을 개발하는 과정을 설명하고 있으나, (c)에서는 이와는 관계가 먼 재정적 상황에 대한 이야기를 하고 있으므로 글의 흐름상 어색하다.

Mini TEST 3

p.180-184

1. (c)	2. (c)	3. (a)	4. (b)	5. (d)
6. (d)	7. (d)	8. (c)	9. (a)	10. (b)

1. (c)
사회적 활동에 있어서 미국인들의 시간에 대한 강조는 어떤 외국인들에게는 지나쳐 보인다. 예를 들어, 많은 미국인들이 예배는 정확히 오전 11시에 시작해서 12시에 끝나야 한다고 생각한다. 그들은 목사가 너무 길게 설교하는 것을 허용하지 않는다. 학교의 댄스 파티는 남녀 학생들이 모범적으로 행동하고 멋진 시간을 보내고 있을지라도 밤 10시에는 반드시 끝나야 한다. 미국인들은 심지어 때때로 식당을 음식의 질보다는 서비스의 속도로 평가한다.
(a) 종업원들의 친절함
(b) 집에서 떨어진 거리
(c) 서비스의 속도
(d) 그곳의 위생 상태

어휘 when it comes to ~에 관해 / emphasis 강조 / extreme 지나친 / church service 예배 / minister 목사 / preach 설교하다 / behave oneself 예의 바르게 행동하다 / sanitary 위생상의

해설 주제문인 첫 문장을 통해 지문의 요지를 파악하면 '사회적 활동을 하는 데 있어 미국인들은 시간을 매우 중요하게 여긴다'는 것이다. 이하 문장들은 모두 이에 대한 구체적인 예로서 주제를 뒷받침하고 있다. 따라서, 시간을 잘 지키는 것과 연관된 내용의 (c)가 정답이다.

2. (c)
신문에서 기발한 광고를 보았을 때 당신은 속으로 "야, 좋구나. 나도 하나 갖고 싶은데"라고 말하는가? 아니면 "이번엔 무슨 거짓말을 하고 있는 걸까? 이건 분명 별로 좋지 않을 거야. 그렇지 않다면 이렇게 기발하게 광고를 할 필요도 없었을 테니까"라고 말하는가? 두 가지 부류의 사람들이 있는데, 전자는 낙관주의자이고 후자는 비관주의자이며 현실주의자이다. 만일 당신이 낙관주의자인데 허위 광고에 여러 번 속았다면 금방 비관주의자나 현실주의자가 될 것이다. 비관주의자에서 낙관주의자로 옮겨가는 것은 더욱 어렵다.
(a) 신문에 기발한 광고를 내는 것
(b) 비관주의자와 현실주의자가 되는 것

(c) 비관주의자에서 낙관주의자로 옮겨가는 것
(d) 신문에 제품을 광고하는 것

어휘 say to oneself 혼잣말을 하다 / optimist 낙관주의자 / pessimist 비관주의자 / realist 현실주의자 / cheat 속이다 / lying advertisement 허위 광고

해설 이 지문의 주제는 광고에 낙관적으로 반응하는 사람과 비관적으로 반응하는 사람이 있다는 것으로, 빈칸을 포함한 문장과 그 앞 문장은 주제에 대한 부연 설명이다. 빈칸 앞 문장에서는 낙관주의자가 비관주의자로 쉽게 변한다고 말하고 있으며, 빈칸이 있는 문장에서는 '~하는 것은 (그보다) 더 어렵다'고 했으므로, 빈칸 앞의 내용과 반대되는 내용이 필요하다는 것을 알 수 있다. 따라서 정답은 (c)이다.

3. (a)
셰익스피어의 〈맥베스〉는 그것의 규모와 생생한 등장인물들, 그리고 인간 본성의 극적인 표출로 인해 이 걸작을 영화화하고자 시도했던 많은 영화 제작자들에게 필연적으로 영감을 주었다. '시민 케인'을 감독한 오손 웰즈는 1948년에 〈맥베스〉를 영화로 만들었고, 로만 폴란스키는 1971년에 영화화했다. 그러나 셰익스피어의 〈맥베스〉를 토대로 한 특히 인상적인 영화 작품은 겉으로 보기에 나올 것 같지 않은 곳인 일본에서 나왔다. 1957년 구로자와 아키라 감독의 '거미집의 성'은 스크린상에서 맥베스라는 인물을 독특하고 설득력 있게 해석했다. 이 영화는 자신의 군주를 죽이고 일본 전국시대의 영주가 된 한 사무라이의 성공과 몰락에 대해 묘사했다.
(a) 많은 영화 제작자들에게 필연적으로 영감을 주었다
(b) 감독들을 계속 낙담시켰다
(c) 예기치 않게 관객들을 즐겁게 해주었다
(d) 셰익스피어 자신을 결국 실망시켰다

어휘 scale 규모 / vivid 생생한 / dramatic 극적인 / masterpiece 걸작 / cinematic 영화의 / seemingly 겉으로는 / throne 왕좌 / convincing 설득력 있는 / interpretation 해석 / depict 묘사하다 / lord 영주 / Warring States period 전국(戰國)시대 / inevitably 불가피하게, 필연적으로 / inspire 영감을 주다 / unexpectedly 뜻밖에 / ultimately 결국

해설 빈칸이 포함된 문장을 살펴 보면 빈칸 앞에서는 셰익스피어의 〈멕베스〉가 걸작인 이유들이 나열되었고, 빈칸 뒤에서는 감독들이 이 작품을 영화로 만들고자 시도했다고 했다. 이 두 내용이 인과 관계(Due to)로 연결되고 있으므로 이 인과 관계가 자연스럽게 연결되기 위해서는 (a)가 들어가는 것이 가장 적절하다. 지문의 나머지 내용이 세계 여러 감독들이 만든 〈맥베스〉를 원작으로 한 영화들을 소개하고 있음을 감안한다면 쉽게 답을 찾을 수 있다.

4. (b)
자국에서의 당장의 이익과 다른 나라들에서의 장기 성장을 위한 전략 사이의 마찰은 미국 기업들에게 항상 큰 도전 과제를 던져 준다. 예를 들어, 중국과 인도에 글로벌 비즈니스에 있어서 큰 잠재력이 있다는 의견에 생각을 달리할 사람은 거의 없다. 그러한 매력적인 시장들을 볼 때, 미국 기업들이 그 나라들에서 장기적인 사업을 하고자 시도할 것이라고 예상할 것이다. 그러나 미국의 경영진들은 그곳에서의 사업을 개시하기를 꺼린다. 경영진들의 가장 큰 걱정은 막대한 투자가 수익을 내는 데 걸리는 시간이 그들이 기꺼이 기다릴 만한 시간보다 더 길다는 것이다. 아시아에서 성공적인 사업을 이루는 데 수년간의 노력이 들 수 있기 때문에, 단기 이익을 내도록 압박을 받는 경영진들에게 그것은 덜 매력적이 된다.
(a) 그 결과
(b) 그러나
(c) 게다가
(d) 이어서

어휘 conflict 마찰 / immediate 즉시의 / long-term 장기간의 (↔short-term 단기간의) / strategy 전략 / pose (문제 등을) 제기하다 / potential 잠재력 / presence 존재, 실재 / be reluctant to-v ~하기를 꺼리다 / profitable 이익이 되는

해설 이 글의 요지는 주제문인 첫 번째 문장에 드러나듯 미국 기업들이 자국내에서의 단기 이익 창출과 해외 사업 진출 사이에서 갈등한다는 것이다. 이후 빈칸 앞에서는 흔히 사람들이 미국 기업들이 중국, 인도 같은 매력적인 해외 시장에 진출할 것이라 예상한다고 했고, 빈칸 뒤에서는 예상과는 달리 미국 경영진들이 해외 시장으로의 진출을 꺼린다고 했으므로 서로 상반되는 내용이다. 따라서 빈칸에는 역접 관계를 이어줄 수 있는 However가 오는 것이 적절하다.

5. (d)
참석해 주신 분들께,
제7차 국제 마이크로시스템 회의에 오신 여러분을 환영합니다. 이 회의는 여러분이 이 새로운 산업이 직면하고 있는 도전 과제에 관해 식견을 가질 수 있도록 도울 것입니다. 앞으로 3일 동안, 현재 마이크로시스템 기반의 제품 및 시스템을 이용하는 기업들뿐만 아니라 마이크로시스템 생산을 위한 장비 및 자재를 제조하는 국내외 기업들의 이야기를 듣게 될 것입니다. 여러분 모두가 아주 생산적이고 교육적인 시간을 갖기를 바랍니다.
국제 마이크로시스템 회의 의장 시몬 에반스

Q. 위 메시지의 목적은?
(a) 행사의 일정에 대해 안내하는 것
(b) 회의의 구성원을 소개하는 것
(c) 여러 마이크로시스템 기반의 제품을 홍보하는 것
(d) 행사의 개요를 제공하는 것

어휘 attendee 출석자 / conference 회의 / insight 식견 / manufacture 제조하다 / equipment 장비 / employ 이용하다 / promote 홍보하다 / overview 개요

해설 첫 문장에서 국제 마이크로시스템 회의의 의장이 회의에 참석한 사람들에게 환영사를 전하고 있고, 이후 회의 내용을 간략하게 소개하고 있으므로 정답은 (d)이다.

6. (d)

우리의 가치관을 드러내는 한 가지 방법은 우리가 믿는 바를 옹호하는 것, 즉 우리의 견해를 피력하며 우리의 입장을 공개적으로 표명하는 것이다. 교육은 우리가 자신의 중요한 생각과 감정을 말하지 않는 분위기를 조성하는 것이 아니라, 오히려 이것(우리의 가치관을 드러내는 것)을 장려할 수 있다. 신뢰가 쌓이고 자기를 표현하는 일이 늘어남에 따라 자기 이해와 창의력, 생산성도 향상된다. 공개적인 (의사) 표명은 민주주의에서 필수적이다. 집단은 그 구성원들이 회의 중에 보다 많은 정보를 제시함에 따라 의사 결정에 있어서 효율성이 높아진다. 미래의 사회적 결정들을 처리하기 위해서는 자신의 가치관을 공개적으로 표명하는 법을 터득한 사람들이 필요하다.

Q. 윗글의 주제는?

(a) 평화로운 사회를 위해서 공개적 (의사) 표명은 어느 정도 억제되어야 한다.

(b) 민주주의는 정보가 너무 많을 때에는 기능을 할 수 없다.

(c) 공개적으로 자신의 가치관을 표명하는 사람들은 사회에 기여할 수 없다.

(d) 민주주의를 위해 우리는 자신의 견해를 공개적으로 표명하는 법을 배워야 한다.

어휘 stand up for 옹호하다, 지지하다 / voice (감정·의견 등을) 표명하다 / publicly 공개적으로 / position 입장, 견해 / keep ··· to oneself 말하지 않다, 비밀로 해두다 / productivity 생산성 / democracy 민주주의 / efficiency 효율성 / on the table 검토(회의) 중인 / restrain 억제하다 / to some extent 어느 정도까지는 / for the sake of ~을 위해서

해설 전반부에서는 공개 의사 표명의 효용성 및 교육에서 이를 장려할 수 있다는 점에 대해 서술하고 있고, 후반부에서는 공개 의사 표명이 민주주의의 필수 요소이며 자기 표현을 할 줄 아는 사람들이 미래를 위해 필요하다는 점을 피력하고 있다. 따라서 (d)가 정답이다.

7. (d)

직관이란 내적 인식의 미묘한 경험으로, 평상시의 합리적이며 분석적인 과정에 의존하지 않는 사고의 한 방식이다. 풀어야 할 문제가 있어서 자신의 내면을 들여다 볼 때 우리는 때때로 그 해답을 직관으로 알게 된다. 우리는 왜 그것이 옳은지 모르고 겉으로 드러나는 자료로 그것을 증명해낼 수 없다. 우리는 그저 우리의 판단에 확신을 느낄 뿐이다. 그리고 놀랄 정도로 많은 경우에 있어서 우리는 옳다. 그러나 어떻게 해서 그럴까? 몇몇 연구자들은 직관이 우리의 잠재의식 속에 있는 '기록들'과 의사소통하는 과정일지도 모른다고 생각한다. 이 이론에 의하면, 우리는 우리가 그렇게 하고 있다는 사실을 인식하지 못하면서 무의식적으로 (의식의) 어느 곳에선가 관련된 정보를 골라낸다는 것이다. 그러므로 직관이란 두뇌가 "이봐, 나는 그것의 해답을 알고 있어!"라고 말하는 방식인 것이다.

Q. '직관'에 관해 윗글의 내용과 일치하지 않는 것은?

(a) 직관은 이성적인 생각보다 우리의 무의식적인 마음과 관련되어 있다.

(b) 직관은 우리가 인식할 수는 없지만 우리 머릿속에 있는 정보들에서 비롯된다.

(c) 직관에 의해 판단할 때에는 겉으로 드러나는 자료는 사용하지 않는다.

(d) 의존할 것이 직관밖에 없을 때에는 결정을 내릴 수 없다.

어휘 intuition 직관(intuit 직관으로 알다) / subtle 미묘한, 포착하기 어려운 / rational 합리적인 / analytic 분석적인 / external 외부의 / remarkable 놀랄 만한, 현저한 / subconscious 잠재의식의(subconsciously 무의식적으로) / relevant 관련된

해설 (a) 직관이란 합리적이며 분석적인 과정에 의존하지 않으며 우리의 잠재의식 속에 있는 기록들과 의사소통하는 과정이라고 했으므로 사실이다.
(b) 우리가 그렇게 하고 있다는 사실을 인식하지 못하면서 무의식 중에 머릿속에서 관련된 정보를 찾아내는 것이 직관이라 했으므로 사실이다.
(c) 직관은 마음 속에서 그저 맞다고 느끼게 되는 것이라고 했으므로 사실이다.
(d) 어떤 문제에 대한 해답을 직관으로 알게 되면 그것을 확신하게 되고, 많은 경우에 그것이 옳다고 했으므로 사실이 아니다.

8. (c)

거대한 혜성은 하늘에 있는 가장 멋진 물체 중 하나이다. 하늘을 반쯤 가로질러 뻗어있는 꼬리를 가진 혜성은 대낮에 보일 만큼 밝을지 모른다. 혜성은 멀리 사라지기 전까지 며칠 혹은 몇 주에 걸쳐서 얼마 동안 보일지도 모른다. 고대인들이 혜성을 불행의 징조로 믿었다는 사실은 그리 놀랍지 않다. 사실 그러한 두려움은 우리가 살고 있는 현 시대에도 완전히 사라진 것은 아니다. 과학자들은 혜성의 머리가 주로 얼음으로 형성된 입자들로 구성되어 있음을 발견했다. 혜성이 태양에 가까워질 때 이 얼음이 증발하기 시작하고 물질이 방출되는데, 꼬리를 형성하는 것이 바로 이 물질이다.

Q. 윗글에 따르면 사실인 것은?

(a) 거대한 혜성은 낮에는 볼 수 없다.

(b) 혜성의 꼬리는 얼음으로 구성되어 있다.

(c) 어떤 혜성들은 며칠 동안 하늘에 있기도 한다.

(d) 고대인들은 혜성을 행운의 상징으로 여기며 반겼다.

어휘 comet 혜성 / spectacular 볼만한, 장관의 / heavenly 하늘의 / visible (눈에) 보이는 / fade 사라지다, 점차 보이지 않게 되다 / chiefly 주로 / particle 입자 / be composed of ~로 구성되어 있다 / evaporate 증발하다 / release 방출하다

해설 (a) 혜성은 대낮에 보일 만큼 밝기도 하다고 했으므로 사실이 아니다.
(b) 얼음으로 형성된 입자로 구성되어 있는 것은 혜성의 머리로, 꼬리는 이 얼음이 증발하면서 방출되는 물질로 만들어진다고 했으므로 사실이 아니다.
(c) 혜성은 며칠 혹은 몇 주에 걸쳐서 보이기도 한다고 했으므로 사실이다.
(d) 고대인들은 혜성을 불행의 징조로 믿었다고 했으므로 사실이 아니다.

9. (a)

비록 아카데미상이 미국에서 가장 높이 평가되는 영화상이지만, 상들과 사용되는 심사 제도를 두고 언제나 많은 논란이 있어 왔다. 각 부문의 수상자들이 누가 수상해야 하는지에 대한 여론과 항상 일치하는 것은 아니다. 이따금 일부 위대한 배우들과 영화 제작자들이 아카데미상을 수상하는 데 수십 년이 걸리기도 한다. 사실 캐리 그랜트, 커크 더글라스, 피터 오툴 같은 여러 유명 배우들은 아카데미가 마침내 그들에게 다소 동정적인 표시로 '공로상'을 수여하기 전까지 아카데미상을 받지 못했다.

Q. 윗글에서 아카데미상에 대해 추론할 수 있는 것은?
(a) 때때로 대중은 일부 수상자 선정에 동의하지 않았다.
(b) 일부 배우들은 상을 수상한 후 그다지 성공을 거두지 못했다.
(c) 백인 여배우들이 오랫동안 상을 독식했다.
(d) 일부 영화 제작자들은 항의의 표시로 상을 받는 것을 거부했다.

어휘 award 상; (상을) 수여하다 / decade 10년 / lifetime 평생의 / achievement 업적, 공로 / sympathetic 동정적인

해설 첫 문장이 주제문으로, 아카데미상에 대한 공정성 논란이 끊임없이 이어지고 있음을 밝히고 있다. 선정된 수상자들과 누가 수상해야 되는지에 대한 여론이 항상 일치하는 것은 아니라는 내용에서, 수상자에 대해 대중이 때때로 동의하지는 않을 것임을 추론할 수 있다.

10. (b)

장기가 심각하게 부족하여 많은 환자들이 적합한 장기를 구하기 전에 사망한다. 이러한 이유로 돼지의 조직에서 발견된 바이러스가 인간에게 감염되지 않는 것으로 보인다는 소식은 인간에게 돼지의 장기를 사용하는 데 있어서의 실질적인 장애가 되었던 주요인 중 하나를 극복하는 것이기 때문에 환영받을 만한 일이다. (a) 과학자들은 돼지가 인간과 유사한 점이 많아서 돼지를 선호한다. (b) 생명을 살리기 위해 심장과 같은 장기 전체를 사용하는 것은 윤리적인 논쟁을 야기할 수도 있다. (c) 돼지의 심장은 우리의 심장과 비슷한 구조로 크기가 거의 같다. (d) 더욱이 돼지의 심장을 우리의 면역 체계에 거부 반응을 일으키지 않도록 만드는 데에는 유전 구조에 약간의 변형만 하면 된다.

어휘 shortage 부족 / organ 장기 / tissue 조직 / infect 감염시키다 / barrier 장애 / ethical 윤리적인 / genetic 유전(학)의 / compatible (혈액 · 조직이) 거부 반응을 일으키지 않는 / immune system 면역 체계

해설 이 글의 요지는 인간의 장기 이식에 필요한 장기가 부족하므로 돼지의 장기를 이용하는 것이 좋다는 것이다. (a), (c), (d)가 돼지의 심장을 인간에게 이식하는 것이 가능한 이유들을 설명하고 있는 반면, (b)는 윤리적 논쟁을 불러 일으킬 것이라며 돼지 장기 이식의 부정적인 측면을 언급하고 있으므로 전체 흐름을 방해하고 있다. 따라서 정답은 (b)이다.

Mini TEST 4

p.185-189

1. (c)	2. (d)	3. (d)	4. (a)	5. (c)
6. (a)	7. (b)	8. (d)	9. (c)	10. (b)

1. (c)

모네의 스타일처럼 로댕의 전통을 따르지 않는 (작품) 스타일은 종종 비판을 받았다. 당시, 회화에서처럼 현실주의가 조각의 표준이었는데, 이는 사람들이 그리스인과 로마인들의 조각상과 르네상스 시대의 예술가들을 예술적 이상으로 삼았기 때문이다. 사람들의 감탄을 가장 많이 받은 조각상들은 대리석이나 청동으로 만들어졌고, 질감이 매끄러웠다. 하지만 로댕의 대표작인 '생각하는 사람'의 표면은 우글쭈글하고 울퉁불퉁했다. 그의 조각상의 현실성과 세부 묘사에도 불구하고, 비평가들은 로댕이 작품을 제대로 마무리하지 않았다고 느꼈다.
(a) 로댕의 작품이 훌륭한 조각품의 모델이었다
(b) 로댕의 조각상이 그리스인들의 것들과 많이 다르지 않았다
(c) 로댕이 작품을 제대로 마무리하지 않았다
(d) 조각상의 매끄러운 표면이 매우 중요했다

어휘 non-traditional 전통을 따르지 않는, 비관습적인 / realism 현실주의, 현실성 / norm 표준 / sculpture 조각(물) / statue 조각상 / ideal 이상, 전형 / marble 대리석 / bronze 청동 / smooth 매끄러운 / texture (암석 · 목재 등의) 결, 감촉 / masterpiece 대표작, 걸작 / wrinkled 우글쭈글한 / rippled 울퉁불퉁한

해설 로댕이 활동하던 시기에는 조각의 표면이 매끄러워야 훌륭한 작품이라고 평가되었다고 했는데, 로댕의 작품의 표면은 그런 기준과는 다르게 우글쭈글하고 울퉁불퉁하다고 했다. 따라서 당시의 비평가들은 로댕의 작품이 마무리가 제대로 되지 않았다고 생각했을 것이므로 정답은 (c)이다.

2. (d)

19세기 후반 유럽에 영화가 처음 소개된 후에, 비록 종종 라이브 음악이 함께 연주되었으나, 기본적으로 처음 30년 동안은 영화에 소리가 없었다. 많은 세월 동안 발명가들은 음향 효과가 가능하게 하려고 시도했으나 헛수고였는데, 적당한 음량을 만들어내고 소리를 영상에 정확하게 맞추는 것이 어려웠기 때문이었다. 이러한 어려움들은 워너 브라더스 영화사가 단편 영화에 최초로 도입했던 바이타폰 기술로 해결되었다. 하지만, 도대체 누가 배우들이 말하는 것을 듣고 싶어 하겠냐고 물은 것으로 유명한 워너 브라더스 영화사의 설립자 H.M. 워너처럼, 업계에서는 이러한 시도에 대해 회의적이었고, 심지어는 적대감을 가지고 있었다.
(a) 배우들과 기술자들은 재빨리 새로운 환경에 적응했다
(b) 영화 제작사의 경영진들은 이 새로운 시도에 자신들의 재산을 투자했다
(c) 영화 산업 전체가 새로운 기술의 가능성에 흥분했다
(d) 업계에서는 이러한 시도에 대해 회의적이었고, 심지어 적대감을 가지고 있었다

어휘 motion picture 영화 / decade 10년 / accompany ~을 수반하다 / in vain 헛되이, 아무 소득 없이 / capability 능력, 성능 / initially 최초로 / film studio 영화 제작사 / executive 임원, 경영진 / fortune 재산 / venture 모험(적 시도) / skepticism 회의론 / hostility 적대감

해설 빈칸에는 무성 영화에 소리를 입히는 최초의 시도에 대한 당시 영화계의 시각 혹은 분위기가 들어가야 한다. 'H.M.워너처럼'이라는 문구를 통해 그에 대한 설명이 빈칸에 들어갈 내용과 같은 맥락임을 알 수 있다. 그는 배우가 말하는 것을 듣고 싶어 하는 사람이 어디 있겠냐고 물은 것으로 유명하다고 했으므로 부정적, 회의적 시각이 있었다고 이야기하고 있는 (d)가 정답이다.

3. (d)
남녀의 사망률 차이는 심지어 출생 전에도 나타난다. 여아보다 약 15% 더 많은 남아가 임신이 되지만 실제로 남아는 겨우 6% 더 많이 태어난다. 아기가 한 살이 될 무렵에는 남아와 여아의 수가 거의 같아진다. 일부 과학자들은 성염색체가 이러한 사망률 차이를 초래한다고 믿고 있다. 여성의 성염색체 쌍은 두 개의 X염색체로 구성되어 있다. 만일 한 염색체에 문제가 있으면 다른 X염색체가 그것을 보완해 줄 수 있다. 대조적으로 남성은 성염색체 쌍이 하나의 X염색체와 이보다 훨씬 약한 Y염색체 하나로 구성되어 있어서 (여성 염색체에서 일어나는) 이러한 보호 작용이 없다.
(a) 유전적 요인이 평균 수명에 있어서의 이러한 차이를 초래한다
(b) 이것은 부모들이 딸보다 아들을 더 선호하기 때문이다
(c) 사망률의 유사성은 성염색체와 관련이 있다
(d) 성염색체가 이러한 사망률의 차이를 초래한다

어휘 approximately 대략 / conceive 임신하다 / infant 유아 / sex chromosome 성염색체 / consist of ~로 구성되어 있다 / make up for ~을 보충(보완)하다 / light 경미한, 약한 / life expectancy 평균 수명

해설 첫 문장에서 출생 전 남녀 태아의 사망률에 차이가 있음이 언급되고 빈칸 앞까지 남아의 사망률이 더 높음을 보여주는 구체적인 사례들이 제시되고 있다. 빈칸 이하부터는 남녀의 성염색체 쌍의 차이를 통해 남자의 성염색체 쌍이 여성의 것보다 약하다는 것을 설명하고 있다. 따라서 정답은 두 내용을 인과관계로 이어주는 (d)이다.

4. (a)
휴대폰, PDA, 디지털 카메라 같은 휴대용 전자 기기의 미래는 그것들의 동력 시스템에 달려 있다. 현재의 모델은 전기 공급원으로부터의 재충전이 필요하기까지 2~6시간 동안 기기에 동력을 공급해 줄 특정 형태의 재충전이 가능한 내장형 화학 배터리이다. 이런 기기들이 훨씬 더 보편화됨에 따라 점점 더 많은 사용자들이 바꾸거나 재충전하기 위해 멈추지 않고 계속 사용할 수 있는 기기를 원하게 되었다. 그런 큰 소비자 수요 때문에, 저장 시스템뿐만 아니라 충전 시스템에서의 진보가 필요할 것이다.
(a) ~때문에
(b) ~에도 불구하고
(c) ~대신에
(d) ~외에도

어휘 portable 휴대용의 / electronic 전자의 / power 동력; ~에 동력을 공급하다 / rechargeable 재충전할 수 있는(recharge 재충전; 재충전하다 / internal 내부의 / electrical 전기의 / ubiquitous 도처에 있는 / swap 바꾸다 / storage 저장

해설 전자 기기의 미래가 동력 시스템에 달려 있다는 내용의 첫 문장이 이 글의 주제문이며, 빈칸 전의 내용은 소비자들이 동력의 잦은 교체 및 재충전 없이 최대한 오랫동안 휴대할 수 있는 기기를 원하게 되었다는 것이다. 빈칸 뒤의 내용은 더 나은 충전 시스템의 개발이 필요하다는 것이므로 인과관계를 나타내는 (a)가 정답이다.

5. (c)
산스크리트어로 'guru'라는 단어는 신들에 관한 최고의 지식과 지혜를 갖고 있는 개인을 의미한다. 미국에서 이 말은 컴퓨터 수리에서부터 대인 관계까지, 영적인 것뿐만이 아니라 어떤 분야에서라도 상당한 지식을 갖춘 사람을 칭하게 되었다. 미국에는 이러한 유형의 guru들에 대한 거대한 소비자 시장이 있으며, 그들은 자주 순회강연을 가고 책을 쓴다. 그러나 이러한 guru들 일부의 사생활은 그들이 추종자들에게 설교하는 것과 종종 모순된다. 예를 들어, 비지니스 guru들은 자신들이 스스로 개발한 일련의 기술과 원칙을 적용하여 부를 축적했다고 주장함으로써 종종 유명해진다. 그러나 어떤 경우들에서 그들의 성공 이야기는 과장되거나 허구였다.

Q. 윗글의 제목으로 가장 적합한 것은?
(a) 비지니스 성공 비결
(b) 미국 역사 속의 guru들
(c) guru 산업의 숨겨진 면
(d) guru들과 그들의 교육적 추구

어휘 guru 권위자 / supreme 최고의, 최상의 / term 용어 / refer to ~을 칭하다 / equipped with ~을 갖춘 / substantial 상당한, 많은 / frequently 자주 / contradict 모순되다 / preach 설교하다 / follower 추종자 / rise to fame 유명해지다 / exaggerated 과장된 / fictionalized 허구인, 각색된 / pursuit 추구

해설 글의 초반부에서 guru의 어원과 현재의 의미, 그리고 guru들이 하는 일을 소개한 후, However로 시작하는 문장부터 그들의 실제 생활이 말하는 내용과 모순된다는 사실을 언급했다. 즉, 겉으로 드러나는 것과 다른 guru들의 숨겨진 일면에 대해 설명하고 있으므로 (c)가 제목으로 가장 적절하다.

6. (a)
헨델의 음악을 노래하는 부류의 사람들이 거의 완전히 사라지게 되면서 게오르그 프리드리히 헨델이 쓴 작품의 인기는 하락했다. 대부분의 헨델의 작품들은 카스트라토를 위해 쓰여진 것이었는데 그들은 외과 수술로 거세를 한 남성 소프라노였다. 그들은 헨델의 활동기에 가창력과 호흡 기법으로 유명했다. 그러므로 카스트라토의 소리를 모방하는 카운터테너들의 최근 인기와 헨델 음악의 부활이 전 세계에서 거의 동시에 일어난 것은 우연의 일치가 아니다.

Q. 윗글의 요지는?
(a) 음악과 매체의 상호 의존성
(b) 헨델 작품들의 분석
(c) 헨델의 생애
(d) 클래식 음악에서의 소리 공학

어휘 popularity 인기 / decline 하락하다 / castrati 카스트라토(castrato의 복수형)(주로 17-18세기의 이탈리아에서 변성 전의 고음을 유지하기 위해 거세된 남성 가수) / surgically 외과적으로 / alter 거세하다 / hence 그러므로 / coincidence (우연의) 일치 / counter tenor 카운터테너(남성의 최고음부) / mimic 모방하다 / revival 부활 / simultaneously 동시에 / interdependence 상호 의존성 / medium 매체, 매개 / engineering 공학

해설 헨델의 음악이 그의 음악을 불러주는 카스트라토가 활발하게 활동할 당시에는 인기를 얻었다가 그들이 사라지면서 인기를 잃었고, 후에 카스트라토와 비슷한 소리를 내는 카운터테너의 등장으로 다시 부활했다는 내용이다. 즉, 음악과 매체(노래를 부르는 성악가) 사이에는 상호 연관성이 있다는 것이 글의 요지이므로 정답은 (a)이다.

7. (b)
1999년, KIST(한국과학기술연구원)가 대한민국 최초로 보고, 듣고, 느낄 수 있는 '센토'라고 하는 인간형 로봇을 개발했다. 그리스 신화에 나오는 생물의 이름을 따온 센토는 상체는 인간을 닮고 하체는 말을 닮은, 네 발로 걷는 로봇이었다. KIST에서 만든 이 로봇의 두뇌는 세 살짜리 아이의 지능과 비슷하며, 물체 인식을 위한 입체 시각 시스템을 갖추고 있었다. 이 로봇은 전자 통신, 신소재, 공학, 컴퓨터 과학과 같은 선진 기술들을 결합하여 만들어졌다. 이는 후에 보다 더 진보된 기능을 수행할 수 있는 최초의 실물 크기의 걷는 인간형 로봇인 '휴보'의 발판이 되었다.

Q. 윗글에 따르면 사실인 것은?
(a) 센토는 로마 신화에 나오는 생물의 이름을 따서 지어졌다.
(b) 센토는 반은 사람, 반은 동물인 형체를 하고 있다.
(c) 인간형 로봇은 한 전자 통신 회사에서 만들어졌다.
(d) 인간형 로봇은 모든 종류의 산업 분야에 혜택을 주었다.

어휘 humanoid 인간에 가까운 / name after ~의 이름을 따서 붙이다 / mythology 신화 / resemble ~을 닮다 / stereo vision 입체 시각, 입체적으로 봄 / recognition 알아봄, 인식 / telecommunication 전자[원거리] 통신 / new material 신소재 / set the stage for ~의 발판을 마련하다

해설 (a) 센토는 로마 신화가 아니라 그리스 신화에 나오는 생물의 이름을 따왔다고 했으므로 오답이다.
(b) 센토는 상체는 인간을 닮고 하체는 말을 닮은 로봇이라고 했으므로 정답이다.
(c) 센토를 만든 곳은 KIST(한국과학기술연구원)라고 했으므로 오답이다.
(d) 센토의 개발이 모든 산업 분야에 혜택을 주었다는 언급은 없으므로 오답이다.

8. (d)
모든 학부생과 대학원생은 대학 보건소에서 의료 혜택을 받을 수 있습니다. 평일에는 오전 8시부터 오후 5시까지 문을 열며, 응급 상황에 대비하여 의사가 항상 대기 중입니다. 보건소 의사들은 모든 통상적인 건강 상태를 진료하지만 방문하기 전에 전화 예약을 해야 합니다. 만약 부상을 입었거나 너무 아파서 예약 차례를 기다릴 수 없을 경우에는 예약 없이 방문해 진찰을 받을 수 있습니다. 각 학생들에게 등록금 청구서를 통해 부과되는 연간 의료비는 보건소에서 받는 치료에만 국한됩니다. 이 요금에 모든 의료비가 포함되는 것은 아니므로 여러분 모두가 입원과 약물 치료를 위해 의료보험을 계속 유지하기를 강력히 권합니다.

Q. 위 공고문에 따르면 옳지 않은 것은?
(a) 보건소는 학부생과 대학원생 모두가 사용할 수 있다.
(b) 학생들은 보통 보건소에 미리 전화로 예약을 해야 한다.
(c) 응급 상황 시에는 예약 없이 보건소를 방문할 수 있다.
(d) 등록금 청구서상의 의료비에는 입원 비용이 포함되어 있다.

어휘 undergraduate 대학 (재학)생 / graduate 대학원생 / eligible 자격이 있는 / medical care 치료, 의료 / emergency 응급 상황 / physician (내과) 의사 / routine 일상적인 / walk-in 예약 없이 방문하는 / term bill (매 학기) 등록금 청구서 / urge 설득하다, 열심히 권하다 / insurance 보험 / hospitalization 입원 / medication 약물 치료

해설 (a) 첫 문장에서 모든 학부생과 대학원생은 대학 보건소에서 치료를 받을 수 있다고 했으므로 사실이다.
(b) 방문하기 전에 전화 예약을 해야 한다고 했으므로 사실이다.
(c) 부상을 입었거나 너무 아파서 예약 차례를 기다릴 수 없을 경우에는 예약 없이 방문해 진찰을 받을 수 있다고 했으므로 사실이다.
(d) 마지막 문장에서 연간 의료비에 모든 의료비가 포함되는 것은 아니며 입원과 약물 치료를 위해서는 의료보험이 필요하다고 했으므로 사실이 아니다.

9. (c)
신입 사원들은 급여가 자신의 은행 계좌에 자동적으로 입금되도록 하기 위해 급여과의 완다를 만나셔야 합니다. 그녀에게 여러분이 거래하는 은행 이름과 계좌 번호를 말해주어야 합니다. 계좌 번호가 정확한지 확인할 수 있도록 계좌 번호가 포함되어 있는 확인서를 은행에서 받아오십시오. 우리 회사의 월급날은 매달 25일이며, 여러분은 월급날에 지급 명세서를 받게 됩니다. 자동 입금은 월급날마다 여러분이 거래하는 은행이 영업을 개시하는 즉시 이체됩니다.

Q. 직원들에게 무엇을 하도록 권유하고 있는가?
(a) 은행 계좌를 개설하기
(b) 1개월 무급 휴가를 내기
(c) 급여가 자동적으로 입금되도록 하기
(d) 자신들의 급여를 직접 받아가기

어휘 payroll 급여 명부; *급여 관리 / paycheck 급여, 봉급 / automatically 자동적으로 / deposit 예금하다; 예금 / statement

확인(진술)서 / payday 월급날 / transfer 전(달)하다 / leave 휴가 / in person 스스로, 직접

해설 지문에서 질문에 해당되는 부분을 찾아야 한다. 첫 문장에서 급여가 자동적으로 은행 계좌에 입금되도록 하기 위해 신입 직원들에게 급여과 직원을 만나라고 했으므로 정답은 (c)가 된다.

10. (b)

1960년대 초반 이후 아프리카에서 발생한 많은 전쟁으로 동물 살상이 더욱 증가했다. (a) 전쟁 기간 중에는 법의 붕괴로 인해 많은 곳에서 사냥에 대한 규제가 없었다. (b) 세계 환경 단체들은 국제기구들이 이 지역에 더 강력한 제재를 내릴 것을 요구하고 있다. (c) 야생 동물 보호 구역 부근에 사는 아프리카 농부는 코뿔소 한 마리의 뿔이나 작은 코끼리의 상아 한 쌍으로 500 달러까지 벌 수 있는데, 이 돈은 그가 그렇게 하지 않을 때 평생 볼 수 있는 것보다 더 많은 돈이다. (d) 그러나 불법 사냥이 모두 배고픈 농부들의 소행은 아니다. 60 명이나 되는 남자들의 무리가 트럭을 타고 광활한 지역을 누비고 다닌다.

어휘 break out (전쟁 등이) 발발하다 / breakdown 붕괴, 몰락 / regulation 규제, 단속 / sanction 제재, 처벌 / peasant 농부 / horn 뿔 / rhinoceros 코뿔소 / tusk (코끼리 등의) 상아 / gang 한 떼(무리)

해설 이 글의 요지는 아프리카 지역에서 여러 번 전쟁이 일어나면서 법이 해이해진 틈을 타 야생 동물에 대한 밀렵이 성행하고 있다는 내용이다. (a), (c), (d)는 모두 불법 사냥의 원인 및 양상에 대한 이야기인 반면, (b)는 전체 흐름과 관련이 없는 내용을 언급하고 있다. 따라서 정답은 (b)이다.

Mini TEST 5

p.190-194

1. (a)	2. (a)	3. (a)	4. (b)	5. (b)
6. (b)	7. (c)	8. (b)	9. (d)	10. (d)

1. (a)

저희는 항상 저희 서비스에 대한 여러분의 의견과 제안을 환영합니다만, 여러분이 불평을 하실 필요가 없기를 바랍니다. 그러나 만약 불만 사항이 있으시면 여러분이 취하실 수 있는 방법이 몇 가지 있습니다. 비행기에 탑승하고 계시다면 기내의 승무원들이 즉시 여러분의 문제를 도와드릴 수 있습니다. 만약 불만 사항이 만족하실 정도로 처리되지 않았다면 고객 관리실 0711-922-4843으로 전화해 주십시오. 여러분에게 제공 가능한 보상 제도의 세부사항에 대해 알고 싶으시면 어느 공항에나 비치되어 있는 승객 헌장 한 부를 가져가시기 바랍니다.

(a) 비행기에 탑승하고 계시다면
(b) 세관에 신고할 것이 있다면
(c) 저희 서비스에 만족하신다면
(d) 외국에서 길을 잃으셨다면

어휘 to one's satisfaction 만족할 수 있도록 / customer relations 고객 관리 / compensation 보상, 배상 / arrangement 제도, 장치 / Passenger's Charter 승객 헌장

해설 빈칸 바로 앞에서 불만 사항이 있을 때 취할 수 있는 몇 가지 방법이 있다고 안내하고 있으므로 빈칸 이하부터는 불만을 제기할 수 있는 구체적인 방법이 소개될 것이다. 기내의 승무원들이 즉시 문제 해결을 도와줄 것이라는 내용 앞에 올 만한 조건은 (b)이다.

2. (a)

어떤 의미에서, 물리 이론은 절대로 가설 그 이상이 될 수 없다. 즉, 당신은 절대 그것을 진정으로 증명해낼 수 없다는 것이다. 당신이 착수한 모든 실험이 이론과 일치하는 것처럼 보인다 하더라도, 다음의 결과가 그 이론에 완전히 모순되지 않으리라고는 결코 확신할 수 없다. 하지만 이론을 반증하기 위해서 당신에게 필요한 것은 이론과 대립하는 하나의 관측이다. 새로운 실험이 예상했던 결과를 성공적으로 도출할 때마다 이론의 유효성에 대한 자신감이 쌓인다. 그러나, 그 이론에 반박하는 하나의 실험이 있다면 그것은 그 이론이 수정되거나 폐기되어야 한다는 것을 의미한다.

(a) 당신은 절대 그것을 진정으로 증명해낼 수 없다
(b) 그것을 시험할 많은 방법들이 있다.
(c) 실험은 이론이 완벽해지는 것을 보장할 수 있다
(d) 가능한 한 많은 실험을 해보는 것이 좋다

어휘 in a sense 어떤 의미에서는 / hypothesis 가설 / undertake 착수하다 / contradict 모순되다, 반박하다 / disprove 그릇됨을 증명하다 / confidence 확신, 신뢰 / validity 타당성, 유효함 / modify 수정하다

해설 빈칸을 포함하고 있는 첫 문장이 주제문으로, 빈칸 앞에서는 물리 이론이 가설에 불과할 뿐이라는 내용을 언급하고 있다. 빈칸 뒷부분에서는 실험을 통해 어떤 이론이 옳다고 여러 번 증명한다 하더라도 언젠가는 그 이론에 모순되는 실험 결과가 나올 수 있다는 점을 설명하고 있다. 따라서 빈칸에는 이론을 진정한 의미로 증명하는 것이 불가능하다는 내용의 (a)가 들어가는 것이 적절하다.

3. (a)

코를 고는 것에 대한 우스갯소리가 많이 있지만, 코를 고는 것은 그리 웃긴 것이 아니다. 사람들이 코를 고는 것은 잠을 자는 동안 호흡에 문제가 있기 때문이다. 코고는 사람 중에는 수면 무호흡증이라는 증상이 있는 사람도 있다. 그들은 목구멍 근육이 너무 많이 이완되어 기도를 막기 때문에 한 시간에 30회에서 40회까지 호흡을 멈춘다. 그런 다음에 약간의 공기를 들이쉬고 코를 골기 시작하는 것이다. 이것은 아주 위험한 증상인데 만일 뇌에 4분간 산소가 공급되지 않는다면 영구적인 뇌 손상을 입을 수 있기 때문이다. 수면 무호흡증은 또한 불규칙한 심장 박동, 전반적인 에너지 부족 상태, 고혈압을 일으킬 수도 있다.

(a) 코를 고는 것은 그리 웃긴 것이 아니다
(b) 코골이의 종류는 많지 않다
(c) 많은 사람들이 그것에 대해 들어본 적이 없다
(d) 함께 자는 사람들에게는 방해가 될 수 있다

어휘 snore 코를 골다 / sleep apnea 수면 무호흡증 / airway 기도(氣道) / breathe in 숨을 들이쉬다 / oxygen 산소 / permanent 영구적인 / heartbeat 심장 박동 / high blood pressure 고혈압 / disturb 방해하다

해설 빈칸 바로 앞에 역접의 의미가 있는 접속사 but이 있기 때문에 코를 고는 것에 대한 우스갯소리가 많이 있다는 빈칸 앞의 내용과 반대되는 내용이 필요하다. 또한 빈칸 뒤에 제시된 부연 설명을 통해 수면 무호흡증의 위험성을 언급함으로써 코를 고는 것이 웃긴 것이 아님을 설명하고 있다. 따라서 정답은 (a)이다.

4. (b)
멀티미디어 기술은 전화, 텔레비전, 컴퓨터와 같이 이전에는 별개였던 여러 하드웨어들이 하나의 디지털 기술을 사용하게 되면서 가능하게 되었다. 디지털 체제는 숫자를 사용하여 정보를 나타내는데, 이 기술은 최초의 인류가 손가락을 사용하여 덧셈과 뺄셈을 하던 시기까지 거슬러 올라간다. 주된 차이는 컴퓨터의 뛰어난 속도와 기억력이다. 오늘날의 컴퓨터는 그 어느 때보다도 강력하다. 엄청난 양의 숫자를 거의 번개와 같은 속도로 처리하는 능력 덕분에 우리는 음성과 동영상 및 소리를 디지털 방식으로 나타낼 수 있다. 이와 같은 음성과 영상 및 소리의 디지털화는 멀티미디어 혁명의 핵심이다.
(a) ~에도 불구하고
(b) ~덕분에
(c) ~와 같은
(d) ~와는 달리

어휘 separate 별개의, 분리된 / digital 디지털 방식의(digitally 디지털 방식으로 / digitalization 디지털화) / represent 나타내다 / date back to ~로 거슬러 올라가다 / subtract 뺄셈을 하다 / digit 손(발)가락 / superior 우수한, 뛰어난 / process 처리하다 / lightning 번개 / heart 핵심 / revolution 혁명

해설 지문의 요지는 디지털 기술의 발전 덕분에 멀티미디어 혁명이 가능하다는 것이다. 빈칸 앞뒤의 '엄청난 양의 숫자를 거의 번개와 같은 속도로 처리하는 능력'이라는 내용과 '우리는 음성과 동영상 및 소리를 디지털 방식으로 나타낼 수 있다'라는 내용을 논리적으로 연결하기 위해서는 (b)의 '~덕분에'가 가장 적절하다.

5. (b)
유럽 화가들이 사실주의 스타일로 작업하는 전통을 발전시켜 온 반면, 다른 문화권은 추상주의 예술 형식의 전통을 오랫동안 이어왔다. 오늘날 일부 아메리카 원주민 화가들도 추상주의 스타일로 작업을 한다. 나바호 인디언 화가들은 유화 물감이나 수채화 물감, 또는 그 밖의 어떤 종류의 액체로 된 재료를 사용하지 않고 추상화를 그린다. 그들의 작품은 재료가 목탄 가루, 옥수수 가루, 돌 가루, 모래이기 때문에 모래그림이라고 불린다. 화가들은 이 재료들을 수백 가지의 전통적인 디자인들 중 한 가지를 따라서 땅 위에 쏟아 부어 모래그림을 그린다. 이런 종류의 예술 작품을 만드는 일은 일단 재료를 쏟아 부으면 잘못된 부분을 수정하기가 아주 힘들기 때문에 세심한 주의를 요하는 작업이다.

Q. 윗글에 가장 알맞은 제목은?
(a) 미국에서 발달한 사실주의 예술
(b) 미국 원주민의 모래 추상화
(c) 모래그림의 아름다움
(d) 그림에 나타난 미국 원주민 문화

어휘 abstract 추상주의의 / watercolor 수채화 물감 / crush 부수다, 분쇄하다 / charcoal 숯, 목탄 / cornmeal 옥수수 가루 / delicate 세심한 주의가 필요한, 정교한

해설 이 지문의 key words는 '추상화(abstract art), 미국 원주민(Native American), 모래그림(sand painting)'이며, 이들이 모두 반영되어 있는 선택지인 (b)가 지문에 적절한 제목이다. 지문에서는 사실주의가 아니라 추상주의 스타일을 다루고 있기 때문에 (a)는 오답이고, (c)와 (d)는 지문의 중심 내용과는 관계가 없는 제목으로 지문에 관련 내용이 언급되지 않았다.

6. (b)
영국의 슈퍼모델 엘리자베스 로스가 레이븐 화장품과 천만 달러의 독점 계약을 맺었다. 장신이고, 짙은 색의 머리를 가진 패션쇼 무대의 스타인 로스 씨는 여성 기업가 에이프릴 애스터가 경영하는 화장품 회사인 레이븐과 계약함으로써 모두를 놀라게 했다. 레이븐의 대변인은 회사 측이 로스 씨를 앞으로 2년 동안 자사의 상품을 독점적으로 광고하기로 확정한 것에 매우 만족해한다고 말했다. 다른 세부 사항은 밝혀지지 않았으나, 대변인의 말에 따르면 로스 씨는 4일 후에 레이븐과 첫 기자회견을 가질 예정이다.

Q. 위 기사문의 헤드라인이 될 수 있는 것은?
(a) 슈퍼모델 로스, 화장품 광고 1년 계약에 서명
(b) 엘리자베스 로스, 레이븐과 독점 계약 체결
(c) 엘리자베스 로스, 화장품 홍보 투어 시작
(d) 에이프릴 애스터, 엘리자베스 로스와의 계약에 만족

어휘 exclusive 독점적인(exclusively 독점적으로) / cosmetics 화장품 / catwalk (패션쇼의) 무대 / entrepreneur 기업가 / spokesperson 대변인 / secure 확보(보장)하다, 확실하게 하다 / promote 판촉하다(promotion 판촉) / press conference 기자회견

해설 기사문의 헤드라인에는 기사의 전체 내용이 정확하게 압축되어야 한다. 이 기사문의 헤드라인에 반드시 있어야 하는 내용은 엘리자베스 로스가 레이븐 화장품과 독점 계약을 맺었다는 것이다. 따라서 정답은 (b)이다. (a)와 (c)는 지문의 내용과 다르며, (d)는 지엽적인 내용이므로 헤드라인으로는 적합하지 않다.

7. (c)
우리가 일을 더 효율적으로 완수하기 위해 기술을 이용할 때, 우리는 어느 정도의 힘을 얻는다. 그러나 동시에 우리는 중요한 무언가를 잃는다. 예를 들면, 공장의 조립 라인은 생산성을 높이지만 근로자들로 하여금 하나의 작업을 계속 반복하도록 만들고, 이는 그들을 실제적인 창조 과

정으로부터 단절시킨다. 이와 비슷한 단절이 사람과 자연 사이에서도 일어났다. 기술은 우리가 자연에서 필요로 하는 것을 효율적으로 취할 수 있도록 해주지만 우리의 조상들이 자연계에 대해 느꼈던 경외감과 존경심은 사라지고 있다. 불행하게도, 오늘날 많은 사람들은 지구를 취하고 사용할 자원들의 집합체 그 이상으로는 보지 않는다.

Q. 윗글에 따르면 사실인 것은?
(a) 조립 라인은 사람들이 더욱 창의적이 되도록 돕기 위해 필요하다.
(b) 우리 조상들은 자연을 두려운 존재로 보았다.
(c) 기술은 인간이 자연을 보는 관점을 바꾸고 있다.
(d) 자연과 기술은 점점 더 단절되고 있다.

어휘 efficiently 효율적으로 / assembly line 조립 라인, 일렬 작업대 / productivity 생산성 / disconnect 끊다, 단절시키다 (disconnection 단절) / awe 경외

해설 (a) 공장의 조립 라인은 근로자들로 하여금 단순 작업을 반복하게 만들어 창의적인 과정으로부터 단절시킨다고 했으므로 사실이 아니다.
(b) 우리의 조상들이 자연에 대해 경외감과 존경심을 느꼈다고 했으나 두려워했다는 언급은 없었다.
(c) 기술의 발달로 조상들이 자연에 대해 느꼈던 경외감과 존경심이 사라지고, 오늘날에는 자연을 그저 인간의 필요를 충족시키기 위해 이용할 무언가로 생각한다고 했으므로, 자연을 바라보는 인간의 관점이 바뀌었음을 알 수 있다.
(d) 자연과 기술이 아니라 사람과 자연 사이에서 단절이 일어났다고 했으므로 사실이 아니다.

8. (b)
지난 월요일 영국의 EG 엔터테인먼트 그룹과 미국의 거대 미디어 조이는 음악 다운로드 서비스를 제공하는 세계적인 기업이 되기 위한 수십억 달러 규모의 합병을 발표하였다. 양 그룹은 각기 보유하고 있는 음악 부서를 신설 회사인 조이 EG 뮤직으로 합병할 것이라고 밝혔으며, 이 회사의 가치는 200억 달러에 이르고 세계적인 팝스타와 록 음악계의 전설들의 히트곡들을 자랑하게 될 것이다.

Q. 위 기사문에 따르면 사실인 것은?
(a) 조이 EG는 세계적인 팝과 록의 음반 판매를 주도했다.
(b) EG와 조이사가 인터넷 음악 시장을 겨냥한 합병을 발표했다.
(c) 인터넷 음악 시장은 200억 달러의 가치가 있다.
(d) 세계적인 기업들이 인터넷 음반 마케팅 전략을 논의하기 위해 모일 것이다.

어휘 unveil 밝히다, 발표하다 / multibillion 수십억의 / merger (기업의) 합병(merge 합병하다) / division (회사 등의) 부, 국 / boast 자랑하다

해설 (a) 조이 EG는 합병을 통해서 세계적인 회사를 세우고자 한다고 했으므로 오답이다.
(b) EG와 조이가 음악 다운로드 서비스를 제공하는 세계적인 기업이 되기 위한 합병을 발표했다고 했으므로 정답이다.
(c) 인터넷 음악 시장이 아니라, 신설 회사인 조이 EG의 가치가 200억 달러라고 했으므로 오답이다.
(d) 지문에 언급되어 있지 않으므로 오답이다.

9. (d)
남캘리포니아의 솔턴호는 해수면보다 225피트 아래에 있으며 3개의 주요 강이 흘러 들어온다. 현재 캘리포니아 최대의 호수인 솔턴호는, 솔턴 분지에 위치해 있다. 1905년에 폭우로 인해 콜로라도 강이 범람했을 때, 호수 바닥은 사실상 말라 있었다. 범람한 물이 흘러 들어왔고, 결국 호수를 가득 채웠다. 현재 이 호수는 근래의 강수량에 따라 350~400평방마일의 면적에 걸쳐 있다. 이 호수의 염도는 지난 세기 동안에 크게 변했으며, 현재 태평양보다 약 15% 더 농도가 짙다. 일부 어류들이 아직도 생존할 수 있어 이 호수가 중요한 철새 서식지가 되고 있으나, 1990년대에는 어류의 건강 상태 악화에 의해 야기된 것으로 여겨지는 엄청난 조류의 소멸이 있었다.

Q. 윗글을 통해 추론할 수 있는 것은?
(a) 솔턴호는 지하에 석유가 매장되어 있을지도 모른다.
(b) 솔턴호 주변의 부동산 가치가 매우 높다.
(c) 캘리포니아주는 솔턴호 근처에 새로운 댐을 건설할 계획이다.
(d) 솔턴호의 형성은 완전히 자연적이었다.

어휘 feed ~에 흘러들다 / lakebed 호수 바닥 / virtually 사실상 / rainfall 강수량 / square mile 평방(제곱)마일 / salinity 염도 / vary 변하다 / concentrated 농축된 / significant 중요한 / migratory bird 철새 / habitat 서식지 / die-off 종의 급격한 자연 소멸 / reserve 매장고, 매장량 / real estate 부동산

해설 솔턴호는 1905년에 있었던 홍수로 범람한 강물이 사실상 말라 있었던 곳을 채우면서 생성되었다고 했으므로, 이 형성 과정이 자연적인 것이었음을 추론할 수 있다.

10. (d)
아마도 대부분의 사람들은 미국 십대들의 가장 큰 문제가 마약이라고 생각할지 모르지만, 사실 진짜 피해를 끼치고 있는 것은 술의 남용이다. (a) 한 조사에 의하면 15세 소년의 3분의 1과 15세 소녀의 4분의 1이 정기적으로 술을 마신다고 한다. (b) 18세 미만의 청소년들만 해도 연간 수십억 달러를 술을 마시는 데 지출한다. (c) 불행하게도 청소년들은 술의 남용이 얼마나 심각한지 깨닫지 못하고 있고, 이것을 알려주는 일은 학교와 부모에게 달려있다. (d) 당신이 술에 취하면 자신이나 다른 사람에게 심각한 부상을 입힐 수 있다.

어휘 drug 마약 / abuse 남용, 오용 / be up to ~에 달려있다

해설 주제문인 첫 번째 문장을 시작으로, (a)~(c)까지는 미국 청소년들의 음주 실태와 술의 남용의 위험성을 학교와 부모가 청소년들에게 알려줘야 한다는 글쓴이의 주장을 보여주고 있다. 하지만, (d)는 그와 관계없는 음주의 일반적인 폐해에 대해 이야기함으로써 전체 흐름을 방해하고 있으며 어조 또한 확연히 다르다. 따라서 정답은 (d)이다.

TEPS BY STEP

NE 능률 교재 부가학습 사이트
www.nebooks.co.kr
NE Books 사이트에서 본 교재에 대한 상세 정보 및 부가학습 자료를 이용하실 수 있습니다.

TEPS 정복을 위한
단계별 학습서

TEPS BY STEP

정가 15,000원

ISBN 978-89-5997-485-6